DES SCIENCES SOCIALES DANS LE CHAMP DE LA SANTÉ ET DES SOINS INFIRMIERS

TOME 2

*Rencontre à propos des âges de la vie,
des vulnérabilités et des environnements*

DES SCIENCES SOCIALES DANS LE CHAMP DE LA SANTÉ ET DES SOINS INFIRMIERS

TOME 2

Rencontre à propos des âges de la vie, des vulnérabilités et des environnements

Sous la direction de

LOUISE HAMELIN-BRABANT
LOUISE BUJOLD
NICOLAS VONARX

Presses de l'Université Laval

Les Presses de l'Université Laval reçoivent chaque année du Conseil des Arts du Canada et de la Société d'aide au développement des entreprises culturelles du Québec une aide financière pour l'ensemble de leur programme de publication.

Nous reconnaissons l'aide financière du gouvernement du Canada par l'entremise de son Programme d'aide au développement de l'industrie de l'édition (PADIÉ) pour nos activités d'édition.

Mise en pages : Diane Trottier
Maquette de couverture : Hélène Saillant

ISBN 978-2-7637-9076-3
PDF 9782763710761

Les Presses de l'Université Laval
Pavillon Pollack, bureau 3103
2305, rue de l'Université
Université Laval, Québec
Canada, G1V 0A6
www.pulaval.com

Table des matières

THÉMATIQUE 6

CONSIDÉRER LES ENVIRONNEMENTS

Préface

Chers lecteurs et lectrices,

Composé de deux tomes et intitulé *Des sciences sociales dans le champ de la santé et des soins infirmiers*, cet ouvrage est d'une valeur exceptionnelle au sein d'espaces de formation et de pratiques interdisciplinaires où l'on remet souvent en question la place de savoirs issus d'horizons divers. Il l'est pour au moins trois raisons que j'expliciterai dans les paragraphes qui suivent. Mais, d'abord, permettez-moi de féliciter les personnes qui ont travaillé à la direction de l'édition de ces deux tomes : mesdames Louise Bujold et Louise Hamelin-Brabant et monsieur Nicolas Vonarx. En plus, au moins trois autres professeurs ou professeures et trois autres personnes membres du personnel enseignant qui sont actuellement ou qui ont été à la Faculté des sciences infirmières de l'Université Laval sont signataires de textes. La Faculté peut donc se féliciter de pouvoir compter sur des membres engagés à nourrir le terreau scientifique dans lequel la discipline infirmière évolue, s'enseigne et s'évalue.

Cet ouvrage est d'une grand intérêt parce qu'il permet d'abord de proposer des repères propices au développement et à la reconnaissance d'un **métaparadigme infirmier** qui est certes abstrait, mais qui est néanmoins favorable à la genèse, à l'intégration ou à la transformation de savoirs scientifiques disciplinaires. Dans ce sens, la première thématique est centrée sur la « santé » et propose quatre textes qui font référence à des expériences profondément complexes. Le questionnement au cœur de ces textes est que toute situation de santé doit être considérée comme idiosyncratique puisque chaque individu réagit et évolue d'une façon qui lui est unique. La santé ne peut donc être définie uniquement par des repères mesurables en matière de déficit. Elle doit plutôt être déplacée dans le monde d'une vraie personne, d'une famille ou d'un groupe ayant une trajectoire singulière. Les deuxième, troisième, quatrième et cinquième thématiques sont centrées sur le « soin » et sur la « personne ». Elles proposent une réflexion critique qui est déjà au cœur de l'évolution des soins infirmiers et qui concerne ses valeurs d'humanisme, de professionnalisation et d'identité. Les textes de ces thématiques traitent de l'évolution du soin, du partage de l'espace soignant entre des personnes, des familles, des aidants, des infirmières et d'autres soignants. Ils proposent que les soins infirmiers ne peuvent s'exercer en vase clos et indépendant. De même, ils suggèrent que les expériences du soignant et du soigné restent fondamentalement ancrées dans des cultures où l'identité et la représentation du réel peuvent diverger. Les soins infirmiers doivent ainsi créer des contextes où l'on devrait être capable de reconnaître le caractère multidimensionnel de cette expérience. Les auteurs explorent alors comment les sciences sociales (principalement l'anthropologie et la sociologie) et certains de leurs modèles théoriques et méthodes sont riches de sens pour la dynamique scientifique en sciences infirmières et sciences de la santé. Il est particulièrement saisissant de voir à quel point ces thématiques insistent sur la prise en compte de la globalité dans l'approche des phénomènes de soins dans lesquels la pratique infirmière est inscrite. Finalement, le concept d'« environnement » constitue une trame de fond transversale à une majorité de textes des deux tomes de cet ouvrage. Mais la sixième thématique s'y attarde plus particulièrement. On y expose comment l'environnement social, familial et celui qui est lié à l'organisation ou aux politiques relatives aux soins pour des personnes vulnérables et fragilisées ont d'importantes répercussions sur la santé et l'autonomisation. Un plaidoyer en faveur de la reconnaissance d'influences mutuelles entre sciences sociales et sciences infirmières clôt cette thématique.

La deuxième raison pour laquelle cet ouvrage est exceptionnel, c'est qu'il a réuni près de 40 auteurs de diverses disciplines et de diverses institutions. Le **caractère international** donne un sens particulier à l'ouvrage. En effet, alors que les responsables de l'édition et plusieurs autres auteurs ont une affiliation directe avec la Faculté des sciences infirmières de l'Université Laval, certains proviennent d'autres facultés de l'Université Laval (dont la Faculté des sciences sociales) et d'autres universités au Québec (notamment de l'Institut national de la recherche scientifique, de l'Université de Montréal, de l'Université de Sherbrooke, de l'Université du Québec à Montréal, incluant TELUQ, de l'Université du Québec à Rimouski, de l'Université du Québec à Trois-Rivières et de l'Université McGill). Des auteurs de l'Université d'Ottawa signent également des textes percutants. Tous les auteurs canadiens sont de près ou de loin associés à l'enseignement et à la recherche en sciences infirmières. Aussi, une dizaine d'auteurs proviennent d'institutions européennes francophones situées en France (Centre de recherche Médecine, sciences, santé et société, Université Marc-Bloch de Strasbourg, les Universités Paris 5, Paris-Sorbonne, Paris 8, l'Université Paul-Verlaine de Metz), en Belgique (Université catholique de Louvain) et en Suisse (Haute École de la santé La Source de Lausanne). Quand ils ne sont pas rattachés à des lieux de formation en soins infirmiers, les auteurs internationaux sont inscrits dans une dynamique plus large de recherche et d'enseignement dans le domaine des soins et de la santé. Ainsi, ce regroupement d'auteurs du Québec, du Canada et d'Europe francophone provenant de diverses disciplines et de divers horizons renforce le caractère mondialisant de cet ouvrage. Il met aussi en évidence le fait que la langue française reste sans contredit une langue fédératrice de collaboration et une langue capable de servir brillamment le propos scientifique.

Troisièmement, et comme membre actuellement de deux communautés universitaires situées de part et d'autre de l'Atlantique, je ne peux passer sous silence la **valeur pédagogique** de cet ouvrage. Ainsi, au cœur de la fierté de pouvoir le préfacer, réside la conviction que l'université et les études supérieures resteront, pour les sciences infirmières, le carrefour privilégié de l'évolution des savoirs complexes et le principal moteur de l'articulation de ces savoirs dans des pratiques professionnelles exemplaires. Le caractère exemplaire est ici de nature à la fois clinique, socio-anthropologique, administrative, pédagogique et sociopolitique. Entre héritage et adaptation, par la reconnaissance des apports fondamentaux des sciences sociales aux études supérieures en sciences infirmières et, à l'inverse, par la reconnaissance des savoirs scientifiques infirmiers comme éléments de compréhension de phénomènes jusqu'alors considérés socio-anthropologiques, cet ouvrage a la grande qualité de ne pas se situer dans une approche néolibérale et de s'aligner sur un modèle de formations qui répondent uniquement au marché du travail. Au contraire, il fait en sorte que la formation universitaire reste en équilibre entre sa mission scientifique critique et les adaptations qu'elle peut susciter dans les sociétés ou les contextes dans lesquels elle évolue. Cet ouvrage privilégie des destinations où nouveaux savoirs, liberté et actions peuvent prendre forme dans l'esprit de futurs leaders dans le domaine des sciences infirmières. Et si ce n'était que pour cela, je remercie l'ensemble des auteurs, félicite les trois responsables de cette édition et vous convie à une plongée attentive et une lecture approfondie des lieux de rencontre auxquels cet ouvrage nous mène.

Diane Morin, inf., Ph. D.

Professeure titulaire, Faculté des sciences infirmières, Université Laval, Québec, Canada et professeure ordinaire, directrice, Institut universitaire de formation et de recherche en soins (IUFRS), Université de Lausanne, Suisse.

Préambule

C et ouvrage s'inscrit dans la foulée d'un colloque[1] qui avait pour titre « Des anthropologues et sociologues à la rencontre des soins infirmiers » dont l'idée consistait à interroger des spécialistes du social et du culturel sur la place de l'anthropologie et de la sociologie dans les soins infirmiers, les sciences infirmières et les facultés en sciences infirmières. Lors de cet événement, il s'agissait encore de questionner les facultés des sciences infirmières sur l'accueil et l'usage qu'elles réservaient aux savoirs produits en sciences sociales, comme sur leur pertinence. Il n'était donc pas question de s'asseoir uniquement entre sociologues et anthropologues (infirmiers et infirmières de formation pour la plupart) pour essayer de se convaincre d'une indispensable présence au sein d'une discipline soignante. L'idée générale était plutôt de déterminer ce qui pouvait être important de partager ici et ce qui l'était moins, afin de préciser les modalités et les conditions d'une rencontre entre sciences sociales et discipline infirmière qui a lieu depuis longtemps et qui semble devoir se poursuivre. À la suite de cette rencontre fructueuse, nous avons eu l'idée de ne pas réserver nos réflexions au domaine des soins infirmiers et d'inviter d'autres auteurs susceptibles d'apporter un éclairage sur cette convocation et ces contributions des sciences sociales dans le champ de la santé en général. Considérant que certaines approches de sciences sociales ont leur pertinence pour appréhender, comprendre et expliquer des phénomènes de santé, que des méthodes et des méthodologies de recherche « propres »

---

1. Sous la responsabilité de Nicolas Vonarx, Louise Hamelin Brabant et Louise Bujold, ce colloque s'est déroulé à Québec lors des journées de l'ACFAS en mars 2008.

aux sciences sociales sont mobilisées dans certaines sciences de la santé, les auteurs étaient sollicités pour détailler ces contributions, pour opérer un déplacement vers les pratiques sociales de santé et s'adresser concrètement à différents professionnels de la santé.

Introduction

S'il est question dans le titre et les sous-titres de cet ouvrage de rencontres et d'une présence des sciences sociales dans le champ de la santé et des soins infirmiers, c'est que l'anthropologie et la sociologie ont occupé depuis longtemps le terrain de la maladie, des soins et de la santé publique. Davantage, elles ont tellement concentré d'efforts sur ce terrain qu'on a vu naître en leur sein des domaines de recherche considérés en Amérique du Nord comme des sous-disciplines à part entière, telles une anthropologie médicale, une anthropologie de la santé ou une sociologie médicale ou de la santé. Leurs préoccupations pour des objets relatifs à la santé s'inscrivent dans une logique d'application qui permet à des chercheurs de correspondre avec des acteurs engagés dans des pratiques de promotion de la santé et de rendre ainsi des savoirs disponibles afin de participer à des transformations sociales.

Néanmoins, même si différents sociologues et anthropologues partagent ces intérêts et s'il est entendu habituellement que les disciplines professionnelles de promotion de la santé constituent des carrefours disciplinaires (discipline infirmière, santé publique notamment), les modalités et la plus-value des rencontres avec les sciences sociales ne sont pas données d'emblée et sont loin de faire l'unanimité. Se demander alors comment cette présence peut et doit se configurer est une démarche essentielle afin de repérer d'abord la nature et la forme des apports des sciences sociales dans des domaines de la santé et de déterminer ce qui peut être au menu des enseignements et des formations dans les sciences de la santé et les soins infirmiers en particulier, et comment ce menu doit être présenté pour rejoindre des professionnels qui sont soumis à des impératifs pratiques et des modes d'apprentissages particuliers.

Ces questions doivent être posées parce qu'il ne s'agit pas de trans-former les professionnels de la santé en de futurs sociologues et anthropologues, de les inviter à développer des réflexions théoriques approfondies et de les éloigner ainsi rapidement de ce qui les intéresse au plus point, à savoir l'application. Ils ne peuvent donc pas être soumis à des contenus d'enseignement qui servent surtout à la production de connaissances scientifiques au sein des sciences sociales et qui campent l'apprenant dans des traditions de recherche et des courants théoriques spécifiques essentiellement utiles au développement de ces disciplines. Une rencontre attentive suppose donc de procéder à un déplacement dans les modes de partage de la connaissance pour que les savoirs issus des sciences sociales puissent atteindre les praticiens et les intervenants. Est-ce à dire toutefois que l'apport des sciences sociales doit pour autant être simplifié et épuré, au point de partager finalement des « banalités et des évidences » sur la société, la culture, la maladie, les soins, les expériences de santé et d'autres objets ? L'exigence d'adapter un contenu et des manières de comprendre et d'analyser les réalités sociales ne doit pas non plus verser dans un « dégraissage théorique », et confisquer du même coup aux sciences sociales ce pour quoi on les convoque et les trouve essentielles. Une présence des sciences sociales dans le champ des professions de la santé et les pratiques soignantes suppose donc quelques aménagements, comme ce doit être le cas dans tout espace interdisciplinaire où il est question de trouver des lieux de rencontre et des objets d'intérêts communs, des arrimages, de considérer ses propres limites, ses spécificités, les forces et les particularités de chacun.

Les textes réunis dans les deux tomes qui composent cet ouvrage tentent de répondre à cet exercice. Sans épuiser le sujet, ils illustrent de plusieurs façons les contributions des sciences sociales dans le champ de la santé et des soins infirmiers. Ils sont répartis en six thématiques qui composent une topographie qui nous semble rejoindre les interve-nants de santé, les infirmières et les fondements de certaines disciplines professionnelles. Dans le premier tome, on retrouvera notamment l'anthropologie et la sociologie mobilisées 1) pour comprendre des expériences de santé et de maladie qui sont à la source des préoccupa-tions des intervenants, des soignants et des systèmes de soins de santé ; 2) pour analyser et réfléchir sur le prendre soin ; 3) dans l'enseignement et la production des savoirs au sein de la discipline infirmière. Dans le second tome, ces disciplines sont convoquées : 4) pour présenter les particularités des âges de la vie où nous sommes systématiquement situés comme soignants ou soignés ; 5) pour décrire les situations de grandes vulnérabilités et ce qui les caractérisent ; 6) pour montrer qu'il est question aussi d'environnements et de forces structurelles dans la production des réalités de santé.

Toujours, et quelle que soit la section thématique, il est question d'évoquer une rencontre que les sciences sociales peuvent initier et enrichir. Chaque texte s'accompagne de messages adressés aux professionnels de la santé, de considérations qu'ils ne devraient pas manquer ou de dispositions importantes à retenir pour s'engager dans la pratique. Ils apportent concrètement des clefs utiles à une connaissance de soi comme expert, une connaissance de l'autre ou des autres vers qui les interventions sont dirigées, un éclairage des scènes où se vivent des événements et se jouent des interventions. Ils s'adressent à tous les professionnels de la santé qui sont inscrits dans une réalité aux dimensions interpersonnelles, relationnelles, organisationnelles et sociétales, qui sont constamment confrontés à des représentations qu'ont les sujets d'eux-mêmes, de la vie, de ce qui les préoccupe, qui travaillent auprès de sujets ou de groupes où se rencontrent une part de connu et d'inconnu, de prévisible et d'imprévisible et une part de commun et de singulier.

Cet ouvrage s'adresse tout particulièrement à ceux et celles qui n'enferment pas la santé, la maladie et les soins dans un registre biologique strict, qui résistent à inscrire des bénéficiaires dans des catégories savantes qui ne les rejoignent pas toujours. Les lecteurs pour qui il n'est pas question d'ignorer les ramifications sociales, culturelles, symboliques et structurelles inhérentes à toute préoccupation et pratique individuelles ou collectives relatives à la santé devraient trouver leur compte dans les différentes sections de cet ouvrage. Dans tous les cas, ils y liront comment les auteurs soutiennent l'impératif de former, d'instruire et de sensibiliser les infirmières et d'autres professionnels de la santé à une lecture anthropologique ou sociologique des situations dans lesquelles ils sont impliqués. Ils y verront que l'apport des sciences sociales s'entend souvent dans le champ de la santé comme un plaidoyer en faveur de pratiques, d'interventions et d'intervenants qui sachent décrypter et considérer les dimensions anthropo-sociales des réalités même si celles-là ne se laissent pas appréhender aisément et rapidement.

Revenons enfin sur la particularité de ce second tome. Alors que le premier était fortement orienté vers une approche microsociale des réalités de santé, vers la dimension clinique des pratiques soignantes, et qu'il arrimait en grande partie les sciences sociales aux soins infirmiers, celui-ci porte une attention particulière à l'analyse des rapports entre société, culture, santé et soins pour présenter les particularités des âges de la vie et les vulnérabilités souvent engendrées par les transformations des sociétés occidentales. Dans un tel contexte, la vulnérabilité pose le constat du rapport à l'autre et les soignants sont invités à réfléchir sur leur pouvoir d'agir et de réagir en regard des fragilités humaines. Enfin, nous montrerons l'importance de considérer les environnements pour assurer le bien-être des populations.

La plupart des auteurs convoqués pour l'écriture des textes sont des sociologues, des anthropologues et des spécialistes en santé publique qui sont professeurs dans des universités québécoises et européennes.

Thématique 4

UN ÉCLAIRAGE DES ÂGES DE LA VIE

«Prendre soin de la vie à tout âge... Tel est ce tout premier art, véritable création qui de l'enfantement à la mort participe au mystère de la vie qui se cherche, de la vie qui éclot, de la vie qui lutte, de la vie qui s'estompe, de la vie qui ressurgit, de la vie qui sombre[1]. »

C es mots de l'anthropologue Collière atteignent les objectifs poursuivis dans cette quatrième section thématique du deuxième tome. Ils illustrent avec éloquence que l'humain franchit constamment des passages tout au long de sa vie. Chaque âge est en mouvement et exprime une nouvelle métamorphose. Vie de l'enfant qui découvre la parole et les interdits, vie de la jeunesse qui s'affirme, vie de la femme entre deux âges dont la beauté peut s'étioler ou qui peut entrer dans une phase existentielle d'épanouissement, vie de la personne âgée active ou présentant des troubles de mémoire lui traçant la voie de l'oubli et de la solitude et, enfin, vie de la personne mourante qui pénètre lentement dans un univers dont les richesses sont sans doute innombrables mais qui hésite à laisser la route des vivants.

Jadis, toute une série d'injonctions réglait le rapport entre les âges. Enfance, jeunesse, vie adulte se pensaient comme autant de moments successifs de l'humain en devenir et la vieillesse trouvait sa reconnaissance dans le bonheur du devoir accompli. À l'ère postmoderne, marquée par l'individualisme, les âges de la vie sont souvent brouillés. L'exigence d'être soi-même a pris le pas sur le devoir d'appartenir symboliquement à son groupe d'âge ; de fait, à l'heure où la jeunesse

---

1. Marie-Françoise Collière (2001), *Soigner... le premier art de la vie*, Paris, Masson, p. 12.

s'étire et où le grand âge s'allonge, les frontières entre les âges ne sont plus clairement marquées. Les progrès scientifiques et médicaux ainsi que les évolutions culturelles ont bouleversé les rôles sociaux assignés à chaque étape de la vie. Néanmoins, les auteurs de cette section nous rappellent, avec justesse, que tout grand passage de la vie revêt à la fois un caractère biologique, psychologique et social, même si les frontières entre les âges sont plus poreuses aujourd'hui.

Parce que l'individu est précieux, proches et soignants ont pour mission de l'accompagner sur le parcours de son existence, car cette traversée de la vie, nous ne l'effectuons pas seuls. En route, nous pouvons croiser des acteurs appartenant à une autre génération qui n'hésitent pas à consoler les enfants, apaiser les maladies et les détresses et tendre la main aux personnes seules et mourantes. Comment penser les âges dans le contexte d'une vie plus longue où les catégories existentielles sont devenues plus indéterminées ?

Dans le premier texte, Louise Hamelin Brabant et Myriam Gauthier montrent que la sociologie s'est penchée récemment sur les savoirs experts comme l'hygiène, la puériculture, la psychologie et les sciences infirmières qui ont configuré les représentations de l'enfant contemporain et la manière de l'éduquer. L'analyse des espaces discursifs au travers desquels se construisent des figures de l'enfance permet de voir que cet âge de la vie n'est pas une simple catégorie biologique, mais une construction sociale variable dans le temps et l'espace.

S'intéressant tout particulièrement à l'âge de la jeunesse où tout semble aller bien, Madeleine Gauthier rappelle dans le second texte que ce n'est pas toujours le cas. Effectivement, l'auteure montre que cette période de la vie n'est pas exempte de difficultés qui peuvent être à l'origine de problèmes de santé et de conduites à risque même si le mot « jeune » rime souvent dans l'imaginaire collectif avec beauté et forme physique. Cette sociologue invite les soignants qui interviennent auprès des individus appartenant à cette génération à ne pas négliger les nombreux défis qu'ils doivent relever, car la connaissance de la jeunesse demeure un vaste chantier à explorer.

Portant leur regard sur un moment de la vie proprement féminin, Nicoletta Diasio et Virginie Vinel nous invitent dans le troisième texte à comprendre que la ménopause n'est pas un phénomène naturel. Au contraire, elles proposent que ce passage de la vie est une construction qui varie dans les représentations, les modes d'expression et les pratiques qu'elle suscite selon les sociétés et les cultures. Temps biologiques, historiques, sociaux et individuels s'enlacent donc dans cette période de vie que les auteurs nomment « le temps des incertitudes ». S'inscrivant dans une anthropologie critique attentive aux catégories médicales et à la manière dont elles sont incorporées par les individus, elles sollicitent les professionnels à reconnaître la diversité et la complexité des expériences féminines et à ne pas effacer en elles les traces de l'histoire et du relatif au grand triomphe de l'absolu.

À leur suite, France Cloutier s'intéresse aux personnes vieillissantes touchées par la maladie d'Alzheimer. Elle s'interroge dans le quatrième texte sur la manière dont la personne âgée fragilisée par la démence est perçue par les proches et par les intervenants. Son analyse anthropologique fait ressortir qu'il existe un seuil de rupture à partir duquel certains proches et intervenants ne considèrent plus l'individu comme une personne, mais plutôt comme un objet, voire un robot. Des approches dominantes et alternatives des soins sont développées pour indiquer aux soignants des attitudes souhaitables dans la relation avec les soignés et leurs proches.

Sans se limiter à un âge précis de la vie, Luce Des Aulniers, anthropologue spécialisée sur le thème de la mort, nous alerte dans le cinquième texte sur les logiques à l'œuvre dans les soins de fin de vie où l'on va jusqu'à attendre des personnes qu'elles meurent en héros. Ses propos sont le lieu d'un questionnement culturel sur l'accompagnement du mourir dans nos sociétés animées par la raison instrumentale. Plutôt que de situer simplement les enjeux entourant la mort dans la relation d'accompagnement, elle propose une réflexion sur la peur et la violence qu'impose la fin de vie devant le déni de la finitude.

L'enfant d'hier à aujourd'hui : représentations sociales, normes sociosanitaires et soins infirmiers

LOUISE HAMELIN BRABANT, MYRIAM GAUTHIER

Conçue dans notre société occidentale comme une étape de vie choyée, valorisée et protégée, l'enfance est une construction récente dans l'histoire des civilisations. Pendant longtemps, l'enfant a été considéré comme un adulte en miniature (Ariès, 1973). Il a été associé à l'âge des grands périls. La maladie, la malnutrition, la négligence et même l'abandon étaient souvent enracinés dans sa vie quotidienne. Ariès (1973) avance que la conception moderne de l'enfance, une étape distincte de la vie, est née progressivement en Europe au XVIIᵉ siècle en même temps que les pratiques modernes associées aux notions d'éducation, de famille et de vie privée. En outre, bien que les besoins particuliers de l'enfant furent reconnus publiquement au XIXᵉ siècle, il a fallu attendre le tournant du XXᵉ siècle pour que la condition de vie de l'enfant s'améliore.

Au Québec comme ailleurs, les percées du savoir technique et scientifique ont conduit la culture des sociétés industrielles à délaisser le savoir populaire et à valoriser ce type de savoir institué comme mode de connaissance dominant, ouvrant la porte à une professionnalisation accrue dans le champ de l'enfance (Halpern, 1988). Les experts ont imposé progressivement la manière d'élever, d'éduquer et de soigner les enfants. Dans le mouvement même où de nouvelles règles scientifiques prennent forme pour les professionnels, apparaît une panoplie de prescriptions inédites au sujet de l'enfance qui n'ont cessé de se modifier au fil des décennies. L'enfance contemporaine est ainsi devenue de plus en plus régularisée par d'autres instances sociales que la famille, en l'occurrence par les médecins, les infirmières et les psychologues.

Ce chapitre examine comment les représentations sociales de l'enfant et les soins qui lui ont été prodigués ont évolué au cours du XXᵉ siècle. Il s'appuie sur nos travaux de recherche[1] qui consistent à interroger les espaces discursifs sociosanitaires et professionnels au travers desquels se construisent des représentations de l'enfant et des modèles de conduite. Tout d'abord, nous analyserons la période 1930-1950 qui se caractérise par la lutte pour la protection de l'enfance. Cette lecture s'attachera à montrer comment les représentations sociales de l'enfance étaient cristallisées autour de sa fragilité. Dès lors, on a vu s'imposer successivement plusieurs mesures sociosanitaires et « recettes de puériculture » fort différentes d'aujourd'hui dans la manière de prendre soin des enfants. S'affirmait à cette époque un véritable projet de régulation sociale des conduites des mères pour assurer le mieux-être des enfants. Ces dernières devaient suivre à la lettre les règles pour bien les élever. Puis, nous examinerons la période 1950-1970, marquée par le renouveau de l'ère dite moderne et l'affirmation de la psychologie comme modèle éducatif de référence, Nous verrons comment les représentations sociales et les normes éducatives se sédimentent autour de la reconnaissance du bien-être affectif de l'enfant. Nous conclurons enfin sur une réflexion en regard de la professionnalisation des savoirs.

---

1.   Ces résultats sont issus de deux recherches. La première a été réalisée pour une thèse de doctorat en sociologie, soutenue à l'Université Laval. La seconde, en cours depuis 2003, et à laquelle Myriam Gauthier collabore, examine les aspects de la promotion de la santé l'enfant (1930-1990). Quelques résultats ont déjà été publiés dans les écrits de Louise Hamelin Brabant. Le matériel analysé est constitué de textes publiés principalement dans deux revues professionnelles, *L'Union médicale du Canada* (UMC) et *La Garde-malade canadienne-française* (GMCF), éditée par la suite sous le titre *Les Cahiers du nursing*. Enfin, l'analyse des discours s'est appuyée sur des méthodes d'analyse socio-sémiotique. Il nous importait de saisir non seulement le contenu des idées, mais également les formes langagières (les verbes, les métaphores, les oppositions, l'intertextualité, etc.) à travers lesquelles se manifeste la matérialité du texte réflexif et ses contraintes (Molino, 1969). Notons que l'analyse de discours conçoit le corpus comme un tout.

Ce texte vise à sensibiliser les soignants sur les manières de consi-dérer l'enfance, l'éducation et les soins prodigués au cours du XXᵉ siècle. La prise en compte des dimensions sociales et historiques nous permet de comprendre que l'enfance est une construction sociale et non pas une simple catégorie biologique, phase souvent occultée par une lecture purement médicale de la transition d'âge, car elle varie selon le contexte social d'une époque (James et autres, 1998 ; James et James, 2004). Cette lecture sociohistorique nous invite à voir que de nombreux progrès ont été accomplis dans la condition et la considération des enfants. Néanmoins, depuis plusieurs décennies, la médicalisation de l'enfance n'a cessé de s'affirmer ; l'autorité des experts s'y est imposée en vertu de la légalité et d'une compétence fondée sur des règles insti-tutionnelles établies rationnellement (Berger et Luckmann, 1989). Or, une certaine prudence s'impose dans la façon d'édicter des normes sociosanitaires et éducatives à l'égard des parents et des enfants. Nombre de pères et mères peuvent mettre en doute leur compétence parentale et s'appuyer sans cesse sur les conseils professionnels pour éduquer leur enfant. Il faut être attentif aux généralisations qui font des enfants une entité commune. Le défi professionnel des intervenants est sans doute de reconnaître que ce sont des êtres aux expériences singulières et, corrélativement, que les parents doivent demeurer des figures d'autorité cardinales pour orienter leur éducation.

LES REPRÉSENTATIONS SOCIALES DE L'ENFANT : 1930-1950

Pour rendre compte de la façon dont les discours professionnels ont pu contribuer, dans un premier temps, à la formation et au renfor-cement d'une certaine conception de l'enfance puis, dans un deuxième temps, à sa régulation. Examinons d'abord comment ces discours savants portent au jour des représentations sociales de l'enfant qui se structurent à travers deux grandes dimensions anthropologiques que sont le temps et le corps. Voyons comment on parle de l'enfant au cours de cette période, comment on le décrit et comment les discours socio-sanitaires structurent le temps au regard de l'enfance.

Jusqu'à la Seconde Guerre mondiale, une première représentation évoque que l'enfant est un être à risque de mourir. Elle renvoie à la dualité « vie-mort » (Turmel, 1997). Le discours professionnel est marqué à la fois par une lutte pour la survie de la nation et contre le fatalisme vis-à-vis de la maladie et de la mort des enfants. Le discours professionnel est uniformément nataliste. Il énonce ainsi un choix fondamental que toute société doit faire, soit de procréer et d'assurer la protection des enfants. La considération particulière portée à la survie de l'enfant s'expliquait dans une société préoccupée par des taux élevés de mortalité infantile. À l'époque, on l'appelait la grande faucheuse d'enfants. Et non sans raison. Au tournant du XXe siècle, près d'un enfant sur quatre ne vivait jusqu'à son premier anniversaire et la majorité d'entre eux mouraient dans les premiers mois de la vie (Henripin, 1961). Même si la baisse de la mortalité infantile a été importante durant le premier quart du siècle, le Québec se classait au dernier rang parmi les provinces canadiennes, autant en 1926 qu'en 1936, avec des taux de mortalité de 142/1 000 et de 82,6/1 000 naissances vivantes. En pleine Révolution tranquille, le Québec n'avait pas encore comblé l'écart qui le sépare du reste du Canada. À vrai dire, l'Ontario ne sera tout à fait rattrapée qu'en 1974 (Turmel et Hamelin, 1995).

L'expertise sociosanitaire a ainsi construit un modèle culturel de l'enfance sous le registre du prolongement, de la vitalité qui dit la primauté de la vie sur la mort. Ainsi, l'adéquation fataliste, qui associe la maladie et la mort des enfants, encore présente dans la culture de l'entre-deux-guerres, a été vivement dénoncée. « Nous ne pouvons trop nous élever contre le préjugé qui règne dans l'esprit du peuple, qu'il est inutile de faire soigner les enfants » (UMC, 1936, p. 885, septembre, 1936).

L'idée qu'il devenait dorénavant possible avec des mesures préventives et les avancées de la science de sauver les enfants du péril de la mort et de les faire vivre en bonne santé était réitérée avec vigueur tout au long de la période étudiée. Au-delà de la maladie, valeur négative qu'il fallait combattre et même éradiquer, c'est désormais la santé de l'enfant, valeur positive, qui était également mise à l'avant-scène.

Dans ce contexte, comment parlait-on du corps de l'enfant ? Tout d'abord, le discours professionnel assigne au corps de l'enfant une forme déterminée par des composantes biologiques. Il en explique les relations et en dévoile une image précise : l'enfant est un être fragile, impuissant que l'on doit protéger. Il est comparé à « une fleur délicate dont l'odeur suave embaume le foyer » (GMCF, avril 1936, p. 176). Il est construit comme un être en devenir, incomplet, vulnérable, très mobile dans son progrès, mais encore éloigné de la résistance et de l'équilibre relatif de l'adulte.

Par ailleurs, le regard clinique est centré sur les besoins physiques et le discours professionnel interprète les premiers âges de la vie sans vraiment établir de passerelles avec le psychique. L'articulation « corps-psyché » s'avère en quelque sorte un processus à sens unique, dans la mesure où un corps sain est considéré comme la clef de voûte d'un développement mental adéquat comme en témoignent ces propos : « La première vigilance s'exercera sur la croissance normale de l'enfant [...] et cela ne sera pas sans effet sur son psychisme » (GMCF, octobre 1934, p. 537). Il faudra attendre le tournant des années 1950 pour voir se profiler dans les écrits la reconnaissance et la prise en compte des besoins psychologiques des enfants.

Si les discours portent au jour une conception assez uniforme du corps de l'enfant, ils s'opposent quant à sa nature. Une première figure de l'enfant s'apparente à la métaphore de la plante sauvage, à croissance naturelle menacée, métaphore rousseauiste par excellence. Dans la lignée de ce philosophe[2], l'enfant est décrit comme étant naturellement bon et innocent ; c'est la société qui le corrompt. Pour lui assurer un développement optimal, les parents sont invités à le protéger en lui offrant la liberté de jouer et de le laisser apprendre à son rythme. Cet ancien plaidoyer résonne toujours au XXI⁰ siècle.

En revanche, une seconde figure dominante était dévoilée sur la nature de l'enfance : c'est un être souple et influençable. Cette image nous introduit notamment à la métaphore du « tabula rasa » qu'il faut remplir, métaphore que l'on doit au philosophe Locke. Pour prendre la mesure de cette parole normative, arrêtons-nous sur quelques énoncés :

> De cinq à six ans, l'enfant est un réceptacle. Que recevra-t-il ? Ce qu'on y versera [...]. Un enfant peut s'améliorer ou se contaminer selon les circonstances, mais l'éducation doit être donnée dans un sol vierge, pendant l'enfance, où les habitudes du bien, du droit, du juste, du beau sont prises avec des racines profondes qui font qu'on peut les oublier momentanément, mais jamais totalement (GMCF, 1936, p. 546).

---

2.   Voir l'œuvre *Émile* de Jean-Jacques Rousseau (1762).

Son cerveau est une cire plastique et la jeunesse est si propice à la formation des habitudes (*Bulletin sanitaire*, novembre-décembre 1941, p. 62-63).

Symboliquement, l'enfant était perçu comme une matière première que l'on devait modeler et façonner pour le discipliner.

RÉGULATION DES PRATIQUES SOCIALES :
LA LUTTE POUR LA SURVIE DES ENFANTS

Avant d'examiner les interventions mises en place pour assurer la survie et le bien-être de l'enfant, il est utile de décrire brièvement le contexte social de la première moitié du XXe siècle afin de montrer comment les discours professionnels, loin d'évoluer en vase clos, sont tributaires de la société dans laquelle ils s'inscrivaient en même temps qu'ils l'influençaient. Les premières décennies du XXe siècle constituent une période où s'est posée avec acuité pour les réformistes et les autorités sanitaires de l'époque la condition sociale des enfants et des familles. Nombreuses, les difficultés économiques et sociales ont amené pour la première fois un mouvement dit progressiste à se pencher sur la nature de la société et à s'interroger sur son évolution marquée par une industrialisation et une urbanisation sans doute trop rapides, qui ont provoqué de profonds bouleversements dans la structure familiale. Cette conjoncture sociale a amené toute une panoplie d'experts sociaux et sanitaires à penser que cette situation de crise devait être maîtrisée. Dans la foulée des mouvements hygiénistes américains et européens (Meckel, 1990 ; Rollet, 1994), ils ont tenté de conscientiser la population à des réformes sociales pour le mieux-être des enfants. Mais cette prise de conscience était une tâche complexe et n'a pu être réalisée que très lentement, au moyen d'une série de tâtonnements successifs.

Au Québec, l'amélioration de la condition sociosanitaire des populations constitue le premier front de lutte ouvert par les infirmières, les médecins, les hygiénistes et les autorités gouvernementales pour combattre la mortalité infantile[3]. Particulièrement, les chances de survie

---

3.   Il paraît probant de distinguer deux périodes dans la lutte contre la mortalité infantile. La première s'étend du début du siècle jusqu'à la Deuxième Guerre mondiale et l'autre période, de 1940 jusqu'aux années 1980. La première se caractérise par la lutte aux causes exogènes, c'est-à-dire celles qui sont liées aux conditions sociosanitaires des populations.

d'un nouveau-né étaient décrites comme étant étroitement tributaires des conditions socioéconomiques et environnementales et des pratiques maternelles. Aux yeux de plusieurs professionnels, l'ignorance des mères était mise en cause pour expliquer les hauts taux de mortalité infantile (UMC, novembre 1950). Parallèlement à ces actions, on a assisté à la mise en place d'institutions sociosanitaires et diffusé des campagnes d'éducation populaire.

Lutte sur le front des conditions sociosanitaires

Dans les premières décennies du XXe siècle, hygiénistes, infirmières et médecins se sont attaqués à la tâche gigantesque de corriger la situation de l'hygiène autant publique que privée. En milieu urbain surtout, la qualité de l'eau semblait douteuse parce que l'eau n'était ni filtrée ni traitée (provoquant ainsi des maladies diarrhéiques et contagieuses). Il en était de même pour la qualité du lait. Les réformistes sociosanitaires ont ainsi préconisé l'adoption de mesures législatives concernant la filtration de l'eau, les conditions de production, de conservation et de distribution du lait avec des conséquences positives sur la santé des enfants. La pasteurisation du lait a rencontré de fortes résistances non seulement chez la population, mais également auprès du corps professionnel dont le discours était divisé sur cette question. Ce n'est qu'en 1943 que le gouvernement a adopté une loi adéquate afin que la pasteurisation devienne obligatoire au Québec.

La pauvreté des familles, qui avait un effet délétère sur la constitution des nourrissons et qui engendrait des conditions propices à la mortalité infantile, était au cœur des préoccupations des professionnels et notamment du personnel infirmier. Le manque d'espace, de lumière, la malpropreté des lieux, les pièces humides concouraient à la progression des maladies infantiles. Les discours des infirmières visiteuses sont éloquents à cet égard. On décrivait comme suit les lieux visités :

L'autre se caractérise par un combat contre les causes endogènes, notamment par la prévention des naissances prématurées en veillant à la santé des mères pendant la grossesse. Notons que la diarrhée et les entérites étaient les premières causes de mortalité infantile jusqu'à la fin des années 1930 (Turmel et Hamelin, 1995).

Quelle maison ! Un taudis comme il y en a tant dans cette section de la ville : quatre pièces au fond d'une cour, servant de home à une famille de huit personnes : six enfants, le père et la mère. Lors de ma visite, les ressources pécuniaires étaient plutôt minces (GMCF, novembre 1941, p. 488).

Les autorités sanitaires ont donc assigné progressivement des inspecteurs de services municipaux pour veiller au bon état des logements et à l'organisation systématique des ordures ménagères. Elles ont également fait des pressions pour que « les gouvernements viennent en aide à des institutions destinées à l'assistance et au traitement des enfants pauvres » (UMC, octobre 1936, p. 988). Toutefois, malgré la croissance des problèmes sociaux, les interventions de l'État sont demeurées timides jusque dans les années 1960.

Mise en place d'institutions sociosanitaires : régulation des comportements et campagnes d'éducation populaire

Une régulation des comportements des populations s'est faite par la mise en place d'institutions sociosanitaires qui avaient notamment le mandat de les encadrer. Les consultations pour nourrissons[4] appelées « Goutte de lait » constituent les premières actions préventives entreprises auprès des mères. Ce n'était pas un centre curatif : les bébés malades étaient dirigés vers les cliniques médicales ou les hôpitaux. Les infirmières et les bénévoles étaient aux premières loges de cette institution. Elles avaient le mandat de promouvoir l'allaitement maternel, de donner des conseils sur l'alimentation artificielle et d'éduquer les mères. C'était « le centre par excellence pour enseigner aux mères les notions de puériculture qui leur sont nécessaires concernant l'alimentation des bébés et les soins qu'ils requièrent. C'est une véritable école des mères. Elle permet de combattre deux facteurs dans l'incidence de la mortalité infantile, la pauvreté et l'ignorance des mères » (GMCF, février 1937, p. 70). Selon les discours infirmiers de l'époque, la consultation du nourrisson était la plus importante de toutes les mesures préconisées pour combattre la mortalité infantile. L'extrait précédent

---

4.   La première clinique du nourrisson a été implantée à Montréal en 1901. En 1936, il y avait soixante-dix consultations de nourrissons (GMCF, 1937).

est illustratif à double titre du discours dominant de l'époque. La mère y était considérée comme la seule responsable de la préservation de la santé de l'enfant. Il témoignait encore d'une croyance absolue dans la vulgarisation de la puériculture pour sauver l'enfant. La médicalisation de la maternité et de la petite enfance était en marche et ne cessera alors de s'affirmer.

Dans cette foulée, des interventions auprès des mères et de nourrissons ont également été faites par des infirmières qui travaillaient dans les unités sanitaires. Mis sur pied en 1926, grâce à l'appui de la fondation Rockefeller, ces centres de soins et d'éducation visaient avant tout à rejoindre les familles de milieux ruraux et semi-ruraux. On comptait ainsi doter ces populations de services comparables à ceux qui étaient offerts dans les grandes villes. Au nombre de vingt-deux en 1926, on en comptait près de cinquante en 1940 et soixante-treize en 1970 (Baillargeon, 2004). Dès 1925, avec la fondation de l'École d'hygiène sociale à l'Université de Montréal, les institutions de santé publique ont pu compter sur un personnel infirmier bien formé.

Étant souvent la seule professionnelle à observer les pratiques maternelles à l'intérieur du foyer familial, l'infirmière était un médiateur privilégié dans la préservation de la santé. Ses visites à domicile lui permettaient « d'atteindre la mère à bonne heure, de seconder, de renforcer l'action du médecin de famille auprès d'elle, pour l'encourager non seulement à nourrir son bébé, mais à bien suivre ses avis » (GMCF, février 1937, p. 77). Autant dans les consultations de nourrissons que dans les visites à domicile, elles ont tenté de persuader les mères de nourrir[5] leurs bébés. Enfin, les autorités sociosanitaires ont mené une campagne incessante pour une vaccination généralisée contre la diphtérie, la coqueluche et le tétanos des bébés.

---

5.   Le problème de l'allaitement maternel était d'autant plus crucial que les Québécoises francophones sevraient très tôt leurs bébés afin de les nourrir au biberon, la plupart du temps avec du lait contaminé. Il ne semble pas y avoir de statistiques officielles sur l'allaitement maternel. Toutefois, on avance que, dans certaines villes canadiennes et québécoises, à peine 20 % des mères essayaient de nourrir elles-mêmes leurs bébés (GMCF, février 1937). Situation alarmante par rapport à des pays comme la Nouvelle-Zélande, la Suède et la Norvège, qui se distinguaient par leur taux très bas de mortalité infantile, où plus de 80 % des bébés étaient allaités.

Au moment de la Deuxième Guerre mondiale, des progrès importants ont été réalisés pour combattre les causes exogènes de la mortalité infantile. Dès lors, les efforts étaient concentrés sur la lutte à la prématurité, au premier rang des causes endogènes de la mortalité infantile. Par l'entremise des unités sanitaires, des campagnes d'éducation populaire se sont poursuivies afin de régulariser les comportements des femmes enceintes et de les persuader d'accoucher à l'hôpital. Les professionnels de l'époque établissaient une corrélation directe entre les taux de mortalité infantile élevés et la faible natalité institutionnelle. Dans la mesure où la moitié des femmes accouchaient à la maison en 1951[6], les discours insistaient sur le fait que les parturientes « n'avaient pas à leur disposition toute l'instrumentation et l'organisation *ad hoc* qui permettait de sauver l'enfant » (UMC, novembre 1950, p. 1319). Or, la méfiance envers l'appareil hospitalier s'est atténuée graduellement au fil des ans. En 1960, 92,3 % des naissances avaient lieu à l'hôpital et plusieurs auteurs reconnaissent que de meilleures habitudes de vie des mères et l'amélioration de la technologie fœtale semblent avoir contribué à la survie des nouveau-nés (Arney, 1982).

Si l'on accepte l'hypothèse selon laquelle la mortalité infantile constitue une caractéristique du développement global d'une société, force est de reconnaître que le Québec a connu au cours du XXᵉ siècle des progrès fulgurants pour assurer la survie des enfants. En 1973, le Québec rejoignait la moyenne canadienne (15,5 pour 1 000 naissances vivantes). Au tournant du XXIᵉ siècle, il avait un des taux de mortalité infantile parmi les plus faibles au monde (4,2 pour 1 000 naissances vivantes). L'analyse de nos données montre avec éloquence que les infirmières ont joué un rôle très important pour enrayer ce fléau humain.

---

6.   En Ontario, 93,1 % des femmes accouchaient en institution en 1951, la moyenne canadienne se situait à 79,1 % (source : Annuaire du Canada, 1963-1964).

LES NORMES DE LA PUÉRICULTURE :
LA RÉGULATION DE LA VIE DES ENFANTS ET DES FAMILLES

Abordons maintenant les normes éducatives prescrites par les discours professionnels. L'analyse du corpus révèle que, dès les années 1930, la puériculture était le modèle de référence dominant pour les professionnels de la santé. Promue à la fin du XIXᵉ siècle au rang de discipline scientifique (Neyrand, 2000), celle-ci avait le mandat d'assurer la progression régulière de la croissance de l'enfant et de son épanouissement. Les normes épousaient souvent une forme autoritaire (l'emploi des verbes à l'impératif est généralisé) et s'articulaient autour de quatre traits distinctifs : 1) le rationalisme aseptique ; 2) la régularité ; 3) la discipline ; et 4) la mesure des paramètres du développement de l'enfant.

Face à la menace bactérienne, hygiénistes et professionnels ont introduit auprès des mères la méthode de l'asepsie, mise en place dans la foulée pasteurienne. Grands responsables des maux qui affligeaient les enfants, les microbes devaient être traqués. Par exemple, les enfants devaient être mis à distance des foules et aucun lieu public n'étant adéquat pour eux. De plus, l'entretien de la maison ne pouvait pas se faire en dilettante. Tout devait reluire et être astiqué. Aucun microbe ne devait s'introduire dans son enceinte. La chambre des enfants devait être d'une propreté idéale, aérée et bien rangée. Ainsi s'affirme l'idée d'une gestion rationnelle de la maison à travers laquelle toutes les tâches familiales sont décortiquées et doivent se faire à des heures précises.

Un autre trait renvoie à la régularité et à la discipline, qui s'opposent au plaisir et à la tendresse pour la mère et l'enfant et s'imposent comme seconde règle normative (Ehrenreich et English, 1982). Cette approche éducative s'inscrit dans la lignée de la théorie du béhaviorisme développée par le psychologue américain Watson, un peu avant les années 1920. Watson était émerveillé devant la malléabilité de l'enfant et était persuadé qu'un conditionnement approprié pouvait permettre aux parents et aux enseignants d'obtenir les comportements qu'ils souhaitaient voir se manifester chez lui, allant jusqu'à déclarer qu'il « était possible de dresser l'enfant à agir comme une machine ou, du moins, à s'ajuster à un monde qui exigeait autant de régularité et de discipline qu'une machine » (Ehrenreich et English, 1982).

La régulation du corps de l'enfant s'imprime dans la répétition des mêmes actes et aux mêmes heures. Afin de leur inculquer de bonnes habitudes de vie, les mères doivent apprendre l'art de le nourrir, de l'habiller, de le toucher, de le mouvoir, etc. L'horaire des bains et de l'alimentation était aussi scrupuleusement découpé et fragmenté que celui des promenades à l'extérieur. La temporalité à l'égard du rapport à l'enfance se scandait ainsi sur un horaire quasi immuable, sur une image métaphorique mécanique du temps de production de la société industrielle. Cette prescription prenait la forme d'un commandement : « Pour conserver votre bébé en santé, il faut lui donner des soins à des heures régulières. [...] Même s'il dort, il faut le réveiller. »

L'art d'élever les enfants n'appartenait pas au registre des sentiments, mais à celui de la raison comme l'illustre de manière éloquente cette règle impérative : « Ne jamais bercer le bébé ni rester près de lui [...]. S'il s'éveille et pleure durant la nuit, ne lui donnez jamais le sein. Changez-le de position et donnez-lui un peu d'eau bouillie » (GMCF, février 1931, p. 91). La relation parent-enfant se redéployait en conséquence autour du pouvoir de l'expertise qui délimite le rapport au temps social. Autorité, hiérarchie et régularité étaient ainsi construites comme conditions essentielles au développement de l'enfant.

Enfin, la connaissance du développement de l'enfant reposait d'abord sur la pratique de la mesure. Période de croissance intensive, l'enfance était ainsi encadrée par des mesures de poids, de taille, de tests mesurant le quotient intellectuel, de sorte qu'on en est venu à établir des normes applicables à tous (Turner, 1992). On structurait avec une précision scientifique les phases de développement de l'enfant ainsi que sa courbe de croissance.

Pour bien suivre le développement physique et cognitif de son enfant, la mère devait tenir un registre dans lequel elle consignait les premières manifestations du développement physique et intellectuel de son enfant : taille, poids, premier sourire, premières dents, premières paroles, comportements enjoués, etc. Ce carnet de santé permettait de comparer le développement de l'enfant aux paramètres reconnus, tout en étant une source de renseignements cliniques pour l'infirmière et le pédiatre.

Dès les années 1930, les professionnels de la santé qui travaillaient dans le milieu scolaire étaient préoccupés par les enfants dits lents d'apprentissage en cherchant les moyens de diagnostiquer leurs difficultés cognitives et d'adaptation. Ils ont recommandé d'utiliser un dispositif psychométrique pour effectuer un meilleur repérage de ces cas. Entre les années 1930 et 1936, 20 594 enfants québécois ont passé des tests psychométriques[7] dont le but était d'établir le niveau « mental » d'un élève. Le nombre d'enfants classifiés déficients était troublant : plus de 50 % ne répondaient pas aux critères de normalité (GMCF, 1936). Les résultats de ces tests étaient inscrits sur la fiche médicale de l'élève et le suivaient tout au long de son parcours scolaire. Au tournant des années 1960, la mise en doute de l'efficacité de ces tests d'intelligence dominait les discours ; au fil du temps, ils ont été administrés de façon plus parcimonieuse.

Au nom des meilleures intentions, la technologie de la mesure inscrite au sein de la vie de l'enfant est celle qui manifestement non seulement a introduit des nouveaux statuts liés à l'âge (nourrisson, « trottineur », être intelligent, lent, etc.), mais qui a mis également en lumière les paramètres de la normalité de l'enfant. Ces classifications qui ont guidé la pratique des soins infirmiers infantiles ne sont pas anodines. Pour paraphraser le philosophe Hacking (2001), elles peuvent modifier les manières dont les enfants construisent leur identité. Ceux-là sont alors amenés à vivre des sentiments, à avoir des comportements et des façons de faire qui y répondent parce qu'on les désigne de telle façon. La gestion de la prévention par la mesure peut en effet vulnérabiliser certains enfants très tôt dans leur parcours de vie.

La psychologie : la discipline de référence 1950-1970

Au tournant de 1950, l'essor de la psychologie et sa généralisation (Gleason, 1999) ont influencé les pratiques professionnelles en fixant de nouvelles manières de se conduire envers l'enfant. Les assises d'un

---

7.   Les tests Binet-Simon (1905), révisés aux États-Unis par L. Terman de l'Université de Stanford (1916), ont été administrés aux enfants. Ils avaient pour but d'établir le niveau mental d'un élève, c'est-à-dire la relation qui existe entre son développement intellectuel et son âge.

modèle éducatif rigide ont été ébranlées. On a assisté alors à une jonction entre la pédiatrie et la psychologie, et la référence à cette jeune discipline dynamique est devenue rapidement dominante dans les discours portés sur l'enfant. En effet, c'est au cours de cette période que s'est amorcé au Québec un processus de redéfinition de l'enfance concomitant à celui des pays occidentaux. Cette période de l'histoire est imprégnée d'un renouveau social où s'affirme parallèlement à la mise en place de nouvelles pratiques l'idée que les principes éducatifs doivent s'arrimer à l'époque moderne. Les conseils pédiatriques s'inspirant des théories psychologiques sont alors devenus très présents dans les discours. En effet, ils ont bouleversé la configuration culturelle du modèle de la puériculture qui est apparu comme une solution de rechange plausible pour la régulation des conduites enfantines. Par conséquent, les représentations sociales n'ont plus été les mêmes.

Les représentations sociales

Comment a-t-on alors présenté l'enfant dans ce contexte et qu'est-ce qui différencie cette présentation de celle de la période précédente ? Retenons d'abord que les discours témoignaient de leur désir d'oublier le passé pour celui d'être au présent. Mais, contrairement aux années antérieures, ce n'était pas seulement le savoir populaire qui était considéré comme désuet mais également les normes éducatives dictées par la puériculture. Puis, une nouvelle temporalité a ordonné le rythme du développement de l'enfant. S'inspirant cette fois des travaux de Piaget, Gesell et Freud, l'idée nouvelle défendue dans les discours était la suivante : tous les enfants traversent un ensemble de stades socio-cognitifs pour atteindre leur maturation, mais chacun évolue à son propre rythme.

Par rapport au corps de l'enfant, notons qu'un fil conducteur traverse les discours. Ces derniers dévoilent une image précise du corps : la condition enfantine est dorénavant singulière. Il existe une culture de l'enfant vaste et variée débouchant sur des parcours divers. La représentation de l'être fragile que l'on devait protéger et où ses mouvements devaient être maîtrisés fait place à l'individu unique qui doit vivre ses propres expériences de vie. Avec cette conception, on assiste à un effritement progressif du monolithisme traditionnel en regard de la régulation des besoins physiques de l'enfant ; l'heure est au primat de l'affectif, dimension longuement négligée. L'enfant est défini sous le registre de la métaphore du fondement ; il devient cette archéologie de l'humain dont l'Émile de Rousseau était un précurseur. Ainsi, les premiers âges de l'enfant apparaissent d'une importance capitale pour la construction des acquis affectifs de l'adulte. « L'adulte est le produit de ce qui lui est arrivé dès les premières années » (Cahiers du nursing canadien, mars 1966, p. 7). La métaphore holistique nourrit également la représentation de ce corps singulier : l'enfant est un tout (James, Jenks et Prout, 1998). Corps, affectivité et environnement social sont intimement liés pour assurer son développement. Qu'on entende ce que le discours des experts énonce à cet égard : « Son caractère et ses habitudes d'ordre moral seront donc, en grande partie, le produit des influences et des réactions de son milieu » (GMCF, mai 1954, p. 19).

Les normes de la psychologie : la reconnaissance de l'individualité de l'enfant

Examinons maintenant les composantes éducatives du modèle psychologique qui bouleverse la configuration culturelle de l'enfance. Les traits distinctifs d'amour et de tendresse, de tolérance et d'écoute ainsi que de quête de l'autonomie mettent l'accent sur l'affirmation de l'identité de l'enfant. Il était accepté que le psychisme de l'enfant puisse affecter sa santé physique.

La primauté de l'affectif et de l'émotif était reconnue comme une composante essentielle dans la construction des acquis de l'enfant. On s'éloignait définitivement des principes rigoureux qui s'inscrivaient au cœur des discours des années 1940. Le bien-être de l'enfant ne pouvait être trouvé que dans un amour démonstratif des parents. Dans le sillage des travaux du Dr Spock, des idées neuves étaient énoncées sur la meilleure manière de prendre soin des tout-petits. « Profitez de votre bébé. Il n'est pas exigeant, mais il a besoin d'affection. [...] N'ayez pas peur de l'aimer et de satisfaire ses besoins » (Spock, 1976, p. 10).

Bien que le père se voyait décerner un rôle d'éducateur chaleureux auprès de ses enfants, la mère demeurait la dépositaire de l'amour que l'on devait leur prodiguer. Par son sens de l'observation, elle devait déceler ses véritables besoins comme en font foi ces propos : « Il arrive parfois que bébé pleure sans raison apparente. On dirait " qu'il pleure pour rien ", mais il y a toujours une raison. [...] » (Cahiers du nursing canadien, décembre 1969, p. 376-377). Le façonnement de la sécurité du jeune enfant se réalisait dans la relation affective qu'il établissait avec elle, et ce, à travers une communication permanente empreinte de soins, de corps à corps, de sourires et de babillages. L'éducation de l'enfant renvoyait à une image d'affection et d'amour. C'était une prémisse de la réussite de sa vie.

Ces considérations ont introduit un second trait distinctif : la tolérance et l'écoute. À l'ère de la modernité, on a assisté à un renversement de perspective : de l'inculcation de règles normatives pour le dressage du corps, on est passé à l'écoute de l'enfant, à son rythme particulier, à la possibilité de faire des choix. L'approche éducative défendue ici s'inscrivait dans la lignée de la pédagogie de Rousseau qui considérait essentiel que la nature de l'enfant ne soit contrariée. Corrélativement, l'enfant n'était plus vu comme une pâte à modeler sur laquelle devaient être inscrits les grands principes de la discipline. La construction de son identité se jouait dorénavant dans un espace ouvert présentant de multiples possibilités ; elle était notamment liée à la qualité de l'exploration de son univers (Sirota, 1998). Il est intéressant de noter que les syntagmes relevés dans le corpus ne sont plus liés au registre de l'enfermement mais qu'ils font de plus en plus référence à « l'ailleurs », à des lieux qui contribuent à leur façon à l'épanouissement et au développement des potentialités de l'enfant. Par exemple, les jardins d'enfants, les parcs publics, les sorties familiales et les voyages étaient cités comme des lieux propices d'apprentissage. « L'entrée au jardin d'enfants est souhaitable à tous égards » (Cahiers du nursing canadien, octobre 1960, p. 20). Dans le même esprit, toute forme de jeu était encouragée pour les enfants hospitalisés : il était non seulement considéré « comme passe-temps mais comme une thérapie. Il est prouvé qu'un enfant qui s'amuse guérit plus vite » (Cahiers du nursing canadien, décembre 1969, p. 365).

Pour favoriser le déploiement des habiletés affectives et cognitives de l'enfant, l'autorité parentale ne devait plus s'appuyer sur l'autoritarisme d'antan qui prônait des règles arbitraires. Elle était envisagée comme un processus bidirectionnel privilégiant l'échange et le respect.

L'enfant était donc reconnu comme un acteur pouvant s'exprimer et être écouté ; il est devenu co-constructeur de son développement (Bernard-Béchariès, 1994).

Enfin, soulignons ici le dernier trait éducatif, soit l'autonomie. Éduquer un enfant, c'est le rendre autonome (Sirota, 1998 ; De Singly, 2004). Le discours des experts était formel : l'autonomie de l'enfant s'acquiert dès son jeune âge et la règle d'or de l'approche éducative privilégiée était de laisser faire la nature. Retenons quelques conseils cités tout au long du corpus : « laissez votre enfant explorer, fouiner, vider les armoires, laissez-le poursuivre sa tâche par lui-même, éviter avant tout de lui adresser des remontrances continuelles ». L'acquisition et l'apprentissage de ces nouvelles normes de civilité exigeaient des parents qu'ils guident l'enfant là où l'entraînent ses habiletés et ses aptitudes, pour qu'il puisse grandir en équilibre dans cet univers en mouvance. Ici se conjuguaient clairement les nouveaux modes de parentalité. On y lit par exemple :

> Pour aider l'enfant à grandir, il faut que les parents sachent envisager avec calme [...] les problèmes qui surgissent, sans jamais oublier que l'enfant a sa propre destinée, très différente de la leur (Cahiers du nursing canadien, octobre 1960, p. 19).

Le nouveau credo : accompagner l'enfant. En outre, l'autonomie qu'on lui laissait devait être aussi calculée : trop d'autonomie pourrait traduire de l'indifférence. Il s'agit d'une redéfinition éducative, délogeant de son centre la discipline pour y placer la liberté de l'enfant.

CONCLUSION

Au tournant du XXe siècle, médecins et infirmières ont commencé à investiguer de façon systématique le champ de l'enfance au Québec. Au fil du temps, le recours à un savoir professionnel pour les soins à prodiguer à l'enfant a été associé à celui de l'expertise. Dès les années 1930, les discours des professionnels témoignaient de l'importance de mettre en place tout un dispositif sociosanitaire pour améliorer la condition des enfants. L'infirmière a été une figure importante pour l'amélioration de leur survie. Par contre, les normes de la puériculture prescrites aux parents ont modifié les images du monde enfantin en introduisant comme mesures éducatives le rationalisme aseptique, la régularité, la discipline et la mesure. Les discours professionnels de l'entre-deux-guerres ont prôné des normes éducatives autoritaires au détriment d'une vision plus globalisante des besoins de l'enfance, notamment de sa réalité affective. L'enfant a eu peu de reconnaissance comme sujet et comme acteur de son histoire, pour reprendre les termes de Gavarini (2001). Son droit de parole était limité.

À travers le regard porté sur les premiers âges de la vie se révélait aussi une représentation de l'enfance *telle qu'elle devrait être*. Les experts ont introduit des critères et des standards mesurables, offrant ainsi la possibilité d'introduire sur le plan sociologique les paramètres de la normalité de l'enfant à travers les phases de maturation. Le normal est ce qui s'avère mesuré et normé en tant que tel. La figure de l'enfance s'en trouve marquée. Par exemple, la gestion de la prévention par la mesure du poids, de la taille et du quotient intellectuel peut en effet vulnérabiliser, voire stigmatiser certains enfants très tôt dans leur parcours de vie. Il y a lieu de se demander ce que signifie « la croissance normale d'un enfant ».

En revanche, les discours de l'époque dite moderne nous invitent à porter un regard différent sur l'enfant et à penser son éducation en s'inspirant des nouvelles théories psychologiques qui bouleversent la figure du modèle éducatif précédent. L'amour, la tendresse, la tolérance, l'écoute de l'enfant et la quête de son autonomie sont devenus les nouvelles normes à suivre pour assurer son bien-être. L'enfant n'est plus considéré comme « un récepteur des pratiques éducatives » mais comme un acteur de sa propre socialisation. Son droit de parole est valorisé.

Pour la pratique des soignants, il semble important de rappeler que la prégnance de la médicalisation a laissé des traces profondes et durables sur la configuration de l'enfance. Cet âge de la vie est devenu une figure variable dans le temps en fonction des prescriptions énoncées aux parents. Les discours martelés avec conviction ont enlacé progressivement les gestes de la vie quotidienne des mères et des enfants et ont favorisé auprès des parents l'intériorisation des valeurs de la rationalisation de l'univers familial et de celles du « corps raisonné » et émotif de l'enfant. Les instances professionnelles se sont introduites dans l'espace privé des familles en disant aux parents, particulièrement aux mères, comment se comporter avec leur progéniture. Ce parcours invite à penser que la normativité impérative peut amener certains d'entre eux à avoir le sentiment de ne pas être à la hauteur des exigences demandées. À une époque où le transfert des connaissances est à l'ordre du jour, il serait sans doute probant de se demander comment instaurer un juste équilibre entre savoir formel et savoir expérientiel, entre compétence professionnelle et compétence parentale.

Référrences

Ariès, P. (1973). *L'enfant et la vie familiale sous l'Ancien Régime* (2ᵉ éd.), Paris : Éditions du Seuil.

Arney, W.R. (1982). *Power and the Profession of Obstetrics*, Chicago : University of Chicago Press.

Baillargeon, D. (2004). *Un Québec en mal d'enfants. La médicalisation de la maternité, 1910-1970*, Montréal : Éditions du Remue-Ménage.

Berger, P., et T. Luckmann (1989). *La construction sociale de la réalité*, trad. par Pierre Taminiaux, Paris : Méridiens Klincksieck.

Bernard-Béchariès, J.-F. (1994). « Quels paradigmes pour une théorie de l'enfant-acteur ? », numéro spécial : Enfances et sciences sociales, *Revue de l'Institut de sociologie*, (1-2), 21-37.

Comacchio, C. R. (1993). *Nations are Built of Babies : Saving Ontario's Mothers and Children, 1900-1940*, Montréal et Kingston : McGill-Queen's University Press.

Copp, T. (1978). *Classe ouvrière et pauvreté : les conditions de vie des travailleurs montréalais (1897-1929)*, Montréal : Boréal express.

Crubellier, M. (1979). *L'enfance et la jeunesse dans la société française 1800-1850*, Paris : Armand Colin.

De Singly, F. (dir.) (2004). *Enfants adultes : vers une égalité de statuts ?*, Paris : Universalis.

Ehrenreich, B., et D. English (1982). *Des experts et des femmes*, trad. par Louise E. Arsenault et Zita de Koninck, Montréal : Éditions du Remue-Ménage.

Fossion, A., et J.-P. Laurent (1981). *Pour comprendre les lectures nouvelles. Linguistique et pratiques textuelles* (2ᵉ éd.), Paris : Duculot.

Gavarini, L. (2001). *La passion de l'enfant. Filiation, procréation et éducation à l'aube du XXIᵉ siècle*, Paris : Denoël.

Gleason, M. (1999). *Normalizing the Ideal : Psychology, Schooling, and the Family in Postwar Canada*. Toronto : University of Toronto Press.

Habermas, J. (1973). *La technique et la science comme « idéologie »*, Paris : Gallimard.

Habermas, J. (1978). *L'espace public : archéologie de la publicité comme dimension constitutive de la société bourgeoise*, Paris : Payot.

Hacking, I. (2001). *Entre science et réalité : la construction sociale de quoi ?*, Paris : Éditions La Découverte.

Halpern, S.A. (1988). *American Pediatrics : The Social Dynamics of Professionalism, 1880-1980*, Los Angeles : University of California Press.

Hamel, T. (1984). « Obligation scolaire et travail des enfants : 1900-1950 », *Revue d'histoire de l'Amérique française*, 38 (1), 39-58.

Hamelin Brabant, L. (2000). *L'enfance et la transformation des modèles professionnels médicaux*, thèse de doctorat, Université Laval.

Henripin, J. (1961). « L'inégalité sociale devant la mort : la mortinatalité et la mortalité infantile à Montréal », *Recherches sociographiques*, 2 (1), 3-34.

James, A., et A.L. James (2004). *Constructing Childhood : Theory, Policy and Social Practice*, Houndmills : Palgrave Macmillan.

James, A., C. Jenks et A. Prout (1998). *Theorizing Childhood*, Cambridge : Polity Press.

Joyal, R. (dir.) (2000). *Entre surveillance et compassion. L'évolution de la protection de l'enfance au Québec. Des origines à nos jours*, Sainte-Foy : Presses de l'Université du Québec.

McKeown, T. (1981). « Les déterminants de l'état de la santé des populations depuis trois siècles : le comportement, l'environnement et la médecine », dans L. Bozzini et autres (dir.), *Médecine et société, les années 80*, Montréal : Éditions coopératives Albert Saint-Martin, 143-175.

Meckel, R.A. (1990). *Save the Babies : American Public Health Reform and the Prevention of Infant Mortality, 1850-1929*, Baltimore : Johns Hopkins University Press.

Molino, J. (1969). « Sur la méthode de Roland Barthes », *La linguistique*, 2, 141-159.

Neyrand, G. (2000). *L'enfant, la mère et la question du père : un bilan critique de l'évolution des savoirs sur la petite enfance*, Paris : Presses universitaires de France.

Rollet, C. (1994). « La santé du premier âge sous le regard de l'État », *Cahiers du nursing canadien québécois de démographie*, 23 (2), 257-295.

Sirota, R. (1998). « Nouvelles sociabilités enfantines », *Informations sociales*, 65, 104-111.

Sokal, M.M. (1987). *Psychological testing and American society, 1890-1930*, New Brunswick, N.J. : Rutgers University Press.

Spock, B. (1976). *Comment soigner et éduquer ses enfants*, Belgique : Éd. Verviers.

Sutherland, N. (1976). *Children in English-Canadian Society : Framing the Twentieth-Century Consensus*, Toronto : University of Toronto Press.

Sutherland, N. (1997). *Growing up : Childhood in English Canada from the Great War to the Age of Television*, Toronto : University of Toronto Press.

Thuillier, P. (1988). *Les passions du savoir. Essais sur les dimensions culturelles de la science*, Paris : Fayard.

Turmel, A. (1997). « Absence d'amour et présence de microbes : sur les modèles culturels de l'enfant », *Recherches sociographiques*, 38 (1), 89-115.

Turmel, A., et L. Hamelin (1995). « La grande faucheuse d'enfants : la mortalité infantile depuis le tournant du siècle », *Revue canadienne de sociologie et d'anthropologie*, 32 (4), 439-463.

Turner, B.S. (1992). *Regulating Bodies : Essays in Medical Sociology*, London : Routledge.

Jeunesse, santé et mode de vie

MADELEINE GAUTHIER

On pourrait supposer que les jeunes de 20 ans sont en pleine santé et n'ont pas de soucis. C'est oublier que cette période de la vie n'est pas exempte de difficultés qui peuvent être à l'origine de problèmes de santé et de comportements à risque. C'est l'âge de toutes les transitions et les occasions de stress sont nombreuses. On se demande si l'on a fait le bon choix d'études et d'orientation, si l'on finira par trouver un emploi stable, un emploi qui ne serait pas trop éloigné de sa formation et à proximité du lieu où l'on aimerait vivre. Qu'en est-il de la vie amoureuse dans un contexte où l'idée d'union pour la vie ne fait plus partie des valeurs ambiantes ? Et si l'on n'avait pas les moyens de former une famille, de se loger convenablement, de vivre au rythme de la société qui nous entoure ? Voilà des questions parmi tant d'autres qui se posent autour de la vingtaine et qui ne sont pas sans causer des effets sur la santé.

À ce propos, l'enquête sur la santé dans les collectivités canadiennes de 2005 nous apprend notamment que la détresse psychologique[1] atteint une proportion élevée de personnes de 15 à 24 ans, supérieure à d'autres âges de la vie. Elle serait même plus fréquente au Québec que

---

1. La détresse psychologique se définit comme « le résultat d'un ensemble d'émotions négatives ressenties par les individus qui, lorsqu'elles se présentent avec persistance, peuvent donner lieu à des syndromes de dépression et d'anxiété ». 40,4 % des jeunes femmes et 26,6 % des jeunes hommes de cette tranche d'âge en sont atteints (Camirand et Nanhou, 2008 : 3).

dans d'autres provinces canadiennes (Camirand et Nanhou, 2008). Faut-il lier ce constat à des comportements morbides comme le suicide qui touche au Québec les jeunes de 20 à 34 ans dans une proportion de 24 par 100 000 habitants (St-Laurent et Gagné, 2009) ? Et que dire de la toxicomanie ? En ce qui concerne la consommation d'alcool des jeunes de 15 à 24 ans, la proportion de « buveurs actuels » serait presque identique à celle des 25 à 44 ans (Chevalier et Lemoine, 2000).

Le marché du travail est un autre domaine où les jeunes sont particulièrement vulnérables, entre autres parce qu'ils constituent une population à risque d'accidents de travail. L'Institut de recherche sur la santé et la sécurité au travail (IRSST) a même orienté ses travaux au cours des dernières années sur ce groupe d'âge, tout particulièrement sur les jeunes hommes (Ledoux et Laberge, 2006). Il faut dire que les jeunes se retrouvent proportionnellement en plus grand nombre que les travailleurs plus âgés dans des emplois qui présentent des conditions propices à des accidents de travail. La jeunesse est aussi l'âge des expériences amoureuses, de la première maternité[2], des possibles interruptions de grossesse[3] et d'éventuelles maladies transmissibles sexuellement[4]. Ces quelques données suffisent à montrer que la période de la jeunesse n'est pas exempte de problèmes qui touchent le corps à un âge où la santé est généralement florissante. Situer alors les jeunes que l'on rencontre ou à qui l'on s'adresse dans les soins ou dans des interventions de santé requiert une bonne connaissance de cette période de la vie et de ce que ces jeunes doivent affronter.

Des changements dans les cycles de vie ont eu lieu au cours des dernières décennies. Ils ont attiré l'attention sur la jeunesse[5], une catégorie

---

2. Même si cette expérience est reportée plus loin dans la vingtaine pour la majorité.
3. L'âge moyen des interruptions de grossesse est de 26,34 ans en 2006. Et c'est entre 20 et 24 ans qu'on en pratique le plus (34/1 000) (Institut de la statistique du Québec, 2008).
4. « En 2007, les jeunes entre 15 et 24 ans représentent 65 % des cas de chlamydiose génitale déclarés, 41 % des cas d'infection gonococcique, 9 % des cas d'hépatite B, 7 % des cas de syphilis infectieuse et 6 % des cas d'hépatite C. Par ailleurs, ils totalisent 5 % de l'ensemble des nouveaux et anciens cas reconnus depuis le début du programme québécois de surveillance du VIH implanté en avril 2002 » (MSSS, 2008 : 13).
5. Denise Lemieux fait l'hypothèse que « c'est autour de 1940 que commence à s'établir véritablement un consensus au sujet de la jeunesse qui en consacre la définition comme différente de la vie adulte » (1986 : 66-67). Coïncidence ? C'est en 1943 que la loi de l'obligation scolaire a été votée au Québec, jusqu'à 14 ans d'abord, et 16 ans révolus plus tard.

sociale qui pouvait se confondre avec l'adolescence ou l'âge adulte, il y a peu de temps encore. Un déplacement des intérêts s'est alors orienté vers ce groupe d'âge. La sociologie donne plusieurs explications de l'importance accordée aujourd'hui à cette période du cycle de vie. J'en rappellerai trois qui constitueront autant de sections dans ce chapitre : 1) la reconnaissance de la jeunesse comme étape du cycle de vie ; 2) son allongement par le report des transitions vers la vie adulte ; 3) de nouveaux types de rapports entre les générations.

RECONNAISSANCE DE LA JEUNESSE COMME ÉTAPE DU CYCLE DE VIE

Le sociologue français Olivier Galland a décrit l'*allongement* de la jeunesse comme une caractéristique de cette période qui n'est plus l'adolescence, mais qui n'est pas encore totalement la vie adulte. Des articles et un premier livre portaient en germe ce qui allait devenir l'étude des transitions qui jalonnent la période de la jeunesse, et qu'il nomme aujourd'hui les attributs de l'indépendance caractéristique de la vie adulte (1984, 1991, 2006). Ce constat n'est pas remis en question au Québec, sinon, parfois, pour se demander quel a été le facteur le plus déterminant dans l'allongement de la jeunesse. C'est de cela qu'il est question dans cette première section.

Démocratisation de l'enseignement

La démocratisation de l'enseignement et l'idée véhiculée durant les années 1950 et 1960 que l'instruction était le moteur du développement ont contribué à la poursuite des études. Si certains entrent sur le marché du travail à la fin de la scolarité obligatoire, ils sont de moins en moins nombreux, parce que la démocratisation de l'enseignement a fait en sorte qu'on s'inscrive de plus en plus nombreux aux études supérieures. Une étude citée dans le Rapport de la Commission royale d'enquête sur l'enseignement dans la province de Québec en 1963 indiquait que 7 % des jeunes hommes et 1,5 % des jeunes filles de 17 à 24 ans avaient accès à l'université au début des années 1960 (*Rapport Parent*, 1963, tome 1 : 84). À partir de 1970, la condition d'étudiant

est devenue plus communément partagée. Aujourd'hui, près de 70 %
des jeunes de 19 ans sont encore aux études, 44 % des jeunes entre 20
et 24 ans, et 19 % des jeunes entre 25 et 29 ans (MELS, *Indicateurs de
l'éducation 2003-2004* : 146-147). La démocratisation de l'enseignement renvoie aussi à la formation continue, tout au long de la vie. Chez
les 25 à 34 ans, 17 % des personnes actives, inactives, employées ou sans
emploi fréquentaient à temps plein ou à temps partiel une institution
d'enseignement en 2001 (Nobert, 2005 : 16). La fréquentation scolaire
a ainsi conduit au report des transitions qui caractérisent la vie autonome et financièrement indépendante. Elle a permis aux jeunes dont
la famille se trouvait à proximité des institutions d'enseignement
d'allonger la période de cohabitation, même si d'autres motifs pouvaient
entrer aussi en jeu.

Changement dans les transitions

La *désynchronisation* des transitions est une autre caractéristique
de cette période du cycle de vie qui diffère des observations de l'ethnologue Horace Miner (1985) à la fin des années 1930 dans un village
québécois. La vie adulte ne se constitue plus en enfilade : études (généralement peu longues) – fin des études – entrée sur le marché du travail
– décohabitation – formation du couple et de la famille. Toutes les
combinaisons sont dorénavant observables, y compris celle qui associe
décohabitation, études et parentalité. Cette dernière est devenue si
importante qu'elle a justifié le fait que les associations étudiantes de la
plupart des universités s'y intéressent (Fédération étudiante universitaire du Québec [FEUQ], 2005), que le Conseil du statut de la femme
(2004) produise un avis visant à soutenir la conciliation études-famille
et que le ministère de l'Éducation ait une rubrique sur ce thème dans
son programme de prêts et bourses (*Programme de prêts et bourses.
Conciliation études-famille*, 2008), et un programme d'aide aux
étudiantes enceintes dans les cégeps et les universités (MEQ, 2004).
Dans ce dernier cas, le MELS reconnaît les frais de subsistance d'enfants
à charge et de chef de famille monoparentale dans les demandes de
prêts et bourses. Faire des études et assumer en même temps ses rôles
de parents est ainsi devenu possible. Et la scolarisation n'est plus un
frein à la natalité comme cela pouvait l'être il y a quelques années.

Sensibilité à la conjoncture, en particulier dans le marché de l'emploi

Ajoutons encore à cet allongement et à la désynchronisation des transitions une « hypersensibilité de l'emploi des jeunes à la conjoncture générale » (Fortin, 1986 : 193), c'est-à-dire à l'influence importante que les secousses du marché du travail ont pu avoir sur les jeunes au cours des trente dernières années. Les économistes utilisent parfois cette notion pour chasser les inquiétudes, en soulignant que cette situation finira bien par passer avec l'âge, ce qui, si on ne porte qu'un regard superficiel, a pu être vrai tout au long de ces années. Cependant, ne pas tenir compte de cette caractéristique, c'est faire fi de ce qui a pu être inventé tant par les sujets eux-mêmes que par d'autres acteurs comme les gouvernements et le mouvement associatif, entre autres pour faire en sorte que la conjoncture ne cause pas de dommages irréversibles et qu'elle suscite dans certains cas la créativité dans le domaine de l'emploi, la recherche d'une plus grande adéquation entre les études et le marché du travail et la mise en place de politiques d'aide.

Poids démographique des jeunes dans la société

Une autre donnée s'ajoute aujourd'hui pour complexifier cette période de la vie, une donnée démographique incontournable, son *poids dans l'échelle des âges* (graphique 1). À la différence des pays émergents et des pays ouverts à l'immigration, les jeunes Québécois sont en train de devenir la portion congrue. Ainsi, les 25 à 34 ans représentent encore 13,6 % de la population, mais cette proportion continue de diminuer et n'est plus que de 12,6 % chez les 15 à 24 ans (Statistique Canada, 2006).

GRAPHIQUE 1

Pyramide des âges, Québec, 1999

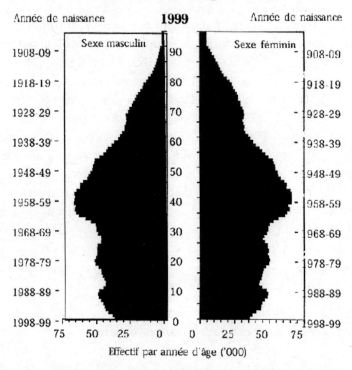

Source : Louis Duchesne, « Rétrospective du XXᵉ siècle », Extrait de *La situation démographique au Québec*, bilan 1999, Institut de la statistique du Québec, p. 2.

Le discours autour de ce fait a été catastrophiste. On s'est demandé notamment comment les jeunes cohortes supporteront le coût des services pour l'ensemble de la population, mais aussi pour les aînés vieillissants qui seront de plus en plus nombreux. La question de l'équité intergénérationnelle est au cœur de cette réalité. Des analyses fusent de toutes parts pour montrer que les aînés continueront de payer leur part (dépenses de consommation, impôts, capacité de payer liée à des régimes de retraite ou à des économies pour un certain nombre) (Rochon, 2007) ou seront un fardeau en particulier pour les services de santé. On ne doit cependant pas oublier que le fait d'être peu nombreux peut comporter par ailleurs des avantages en raison de la pénurie de main-d'œuvre et du fait qu'une partie des jeunes, justement parce qu'ils sont peu nombreux dans les familles, pourront bénéficier de l'aide des parents. Ces situations sont déjà observables dans des taux d'activité élevés, des faibles taux de chômage jusqu'en 2008 – quel sera l'effet de la crise financière en cours ? – et dans l'aide des parents qui continuent de loger leurs enfants plus longtemps quand il n'est pas nécessaire de quitter le foyer familial.

ENTRÉE DANS LA VIE ADULTE AU QUÉBEC : ALLONGEMENT PAR LE REPORT DES TRANSITIONS

Dans un de ses derniers articles, Galland (2006) mentionne que la *diversification des étapes de transition selon les sociétés* est un autre élément pour qualifier la façon de devenir adulte aujourd'hui. Il introduit cette notion à l'aide d'une étude comparative effectuée à partir des données d'Eurostat recueillies à l'identique dans les pays de la communauté européenne. Il distingue trois modèles : 1) un modèle d'autonomie précoce en Grande-Bretagne ; 2) une longue post-adolescence dans les pays méditerranéens ; et 3) une période de la vie définie par une combinaison de dépendances et d'indépendances qui n'est plus l'adolescence ou la post-adolescence pour le centre de l'Europe. Il parvient à cette catégorisation en étudiant la vitesse d'accès aux divers attributs qui caractérisent le statut d'adulte, soit la résidence indépendante, la vie en couple, le revenu régulier, le travail stable.

Fin de la cohabitation et insertion résidentielle stable

Galland explique la durée de la *cohabitation* à l'aide de considérations anthropologiques. Selon lui, les traditions culturelles et la situation économique joueraient un rôle important dans les pays du Sud. Là, il serait difficile de vivre sa jeunesse complètement en dehors du cadre familial. Par contre, plus au Nord, au Danemark, on doit prendre en considération une conception de la jeunesse qui est soutenue par des politiques de l'État. À 18 ans, tout individu y est considéré comme un adulte. Il a des droits et des responsabilités, et l'État l'aide à acquérir cette autonomie par divers programmes comme l'aide au logement. Le classement des pays en ce qui concerne la rapidité d'accès aux attributs de l'indépendance montre que les Danois et les Anglais occupent les premiers rangs, alors que les Italiens et les Espagnols occupent les derniers. Il suffit de lire le pourcentage des jeunes de 22 à 25 ans qui vivent chez leurs parents pour remarquer les grandes différences entre ces pays. En Espagne, ils sont 88 %, en Italie 87 %, et au Danemark, seulement 15 % (Galland, 2006 : 24). Ces écarts témoignent des différences qui existent entre une approche étatique et une approche communautaire de l'aide aux jeunes, de même qu'une conception de la jeunesse dont on ne veut pas prolonger l'attente d'une vie indépendante.

Qu'en est-il au Québec ? Pour répondre à cette question, il faut faire le même exercice que Galland à propos des attributs de l'indépendance qui caractérisent la vie adulte et les prendre un par un. Qu'en est-il de la décohabitation et de l'insertion résidentielle stable ? Le tableau qui suit a été construit à partir des données recueillies par le Groupe de recherche sur la migration des jeunes (GRMJ) auprès de 6 000 répondants. Ces données indiquent que les Québécois se situent dans un entre-deux, que la situation québécoise ressemble à celle de pays européens comme la Belgique, la Grèce, la France, l'Autriche et l'Allemagne. Il faut voir les motifs de départ pour mieux comprendre ce qui pousse ou ce qui retient les jeunes de partir : « vivre sa vie » pour ceux qui demeurent dans la même ville que leurs parents (94,6 %), « vivre sa vie » mais aussi « poursuivre des études » (66,0 %) pour ceux qui vont à l'extérieur de leur région (Gauthier et autres, 2006 : 15). Les jeunes de cette dernière catégorie sont susceptibles de pouvoir bénéficier du régime de prêts et bourses du gouvernement du Québec.

TABLEAU 1
Âge au départ du foyer familial selon le sexe, Québec, 2005

Âge	Sexe		Total
	H	**F**	
15 et –	2,0	1,8	**1,9**
16-17	18,0	25,5	**21,7**
18-19	29,9	34,1	**32,0**
20-21	20,1	18,3	**19,2**
22-23	13,9	11,3	**12,6**
24-25	11,0	6,4	**8,7**
26 et +	5,1	2,6	**3,8**
Total	100	100	**100**

Source : Groupe de recherche sur la migration des jeunes (Gauthier et autres, 2006).

Le fait d'avoir quitté le domicile familial ne suppose pas pour autant que ces jeunes ont atteint la stabilité résidentielle. La même étude réalisée en 1998-1999 indiquait que 56,2 % des répondants de 20 à 34 ans considéraient que leur « lieu de résidence au moment de l'enquête » était temporaire. Cette proportion diminuait avec l'âge, mais encore plus de 42 % des 30 à 34 ans disaient la même chose (Gauthier et autres, 2003 : 130). Si le critère de stabilité constitue un des attributs de la vie adulte, celui-ci met du temps à être atteint pour des raisons multiples liées au choix de vie de l'individu mais aussi aux conditions du logement (disponibilité, coût, etc.). Par exemple, les 25 à 34 ans sont proportionnellement moins nombreux qu'auparavant à posséder leur maison (Gauthier et Girard, 2008 : 43).

Emploi stable et revenu : autres attributs de l'indépendance de la vie adulte

La stabilité d'emploi, entendue comme emploi permanent (durée de contrat indéterminée ou à long terme) et à temps plein, s'acquiert rarement avant 25 ans. Ce n'est qu'à partir de cet âge que les taux d'activité et les taux d'emploi rejoignent ceux des groupes plus âgés.

Bref, la situation se régularise et le taux d'emplois atypiques[6] des 25 à 34 ans est de même nature que celui des autres groupes d'âge jusqu'à 55 ans et plus. En fait, l'emploi atypique est caractéristique du travail pendant la période des études ou de certains modes d'insertion au moment de l'entrée sur le marché du travail : contrats à durée déterminée, suppléance, travail occasionnel.

Le tableau qui suit indique que le *revenu moyen d'emploi* augmente passablement à partir de 30 ans, tout particulièrement pour ceux qui ont obtenu un premier diplôme universitaire. Ceux qui ont un doctorat acquis font encore grise mine avant d'atteindre 34 ans. Sont-ils moins adultes pour autant ? Si la poursuite des études, dans les représentations de certains, laisse encore planer l'impression d'un entre-deux, pour d'autres, le pas vers l'âge adulte est franchi parce qu'ils vivent de manière autonome en résidence, qu'ils ont formé un couple ou ont eu un enfant.

---

6.   Les emplois typiques sont ceux des employés permanents à temps plein alors que tous les autres emplois (temporaires, à temps partiel et autonomes) sont considérés atypiques. Selon certaines caractéristiques, ce type d'emplois peut aussi être qualifié de « précaire ».

GRAPHIQUE 2

**Revenu moyen d'emploi des 25-29 ans et des 30-34 ans
selon le plus haut niveau de scolarité atteint, Québec, 2000**

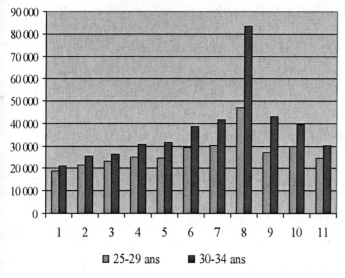

1-Aucun grade, certificat ou diplôme
2-Certificat d'études secondaires
3-Certificat ou diplôme d'une école de métiers
4-Certificat ou diplôme collégial
5-Certificat ou diplôme universitaire inférieur au baccalauréat
6-Baccalauréat
7-Certificat universitaire supérieur au baccalauréat
8-Diplôme en médecine
9-Maîtrise
10-Doctorat acquis
11-Total

Source: Statistique Canada, données du recensement de 2001.

La question du revenu suggère de porter le regard sur une dimension importante des premières années de la vie familiale, celle de la pauvreté que certaines études associent aussi à des problèmes de santé. *L'Étude longitudinale du développement des enfants du Québec (1998-2010)* menée par l'Institut de la statistique du Québec fait ressortir les faits suivants :

> La grande majorité des mères des enfants de 5 ans estimaient le revenu de leur ménage suffisant pour répondre à leurs besoins essentiels (56%) ou encore s'estimaient à l'aise financièrement (34%). Dix pour cent des mères ont déclaré avoir un revenu insuffisant pour répondre à leurs besoins essentiels (8%) ou se considéraient pauvres ou très pauvres (2%) par rapport aux personnes de leur âge (Desrosiers et Simard, 2008 : 2).

État matrimonial

L'état matrimonial est aussi un attribut important à considérer pour caractériser le passage à la vie adulte. Le tableau suivant indique qu'avant 25 ans la majorité des jeunes (soit 77,9 %) sont encore célibataires. Puisque le recensement tient compte de l'union libre depuis 1991, il est possible de connaître tous les types d'union. Ainsi, une personne sur deux de 25 à 29 ans (soit 52,1 %) vit avec un conjoint. Dans ce groupe d'âge, seulement un peu plus du quart sont mariés, les autres vivent en union libre. Chez les personnes de 30 à 34 ans, la proportion de personnes mariées est plus importante. C'est à partir du groupe des 35 à 39 ans que les personnes mariées sont plus nombreuses que celles vivant en union libre (37,3 % *vs* 32,9 %) (Statistique Canada, 2006). À retenir aussi que la proportion des personnes qui vivent sans conjoint est encore élevée entre 30 et 34 ans (32,2 %).

TABLEAU 2

Situation conjugale selon les groupes d'âge Québec, 2006 (en %)

	Groupes d'âge			
État matrimonial	15-19	20-24	25-29	30-34
Marié	0,5	3,2	14,1	29,5
Union libre	1,9	18,4	38,0	38,3
Total	**2,4**	**21,6**	**52,1**	**67,8**
Célibataire	97,4	77,9	46,4	28,7
Séparé	0,0	0,2	0,7	1,3
Divorcé	0,1	0,2	0,7	2,0
Veuf	0,1	0,1	0,1	0,1
Total	**97,6**	**78,3**	**47,9**	**32,2**

Source : Institut de la statistique du Québec à partir du Recensement de Statistique Canada, 2006.

Il faut mentionner ici que l'âge moyen de la maternité est de 29,66 ans en 2007 (ISQ, 2009). Lorsque l'enfant est accueilli, la manière de le nourrir est l'occasion pour les jeunes mères de prendre des décisions. Le taux d'allaitement est élevé de la naissance au premier mois (de 85 % à 73 %). Il descend progressivement pour atteindre 47 % chez les mères qui ont un enfant de 6 mois (Haiek et autres, 2006 : 2). La durée du congé de maternité à 18 semaines favorise cette pratique, comme la possibilité d'ajouter un congé parental de 52 semaines (en partie rémunéré[7]).

L'étude des transitions montre que les parcours de vie peuvent connaître une variété de compositions, que des facteurs individuels mais aussi structurels font en sorte que certaines transitions peuvent être combinées, d'autres reportées. Déjà, avant 25 ans, une grande proportion de jeunes ont franchi plusieurs des étapes considérées comme des transitions vers l'autonomie de l'âge adulte ou se reconnaissent comme tels, même si tous n'ont pas encore eu un enfant et ne sont pas encore en union stable. Au moment des crises successives de l'emploi durant les années 1980 et 1990, un report soit du départ de la famille, soit de l'entrée sur le marché du travail dans un emploi permanent, faisait en sorte que ces transitions étaient reportées entre 25 et 29 ans. L'observation des transitions par les statistiques démographiques ne rendent cependant pas compte de la représentation subjective de l'autonomie. Il aurait fallu faire appel à d'autres types de données, de nature qualitative principalement. Il en sera question dans la section suivante.

CHANGEMENTS DANS LE RAPPORT ENTRE LES GÉNÉRATIONS

L'étude des générations offre d'autres voies pour saisir certaines caractéristiques des jeunes contemporains, notamment parce qu'elle recourt à la comparaison. Il faut retourner à Mannheim (1928) et plus récemment à Attias-Donfut (1988) pour saisir ce que la démarche comporte :

> La conscience de génération se forme dans un continuum, elle ne procède pas d'une conscience immédiate mais s'élabore en opposition aux autres, que sont les prédécesseurs comme les successeurs. Ce différentiel fait l'objet de définitions sociales, situées à l'intersection de la mémoire collective et de l'histoire contemporaine (1988 : 235).

---

7.   Les travailleurs salariés et les travailleurs autonomes sont admissibles à l'assurance parentale (*Éducaloi*, 2009), Bulletin d'information électronique, http://www.educaloi.qc.ca/loi/parents/85/.

Ce ne sont donc pas des limites d'âge qui permettent de reconnaître une génération, bien qu'il soit impératif d'en poser, même approximatives, si l'on veut savoir à quel moment de l'histoire contemporaine la génération étudiée se situe. Mais il faut d'abord pouvoir retracer cette histoire commune, ce qui l'a marquée, ce que certains auteurs nomment des « marqueurs générationnels » (Lagrée et Lew-Fai, 1991 : 127-148) et comment elle a réagi aux événements auxquels elle a dû faire face. Mais cela ne suffit pas. C'est dans la « prise de conscience » de l'existence « d'autres générations » que se reconnaît habituellement une génération. Attias-Donfut dira encore :

> Confrontation et opposition n'en sont pas moins inhérentes à la production d'une nouvelle génération qui doit, pour exister, s'autonomiser et se différencier de la précédente. Ainsi se dessinent les premiers contours de l'image sociale d'une génération. La référence ou la contre-référence est donnée par la génération précédente, celle dont elle assure la relève et qui est, de ce fait, poussée à préciser et à compléter sa propre image (1988 : 10).

Certains *marqueurs générationnels*, comme les crises successives de l'emploi au milieu des années 1970 et les mutations ultérieures du monde du travail, sont intervenus pour donner une importance particulière à des générations dans les représentations collectives. Ce fut le cas des baby-boomers où l'on a vu apparaître, par un processus d'opposition, la *génération X*, qui fut qualifiée de « silencieusement lucide » dans une étude de Dumas, Rochais et Tremblay (1982). Dans l'ordre des valeurs, la génération X s'est définie par rapport au travail, comme la victime d'une organisation caractérisée par des emplois atypiques, souvent la précarité. De ce fait, elle aurait été « condamnée » à un chômage récurrent. Cette situation aurait poussé ses protagonistes à l'obligation d'initiatives et de performance[8] et les aurait maintenus, par compensation, dans une recherche d'épanouissement personnel par tous les ersatz imaginables : groupes d'auto-santé, psychothérapies, médecines alternatives, multiplications des lieux d'épanouissement de l'âme dans l'ésotérisme et les sectes (Baillargeon, 1990 : 476-477). Beaucoup d'études sur cette génération X, autant rétrospectives qu'ac-

---

8. Voir le résumé des paradoxes qui ont caractérisé les baby-boomers et la génération qui a suivi et qu'on nomme maintenant les X, dans la conclusion du volume *Une société sans les jeunes ?* (Gauthier, 1994 : 369-376).

tuelles, ont été réalisées récemment dans le but de départager ce qui est réel de ce qui est de l'ordre des perceptions, mais aussi ce qui n'était que passager de ce qui a perduré dans le temps (Légaré et Ménard, 2006).

Depuis le début de ce siècle, des questions se posent à propos de ce qui se passe chez les jeunes, en particulier au moment de l'insertion professionnelle. Le nombre de travaux dans les écoles de gestion pullulent et les médias à la mode y vont de leurs propres enquêtes[9]. C'est un signal. Le signal que les jeunes qui se présentent à l'université aujourd'hui ou devant un employeur ont changé. Une génération nouvelle est en train de se constituer différente des générations précédentes.

L'appellation de génération Y est récente. Elle sert à souligner les différences entre les jeunes qui entrent en ce moment dans la vie active et qui se différencieraient de la génération X, entre autres par un rapport au travail différent (valeurs, éthique du travail), par une recherche de qualité de vie qui va plus loin que la conciliation travail-famille qui a été un cheval de bataille de la génération X et à laquelle ont répondu les gouvernements jusqu'à tout récemment.

Les jeunes dont il est question sont nés au milieu des années 1970. Ils sont, en 2007, au début de la trentaine tout au plus. Les plus jeunes de cette cohorte sont, du point de vue démographique, le plus petit groupe de Québécois à entrer sur le marché du travail depuis le baby-boom. D'aucuns les qualifient d'« enfants-rois devenus adultes » (Allain, 2005). Ils appartiennent en fait aux plus petites familles de l'histoire démographique du Québec, nombreux même à être enfant unique. Ces jeunes arrivent sur le marché du travail au moment où les taux de chômage sont parmi les plus bas des dernières décennies si l'on fait exception des 15 à 19 ans. Les aînés chez les Y auraient aussi connu une période mouvementée au moment de leur entrée sur le marché du travail. Mais les choses ont changé par la suite. En 2006, les 25 à 29 ans ont même un taux de chômage inférieur à la moyenne québécoise (MELS, 2007 : 117).

Ils sont les plus *scolarisés* mais arrivent au bon moment pour remplir les cases qui se vident dans les grands groupes professionnels. Ils sont

---

9.   Voir une revue de littérature sur ce thème (Gauthier et Girard, 2008).

déjà proportionnellement les plus nombreux dans les sciences sociales, les sciences naturelles, les arts et la culture. Le secteur de la santé est en demande constante depuis quelques années. D'autres secteurs suivront si l'on considère les professions où les travailleurs sont plus âgés et à la veille de la retraite, ce qui peut se produire à partir de 55 ans pour certaines catégories de travailleurs entrés en bas âge sur le marché du travail.

Les générations se caractérisent par des événements partagés et par une représentation d'elles-mêmes différente des générations qui précèdent ou qui suivent. Mais il n'y a pas nécessairement rupture : le phénomène de la *transmission* se poursuit et l'on retrouve dans chacune des éléments de continuité. Ainsi, dans une enquête rétrospective auprès de jeunes de 20 à 25 ans qui avaient abandonné les études secondaires ou collégiales avant l'obtention du diplôme, ceux qui avaient abandonné le secondaire étaient nombreux à parler d'une bonne équipe lorsqu'ils faisaient référence à leur milieu de travail. Quant à ceux qui avaient abandonné le collégial, ils parlaient d'une bonne ambiance (Gauthier et autres, 2004 : 141). Ces résultats indiquent qu'ils partagent passablement les valeurs de la génération précédente. Ils auraient hérité, de leurs parents « baby-boomers », du goût de la réussite. Roy l'a constaté en milieu collégial où les valeurs de la réussite sont les plus importantes pour eux : importance accordée aux études, à se dépasser dans ce que l'on fait, au diplôme collégial, à bien faire les choses qu'on entreprend, à avoir des projets à long terme, à faire des efforts pour réussir ses études, à devenir compétent sur le plan professionnel (Roy, 2006 : 39). Dans la continuité de leurs prédécesseurs, les jeunes sont davantage impressionnés par la contribution et l'expertise plutôt que par l'ancienneté (Paré, 2001 : 36). Certains n'hésiteront pas à réclamer une rémunération à la performance plutôt qu'à l'ancienneté, ce qui peut irriter leurs aînés qui ont acquis durement ce privilège au moyen du syndicalisme.

L'une ou l'autre de ces caractéristiques se transpose sur le marché du travail dans les termes suivants : le besoin que les choses bougent, l'intérêt pour ce que l'on fait, la participation au processus de création du savoir (Paré, 2001 : 35). Les employeurs ont déjà saisi plusieurs de ces particularités. Un recruteur interrogé par Vultur exprimait ainsi cette disposition des jeunes : « Quand nous faisons la sélection d'un jeune, nous préférons la discussion ouverte avec lui. Ce qui nous intéresse, c'est d'identifier ses qualités personnelles qui favorisent son intégration dans l'entreprise » (cité dans Gauthier et Vultur, 2007 : 289). Cette attitude est révélatrice de ce trait caractéristique de la jeunesse actuelle, pour qui les rapports interpersonnels passent par la communication et non à travers un rapport d'autorité.

Les jeunes contemporains portent en effet, jusqu'à vouloir les concrétiser dans leur vie, un certain nombre de *valeurs*. Ils ont un rapport particulier au monde adulte. Ils ont peu connu de rapports d'autorité rigides, discutent à propos de tout, aiment la compagnie, cultivent les amitiés, et même celles qui se sont formées au moment des études secondaires. On les dit pragmatiques, peu fidèles à l'entreprise s'ils voient ailleurs quelque chose qui les intéresse davantage (Gauthier et Vultur, 2007).

Même s'ils ne sont pas toujours équipés pour répondre à la demande de main-d'œuvre, la plupart s'en tirent plutôt bien et pensent que le travail qui continue d'être valorisé comme moyen d'intégration à la société n'est pourtant pas toute la vie. La famille et les loisirs doivent aussi trouver leur place. La situation est plus difficile pour les sans-diplôme ou ceux qui possèdent un diplôme secondaire général, comme on l'a vu pour la question des revenus. Ces derniers sont aussi ceux qui connaissent les taux de chômage les plus élevés et qui doivent, encore plus que chez les plus scolarisés, se contenter souvent d'emplois atypiques (Gauthier et autres, 2004).

Bref, si ces jeunes ont bien des critiques à faire sur ce qui les entoure, entre autres sur la « surqualification » qu'on exige parfois d'eux par rapport à ce qu'on leur offre (Gauthier et Vultur, 2007 : 284 ; Vultur, 2006), et s'ils ne sont pas tous au-dessus des difficultés, la plupart ne tolèrent pas longtemps le transitoire que la génération précédente avait comme représentation d'elle-même et l'interprètent d'une autre façon. À la différence de leurs aînés, ils auraient découvert l'importance de l'apprentissage dans l'action. Il n'y a pas à s'étonner qu'ils valorisent l'expérience du travail pendant les études, laquelle peut devenir aussi importante à leurs yeux et auprès de l'employeur éventuel que le diplôme lui-même.

Tout converge pour affirmer que les valeurs que privilégient les jeunes contemporains sont tournées vers l'individu : satisfaction au travail, centration sur la famille qui s'explique du fait que les deux membres du couple sont majoritairement au travail, importance des temps de loisir qui s'offrent à eux. Certains observateurs déplorent le fait qu'ils s'engageraient moins dans la collectivité. Des politologues, entre autres, s'inquiètent du peu d'intérêt que porteraient les jeunes à la politique, en particulier au moment des élections (Blais et Loewen, 2009). D'autres travaux montrent cependant que, s'ils sont moins nombreux à s'engager sur la place publique, beaucoup le font dans leur vie privée, entre autres par leur engagement personnel dans la cause de l'environnement (Gauthier, Gravel et Brouillette, 2004).

CONCLUSION

La connaissance de la jeunesse est un vaste chantier à développer et à poursuivre. Il est toujours à recommencer à moins de croire que les étapes du développement expliquent tout et n'appellent que des correctifs ou du soutien, ce qui irait à l'encontre de ce qui a pu être observé au cours des dernières décennies. C'est une période de la vie marquée par le changement d'états en raison des transitions mais aussi de la sensibilité aux changements structurels et conjoncturels de la société. Ces changements ne sont pas sans produire certains effets sur une santé qui est généralement bonne à cet âge.

La plupart des institutions reconnaissent l'importance de cet âge de la vie qui marquera les débuts de la vie adulte : aide à l'insertion professionnelle, mesures d'aide à la parentalité, système de santé et de prévention des maladies et du suicide, campagnes pour la prudence au volant et tant d'autres. Dans la perspective de répondre aux besoins de cet âge, le gouvernement du Québec a même créé le Secrétariat à la jeunesse en 1983 et le Conseil permanent de la jeunesse en 1988. Le mouvement communautaire est aussi très présent dans des mesures d'accompagnement correspondant aux besoins de cette période du cycle de vie.

Tous ces programmes mis en place dans les institutions et les milieux de vie ne peuvent atteindre leur efficacité si les intervenants qui doivent les appliquer ne sont pas sensibles et informés des différentes facettes de la vie des jeunes à un âge où les possibilités de choix, et partant d'échecs, sont nombreuses. La réalité de ces jeunes à un âge où tout est encore possible, mais dans les limites d'un environnement social en changement, est fort complexe. L'incertitude et les exigences du marché du travail, par exemple, constituent des défis pour la santé mentale dans un monde où l'intégration sociale et l'image de soi passent par la présence au travail, autant pour les jeunes femmes que pour les jeunes hommes. Pour les nouveaux arrivants inexpérimentés, les milieux de travail peuvent comporter des risques physiques et des défis émotionnels. Les jeunes doivent apprendre à les maîtriser et à les surmonter afin de ne plus être les « champions » des accidents de travail. L'assouplissement des normes concernant la vie sexuelle et l'isolement auquel confine parfois le célibat peuvent être à l'origine non seulement de maladies ou de problèmes de santé, mais aussi de détresse psychologique. Il arrive que certains modèles de vie familiale conduisent à la pauvreté et à ses conséquences sur la santé. Que dire des attraits de la société de consommation qui porte un culte à l'image du corps (anorexie, plastie) et la satisfaction du plaisir immédiat jusque dans les limites du marché d'agents toxiques et des sports extrêmes !

Les intervenants et les soignants qui s'adressent aux jeunes ne peuvent ignorer que les situations sont beaucoup plus complexes que le diagnostic posé dans un cadre biomédical. Le mode de vie des jeunes contemporains conduit à envisager des solutions qui débordent la prescription d'une pharmacopée usuelle vers des mesures de prévention, de prudence, de rappel de certaines valeurs concernant la protection de son corps et le maintien d'une vie en santé. Devant des situations qui sont évitables (malnutrition, accidents, toxicomanies, grossesses non planifiées, suicide), il peut même être impératif d'envisager des actions collectives qui sauront composer avec les conditions d'existence qui caractérisent ce passage vers la vie adulte et ces rapports intergénérationnels.

Références

Allain, C. (2005). *Génération Y : l'enfant-roi devenu adulte*, Outremont, Québec : Éditions Logiques, 174 p.

Attias-Donfut, C. (1988). *Sociologie des générations. L'empreinte du temps*, Paris : PUF (collection « Le sociologue »), 249 p.

Baillargeon, J.-P. (1990). « Soins corporels et de santé », dans Langlois, S. et autres, *La société québécoise en tendances 1960-1990*, Québec : Institut québécois de recherche sur la culture, p. 475-479.

Blais, A., et P. Loewen (2009). *Participation électorale des jeunes au Canada. Documents de travail*, Ottawa : Élections Canada.

Camirand, H., et V. Nanhou (2008). « La détresse psychologique chez les Québécois en 2005 », dans Institut de la statistique du Québec, *Zoom santé*, 4 p.

Chevalier, S., et O. Lemoine (2000). « Consommation d'alcool », dans Institut de la statistique du Québec, *Enquête sociale et de santé 1998*, chapitre 4.

Commission royale d'enquête sur l'enseignement dans la province de Québec (1963). *Rapport Parent*, Québec : Gouvernement du Québec, 140 p.

Conseil du statut de la femme (2004). Avis. *Étudiante et mère : un double défi – Les conditions de vie et les besoins des mères étudiantes*, Desrochers, L. (dir.), août 2004, (204-13-A), 119 p. http://www.csf.gouv.qc.ca/telechargement/publications/AvisEtudianteEtMereDefi.pdf (consulté le 6 juin 2006).

Desrosiers, H., et M. Simard (2008). « Qui est pauvre, qui ne l'est pas ? Faible revenu et pauvreté subjective chez les jeunes familles », dans Institut de la statistique du Québec, *Portraits et trajectoires*, 2 p.

Duchesne, L. (1999). « Rétrospective du XXᵉ siècle », Extrait de *La situation démographique au Québec. Bilan 1999*, Institut de la statistique du Québec, 23 p.

Dumas, S., G. Rochais et H. Tremblay (1982). *Une génération silencieusement lucide ? Vers un profil socioculturel des jeunes de 15 à 24 ans*, Québec : ministère de l'Éducation, 78 p.

Éducaloi (2009), Bulletin d'information électronique. http://www.educaloi.qc.ca/loi/parents/85/.

Fédération étudiante universitaire du Québec (2005). *Améliorer les conditions de vie des étudiantes mères : les ressorts d'une plus grande égalité entre les sexes*, Montréal : FEUQ, 8 p.

Fortin, P. (1986). « Conjoncture, démographie et politique : où va le chômage des jeunes au Québec ? », dans Dumont, F. (dir.), *Une société des jeunes ?*, Québec : Institut québécois de recherche sur la culture, 191-207.

Galland, O. (2006). « Devenir adulte en Europe : un regard anthropologique », dans Bidart, C. (dir.), *Devenir adulte aujourd'hui. Perspectives internationales*, Paris : L'Harmattan, 23-35.

Galland, O. (1991). *Sociologie de la jeunesse. L'entrée dans la vie*, Paris : Armand Colin, 231 p.

Galland, O. (1984). *Les jeunes*, Paris : La Découverte (collection « La Découverte »), 126 p.

Gauthier, M. (1994). *Une société sans les jeunes ?*, Québec : Institut québécois de recherche sur la culture, 390 p.

Gauthier, M., et M. Girard (2008). *Caractéristiques générales des jeunes adultes de 25-35 ans au Québec*, Québec : Observatoire Jeunes et Société et INRS Urbanisation, Culture et Société, préparé pour le Conseil supérieur de la langue française. http://www.cslf.gouv.qc.ca/publications/PubF225/F225.pdf.

Gauthier, M., avec la collab. de C. Boily, M. Huard et S. Marcoux (2008). *Insertion professionnelle des policiers des générations X et Y. Bilan raisonné de la littérature*, Québec : Observatoire Jeunes et Société, INRS Urbanisation, Culture et Société, 67 p. (rapport de recherche). http://www.obsjeunes.qc.ca/pdf/InsProfessionnelle.pdf.

Gauthier, M., P. LeBlanc, S. Côté, F. Deschenaux, C. Girard, C. Laflamme, M.-O. Magnan et M. Molgat (2006). *La migration des jeunes au Québec. Rapport national d'un sondage 2004-2005 auprès des 20-34 ans du Québec*, Observatoire Jeunes et Société, INRS Urbanisation, Culture et Société (rapport de recherche), 167 p.

Gauthier, M., et M. Vultur (2007). « Les valeurs des jeunes et leur impact sur les stratégies d'insertion professionnelle », dans J.-P. Dupuis, *Sociologie de l'entreprise*, 2ᵉ éd., Montréal : Gaëtan Morin éditeur, 273-292.

Gauthier, M., P.-L. Gravel et A.-A. Brouillette (2004), « Qu'est-ce qui pousse les jeunes à s'engager ? Les valeurs de jeunes militants aujourd'hui », dans G. Pronovost et C. Royer (dir.), *Les valeurs des jeunes*, Québec : Presses de l'Université du Québec, 149-168.

Gauthier, M., J. Hamel, M. Molgat, C. Trottier et M. Vultur (2004). *L'insertion professionnelle et le rapport au travail des jeunes qui ont interrompu leurs études secondaires ou collégiales en 1996-1997*, Montréal : INRS Urbanisation, Culture et Société (en ligne). www.inrs-ucs.uquebec.ca/pdf/rap2004_07.pdf, (consulté le 21 juin 2006).

Gauthier, M., S. Côté, M. Molgat et F. Deschenaux (2003). « Les motifs de migration », *Recherches sociographiques*, XLIV, (1) 113-139.

Haiek, L., G. Neill, N. Plante et B. Beauvais (2006). « L'allaitement maternel au Québec : coup d'œil sur les pratiques provinciales et régionales », Institut de la statistique du Québec, *Zoom santé*, 4 p.

Institut de la statistique du Québec (2009). *Taux de fécondité selon le groupe d'âge de la mère, indice synthétique de fécondité et âge moyen à la maternité*, Québec : 1951-2008 (en ligne). http://www.stat.gouv.qc.ca/donstat/societe/demographie/naisn_deces/naissance/402.htm.

Institut de la statistique du Québec (2008). *Taux d'interruption volontaire de grossesse, d'hystérectomie et de stérilisation par groupes d'âge*, Québec (en ligne).

Institut de la statistique du Québec (2007). *Population par groupe d'âge, Canada et régions*, Québec (en ligne). http://www.stat.gouv.qc.ca/donstat/societe/demographie/struc_poplt/104.htm, consulté le 29 mai 2008.

Lagrée, J.-C., et P. Lew-Fai (1991). « Différences historiques, différences sociales : l'entrée en activité comme marqueur générationnel », *Générations, Annales de Vaucresson*, 30 et 31, p. 127-148.

Ledoux, É., et M. Laberge (2006). *Bilan et perspectives de recherche sur la SST des jeunes travailleurs*, Montréal : Institut de recherche sur la sécurité et la santé au travail, 71 p.

Légaré, J., et P.-O. Ménard (2006). *Les générations X et Y du Québec, vraiment différentes des précédentes ?*, McMaster University, SEDAP Research Paper, 158, 42 p.

Lemieux, D. (1986). « Visions des jeunes, miroirs des adultes. Quelques points de vue des adultes sur la jeunesse », dans F. Dumont (dir.), *Une société des jeunes ?*, Québec : Institut québécois de recherche sur la culture, 62-76.

Mannheim, K. (1990). *Le problème des générations*, Paris : Nathan (1re édition allemande : 1928).

Miner, H. (1985). *Saint-Denis : un village québécois*, LaSalle, Hurtubise HMH (1re édition américaine en 1939).

Ministère de l'Éducation, du Loisir et du Sport (2008). *Programme de prêts et bourses. Conciliation études-famille* (en ligne). http://www.afe.gouv.qc.ca/fr/pretsBourses/conciliationEtudesFamille.asp.

Ministère de l'Éducation, du Loisir et du Sport (2007). *Indicateurs de l'éducation*, (en ligne). http://www.mels.gouv.qc.ca/stat/indic07/docum07/Indicateurs_education07_497417.pdf.

Ministère de l'Éducation du Québec (2004). *Soutien et service offerts par les cégeps et les établissements universitaires aux étudiantes enceintes et qui ont récemment accouché : résultats d'une enquête,* Québec : MEQ, Gouvernement du Québec, 24 p.

Ministère de l'Éducation, du Loisir et du Sport (2003-2004). *Indicateurs de l'éducation 2003-2004.*

Ministère de la Santé et des Services sociaux (2008). *Portrait des infections transmissibles sexuellement et par le sang (ITSS) au Québec, année 2007 (et projection 2008),* Québec : Gouvernement du Québec : 82 p. (en ligne). http ://publications.msss.gouv.qc.ca/acrobat/f/documentation/2008/08-329-02.pdf.

Molgat, M. (2007). « Do Transitions and Social Structures Matter ? How " Emerging Adults " Define Themselves as Adults », *Journal of Youth Studies,* 10, (5) 495-516.

Nobert, Y. (2005). « L'éducation », *Données sociales du Québec, édition 2005,* Institut de la statistique du Québec : 16.

Paré, G. (2001). *Génération Internet : la prochaine grande génération,* Cirano, Montréal : HEC, 49.

Rochon, M. (2007), « Chapitre 15, Participation des personnes âgées au revenu national et au financement des dépenses publiques », dans *Vie des générations et personnes âgées : aujourd'hui et demain,* tome 2, Québec : Institut de la statistique du Québec, 351-380.

Roy, J. (2006). *Regard sur... les logiques sociales et la réussite scolaire des cégépiens,* Québec : PUL-IQRC, 116 p.

St-Laurent, D., et M. Gagné (2009). *Surveillance de la mortalité par suicide au Québec* (ressource électronique) : ampleur et évolution du problème de 1981 à 2006, Institut national de santé publique du Québec, 20 p. (visionné le 17 février 2009).

Statistique Canada (2006). *Données du recensement 2006.*

Statistique Canada (2001). Fichiers de microdonnées à grande diffusion (FMGD) du recensement de 2001 sur les particuliers et sur les familles.

Vultur, M. (2006). « Diplôme et marché du travail. La dynamique de l'éducation et le déclassement au Québec », *Recherches sociographiques,* XLVII, (1) 41-69.

Temps et passages de la vie féminine : l'exemple de la ménopause

NICOLETTA DIASIO, VIRGINIE VINEL

Dans les sociétés médicalisées et technicisées d'Europe et d'Amérique du Nord, les catégories scientifiques semblent jouir d'une condition de neutralité et d'intemporalité. Une fois construites et vulgarisées, s'effacent en elles les traces de l'histoire et du relatif au grand triomphe de l'évidence et de l'absolu. La ménopause semble participer de ce travail de lissage des diversités et des contradictions qui est propre aux concepts scientifiques une fois qu'ils sont reconnus. D'un point de vue anthropologique, l'arrêt du cycle ovarien en tant que catégorie porteuse de sens se révèle être toutefois une construction sociale qui varie, dans les représentations, les modes d'expression et les pratiques qu'elle suscite, selon les sociétés, les cultures, l'histoire. Notre chapitre a l'ambition de redonner corps à cette diversité par une entrée particulière, celle du temps. Une analyse anthropologique des discours, des pratiques et des savoirs autour de la ménopause montre, en effet, un entrelacs de temps. Ces temporalités sont celles qui articulent les âges biologiques et les âges sociaux, mais il s'agit aussi du rapport entre le temps fini de l'individu et le temps long de la filiation et de la succession des générations qui se vivent entre continuité et ruptures. Le vécu de la ménopause s'élabore aussi entre la mémoire individuelle et collective, et l'expérience des femmes. La ménopause peut ainsi être considérée comme un analyseur de la complexité des temps féminins, où s'entremêlent passages biologiques, biographiques et sociaux. Par les temps féminins, elle nous parle des orientations culturelles de nos sociétés et des défis sociaux qu'elles sont appelées à relever.

Cette approche ne concerne pas uniquement les anthropologues, elle vise à sensibiliser les soignants sur la diversité et la complexité des expériences féminines, dimensions souvent occultées par une lecture purement médicale de la transition d'âge. La prise en compte des dimensions biographiques, sociales, culturelles, historiques permet une modulation des soins apportés aux femmes et une meilleure compréhension de leur vécu singulier, au-delà des imaginaires parfois réducteurs collectivement entretenus à l'égard de la femme « vieillissante ».

L'ENTRELACS DES TEMPS DANS L'HISTOIRE DU CONCEPT DE MÉNOPAUSE

Le questionnement sur l'arrêt des règles s'impose dans la deuxième moitié du XVIIIe siècle, essentiellement lors de la réflexion sur le système moral et physique de la femme (Hoffmann, 1977). Des auteurs comme J. Astruc (1765), P. Roussel (1775) ou D. Fothergill (1788) situent ce moment entre 45 et 50 ans, par le truchement de l'expression « âge critique[1] ». Pour ces auteurs, ce passage laborieux n'est pas l'affaire d'un jour, il se fait progressivement, par étapes : la perte de l'éclat autour de 45 ans, avec des intervalles où la nature « ranime *par intervalles* l'éclat de la femme [et] fait de *temps en temps* naître de nouvelles fleurs sous ses pas pour en tirer de nouveaux fruits » (Roussel, 1775 : 84, souligné par nous) ; la fureur amoureuse, la période la plus critique où un clivage se creuse entre ambition aux plaisirs et retraite honorable ; « l'enfer des femmes », enfin, où « tout est flétri, tout est détruit » (*ibidem* : 85).

À partir du XIXe siècle, « âge critique » et « âge de retour » sont les formulations les plus courantes. En 1816, le terme ménopause est inventé par de Gardanne dans son traité *Avis aux femmes qui entrent dans l'âge critique*. Ce mot est construit à partir des termes grecs *menes*

---

1. Nous n'aborderons pas les paradigmes de la médecine humorale qui inspirent ces textes, ni leurs transformations, ni les différences, parfois importantes, entre les auteurs : notre souci est de montrer plutôt leur convergence dans la construction conjointe de catégories de genre et de temps.

(menstrues) et *pausis* (fin). En décrivant la vie de la femme comme « marquée par la souffrance physique de la puberté, de la grossesse et de l'accouchement », de Gardanne met en garde contre les « grands dangers qui précèdent, accompagnent, suivent la fin de la fonction (menstruelle), et qui ont donné lieu à la dénomination d'âge critique » (de Gardanne, 1816 : ij). Menville de Ponsan en 1858 reprend la distinction entre un âge critique, qui consiste moins dans la cessation du flux menstruel que dans la perte de la faculté de reproduction (Menville de Ponsan, 1858 : 471), et un âge de retour, le moment fallacieux où les sens sont trompeurs et donnent à la femme l'illusion d'une nouvelle jeunesse.

Âge critique, temps du retour, du déclin, verte vieillesse, enfer des femmes, hiver des femmes, mort du sexe : les premiers traités médicaux qui abordent la question de la ménopause pullulent de définitions évoquant l'entropie et la mort. Toutefois ces définitions, utilisées indifféremment par la plupart des médecins, font référence à deux champs sémantiques distincts et co-présents. Le premier, qui parle de crise et de retour, renvoie à une conception du temps brouillée et morcelée, le corps de la femme étant soumis à des phases de vie alternes, aux frontières labiles, aux transitions fréquentes et difficiles, et au risque de télescopage et de retour d'un cycle sur l'autre. Ainsi la ménopause peut exposer la femme aux désagréments de la grossesse, aux passions érotiques de la jeunesse ou à une sorte de retour à l'enfance et à la puberté (Bompard, 1834).

L'autre champ sémantique renvoie à une image de temps linéaire, où l'arrêt des règles constitue l'aboutissement et la fin d'une biographie : le « déclin de l'âge » et la « verte vieillesse » côtoient des images empruntées au monde naturel – notamment la métaphore des saisons, où la fin de la période reproductive est associée à l'hiver (et non pas à l'automne) – ou à l'eschatologie : l'enfer ou la mort du sexe, qui est à la fois mort de la sexualité et de la féminité, le terme « sexe » étant couramment employé au XVIIIe siècle pour « femme ».

Cet enchevêtrement de temps individuels et collectifs n'est pas séparable d'une vision sociale propre à la ménopause, envisagée comme un moment de vérité de l'identité féminine. Une ménopause réussie est l'aboutissement d'une bonne carrière d'épouse, de mère et de travailleuse. Renoncer à la maternité, volontairement ou moins, lire et étudier, s'adonner aux plaisirs du lit ou de la table, négliger ses enfants, les tâches domestiques ou le travail des champs, adopter les mœurs aristocrates ou des religieuses – en temps révolutionnaire, d'abord, et en ceux du triomphe de la bourgeoisie, ensuite – constituent autant d'entorses à la destinée « naturelle » de la femme. La civilisation est nocive à la féminité selon G. Cabanis (1802), P. Roussel (1775), Choderlos de Laclos (1783), J.L. Moreau (1803). Mais la nature dont il est ici question est un champ à géométrie variable. Elle se configure comme la destinée culturelle de la femme dans l'indissociabilité de la sexualité et de la reproduction à l'intérieur du lien marital. Elle renvoie aussi à des conduites non corrompues par les nouvelles mœurs de la civilisation industrielle et les vices de la noblesse. Par son corps qui est temps, la femme est gardienne d'autres temps, ceux du progrès, de la chaîne évolutive, de la filiation et du renouvellement générationnel. La crise de l'âge est loin de n'être que médicale : elle marque aussi le tournant de la civilisation et la légitimité des valeurs bourgeoises et (post)-révolutionnaires[2].

Dans les premiers textes traitant de la ménopause, la femme est donc « habillée de temps » (Diasio, 2007), non seulement pour l'importance accordée au vieillissement, mais aussi parce que toute son existence semble se construire à l'intersection de temps différents : cycle menstruel, saisons de la vie, temps de l'attente et de la jouissance, rythmes quotidiens et familiaux. La médecine essaye de mettre de l'ordre dans cette trame des temps, et de l'intégrer dans l'enchaînement de l'histoire et de la succession des générations : la périodicité féminine doit s'accorder à la fois avec les impératifs de l'époque, la survivance de la société et la marche de la civilisation. Progressivement, à partir de la deuxième moitié du XIXe siècle, la vulgarisation du mot ménopause et la perception de cet événement en tant que maladie carentielle vont brouiller les démarcations internes à « l'âge critique » et unifier des phases et des temporalités à l'origine nombreuses et distinctes. Dans l'Occident médicalisé du XXe siècle, la ménopause va particulièrement être traitée comme un seuil d'entrée dans la vieillesse contre laquelle la lutte doit s'organiser. Mais elle s'intègre aussi dans une pluralité des temps et des formes du vieillissement.

---

2.   D'où l'importance du nombre d'ouvrages sur la ménopause au tournant du XIXe siècle.

Ménopause et vieillissement

La ménopause est fortement associée au vieillissement dans une majorité de sociétés, mais pas dans toutes : chez les Mayas, la ménopause se conjugue plutôt avec le sentiment de jeunesse (Beyene, 1986). Surtout, la relation entre ménopause et vieillissement ne se construit pas de façon identique selon les sociétés, les savoirs et les biographies individuelles. Georges Devereux (1950) avait relevé que la ménopause, chez les Mohaves (États-Unis), n'était pas une transition traumatique et que les femmes continuaient leur vie courante au niveau tant domestique que sexuel. Elles devenaient des personnages importants dans la structure sociale informelle de la tribu en tant que conseillères, gardiennes de la mémoire et soutiens à la maternité.

Ainsi, les représentations « exotiques » inscrivent la ménopause dans la continuité du cycle des changements que les femmes vivent au cours de leur existence. Dans de nombreuses sociétés dites traditionnelles (Abega et autres, 2002 ; Alfieri, 2002 ; Lacaze, 2007 ; Suggs, 1987 ; Verdier, 1979), l'arrêt de l'écoulement mensuel donne accès à des fonctions religieuses ou rituelles et marque une étape dans le vieillissement, plus que la vieillesse elle-même. Chez les Bobos du Burkina Faso, la fin des règles entraîne une période d'activité sociale et rituelle intense dans un rituel appelé « Do » qui accompagne toutes les phases de la vie reproductive féminine (Alfieri, 2002). Les sociétés distinguent alors ces femmes matures, encore solides physiquement, qui s'engagent avec plus de liberté dans des activités sociales et religieuses (Vincent, 2003), des très vieilles femmes caractérisées par la dépendance à laquelle elles sont soumises envers leur entourage (Suggs, 1987 ; Vinel, 2005). Au Japon, par exemple, le nouveau concept de *konenki* (*the change of life*), apparu à la fin du XIXe siècle, s'est inséré entre la notion déjà existante de *chunenki* (la maturité) et celle de *ronenki* qui caractérise le grand âge à partir duquel les individus se retirent des obligations sociales (Lock, 1986, 1993). En Mongolie, la tonsure totale des cheveux qui marque la fin de l'état de souillure de la femme et l'entrée dans la grande vieillesse ne survient qu'une vingtaine d'années après la ménopause (Lacaze, 2007). La période entre la ménopause et le vieillissement proprement dit apparaît dans ces sociétés asiatiques comme une période d'entre-deux, « in between », une période liminaire, d'attente de la grande vieillesse, mais qui ne présuppose pas une vacuité d'activité ou de sens. On retrouve des temporalités similaires dans des sociétés aussi diversifiées que les sociétés africaines (Kosack, 2007 ; Schostack, 1983 ; Suggs, 1987 ; Vincent, 2003 ; Vinel, 2007) ou les sociétés rurales européennes (Cozzi, 2007 ; Moulinié, 1998 ; Verdier, 1979). La ménopause en tant qu'arrêt du sang menstruel revêt ainsi des représentations et des vécus ambivalents, voire contradictoires, dans une même société. Permettant aux femmes davantage de liberté et d'investissement personnel, elle les exclut aussi – en partie – de la vie sexuelle et de l'attention d'un conjoint, ce que certaines regrettent alors que d'autres s'en sentent soulagées (Kosack, 2007). Le ressenti par les femmes semble donc dépendant de la biographie individuelle et de l'entourage familial que la femme a pu se construire par sa descendance (fils, filles selon le mode de filiation), le fosterage d'enfants[3], de jeunes adultes, et le respect des normes de vie féminine. À des femmes bien entourées investies dans les rituels sociaux, dotées de nouvelles formes de prestige, s'opposent des femmes délaissées et isolées, et ce, dans la même société.

En Amérique du Nord et en Europe, les discours médicaux du XXe siècle ont contribué à travers la notion de ménopause à une normalisation et une régulation des temps féminins. Le mot « ménopause » est employé, notamment dans les discours de vulgarisation, en référence non seulement à des temporalités biologiques (la fin des règles, de la fonction ovarienne, de la fécondité), mais aussi à un ensemble de manifestations de la vie féminine qui ont lieu à la même époque indépendamment du climatère (départ des enfants, changements professionnels et dans la vie conjugale). Il sert d'étalon pour ordonner la vie féminine au-delà de 40 ans dans les catégories de pré ou périménopause, ménopause et post-ménopause (Kerisit et Pennec, 2001). Cette catégorie médicale condense et uniformise derrière une seule étiquette des temps sociaux et individuels hétérogènes.

---

3. Le fosterage désigne l'usage qu'un enfant soit séparé plus ou moins longtemps de ses parents biologiques et élevé par un éducateur, apparenté ou non. Ce terme, plutôt utilisé aujourd'hui dans l'ethnologie anglophone, est selon M. Mauss (1969 : 343, cité par S. Lallemand, 1993 : 13) un vieux mot normand, ce qui autorise à l'utiliser en français sans guillemets.

Cette normalisation passe par une attention accrue aux pathologies, aux inconforts physiques et aux risques que la ménopause fait surgir en construisant la notion autour de la carence hormonale (Kaufert, 1988 ; Kaufert et Gilbert, 1986). Les productions de vulgarisation médicale (ouvrages, magazines, sites Internet) insistent notamment sur la transformation de l'apparence physique et les signes du vieillissement corporel (dessèchement de la peau, accroissement du poids) contre lesquels les femmes doivent lutter pour rester jeunes. Toute une discipline du corps (régime alimentaire, activité physique, suivi médical) est préconisée pour prévenir les risques du vieillissement. La ménopause apparaît ainsi comme un temps clé de contrôle des questions de santé féminines dans un contexte de vieillissement massif de la population dont les conséquences économiques et sociales sont importantes[4].

Néanmoins, les discours savants, vulgarisés ou non, sont parfois éloignés des constructions ordinaires et des expériences vécues des femmes. Si V. Skultans (2007 [1970]) interprète la ménopause des femmes de Galles du Sud (Grande-Bretagne) comme un rite de passage individuel, celle-ci n'est pas vécue comme un marqueur essentiel ou le seul marqueur de changement de statut par des femmes interviewées dans des continents aussi diversifiés que l'Europe (Delanoë, 2008 ; Facchini et Ruspini, 2007 ; Kerisit et Pennec, 2001 ; Vinel, 2004), l'Asie (Lock, 1993), l'Amérique du Nord (Davis, 1982 ; Dillaway, 2005 ; Martin, 1987). Dans les îles de Terre-Neuve-et-Labrador, la signification de la ménopause en terme de réalités biologiques a moins d'importance dans la représentation du passage à une autre étape du cycle de vie (*the change*) que l'âge. Ainsi, si le terme anglophone usuellement employé pour désigner la ménopause (*the change*) renvoie explicitement à un changement, celui-ci peut être l'objet d'interprétations fort diverses, éloignées des points de vue médicaux.

---

4. M. Lock (1993) notait que le véritable problème n'était pas la ménopause mais la prise de conscience qu'un grand nombre de femmes, issues du baby-boom, seraient bientôt vieilles et seraient donc un poids pour la société.

TEMPS FÉMININS ET MOMENTS DE «LIFE-MARKER»

Du point de vue des femmes qui la vivent, la ménopause se configure comme l'un des passages qui ont lieu dans la période qui va de 50 à 60 ans et qui concernent les champs professionnel, familial, affectif, existentiel. Dans les sociétés occidentales, cette période de la vie professionnelle est souvent marquée par des changements : bilans, promotions, prise en charge de plus grandes responsabilités, réorientations professionnelles ou encore retraites anticipées peuvent jalonner le temps de la cinquantaine. Les relations avec les enfants se modifient : ces derniers partent du domicile parental, forment leur propre foyer ou, s'ils sont encore jeunes, sont de plus en plus autonomes dans leurs choix de vie. Les femmes font aussi face à la perte progressive d'autonomie des parents, à la nécessité de leur prise en charge et, plus tard, à leurs maladies et leur mort. Dans un contexte de crise économique ou dans des situations de vulnérabilité sociale, les femmes sont prises entre des obligations plurielles, entre la nécessité de s'occuper encore de leurs enfants et de leur garantir une stabilité économique et des tâches de *care* à l'égard des parents vieillissants[5]. Lors de ces mutations, se redessine aussi le rapport de couple, que ce soit avec le père de ses enfants ou avec un autre partenaire qui participe à ces réorganisations domestiques, affectives et professionnelles. Changent, enfin, l'apparence physique et l'image de soi : le corps, le visage, la peau, la silhouette, malgré les progrès des soins esthétiques, ne sont plus ceux d'une jeune, mais renvoient le reflet d'une personne mûre. Les femmes doivent ainsi réinventer d'autres manières d'être désirables surtout dans une société qui, attribuant une valeur centrale à la « jeunesse », confine celles qui entreprennent le chemin de la maturité dans une sorte d'invisibilité sociale (Piccone Stella, 1986).

L'expérience de la ménopause ne peut donc que s'enlacer aux autres passages de la vie féminine qui concourent dans le même laps de temps ; elle est influencée non seulement par les conditions de vie propres à chaque femme, mais par la manière et le *timing* à travers lesquels les autres passages surviennent et sont interprétés. Passages sociaux et

---

5.   C'est ce que la sociologue italienne Chiara Saraceno (2003) a appelé la génération « sandwich ».

biologiques se co-construisent, se renforcent mutuellement et parfois cherchent une synchronie dans l'expérience féminine. Ainsi une femme interviewée par Daniel Delanoë (2008 : 120) poursuit un traitement hormonal car il lui permet d'avoir encore des règles jusqu'à la retraite. Une autre rencontrée par V. Moulinié (1998 : 140) se définit comme ménopausée lorsqu'elle devient grand-mère, alors que des signes biologiques préexistaient à sa nouvelle position sociale et familiale[6]. Certaines femmes, malgré la normalisation médicale, conservent ainsi un rôle d'actrice dans la gestion de leurs passages biologiques et sociaux en articulant les temporalités biologiques à leurs représentations des passages d'âges.

Dans une recherche menée par Facchini et Ruspini (2007) auprès des femmes de l'Italie du Nord, la perception de la ménopause a été étudiée par rapport à d'autres *life-markers*, à savoir ces événements considérés comme étant les plus marquants du point de vue des mutations qui scandent le cycle de vie. Le « déclin des forces physiques » est envisagé par les trois quarts des femmes comme l'expression la plus significative d'un passage et cette valeur augmente au-delà de 50 ans. La fin du pouvoir reproductif inquiète moins que la perte des capacités productives assurant aux femmes l'autonomie nécessaire à la subsistance économique et à la réalisation des activités quotidiennes. Ce besoin de « tenir le pas » risque à tout moment d'être fissuré par des légèretés, des négligences, des impossibilités d'être toujours au même niveau de performance : la perte symbolique se révèle alors une perte plus matérielle, comme le montre D. Cozzi (2007), à propos des femmes montagnardes du Frioul. Le sentiment de diminution de forces est exprimé avec autant d'intensité dans des sociétés où la ménopause n'est pas médicalisée. Les femmes kgtala en Afrique australe (Suggs, 1987), mafa au Cameroun (Kosack, 2007) ou moose au Burkina Faso (Vinel, 2007) racontent le passage d'une condition de femme active et productive à la mise à l'écart, malgré soi, de toute une série d'obligations à l'égard de la collectivité. Elles expriment, par des mots et des outils différents, le risque d'une perte de productivité qui semble encore plus douloureux que la perte de fécondité.

---

6. Les études de ces deux auteurs ont été réalisées en France dans les années 1990.

Pour revenir à l'étude de Facchini et Ruspini (2007), nous retrouvons, parmi les *life-markers* cruciaux de cette phase de la vie, les transformations qui concernent les rôles familiaux et les relations affectives. Le veuvage, la fin d'une relation amoureuse, le décès des parents, la sortie des enfants du domicile familial sont estimés comme bien plus importants que la ménopause. Les événements qui, par contre, sont censés modifier le moins le vécu individuel touchent les tournants d'âge (par exemple les anniversaires des 40 ou 50 ans), un moindre intérêt de la part du partenaire ou le fait d'être considérée comme « moins attirante ». La ménopause, considérée malgré tout comme un événement important par environ 40 % des interviewées, se situe sur des valeurs moyennes, analogues à celles qui concernent la retraite. Mais seules les femmes de la cinquantaine accordent une telle importance à l'arrêt des règles. Avant 50 ans, tout comme après, la ménopause n'est considéré comme un fait marquant que par un tiers des interviewées. Pour les femmes les plus âgées, la fin de la période reproductive se présente plutôt comme la fin d'un désagrément (31,7 % des interviewées) et l'accès à la tranquillité dans les rapports sexuels (24,8 %). Ces données sapent l'image d'une femme ménopausée, exclue du jeu des relations affectives et sexuelles, privée de féminité, voire désintéressée aux jeux de l'amour. Une autre donnée est particulièrement intéressante : seulement 4,7 % des femmes soulignent « la tristesse de ne plus pouvoir avoir des enfants » (Facchini et Ruspini, 2007). Une telle donnée se rapproche des observations menées par Daniel Delanoë (2008) et Virginie Vinel (2004) en France. Les femmes affirment qu'« une page est tournée. On estime qu'on a fait ce qu'il fallait avant » (Delanoë, 2008 : 123). Et cela nous introduit dans une autre dimension temporelle, celle de la transmission d'un pouvoir de fécondité.

MÉNOPAUSE, FÉCONDITÉ ET TRANSMISSION ENTRE GÉNÉRATIONS

L'arrêt de la fécondité est au cœur de la question de la ménopause. Mais, là encore, à une vision biologique simple de l'arrêt physiologique de la procréation se substitue un regard anthropologique qui en montre toute la complexité en matière de temporalités et de transmission entre les générations. En effet, arrêter de faire des enfants est souvent moins lié à une question physiologique qu'aux définitions sociales des âges de la procréation. En Europe et au Canada, l'âge moyen des femmes à la naissance du premier enfant se situe autour de 29 ans et le taux de fécondité est le plus élevé entre 28 et 36 ans[7]. Le temps de la procréation s'est ainsi restreint à une période d'une dizaine d'années bien moins large que les temps de la fécondité physiologique. Les technologies de la procréation ont, quant à elles, dépassé le temps biologique en permettant des grossesses au-delà de 50 voire de 60 ans. Les débats qui entourent ces naissances rappellent toutefois, pour chaque cas, les normes sociales de l'âge à la procréation. La fin de la fécondité est aussi dictée par des normes de passage des générations. Ainsi, dans des sociétés patrilinéaires, une femme dont le fils est en âge de procréer cesse en principe d'engendrer, évitant ainsi la confusion des générations (Beyene, 1986 ; Vinel, 2005). On retrouve la crainte du brouillage des générations dans la France rurale des XIXe et XXe siècles (Moulinié, 1998 ; Verdier, 1978).

L'arrêt de l'enfantement dans son aspect social et biologique parle du passage de la fécondité entre des générations de femmes, entre mère et filles ou belles-filles. En Bourgogne rurale du XIXe siècle et du début du XXe siècle, la mère du marié cassait un pot lors du mariage de son puîné, explicitant la fin de sa propre fécondité et la transmission à sa belle-fille (Verdier, 1979). Le conte du chaperon rouge tel qu'il a pu être recueilli dans la campagne française de la fin du XIXe siècle comprend deux motifs qui explicitent aussi la transmission de la fécondité des grands-mères (ou des mères) aux jeunes filles (Verdier, 1978) : « Quel chemin veux-tu prendre, dit le loup au petit chaperon rouge : celui des épingles ou celui des aiguilles ? » La petite fille prend le chemin des épingles, c'est-à-dire, dans la symbolique de la France rurale du XIXe siècle, le chemin de la puberté. Au contraire, les aiguilles

---

7. Sources : pour le Canada : statcan.gc.ca, *Le Quotidien*, 26-09-08 et *Rapports sur la santé*, hiver 1996, vol. 8, n° 3. Pour l'Europe : Eurostat http://epp.eurostat.ec.europa.eu « Âge moyen des femmes à la maternité », données 2006. Malgré quelques pays où la moyenne est autour de 24 ans, la majorité des pays enregistrent un retardement des premières naissances autour de 28-30 ans. Aux États-Unis, l'âge moyen à la première naissance se situe à 27,2 ans avec des différences importantes selon les États et l'appartenance ethnique : www.cdc.gov/nchs « American Women are Waiting to Begin Families Average Age at First Birth up more than 3 Years from 1970 to 2000 », Wednesday, December 11, 2002. Toutes les sources ont été consultées le 5 mai 2009.

représentent le raccommodage des grands-mères, « qui ne voient plus clair », qui n'ont plus leurs règles. Dans le deuxième motif, la petite-fille ou la fille incorpore le sang et la chair de ses aînées, en mangeant le boudin et en buvant le breuvage proposés par le loup, les remplaçant ainsi dans le rôle de procréation.

Le sang des menstrues et sa cessation créent alors une relation cyclique entre les générations de femmes qui voient leur physiologie se répondre en miroir. Ainsi, des femmes françaises autour de la cinquantaine, interviewées dans les années 2000, ont essentiellement comme modèle de ménopause celle de leur mère qui leur sert de référence, tant dans la datation que par les symptômes qu'elles comparent (Vinel, 2009). Une femme se confie ainsi :

> [Ma mère était] difficile d'accès, on avait du mal à lui parler, elle était toujours sur la défensive... moi je deviens plus sensible, j'entends quelque chose, je pourrais me mettre à pleurer ; c'est vraiment dans ce sens-là que ma mère c'était un peu l'inverse.

Même si le silence entoure souvent les histoires de sang menstruel, une transmission se fait par ce que les filles ont vu (les bouffées de chaleur, la nervosité, les linges, plus rarement le sang), ou entendu (paroles entre femmes, des phrases dites au détour d'une conversation) de leurs mères ou de parentes proches (tantes, sœurs, cousines). La ménopause introduit donc un temps continu dans la lignée féminine, voire l'imaginaire de la reproduction du temps maternel. Rien d'étonnant alors que le silence, la gêne entre mères et filles entoure souvent – mais pas toujours – ces passages de la puberté ou de la ménopause tant ils matérialisent le remplacement d'une génération de femmes par une nouvelle.

DE LA GÉNÉRATION GÉNÉALOGIQUE À CELLE HISTORIQUE

L'expérience de la ménopause ne relève pas uniquement du contexte social et culturel de la femme qui la vit, mais aussi de la génération d'appartenance. Dans ce contexte, nous envisageons la génération comme une « situation de génération », pour reprendre Mannheim (1990), impliquant des analogies dans les modes de l'expérience et dans les manières de sentir, penser, agir dans un contexte historique et social particulier.

La recherche de la sociologue italienne Marina Piazza sur les « jeunes filles de cinquante ans » (2001) a le mérite de situer la ménopause à deux niveaux : celui des biographies individuelles et celui générationnel, à savoir le vécu de ces femmes qui ont contribué à modifier profondément la société italienne entre les années 1950 et 1970. Le « nous » qui donne voix à la narration est celui de femmes qui retracent leur vie professionnelle, affective, familiale, ainsi que le rapport avec l'argent, le corps, la sexualité, les relations entre les femmes. Mais il s'agit aussi d'un nous générationnel : la ménopause émerge comme un sujet de débat conscient et socialement reconnu parmi ces femmes nées entre 1943 et 1953 qui ont vécu personnellement une révolution culturelle caractérisée notamment par « la libéralisation de la contraception, les mobilisations collectives sur l'avortement et le divorce, l'institution des services de planification familiale, la loi sur les crèches, le nouveau droit familial, la loi sur la parité dans les lieux de travail » (Piazza, 2001 : 20). Ce à quoi il faut ajouter : l'accès des femmes aux études supérieures, le féminisme, la renégociation des positions de genre dans le nouveau « couple associatif » (Thorne et Yalom, 1992 ; de Singly, 1996). Tout cela a contribué à une conscience de soi renouvelée et à une réflexion sur la ménopause en tant que passage complexe, bilan de choix soufferts ou exaltants, très différent de ce que les interviewées de Piazza appellent « le grand vieillissement » (Piazza, 2001, p. 181). Cette révolution radicale et accélérée n'est pas sans rappeler la Révolution tranquille de la société québécoise.

De la même manière, les femmes qui ont aujourd'hui entre quarante-cinq et cinquante ans ont vécu des scansions dans le cycle de vie et des parcours biographiques et familiaux assez différents de ceux des femmes de plus de soixante-dix ans. Il suffit de penser au passage, dans plusieurs régions du monde, d'une économie rurale à une industrielle ou post-industrielle, à la transformation des systèmes de solidarité familiale, à l'avènement de politiques sociales qui ont réorganisé les rapports entre générations (Attias-Donfut et Segalen, 1998), aux modifications dans les relations de couple et dans les choix reproductifs. Ainsi, un grand clivage oppose les femmes nées entre les deux guerres, pour lesquelles la maternité, le travail de *care*, les relations familiales ont constitué la manière fondamentale de construction de soi et défini leurs obligations à l'égard des conjoints et des enfants, des femmes nées après 1945, pour qui la procréation est moins une destinée inévitable qu'une des manières de s'affirmer dans une quête plus générale d'épanouissement et d'autonomie économique et familiale. Entre les femmes appartenant à ces deux générations, la confrontation avec la ménopause se pose autrement. Les premières ont été aux prises avec une surcharge de travail dans la sphère domestique, avec la hiérarchie et la rigidité des rôles genrés. Par contre, les secondes ont davantage centré leur vie sur un projet personnel. Elles ont plus investi dans les études, le travail salarié et ont connu une transformation dans les rapports de genre. Toutefois, les femmes qui sont nées après la Deuxième Guerre mondiale font aussi face à des injonctions sociales toujours plus importantes pour ce qui est de la beauté, de la forme et de la minceur, dans une « contrainte [qui] devient insidieusement affective, esthétique, voire morale » (Hubert, 2004 : 7). De la même manière la fragilité des unions et la réduction du nombre d'enfants n'ont pas infléchi la valeur de la maternité. Au contraire l'enfant fait plus que jamais la famille dans une société de l'incertitude où le rapport de filiation devient le seul lien inaliénable (Beck, 2001). Le désir d'enfant prend forme alors au croisement des exigences de réalisation personnelle, des souhaits de consolidation du couple, du besoin de conformité aux modèles culturels de fécondité et des volontés de transmission. La fin de la fécondité apparaît comme un couperet à celles dont le désir d'enfant n'a pas pu se concrétiser ou qui ont reporté le moment de la procréation.

Chaque génération construit une relation particulière au corps, à la fécondité et à son arrêt. Les ruptures générationnelles ne présentent ni le même visage ni les mêmes conséquences selon la période historique, le contexte socioéconomique, la situation sociale. Mais il faut être attentifs d'une part aux généralisations qui font des « femmes » une catégorie sociologique uniforme, et d'autre part aux raccourcis simplistes qui jugent le vécu de la ménopause à partir d'un ou deux indicateurs, au lieu d'un faisceau de facteurs et de leur interaction. Ainsi faudrait-il se garder des idéalisations liées à une vision de la femme contemporaine totalement émancipée, contrôlant, grâce aux techniques de la modernité avancée, les désagréments et les aléas liés au cours du temps.

UN TEMPS POUR SOI ?

Cette idéalisation de la femme ménopausée, accédant à une nouvelle dimension de la vie féminine, n'est pas nouvelle. L'idée que la femme, libérée des contraintes liées à la procréation, accède au statut de sujet ou d'individu apparaît dès les premiers écrits sur la ménopause au tournant du XIXe siècle. C'est l'émergence d'un temps pour soi et d'une explosion de puissance. Et des auteurs d'avancer :

> affranchies des maux propres à leur sexe, elles acquièrent la constitution de l'homme, sans être exposées aux infirmités qui l'accablent dans sa vieillesse ; on dirait qu'elles portent en elles un principe inépuisable de vie (Saucerotte, 1828 : 30).

> Après l'époque critique les femmes acquièrent un fond de vie inépuisable. Le temps des périls est passé (Lamaze, 1805 : 10).

Le potentiel employé dans la reproduction se libère en énergie vitale et profusion de temps pour soi. La fin de la fécondité, pour ces auteurs, ouvre donc une période de sexualité sans reproduction et le début d'une phase existentielle où, soustraite aux obligations de l'espèce, la femme commence à vivre pour elle. Ces textes sont traversés à la fois par l'inquiétude – que faire des femmes, une fois qu'elles ont épuisé leur potentiel reproductif ? –, par l'étonnement et par l'injonction, adressée aux hommes et aux médecins, à un contrôle rigoureux qui discipline aussi bien les mouvements de la femme que les soubresauts de l'âme et le vagabondage de l'imagination.

Ces incitations au contrôle semblent se métamorphoser, dans la littérature contemporaine de vulgarisation, en des injonctions à s'adonner à la liberté, au dynamisme et au plaisir pour soi. Ainsi, à l'épouvantail de la femme ménopausée déprimée, sans désir et vieillie prématurément, les ouvrages de vulgarisation, écrits conjointement ou séparément par des médecins et des journalistes, proposent une femme « de plus de 50 ans » active qui sait rester séduisante à la fois par son physique et par son esprit. Elle est encouragée à se cultiver, à sortir, « à laisser tomber le paraître pour entrer dans l'être ». Les auteurs opposent aux femmes de la trentaine « engluées pour la plupart dans leur vie familiale et leur carrière professionnelle » (Elia, 2000 : 244), et aux mères et grands-mères « surinvesties dans leur fonction maternelle », ces femmes exemptées des contraintes et encouragées à s'engager dans

de multiples activités. « L'ère de la libération familiale, voilà ce que les
femmes vivent à l'âge de la maturité. Libération, oui, tel un prisonnier
qui, retrouvant la vie extérieure, respirerait le ciel, l'air, le vent... »
(Lemoine-Darthos et Weissman, 2006 : 29). L'âge médian est ainsi
présenté dans les médias et la littérature de vulgarisation comme un âge
de tous les possibles, où les femmes peuvent donner un nouveau sens à
leur vie, voire en changer. Renouveau, disponibilité à soi-même, exalta-
tion du désir et engagement pour soi apparaissent comme des récurrences
dans la littérature traitant des femmes à la ménopause. M. Mead, en
1948, l'évoquait à propos des femmes américaines de son époque qu'elle
imaginait déjà s'investir dans des activités bénévoles ou professionnelles
délaissées par leur fonction maternelle :

> dégagées de l'essentiel de leurs responsabilités antérieures, ayant vingt
> bonnes années devant elles, elles peuvent faire une carrière rapide dans
> les activités communautaires ou dans un métier qui leur plaît (Mead,
> 1966 : 306).

Cette représentation correspond sans doute aux aspirations et aux
expériences des femmes contemporaines des catégories sociales supérieures, résidant dans les grandes villes. Les Italiennes interviewées par
M. Piazza le confirment en parlant de la ménopause comme d'un
moment de conscience de soi et du plaisir d'être avec soi (*l'amore dello
stare su di sé* : Piazza, 2001 : 181). Mais cette image médiatique du
mi-temps de la vie féminine tient peu compte de la disparité des
situations sociales de la majorité des femmes tant du point de vue
professionnel – faible rémunération, temps partiel, chômage, retraite
anticipée – que du point de vue familial : présence d'enfants de différents âges, garde de petits-enfants, prise en charge de parents âgés ou
d'un conjoint malade, veuvage, séparation, célibat ou solitude. La
période autour de la cinquantaine s'avère rarement exempte de
contraintes, car, comme nous l'avons souligné plus haut, cette génération se situe à l'articulation entre celle des enfants en voie d'être
indépendants et celle des parents âgés dépendants ou en voie de l'être
(Attias-Donfut, 1995). Les images proposées n'évoquent pas non plus
la singularité des biographies personnelles et la multiplicité des perceptions individuelles pourtant attestées par les études les plus récentes.
Comme le souligne Delanoë, « l'expérience et les représentations de
la ménopause sont très diverses à l'intérieur même de notre société

allant de l'amputation majeure à une étape franchement positive, en passant par le non-événement » (2008 : 112).

CONCLUSION

Les discours médicaux et les débats médiatiques oblitèrent souvent derrière la catégorie de ménopause, qui s'impose comme un absolu, une multiplicité d'expériences et de temporalités sociales qui ne sauraient être simplifiées par cette seule notion. Ainsi, l'imaginaire – récurrent du XIXe siècle à aujourd'hui – que l'après-ménopause se décline comme un temps libéré des contraintes et ouvre sur une période de temps pour soi ne tient pas compte des réalités sociales d'une grande partie de cette génération « sandwich » de femmes occidentales de 45-60 ans encore enserrées dans des contraintes familiales et économiques. De même, le regard porté sur la ménopause comme porte d'entrée sur la vieillesse, qui justifie un contrôle des corps renforcé, s'éloigne en partie des représentations et des expériences ordinaires des femmes. Si la ménopause est perçue dans une majorité de sociétés comme une étape du vieillissement, elle n'est pas la vieillesse, tant la perte de la productivité – la retraite en Occident, la fin de la participation aux travaux agricoles dans des sociétés rurales – et la dépendance à l'entourage s'avèrent plus tardives et bien plus craintes. La ménopause transparaît dans les enquêtes européennes et américaines comme un événement parmi les autres *life markers*, surtout aux femmes qui se situent dans la période autour de 50 ans, mais s'avère moins important aux yeux des femmes qui l'ont déjà dépassée depuis de nombreuses années. Elle est également vécue différemment selon le rapport des femmes à la fécondité, qui ressentent l'arrêt de la procréation comme un soulagement ou un non-événement si elles ont répondu à leur désir d'enfant ou aux normes sociales en cours dans leur société (notamment la naissance de garçons dans les sociétés patrilinéaires), alors qu'elles la voient comme un couperet dans le cas contraire. La ménopause parle donc aussi du temps long, celui de la succession des générations, qui se transmettent le pouvoir de fécondité, telle que cela pouvait être ritualisé dans certaines sociétés dites « traditionnelles », ou normalisé par l'âge dans nos sociétés actuelles. Ainsi, la ménopause comme fin du temps de la procréation est souvent supplantée par des temps sociaux réservés à l'enfantement, qui tendent d'ailleurs à se restreindre dans les sociétés occidentales contemporaines. Au terme de cet exposé, les diverses représentations de la ménopause tendent à figer une multiplicité de temps – temps de la productivité, du vieillissement, de la maternité, de la succession entre les générations – qu'elle ne saurait pour autant condenser, tant le contexte culturel, social, biographique des femmes importe dans la perception de cette phase de l'existence.

RÉFÉRENCES

Abega, S., J. Mbarga et N. Vernazza-Licht (2002). « Activité sexuelle et qualité de vie des femmes ménopausées au Sud Cameroun », dans A. Guerci et S. Consigliere, *Il Vecchio allo specchio. Percezioni e rappresintazioni della vecchiaia*, Gênes, Erga, 356-369.

Alfieri, C. (2002). « Mutazione di ruoli nel ciclo di vita femminile post-riproduttivo : il caso della donna bobo », dans A. Guerci et S. Consigliere (dir.), *Il vecchio allo specchio. Percezioni e rappresentazioni della vecchiaia*, Gênes, Erga, 370-379.

Astruc, J. (1765). *Traité des maladies des femmes*, Paris : P.G. Cavalier, 1770.

Attias-Donfut, C. (1995). *Les solidarités entre générations*, Paris : Nathan.

Attias-Donfut, C., et M. Segalen (1998). *Grands-parents. La famille à travers les générations*, Paris : Odile Jacob.

Beck, U. (2001). *La société du risque. Sur la voie d'une autre modernité*, Paris : Aubier.

Beyene, Y. (1986). « Cultural significance and physiological manifestation of menopause. A biocultural analysis », *Culture, Medecine and Psychiatry*, (10), 47-71.

Bompard, A. (1834). *Cours théorique et pratique sur les maladies des femmes*, Paris : Rouvier.

Cabanis, G. (1802). « Rapports du physique et du moral », dans C, Lehec et J. Cazeneuve, *Œuvres philosophiques de Cabanis*, Paris : PUF, 1956, 2, 460-512.

Chirawatkul, S., et L. Manderson (1994). « Perceptions of Menopause in Northeast Thailand : contested Meaning and Practice », *Social Science and Medicine*, 39 (11), 1545-1554.

Choderlos de Laclos, P.A.F. (1783). *De l'éducation des femmes*, trad. ital. *L'educazione delle donne*, Palermo, Sellerio, 1990.

Cozzi, D. (2007). « "Quello che facevo prima, quello che faccio oggi". Donne di montagna tra perdite materiali e perdite simboliche », dans N. Diasio et V. Vinel, *Il tempo incerto. Antropologia della menopausa*, Milano, Franco Angeli, p. 101-115.

Davis, D. (1982). « Woman's Status and Experience of Menopause in a Newfoundland Fishing Village », *Maturitas*, 4, 207-216.

Delanoë, D. (2008). *Sexe, croyances et ménopause*, Paris : Hachette.

Devereux, G. (1950). « The psychology of feminine genital bleeding. An analysis of Mohave indian puberty and menstrual rites », *International Journal of Psycho-Analysis*, 31, 1-21.

Diasio, N. (2007). « "Habillée de temps". La femme à l'âge critique dans le discours médical au tournant du XIXe siècle », dans V. Vinel (dir.), *Féminin/masculin. Approches anthropologiques des catégories et des pratiques médicales*, Strasbourg, Éd. du Portique, 101-129.

Diasio, N., et V. Vinel (2007). *Il tempo incerto. Antropologia de la menopausa*, Milano, Franco-Angeli.

Dillaway, H.E. (2005). « Menopause is the "Good Old". Women's Thoughts about Reproductive Aging », *Gender and Society*, 19, (3), 398-417.

Elia, D. (2000). *Le bonheur à cinquante ans*, Paris : Robert Laffont.

Facchini, C., et E. Ruspini (2007). « Esperienze e vissuti della menopausa. Un approccio di generazione », dans N. Diasio et V. Vinel, *Il tempo incerto. Antropologia della menopausa*, Milano, Franco Angeli, 27-54.

Fothergill, D. (1788). *Conseils pour les femmes de quarante-cinq à cinquante ans ou conduite à tenir lors de la cessation des règles*, Londres et Paris : Briand.

Gardanne (de), Ch.-P.L. (1816). *Avis aux femmes qui entrent dans l'âge critique*, Paris : Gabon.

Hoffmann, P. (1977). *La femme dans la pensée des Lumières*, Paris : Association des publications près les Universités de Strasbourg-Ophrys.

Hubert, A. (dir.) (2004). *Corps de femmes sous influence. Questionner les normes*, Paris : Cahiers de l'OCHA, (10).

Kaufert, P. (1988). « Menopause as process or event : the creation of definitions in biomedicine », dans M. Lock et D. Gordon, *Biomedicine examined*, Boston et London, Kluwer Academic, Publm., 331-349.

Kaufert, P., et P. Gilbert (1986). « Women, menopause and medicalization », *Culture, Medicine and Psychiatry*, 10, 7-21.

Kérisit, M., et S. Pennec (2001). « La mise en science de la ménopause », *Cahiers du genre*, 31, 129-148.

Kosack, G. (2007). « Tra minaccia e sollievo : la menopauso secondo le donne Mafa del Nord desl Camerun », dans N. Diasio et V. Vinel, *Il tempo incerto. Antropologia de la menopausa*, Milano, Franco-Angeli, 78-100.

Lacaze, G. (2007). « Manipolazione del pelo e fine della vita riproductiva presso le donne e gli uomini un Mongolia », dans N. Diasio et V. Vinel, *Il tempo incerto. Antropologia de la menopausa*, Milano, Franco-Angeli, 116-139.

Lallemand, S. (1993). *La circulation des enfants en société traditionnelle. Prêt, don, échange*, Paris : L'Harmattan.

Lamaze, H. (1805) (an XIII). *Essai sur la cessation du flux menstruel et sur les moyens propres à prévenir les accidents et les maladies qui peuvent affecter les femmes à cette époque*, Paris : Didot jeune.

Lemoine-Darthos, R., et E. Weissman (2006). *Un âge nommé désir. Féminité et maturité*, Paris : Albin Michel.

Lock, M. (1986). « Introduction », *Culture, Medicine and Psychiatry*, 10, 1-5.

Lock, M. (1993). *Encounters with aging. Mythologies of menopause in Japan and North America*, Los Angeles, Berkeley, University of California Press.

Mannheim, K. (1928, 1990). *Le problème des générations*, Paris : Nathan.

Martin, E. (1987). *The Woman in the Body. A Cultural Anaysis of Reproduction*, Boston, Beacon Press.

Mead, M. (1948, 1966). *L'un et l'autre sexe. Les rôles d'homme et de femme dans la société*, Paris : Gonthier.

Menville de Ponsan (1846). *Histoire philosophique et médicale de la femme*, Paris : Baillière, 1858.

Moreau, J.-L. (1803). *Histoire naturelle de la femme*, Paris : s.l., tomes 1-3.

Moulinié, V. (1998). *La chirurgie des âges. Corps, sexualité et représentations du sang*, Paris : Éditions de la Maison des sciences de l'homme.

Piazza, M. (2001). *Le ragazze di cinquant'anni*, Milano, Mondadori.

Piccone Stella, S. (1986). « Un decennio senza cittadinanza », *Memoria : Rivista di storia delle donne*, 16, 79-85.

Pinel, P. (1798). *Nosographie philosophique ou la méthode d'analyse appliquée à la médecine*, Paris : Maradan, tomes 1-2.

Roussel, P. (1775). *Système physique et moral de la femme*, Paris : Vincent.

Saraceno, C. (2003). *Mutamenti della famiglia e politiche sociali in Italia*, Bologna, Il Mulino.

Saucerotte, C. (1828). *Nouveaux conseils aux femmes sur l'âge prétendu critique ou conduite à tenir lors de la cessation des règles*, Paris : Mme Auger-Méquignon.

Schostack, M. (1983). *Nisa. The Life and the Words of a !KungWoman*, New York, Vintage Books.

Skultans, V. (1970, 2007). « The symbolic significance of menstruation and the menopause », dans *Empathy and Healing*, New York, Oxford, Bergham Books, 43-57.

Singly, F. de (1996). *Le Soi, le couple, la famille*, Paris : Nathan.

Suggs, D.N. (1987). « Female Status and Role Transition in the Tswana Life Cycle », *Ethnology*, 26, (2), 107-120.

Thorne, B., et M. Yalom (ed.) (1992). *Rethinking Family. Some Feminist Questions*, Boston, Northeastern University Press.

Verdier, Y. (1978). *Grands-mères, si vous saviez... Le Petit Chaperon rouge dans la tradition orale*, « Les Cahiers de la Littérature orale », IV, (en ligne). expositions.bnf.fr/contes.

Verdier, Y. (1979). *Façons de dire, façons de faire. La laveuse, la couturière, la cuisinière*, Paris : Gallimard.

Vincent, J.-F. (2003). « La ménopause, chemin de la liberté selon les femmes beti du sud-Cameroun », *Journal des africanistes*, 73, (2).

Vinel, V. (2002). « Les représentations de la ménopause dans des documents français contemporains », dans A. Guerci et S. Consigliere, *Il vecchio allo specchio. Percezioni e rappresintazioni della vecchiaia*, Gênes, Erga edizioni, 326-337.

Vinel, V. (2004). « La ménopause. Instabilité des affects et des pratiques en France », dans F. Héritier et M. Xanthakou, *Corps et affects*, Paris : O. Jacob, 221-235.

Vinel, V. (2005). *Des femmes et des lignages. Ethnologie des relations féminines au Burkina Faso (Moose, Sikoomse)*, Paris : L'Harmattan.

Vinel, V. (2007). « La menopausa passaggio verso una altro status ? Invecchiamento e vecchiaia femminile presso i Moose del Burkina Faso », dans N. Diasio et V. Vinel, *Il tempo incerto. Antropologia de la menopausa*, Milano, Franco-Angeli, 55-76.

Vinel, V. (2009). « Ricordi di sangue : trasmissione e silenzio sulle mestruazioni nella Francia urbana », dans D. Cozzi et N. Diasio, *Linee di sangue. La Ricerca Folklorica*, Venezia, septembre.

Vieillissement, maladie d'Alzheimer et notion de personne : existe-t-il un seuil de rupture1 ?

FRANCE CLOUTIER

En référence aux sociétés industrialisées, Marshall (1997) parle d'omniprésence de la démence. L'auteure fait ressortir que chaque personne, ou presque, connaît quelqu'un qui a été ou est atteint de la maladie d'Alzheimer et que plusieurs craignent d'en être atteints. Ces propos s'avèrent toujours pertinents dans la société actuelle. Les personnes fragilisées par la démence peuvent nécessiter des soins infirmiers. En plus de prodiguer des soins aux personnes présentant des atteintes cognitives, l'infirmière peut aussi être appelée à procurer du soutien aux proches qui les accompagnent. De quelle façon la personne âgée fragilisée par la démence est-elle perçue par les proches et par les intervenants ? Est-elle toujours perçue comme une personne ? Les résultats d'une recherche menée dans le contexte socioculturel québécois (Cloutier, 2004) montrent l'existence d'un seuil de rupture à partir duquel certains proches et intervenants ne considèrent plus la personne comme une personne mais plutôt comme un objet ou un robot. Ce seuil de rupture peut être associé à diverses attitudes ou à différents

---

1. L'auteure tient à remercier la Société Alzheimer du Canada pour avoir financé la recherche.

comportements présentés par les proches (diminution de la fréquence et de la durée des visites) et par les intervenants (participation minimale dans les soins). Ploton (1996) propose d'adopter une approche alternative des soins dont l'un des objectifs est de viser à l'amélioration de la qualité de vie des personnes fragilisées. L'absence de la perception d'un seuil de rupture (la personne demeure toujours une personne bien qu'elle soit différente) chez les participants peut être mise en lien avec l'application, par ces derniers, de l'approche de Ploton (viser à procurer du bonheur par divers gestes ou activités). Prodiguer des soins, c'est faire preuve de créativité, c'est s'ouvrir à l'histoire de vie de l'autre, au contexte social et culturel auquel il appartient. Prodiguer des soins, c'est aussi reconnaître que la personne, malgré l'avancement en âge ou la fragilisation conséquente à une situation de santé particulière, transcende toute maladie.

La science permet l'allongement de la vie. En effet, l'espérance de vie, dans les pays occidentaux, a remarquablement augmenté depuis les dernières décennies[2]. En parallèle, « la proportion de personnes âgées, voire très âgées, s'est accrue dans la population générale » (Maisondieu, 1989, p. 9). Toutefois, plusieurs d'entre elles présentent un affaiblissement intellectuel dans la dernière étape de leur existence, affaiblissement que la science n'a pas réussi à limiter jusqu'à présent. Encore de nos jours, le pronostic s'avère malheureusement désastreux (Maisondieu, 1989). « Le naufrage sénile fait peur, il est à l'horizon du siècle une des calamités qui prennent place auprès du cancer, du sida et autres pestes du XXᵉ siècle pour semer l'inquiétude chez les survivants » (Maisondieu, 1989, p. 23).

Les démences séniles ou démences réfèrent à l'ensemble des démences dites primaires c'est-à-dire d'étiologie inconnue, parmi lesquelles se retrouve la maladie d'Alzheimer, par opposition aux démences secondaires qui peuvent être curables et dont l'étiologie est connue et diverse (traumatique, toxique, tumorale, infectieuse, etc.)

---

2.   Au Canada, en 1960, l'espérance de vie était de 74,15 ans pour les femmes et de 68,26 ans pour les hommes en comparaison à 82,78 ans pour les femmes et à 78,05 ans pour les hommes en 2006 (Université de Sherbrooke, 2009).

(Rigaux, 1998). Touchant actuellement un demi-million de Canadiens[3], la maladie d'Alzheimer représente la principale forme de démence, soit 64 % de toutes les situations de démence (Société Alzheimer du Canada, 2009). Sa prévalence chez les personnes de 65 ans et plus était évaluée au Canada à 5,1 % en 1991. Ce taux est comparable à celui dans d'autres pays industrialisés (Gauthier et Poirier, 2007). Selon des études de prévalence menées dans différents pays, il appert que « les taux pour les femmes vont de 4 % à 9 %, et pour les hommes, de 3 % à 7 % » (Roth, 1994, S3). Selon les données de l'étude canadienne sur la santé et le vieillissement, Hill (1994) souligne que les deux tiers des personnes atteintes de démence sont des femmes, en raison notamment d'une espérance de vie plus élevée.

Marshall (1997) parle ainsi d'omniprésence de la démence et fait ressortir qu'un grand nombre de personnes connaissent quelqu'un d'atteint de maladie d'Alzheimer et craignent d'en être affectées. En effet, nous la craignons pour nous-mêmes ou pour un proche en raison de sa nature dégénérative. Atteignant tout d'abord et principalement la mémoire, la maladie d'Alzheimer porte aussi atteinte aux autres fonctions cognitives et aux fonctions corporelles.

En raison des différentes pertes vécues par la personne atteinte de la maladie d'Alzheimer qui ne peut plus répondre aux normes valorisées par la société occidentale (indépendance, contrôle de l'environnement, jeunesse) (Henderson, 1990), elle est stigmatisée (Cohen, 1998). Face à ces pertes de valeurs, on peut se demander si elle toujours perçue comme une personne. Prenant en compte qu'aucun traitement curatif n'a été découvert pour contrer la maladie d'Alzheimer, il nous semble important d'explorer les représentations relatives à cette maladie et à la personne atteinte qui sont véhiculées dans le contexte québécois. Cette piste permettra d'annoncer une réflexion sur le vieillissement appréhendé sous un angle différent, soit celui du phénomène de déper-sonnalisation.

Pour apporter des réponses à ce sujet, une recherche a été menée dans le contexte socioculturel québécois (Cloutier, 2004) auprès de

---

3. Au 1er janvier 2009, la population du Canada était estimée à 33 504 700 personnes (*Le Quotidien*, 2009).

proches de personnes atteintes de maladie d'Alzheimer (33 conjoints et conjointes, fils, filles) et d'intervenants (15 médecins, infirmières, infirmières auxiliaires et préposés). Les participants représentent deux groupes qui ont des savoirs différents, soit populaires et professionnels. Leurs propos ont permis de dégager les représentations qu'ils véhiculent en lien avec la maladie d'Alzheimer. Le sujet de la personne et d'une dépersonnalisation est au cœur de la réflexion présentée dans ce chapitre. Il importe de discuter cette possible dépersonnalisation, considérant les incidences qu'elle peut engendrer sur les soins, sur le soutien et l'accompagnement. Une connaissance des diverses représentations qui portent sur la personne atteinte de la maladie d'Alzheimer peut permettre d'obtenir une meilleure compréhension du phénomène de dépersonnalisation.

Dans ce chapitre, les représentations de l'esprit de la personne atteinte de la maladie d'Alzheimer seront tout d'abord développées en faisant ressortir la notion de détérioration et de perte radicale. Par la suite, les perceptions ayant trait au corps seront traitées, démontrant le passage d'un corps intact, ou qui semble intact, à un corps qui subit des changements. Un parallèle sera ensuite présenté pour faire ressortir certains critères définitionnels de la notion de personne retenus parmi ceux des écrits scientifiques en comparaison avec ceux qui sont énoncés par les participants. De la réflexion sur la notion de personne découle un questionnement sur l'existence d'un seuil de rupture de la notion de personne. En conclusion, les approches dominante et alternative des soins seront brièvement développées pour indiquer aux soignants des attitudes souhaitables dans la relation aux soignés et à leurs proches.

LES REPRÉSENTATIONS DE L'ESPRIT DE LA PERSONNE ATTEINTE DE LA MALADIE D'ALZHEIMER

Pour plusieurs participants, l'esprit[4] de la personne atteinte de la maladie d'Alzheimer est difficilement définissable. Il arrive que leur discours soit teinté d'ambivalence, voire de contradictions. Par exemple,

---

4.   Le terme « esprit » est employé par la chercheure et par les participants, ces derniers faisant aussi référence à « la tête ».

certains parlent d'un esprit sans vie mais rectifient leurs propos. Un consensus existe néanmoins : la maladie d'Alzheimer atteint tout d'abord l'esprit et l'atteint de façon plus prononcée comparativement au corps. L'esprit est qualifié d'ombragé, d'embrouillé, de désordonné, d'incohérent, de déformé ou même de chaotique. Les représentations sont divisées. Certaines renvoient à une détérioration et d'autres à une perte radicale de l'esprit.

L'esprit de la personne atteinte de la maladie d'Alzheimer : une détérioration

Dans les débuts de la maladie, l'esprit manifeste peu de changements. Il s'agit tout d'abord d'un esprit moins présent ou d'une absence occasionnelle et momentanée de l'esprit. L'altération négligeable que subit l'esprit progresse jusqu'à la perte radicale, soit la mort de l'esprit. En effet, alors que l'esprit est plutôt présent dans les débuts de la maladie et que son absence ne dure que quelques secondes, il en arrive à être totalement absent à un stade avancé de la maladie. L'esprit qui, occasionnellement, partait et revenait finit par partir définitivement. Graduellement, l'esprit se ferme à la vie.

Des proches parlent du manque de flexibilité mentale ou encore des modifications de la longueur des ondes, certaines étant raccourcies et d'autres, rallongées, d'où l'image d'un esprit déformé. Certains participants se représentent l'atteinte au cerveau comme une interruption occasionnelle ou aléatoire de la transmission du courant entre les neurones. Certains en parlent dans un langage imagé et évoquent une interruption du courant qui alimente les petits fils situés dans la tête, ce qui expliquerait qu'une personne peut répondre adéquatement à une première question mais qu'elle le fait de façon inappropriée à la question suivante en raison d'un arrêt de la transmission du courant. Des participants font référence à l'image d'un cerveau segmenté, compartimenté qui présente des tiroirs qui s'ouvrent ici et là et qui se ferment ou encore renvoient à l'image d'un malaxeur qui tourne et qui brasse toutes les idées simultanément, ce qui rejoint la représentation de désordre mental ou d'un monde intérieur en déroute.

Plutôt que de faire ressortir la dimension de perte associée à l'évolution de la maladie d'Alzheimer, des participants insistent sur la présence de périodes de lucidité, de fréquence et de durée variables. Les personnes atteintes de la maladie d'Alzheimer sont parfois conscientes de ce qu'elles vivent alors qu'à d'autres moments elles sont moins présentes à la réalité, enfermées dans leur monde. Des participants associent les périodes de lucidité, de durée graduellement raccourcie, à une lumière dont le spectre est de moins en moins large et qui finit par éclairer uniquement l'instant présent. Ces instants de lucidité sont imprévisibles, irréguliers et se traduisent par un certain éclat ou pétillement dans les yeux, laissant croire que, malgré un stade avancé de la maladie, aucune personne atteinte de la maladie d'Alzheimer n'est entièrement perdue. Une infirmière auxiliaire en rapporte un exemple :

> C'est à nous d'essayer d'aller capter, dans les petits détails ou dans les gestes répétitifs qu'une personne fait, quelque chose qui pourrait être significatif pour elle. Je sais que, pour une dame ici, la cabane à sucre, c'est bien important [...]. Quand on fredonne *En caravane, allons à la cabane*, on voit qu'elle nous regarde mais pas de la même façon [...], elle a les yeux tout pétillants [...] puis elle se met à taper des mains. C'est un détail qui va aller éveiller son esprit parce qu'il doit y en avoir des petites parcelles qui restent [...]. Souvent, le matin, on a de la misère à la lever de sa chaise [...], elle est tellement raide. Tu as beau lui prendre les mains, te mettre face à elle, lui parler bien doucement... mais si je lui dis : « On s'en va à la cabane à sucre », elle me tend les mains puis elle se lève toute seule. Mais ça ne dure pas longtemps. Elle s'avance puis après, elle s'arrête. Elle est raide, raide. Mais, durant ce petit moment, elle doit avoir un « flash » dans sa tête [...], un éclair... (femme, 48 ans).

L'esprit de la personne atteinte de la maladie d'Alzheimer : une perte radicale

L'esprit de la personne atteinte de la maladie d'Alzheimer est associé à une perte radicale ou à la mort de l'esprit au sens où l'esprit disparaît et laisse la tête vide. L'esprit n'a plus l'étincelle qu'apportent les fonctions cognitives. L'intelligence est qualifiée d'artificielle et l'esprit est considéré comme étant parti, perdu, paralysé, sclérosé, brûlé ou mort. La personne vit dans son monde et n'est présente que dans l'instant. Pour emprunter les termes de Barbizet (1970), les personnes atteintes de démence vivent dans un présent permanent (*permanent present*, p. 33). Pour ces personnes, « [l]e temps passé devient présent. Et le présent n'est que l'instant » (Gendron, 2002, p. 16). Benoist (2000) porte à l'attention que, « s'il est absent dans le temps, le malade est entièrement présent dans l'instant ; mais cela, nos valeurs culturelles le masquent » (p. 12).

En effet, dans la maladie d'Alzheimer, la personne perd tout d'abord la santé mentale avant de perdre la santé du corps, réalité exprimée en termes de phénomène d'inversion. La détérioration sévère de l'esprit qui s'installe progressivement entraîne une perte radicale, voire la mort de l'esprit. Roach (1986) parle de « l'holocauste de l'esprit » (p. 133). Lallich (2002) mentionne que la personne devient « presque sans regard, sans geste, sans parole, [...] évadée dans un ailleurs » (p. 56) inconnu. Dans une société exaltant la jeunesse et dévaluant l'avancement en âge, les pertes vécues par les personnes atteintes de la maladie d'Alzheimer, tout particulièrement la perte de jeunesse, de l'intelligence et de l'indépendance, donnent lieu à un stigmate social (Henderson, 1990). En perdant graduellement leur capacité de penser et d'agir de façon autonome, les personnes atteintes de la maladie d'Alzheimer perdent des attributs valorisés dans la société occidentale. Et dans ce contexte culturel, perdre l'esprit peut signifier avoir tout perdu. Ploton (1996) en arrive à conclure que « les choses sont culturellement ainsi faites que souffrir d'une affection organique est socialement plus valorisant que d'être en proie aux conséquences d'une impasse psychique destructrice (ou à tout le moins déstructurante) » (p. 116). Dit autrement, dans la société occidentale, les maladies physiques sont souvent mieux perçues et plus acceptables que les maladies qui portent atteinte au psychisme.

LES REPRÉSENTATIONS DU CORPS : DE L'INTÉGRITÉ AUX CHANGEMENTS

Aborder les représentations du corps de la personne atteinte de la maladie d'Alzheimer permet d'apporter des précisions concernant les conséquences physiques de la maladie, plutôt non apparentes dans les débuts. Avec la progression de la maladie, le corps en vient à subir des changements, à démontrer de façon explicite la présence de la maladie.

Le corps est parfois vu comme un corps qui semble intact et parfois comme un corps qui subit des changements.

Outre l'apparence physique qui semble inchangée dans les débuts de la maladie, la condition physique peut aussi être adéquate, en ce sens que la personne ne présente pas ou peu de problèmes de santé physique. Quelques participants font ressortir un paradoxe chez la personne atteinte de la maladie d'Alzheimer : une condition physique adéquate, parfois excellente, qui pourrait laisser croire que la personne est en bonne santé et, en contrepartie, une atteinte au niveau psychique qui lui fait perdre la santé. Par exemple, la fille d'une personne malade fait ressortir que :

> Ma mère, n'a pas d'autres maladies... elle est supposée être bien parce qu'ils lui ont passé des examens et lui ont dit qu'elle avait un cœur normal et que c'était très rare à cet âge-là [...]. Mais c'est ça le plus triste, elle n'a plus son esprit... (femme, 63 ans).

Plutôt que de parler de paradoxe (excellente santé physique/grave maladie psychique), il s'avère sans doute plus approprié de parler de phénomène d'inversion, tel que mentionné précédemment.

Parmi les changements corporels, on constate une modification de l'apparence physique (stature, poids, posture et expression faciale). En effet, la personne présente un amaigrissement variable mais souvent notable, de même que des différences au point de vue de la posture, telles qu'une perte de flexibilité, de rigidité, de spasticité ou une posture plus courbée. Parfois, le visage présente une apparence vieillie. Le regard se perd graduellement et les yeux deviennent sans vie. L'expression faciale peut traduire des sentiments variés : un visage tantôt souriant, tantôt triste ou anxieux, apeuré, crispé qui exprime une douleur imprécise, physique ou mentale. À l'opposé, le visage ne semble traduire aucune émotion. L'affect est dit « plat ». Un sourire sur des lèvres, tellement inhabituel, représente alors « un miracle, un privilège » pour la personne qui le remarque.

Au point de vue moteur, la personne présente une lenteur dans l'exécution des mouvements et une démarche modifiée, plus inclinée d'un côté, plus ralentie et plus pénible d'exécution. Un conjoint rapporte : « Avant, ma femme était toujours droite comme un cierge puis elle marchait vite ! Maintenant qu'elle est malade, ça va au ralenti » (homme, 87 ans). Prenant en compte la perte d'équilibre qui s'y ajoute, le risque de chutes devient conséquemment plus élevé et, avec la progression de la maladie, les personnes finissent par ne plus pouvoir marcher seules et parfois par ne plus se déplacer. À un stade avancé de la maladie, les personnes demeurent le plus souvent alitées. Progressivement, la détérioration du corps devient plus grave à un point que la condition de la personne est qualifiée de neurovégétative. La personne adopte la position fœtale, prélude à la mort corporelle et définitive.

En ce qui concerne la communication verbale, la personne parle différemment et son langage est souvent difficile à saisir, à décoder. Il ressemble parfois à une forme de babillage (« des consonnes qui sortaient mêlées »). La communication verbale s'avère plus difficile à établir, voire impossible, et certains soutiennent qu'il n'y a rien à comprendre de leurs propos au point où il s'agit de deviner. Quant à l'écriture, les caractères deviennent plus petits et illisibles.

La terminologie utilisée fait ressortir une gradation dans la détérioration de la condition physique. Il s'agit tout d'abord d'un laisser-aller (hygiène corporelle délaissée, dos courbé, cheveux non coiffés, prothèses dentaires non portées), puis de fatigue, de faiblesse, de diminution et même d'atrophie. Finalement, la dégradation du corps est exprimée en termes de déclin, de décrépitude et de démolition (« un homme fini », « un corps sans vie »). Si les proches tout comme les intervenants reconnaissent la détérioration corporelle, ils ne la décrivent toutefois pas avec la même intensité. Les proches décrivent les changements physiques de façon intense et parlent d'un changement terrible, du corps d'un étranger, d'une personne défaite ou même finie. Quant aux intervenants, ils en parlent de façon plus dégagée ou avec moins d'émotions, utilisent des termes plus techniques, expliquent qu'il s'agit d'une régression progressive à un état neurovégétatif. Bref, tous reconnaissent que la personne perd graduellement la santé du corps après avoir déjà perdu, à un degré plus ou moins important, la santé de l'esprit. Muckle (1999) fait ressortir que, déserté par le cerveau, le corps peut mettre des années à mourir.

Aux prises avec la détérioration progressive, le corps atteint de la maladie d'Alzheimer ne satisfait plus les normes d'autonomie, de maîtrise de soi ou encore, tel qu'exprimé par Fournier (2002), de compétition, de performance et de séduction prônées par la culture occidentale. Le corps reflète l'opposé de ce qui est recherché dans cette culture. Il représente la dépendance, la perte de maîtrise de soi, l'incapacité ou encore la vieillesse. Affecté par une maladie d'Alzheimer, le corps devient la preuve tangible qu'il atteint ses limites (fragilité et temporalité du corps). Une atteinte de la dimension psychologique de l'existence influence la dimension physique à un moment de la maladie. Toutefois, rappelons avec Benoist et Cathebras (1993) que les sociétés humaines se refusent à enfermer la personne dans son corps biologique et que certaines disciplines (éthique, religion et médecines alternatives) permettent qu'une personne ne soit pas réductible à son corps physique.

DES CRITÈRES POUR DÉFINIR LA NOTION DE PERSONNE

Les participants étaient invités à s'exprimer sur ce qu'il faut être pour être une personne. De leurs propos, neuf critères définitionnels ont pu être dégagés. Ils renvoient à des dimensions individuelle, relationnelle et spirituelle de l'existence.

- Être en vie représente le **premier critère**. Au critère essentiel qu'est posséder la vie peuvent s'ajouter des éléments complémentaires relatifs aux dimensions physique, cognitive et affective qui enrichissent la condition de la personne sans qu'ils y soient, toutefois, indispensables. Si la vie représente le critère définitionnel de la notion de personne, c'est dire qu'une personne le demeure tant et aussi longtemps qu'elle est vivante ou qu'elle porte en elle le souffle de vie.

- Le **second critère** est de vivre un lien affectif. Ce critère est mentionné uniquement par des proches. L'intensité du lien affectif vécu (amour conjugal, filial, lien de parenté, d'amitié) influence l'importance accordée à la personne, la considération qu'on porte à son égard et même la notion de personne, comme l'explique le fils d'une personne atteinte de maladie d'Alzheimer dans l'extrait suivant:

    Moi, je la considère toujours comme une personne parce que je ne suis pas la bonne personne à côtoyer pour dire quoi que ce soit d'elle. Moi, c'est ma mère et j'ai un attachement pour elle. Je ne peux pas raisonner comme une personne étrangère qui pourrait peut-être juger plus facilement que moi si elle est toujours une personne [...]. Je ne suis pas capable de ne pas la considérer comme avant... c'est ma mère (homme, 61 ans).

C'est dire que le fait de vivre un lien affectif (amour conjugal ou filial, lien de parenté, d'amitié) l'emporte sur la condition de la personne de sorte que, malgré la maladie, elle est toujours vue et considérée comme une personne. Un autre fils mentionne que :

Même si la personne est démente, pour moi, ça vient en second car avant d'être une personne Alzheimer, il est mon père [...], il est toujours mon père puis il n'y a pas de point de rupture qui ferait que je ne le considérerais plus comme une personne (homme, 54 ans).

Au moyen de la poésie, Bobin (1999)[5] exprime des propos similaires : « Pour venir à toi j'écarte tous les noms de maladie, d'âge et de métier [...] jusqu'à te retrouver dans la fraîcheur de ce seul nom qui ne ment pas : père » (p. 61). Les relations qu'une personne « établit et a établies avec les siens sont plus importantes que les signes de détérioration physique, intellectuelle et psychologique » (Monette, Roy et Fréchette, 2002, p. 25).

• Le **troisième critère** est d'avoir une histoire de vie. Une personne ne peut qu'être une personne en raison de son vécu, de son passé, de ce qui l'a façonnée et de son bagage car elle incarne une vie entière. Le critère de l'histoire de vie[6] peut être mis en lien avec les propos de Sacks (1988) lorsqu'il mentionne que : « [n]ous avons tous et chacun une biographie, un récit intérieur – dont la continuité, le sens, constituent notre vie. On peut dire que chacun de nous construit et vit un "récit", et que ce récit *est* nous-mêmes, qu'il est notre identité » (p. 148).

5. Dans son livre *La présence pure*, Bobin fait référence à son vécu en tant que fils accompagnant son père atteint de la maladie d'Alzheimer. L'auteur émet et suscite des réflexions en lien avec l'évolution de la maladie constatée chez son père.
6. Bien qu'il ne s'agisse pas d'un apport scientifique, il est ici possible de faire un lien avec les paroles de Jean Lapointe lorsqu'il chante : « Derrière deux yeux... Y'a une histoire ! » L'extrait a été retenu en tant que position qui peut influencer les représentations populaires dans la société québécoise.

- <u>Avoir une âme</u> représente le **quatrième critère**. L'âme est vue comme le souffle de vie qui est perceptible dans le regard d'une personne et qui la constitue.

- S'ajoute un **cinquième critère**, celui <u>d'être en possession de fonctions cognitives</u>. Ainsi, l'aptitude à comprendre, la capacité de discerner ou de s'orienter dans le temps, la prise de conscience de sa propre existence différencient la personne des animaux et font qu'une personne peut être considérée comme telle.

- Les participants ont retenu, comme **sixième critère**, celui <u>d'être autonome</u>. Ce critère est mentionné uniquement par des proches. Une personne autonome est capable de s'assumer. Elle connaît et maîtrise ses capacités et ses limites. Elle vit en société sans toutefois en dépendre car elle y apporte sa contribution. Des participants reconnaissent clairement l'autonomie (physique et psychique) comme seuil de rupture de la notion de personne. L'importance accordée à l'autonomie corrobore les propos de Gagnon (1995) quand il avance que la notion de personne est définie dans la société occidentale par deux éléments prédominants, soit l'autonomie et la santé.

- Comme **septième critère**, les participants ont retenu qu'une personne devait être <u>capable de communiquer verbalement</u>. Ce critère est encore spécifique aux proches. Pouvoir s'exprimer, échanger et tenir une conversation s'avèrent des éléments indispensables qui confèrent le statut de personne.

- Mentionné uniquement par des intervenants, <u>être un tout</u> est un **huitième critère**. C'est ici reconnaître l'unité ou la globalité de la personne, laquelle forme un tout qui englobe des composantes physiques (les sens, la locomotion, la coordination), psychologiques (les facultés, l'intelligence, la mémoire), sociales et spirituelles (l'âme).

- Enfin, les participants ont retenu comme **neuvième critère** le fait <u>d'être une créature de Dieu</u>. Prenant en compte que la personne a été « créée par le bon Dieu, par le souffle de sa bouche » (femme, 79 ans), elle demeure toujours une personne.

Il s'avère ici possible de faire un lien avec l'une des idées-clefs soutenue par le personnalisme, en l'occurrence :

> l'*unité de l'humanité* [...] affirmée dans la tradition judéo-chrétienne. Il n'y a pour le chrétien [...] (que) des hommes tous créés à l'image de Dieu. [...] : un homme, même différent, même avili, reste un homme à qui nous devons permettre de poursuivre une vie d'homme (Mounier, 1950, p. 48).

Les critères relatifs à une dimension relationnelle (2ᵉ et 7ᵉ critères) sont évoqués uniquement par les proches, alors que celui d'être un tout (8ᵉ critère) est réservé aux intervenants. D'une part, cette différence peut être interprétée en considérant les savoirs professionnels qui guident la pratique et familiarisent les intervenants au concept de globalité. D'autre part, elle relève des savoirs populaires qui font ressortir l'importance d'être en relation et du lien qui assure des réciprocités. Enfin, si l'on compare ces neufs critères à ceux qui sont généralement invoqués dans les écrits scientifiques pour définir une personne dans la société occidentale, on constate des points communs et des nuances (voir le tableau 1). Effectivement, trois de ces neuf critères (5ᵉ, 6ᵉ et 7ᵉ critères) correspondent aux critères invoqués dans les écrits scientifiques. Par contre, on remarque que les 4ᵉ et 9ᵉ critères qui font référence à une dimension spirituelle de la personne ne sont pas du tout retrouvés dans la littérature scientifique. Il n'est certes pas surprenant de retrouver comme points communs les 5ᵉ et 7ᵉ critères, considérant l'importance accordée à l'intellect dans la société occidentale et l'ère des communications dans laquelle nous vivons. Puisque l'autonomie (6ᵉ critère) est une valeur dominante des sociétés occidentales, les participants tout comme les auteurs scientifiques reconnaissent son importance. Quant aux différences observées à partir des 4ᵉ et 9ᵉ critères retrouvés uniquement chez les participants, on peut indiquer que la science et la spiritualité sont deux domaines distincts, et que cette distinction invite à l'exclusion de la dimension spirituelle dans les écrits scientifiques.

TABLEAU 1

Critères définissant la notion de personne

Critères rapportés par les participants Proches (P), Intervenants (I)	Critères retrouvés dans la littérature scientifique
1. Être en vie (P, I)	– Être autonome (Gagnon, 1995) ;
2. Vivre un lien affectif (P)	– L'intégrité (Harrison, 1993) ;
3. Avoir une histoire de vie (P, I)	– Avoir la capacité à communiquer
4. Avoir une âme (P, I)	(Harrison, 1993) verbalement
5. Être en possession de fonctions	– Avoir la capacité à communiquer non
cognitives (P, I)	verbalement,
6. Être autonome (P)	– Avoir la capacité d'entrer en relations
7. Être capable de communiquer	sociales (Harris, 1989) et
verbalement (P)	– Être en possession de facultés intellectu-
8. Être un tout (I)	elles (Harris, 1989 ; Harrison, 1993).
9. Être une créature de Dieu (P, I)	

LES REPRÉSENTATIONS DE LA PERSONNE ATTEINTE DE LA MALADIE D'ALZHEIMER

Des participants définissent plus aisément la personne atteinte de la maladie d'Alzheimer par la négative. Ainsi, les personnes atteintes de cette maladie ne sont ni un animal ou un objet ni un légume ou un rien. Elles ne sont pas des morts et sont des personnes toujours vivantes. Des participants font parfois ressortir une dichotomie. La personne n'est plus vue comme un tout mais comme un corps sans tête (dichotomie physique/psychologique) ou un corps sans âme (dichotomie physique/spirituel). Les représentations de la personne atteinte de la maladie d'Alzheimer exprimées par les participants ont été regroupées selon six catégories (voir tableau 2).

TABLEAU 2

**Les représentations de la personne atteinte
de la maladie d'Alzheimer selon les participants**

Une personne atteinte de la maladie d'Alzheimer est vue comme une personne...
1. diminuée et dépendante
2. souffrante
3. agressive (physiquement et verbalement)
4. consciente ou non consciente de sa condition
5. malheureuse ou heureuse
6. différente

La personne atteinte de la maladie d'Alzheimer est vue comme une personne diminuée et dépendante (1) dont la condition inspire la pitié. De fait, la personne vit des pertes (atteintes cognitives, perte de liberté, de vitalité, du permis de conduire, difficulté ou incapacité à communiquer, diminution ou absence d'affectivité) qui créent un déséquilibre et la contraignent à ne plus pouvoir fonctionner de façon autonome. Elle est vue comme « une personne en cage », « comme une petite roche restée dans le fond de l'eau ». Tout comme la roche ne peut rien contre la force de l'eau, la personne atteinte de la maladie d'Alzheimer ne peut combattre la force de la maladie (dimension envahissante). La personne se trouve donc sans défense, impuissante, diminuée, dépendante, ce qui peut amener certains participants à la voir comme une personne souffrante (2). « Les souffrances que je vis présentement sont une prière », disait une dame atteinte de la maladie d'Alzheimer avec une voix qui étouffait des pleurs.

La personne atteinte de la maladie d'Alzheimer est vue comme une personne qui manifeste de l'agressivité physique ou verbale (3), d'intensité variable, à des périodes de l'évolution de la maladie. Certains croient que les personnes vivent la maladie à l'image de leur vécu. Celles qui auraient été plus agressives dans leur vie feraient davantage l'expérience de périodes d'agressivité au cours de la maladie. À l'opposé, d'autres participants reconnaissent un changement important, voire radical, dans le comportement (personne douce ou agressive). Aussi, il s'avère plus difficile d'entrer en relation (communication verbale ou non verbale) avec la personne atteinte de la maladie d'Alzheimer durant la période d'agressivité, la personne étant moins ou non réceptive. De ce fait, il arrive que des intervenants diminuent leur participation au point de vue relationnel, se distancient au point de vue émotif comme s'ils se désengageaient. Toutefois, pareil comportement peut être adopté en raison de la peur qu'ils éprouvent, du désir de se protéger ou par manque de connaissances sur les attitudes à adopter dans de telles circonstances.

La personne atteinte de la maladie d'Alzheimer est vue comme une personne consciente de sa condition (4). Dans les débuts de la maladie, elle peut réaliser qu'elle perd progressivement ses fonctions cognitives, ses capacités physiques, son autonomie et peut se rendre compte que ces pertes seront graduellement plus importantes. Elle est vue comme une personne malheureuse (5), qui dégage une profonde tristesse ou encore qui vit un grand vide intérieur. Les participants rapportent que les personnes sont malheureuses lorsqu'elles prennent conscience de ce qu'elles deviennent ou encore, lorsqu'elles sont hébergées, elles réalisent qu'elles ne peuvent plus retourner à leur domicile. Elles sont aussi vues comme étant inquiètes, anxieuses, angoissées ou apeurées. Bobin (1999) traduit l'horreur de la maladie en ces termes : « [l]a bête qui ronge leur conscience leur en laisse assez pour qu'ils connaissent, par instants, l'horreur d'être là » (p. 30).

À l'opposé de la représentation précédente, la personne atteinte de la maladie d'Alzheimer est vue comme une personne heureuse (5), qui ne souffre pas du fait qu'elle semble bien dans son monde, qu'elle ne pleure pas et ne semble pas s'ennuyer, souffrir ou être consciente de sa condition. Par exemple, la conjointe d'une personne atteinte de la maladie d'Alzheimer constatait que son mari était plus heureux qu'il ne l'avait jamais été puisque plus rien ne le tracassait et qu'il était démis de toute responsabilité. Selon une perspective tout autre, Poirier, fondatrice de la Maison Carpe Diem de Trois-Rivières[7], croit qu'il s'avère possible de rendre ces personnes heureuses. Poirier mise sur le potentiel plutôt que sur les déficits de la personne atteinte de la maladie

---

7.   Ce modèle d'intervention spécialisé représente un exemple dont on tente de s'inspirer dans d'autres régions au Québec de même qu'en France et en Martinique (Muckle, 1999).

d'Alzheimer pour ainsi lui permettre de s'épanouir et de continuer à vivre dans le respect et la dignité (Conseil des aînés, 2000)[8].

Finalement, en raison de l'atteinte des fonctions cognitives, la personne atteinte de la maladie d'Alzheimer est vue comme <u>une personne différente</u> (6), attaquée, détruite, qu'on a enlevée et volée. Un conjoint disait par exemple qu'il avait « perdu son lingot d'or » et une autre rapportait : « Quand il dormait, je me couchais tout doucement à côté de lui et je me faisais accroire que c'était mon Robert d'avant... »

L'EXISTENCE D'UN SEUIL DE RUPTURE DE LA NOTION DE PERSONNE

Après avoir développé les représentations de la personne fragilisée par la maladie d'Alzheimer véhiculées par les proches et par les intervenants, nous pouvons nous demander si la personne atteinte de la maladie d'Alzheimer est toujours perçue comme une personne. Pour certains proches et intervenants, il semble exister un seuil de rupture à partir duquel ils ne la considèrent plus comme une personne en raison de diverses attitudes ou divers comportements. Cette rupture de la notion de personne peut être partielle, quand elle fait référence à quelques dimensions qui renvoient à des changements psychiques (mémoire et autres fonctions cognitives), des changements de tempérament (caractère), de comportements (par exemple de personne déterminée à personne soumise) ou à une détérioration de la qualité de vie de la personne qui peut atteindre le stade végétatif. Malgré la rupture associée à l'une ou l'autre de ces dimensions, la personne est uniquement considérée différente. Elle reste une personne et la notion de personne est irréductible. Parmi les facteurs pouvant influencer cette irréductibilité, se trouvent les valeurs religieuses, plus particulièrement la charité chrétienne envers son prochain qui invite à ne point abaisser l'autre, de même que les valeurs séculières, dont le respect de l'autre, aussi diminué fût-il.

---

8.   La philosophie adoptée à la Maison Carpe Diem prône, entre autres, que la relation passe avant l'efficacité (Muckle, 1999).

Selon les participants, la rupture de la notion de personne renvoie encore à sa globalité. Cette fois, le statut de personne est perdu pour en obtenir un plus diminué, toujours selon les participants, soit celui d'être humain, de créature humaine, de robot ou encore d'objet. Par exemple, pour exprimer la représentation qu'il se fait de sa mère atteinte de la maladie d'Alzheimer, un fils compare sa mère à « une table qui peut bouger » du fait qu'elle ne soit plus animée intellectuellement ou spirituellement. La mère est donc ici perçue comme une personne détruite. Cette interprétation peut être décodée sous diverses facettes. Par exemple, associer une rupture de la notion de personne (« table qui peut bouger ») peut représenter un mécanisme d'adaptation pour le proche, un moyen d'encapsuler la souffrance qu'il peut vivre. En effet, pour ce proche, l'intense douleur liée au fait de ne plus reconnaître sa mère peut provoquer une coupure radicale. Celle-ci peut masquer sa souffrance, permettre d'expliquer son éloignement, sa perte d'intérêt envers elle, ses présences instantanées ou ses absences prolongées. Aussi, la rupture de la notion de personne véhiculée par les participants peut être mise en lien avec la représentation de mort-vivant. De fait, certains auteurs (Ploton, 1996 ; Rigaux, 1998) soutiennent que les personnes atteintes de la maladie d'Alzheimer dans la société occidentale sont considérées comme des morts-vivants. Certains participants partagent cette représentation en raison de différents facteurs dont, principalement, une atteinte des fonctions cognitives, alors que d'autres la refusent, en raison de la présence de la vie et des périodes de lucidité chez les personnes.

Dans les écrits scientifiques, différentes expressions sont associées à la personne atteinte de la maladie d'Alzheimer (Cloutier, 2010). Des auteurs parlent de la perte totale de soi – *loss of self* (Cohen et Eisdorfer, 1986) –, de l'anéantissement de soi – *deselfing process* (Tobin, 1991) ou de l'impossible devenir de soi, *unbecoming of self* (Fontana et Smith, 1989) – pour décrire l'expérience vécue ou la réalité de la personne atteinte de la maladie d'Alzheimer. Ces expressions font référence à une rupture de la notion de personne – a *nonperson* –, perception entraînée en raison d'une diminution des fonctions cognitives, comme l'a mentionné Leibing (2006). Ces propos rejoignent donc la représentation associée à la rupture globale de la notion de personne retrouvée chez certains participants.

D'autres auteurs soutiennent plutôt que la personne atteinte de cette maladie demeure toujours une personne (Cohen et Eisdorfer, 1986 ; Harrison, 1993 ; Lévesque, Roux et Lauzon, 1990) bien qu'elle soit différente (Harrison, 1993 ; Lévesque et autres, 1990). Ces propos vont dans le sens de ceux de Louriia[9] dans une missive adressée à Sacks (1988) où l'on peut lire : « [m]ais un homme n'est pas seulement une mémoire : il a une sensibilité, une volonté, des sentiments, une dimension morale[10] » (p. 54). Il n'y a donc pas ici une rupture de la notion de personne mais plutôt une modification de l'identité. En lien avec les propos mentionnés par certains participants, il s'agit d'une rupture partielle de la notion de personne. Cette dernière maintient donc son statut de personne, en étant toutefois considérée comme une personne différente.

LES APPROCHES DOMINANTE ET ALTERNATIVE DES SOINS : OBJECTIFS, CARACTÉRISTIQUES ET ATTITUDES

En guise de conclusion et concernant les soins et l'accompagnement auprès des personnes atteintes de la maladie d'Alzheimer (Cloutier, 2002), il existe une approche dominante et une approche alternative. Comme l'explique Rigaux (1998), l'approche dominante peut être d'inspiration cognitiviste, comportementaliste ou psychanalytique et peut être professionnelle ou non professionnelle. L'approche non professionnelle se caractérise par la façon de considérer la personne atteinte de la maladie d'Alzheimer comme un enfant, comme une chose ou même comme un mort-vivant. Quant à l'approche professionnelle, elle poursuit « l'objectif d'optimisation des performances (cognitives, comportementales) par la stimulation des différentes fonctions » (Rigaux, 1998, p. 100) que le malade a conservées. Le traitement vise à normaliser la différence, actuelle ou future, par rapport à une norme (Rigaux, 1998). En référence à l'approche alternative, proposée par Ploton (1996), elle appréhende l'homme comme « un corps vécu,

---

9.   Louriia est l'un des fondateurs de la neuropsychologie.
10. Des propos similaires sont retrouvés chez Cohen et Eisdorfer (1989) : « Un homme ou une femme a aussi des sentiments, de l'imagination, des désirs, des pulsions, une volonté, une personnalité morale » (p. 20).

porteur d'une signification » (Rigaux, 1998, p. 112). Dans cette approche, le lien avec la personne atteinte de démence se caractérise par trois traits. Le premier est le partenariat, considérant que la personne atteinte de démence est le partenaire d'un échange, ce qui sous-entend qu'elle peut percevoir son environnement et qu'elle peut en être affectée étant donné qu'elle est perméable au climat relationnel (Ploton, 1996). Le second trait de cette approche est la recherche d'un sens, le décodage de comportements, même démentiels, qui ont une signification à chercher et à trouver. Par exemple, seront significatives l'intonation, la mimique, la posture du malade (Ploton, 1996). La recherche du plaisir, d'une qualité de vie représente le troisième élément à considérer dans la relation soignant-soigné et se concrétise dans le quotidien par le plaisir de parler avec les personnes fragilisées par la démence, le plaisir de faire une promenade en leur compagnie ou encore de participer à une activité, à un jeu. « Les objectifs thérapeutiques consistent donc, en priorité, à procurer du confort, du bien-être et si possible du plaisir, malgré les handicaps » (Ploton, 1996, p. 125). À la différence de l'approche dominante, l'approche alternative vise une amélioration de la qualité de vie de préférence à une optimisation des performances. Il s'avère possible de faire un lien avec la vision centrée sur la personne et l'humanisme qui se dégage du rapport québécois déposé en vue de l'élaboration d'un plan d'action pour relever le défi de la maladie d'Alzheimer (Ministère de la Santé et des Services sociaux du Québec, 2009).

Appréhender les représentations de l'esprit, du corps et de la personne atteinte de la maladie d'Alzheimer que véhiculent les proches et les intervenants qui l'accompagnent permet d'entrer dans leur monde et de mieux saisir leur vécu. Parler de l'existence ou non d'un seuil de rupture de la notion de personne ne doit pas être une fin en soi mais doit inviter celui qui reçoit le message à aller au-delà des mots et à décoder les sentiments sous-jacents, dont la souffrance. Pour apporter le soutien nécessaire au proche ou prodiguer des soins à la personne fragilisée, les soignants doivent faire preuve de créativité, s'ouvrir à l'histoire de vie de l'autre, au contexte social et culturel auquel il appartient. Prodiguer des soins, c'est aussi reconnaître que la personne, malgré l'avancement en âge ou la fragilisation conséquente à la maladie, doit être considérée dans sa dignité, son humanité, sa globalité. Il est parfois approprié de s'arrêter et de faire résonner en soi le mot « personne » pour réfléchir sur l'entité que ce mot représente. Le mot « personne » est « beau » et « grand » sans doute parce qu'il parle d'humanité et qu'il transcende le corps et toute maladie (Cloutier, 2004).

Références

Barbizet, J. (1970). *Human memory and its pathology*, San Francisco : Freeman.

Benoist, J. (2000). « Compte-rendu de lecture de l'ouvrage de L. Cohen : « No Aging in India. Alzheimer's, the Bad Family, and Other Modern Things », *Amades*, 42, juin, 12.

Benoist, J., et P. Cathebras (1993). « The body : From an Immateriality to Another », *Social Science and Medicine*, 36 (7), 857-865.

Bobin, C. (1999). *La présence pure*, Cognac : Le temps qu'il fait.

Cloutier, F. (2002). « Revaloriser la dimension humaine d'une maladie individuelle, familiale et sociale : la maladie d'Alzheimer », dans A. Guerci et S. Consigliere (ed.), « *Curare* » *la Vecchiaia*. « *Curing* » *old Age*. Gênes : Erga Edizioni, p. 328-342.

Cloutier, F. (2004). *La construction socioculturelle de la notion de personne et des concepts associés de corps et d'esprit en lien avec la maladie d'Alzheimer dans le contexte d'un milieu rural québécois des années 2000*, thèse de doctorat, Université Laval, Québec, et Université de droit, d'économie et des sciences d'Aix-Marseille, France.

Cloutier, F. (2010). « Maladie d'Alzheimer. Quand la personne n'est plus », *Perspective infirmière*, 7 (2), 36-42.

Cohen, D., et C. Eisdorfer (1986). *The Loss of Self*, New York : W.W. Norton & Co.

Cohen, D., et C. Eisdorfer (1989). *Alzheimer. Le long crépuscule*, Montréal : Les Éditions de l'Homme.

Cohen, L. (1998). *No Aging in India. Alzheimer's, the Bad Family, and Other Modern Things*, Berkeley : University of California Press.

Conseil des aînés (2000). *La démence, ce mal silencieux... tel qu'entendu par six spécialistes*, Québec : Gouvernement du Québec.

Fontana, A., et R.W. Smith (1989). « Alzheimer's Disease Victims : The " Unbe-coming " of Self and the Normalization of Competence », *Sociological Perspectives*, 32 (1), 35-46.

Fournier, É. (2002). « Lettre à Denise Lallich », dans B. Lacroix, *Alzheimer et spiritualité*, Boucherville : Fides, 63-77.

Gagnon, É. (1995). « Autonomie, normes de santé et individualité », dans Côté, J.-F. (dir.), *Individualismes et individualité*, Sillery : Septentrion, 165-176.

Gauthier, S. et J. Poirier (2007). « Maladie d'Alzheimer », dans Arcand, M. et R. Hébert, *Précis pratique de gériatrie*, Canada : Edisem inc., 257-266.

Gendron, M. (2002). « Les larmes de la mémoire », dans Lacroix, B., *Alzheimer et spiritualité*, Boucherville : Fides, 13-19.

Harris, G.G. (1989). « Concepts of Individual, Self, and Person in Description and Analysis », *American Anthropologist*, 91 (3), 599-612.

Harrison, C. (1993). « Personhood, Dementia and the Integrity of a Life », *Canadian Journal on Aging*, 12 (4), 428-440.

Henderson, J.N. (1990). « Alzheimer's Disease in Cultural Context », dans Sokolovsky, J. (ed.), *The Cultural Context of Aging. Worldwide Perspectives*, New York : Bergin & Garvey Publishers, 315-330.

Hill, G. (1994). *Prévalence. Maladies chroniques au Canada*, Actes de l'atelier sur « Le défi de la démence au Canada – de la recherche à la pratique ». Du 3 au 5 mai 1993, 15, 2, supplément : S8-S9. Aylmer : Santé Canada.

Lallich, D. (2002). « L'accompagnement du malade atteint d'Alzheimer. Quelques années après », dans B. Lacroix, *Alzheimer et spiritualité*, Boucherville : Fides, 43-61.

Leibing, A. (2006). « Divided Gazes. Alzheimer's Disease, the Person within, and Death in Life », dans A. Leibing et L. Cohen (ed.), *Thinking about Dementia. Culture, Loss, and the Anthropology of Senility*, New Jersey : Rutgers University Press, 240-268.

Le Quotidien (2009). « Estimation de la population canadienne », 26 mars. Récupéré le 26 novembre 2009 de : http://www.statcan.gc.ca/daily-quotidien /090326/dq090326a-fra.htm.

Lévesque, L., C. Roux et S. Lauzon (1990). *Alzheimer. Comprendre pour mieux aider*, Montréal : Éditions du Renouveau pédagogique inc.

Maisondieu, J. (1989). *Le crépuscule de la raison. Comprendre, pour les soigner, les personnes âgées dépendantes*, Paris : Éditions du Centurion.

Marshall, M. (1997). « Introduction : State of the Art in Dementia Care », dans M. Marshall (ed.), *State of the Art in Dementia Care*, London : Center for Policy in Aging, xiii-xix.

Ministère de la Santé et des Services sociaux du Québec (2009). *Relever le défi de la maladie d'Alzheimer et des maladies apparentées. Une vision centrée sur la personne, l'humanisme et l'excellence*, Québec.

Monette, M., O. Roy et A. Fréchette (2002). « L'accompagnement de la personne en perte d'autonomie et de sa famille », *L'Infirmière*, 9 (4), 19-26.

Mounier, E. (1950). *Le Personnalisme*, Paris : Presses universitaires de France.

Muckle, Y. (1999). « Demain la catastrophe », *L'actualité*, 24 (19), 26-40.

Ploton, L. (1996). *Maladie d'Alzheimer. À l'écoute d'un langage*, Lyon : Chronique sociale.

Rigaux, N. (1998). *Le pari du sens. Une nouvelle éthique de la relation avec les patients âgés déments*, Le Plessis-Robinson : Synthélabo.

Roach, M. (1986). *La mémoire blessée. Alzheimer : un autre nom pour la folie*, Lyon : La Manufacture.

Roth, M. (1994). « La maladie d'Alzheimer : un défi », *Maladies chroniques au Canada*, Actes de l'atelier sur « le défi de la démence au Canada – de la recherche à la pratique ». Du 3 au 5 mai 1993, 15, 2, supplément : S3-S5. Aylmer : Santé Canada.

Sacks, O. (1988). *L'homme qui prenait sa femme pour un chapeau et autres récits cliniques*, Paris : Éditions du Seuil.

Société Alzheimer du Canada (2009). « La maladie d'Alzheimer. Statistiques », janvier. Récupéré le 26 novembre 2009 de : http://www.alzheimer.ca/french/disease/stats-intro.htm.

Tobin, S.S. (1991). *Personhood in Advanced Old Age*, New York : Springer.

Université de Sherbrooke (2009). « Espérance de vie à la naissance pour les femmes (années) », novembre, Canada, *World Perspective/Monde*. Récupéré le 26 avril 2010 de : http://perspective.usherbrooke.ca/bilan/servlet/BMTendanceStatPays?langue=fr&codePays=CAN&codeStat=SP.DYN.LE00.FE.IN&codeStat2=x.

Le statut culturel ambigu de la mort : entre marginalisation et héroïsation
Quels possibles pour l'accompagnement des mourants ?

Luce Des Aulniers

Une socio-anthropologie du mouvement d'accompagnement des mourants s'ouvre sur le sens même de l'altérité que vient introduire la mort, ontologiquement, et dans notre culture. Cette culture forge une marginalisation de la mort au sein même des traits structurant l'existence, notamment par la fantaisie de maîtrise individuelle qu'elle y exerce, à la limite, en instrumentalisant l'altérité. Dès lors, ancré dans les paradoxes contribuant à une vie étriquée, se révèle un défaut de symbolisation qui pourrait, d'écho en écho, « déréaliser » la mort : elle serait soit cachée, technologisée et aseptisée, soit surexposée et soumise à une performance esthétisée. L'héroïsation, qui des mourants, qui des accompagnants, procède de ces deux figures et vient masquer l'angoisse, incontournable et pourtant féconde, dès lors qu'elle est analysée. Marginalisation et héroïsation constitueraient des formes de déni, chroniques, de la puissance de la conscience de la mort, agissant en retour dans l'existence. Par conséquent, les soins en fin de vie se trouvent investis des logiques à l'œuvre et, dès lors, deviennent l'occasion d'un questionnement culturel sur le statut de la mort et des mourants. Plutôt que de simplement compenser et de situer les enjeux dans la relation duelle de l'accompagnement, il est proposé de réparer le caractère délétère de la dominante culturelle en questionnant la peur, l'emprise et, à la base, la violence qu'impose la mort à tout narcissisme. Plutôt qu'une héroïsation artificielle de l'institutionnalisation des soins palliatifs, le travail d'équipe qui y est réclamé peut alors s'axer sur cette élaboration soutenue des liens entre les manières collectives de mourir et de vivre.

REMARQUE PRÉLIMINAIRE

Les propos tenus dans ce texte vont peut-être vous déstabiliser, peut-être vous conforter dans vos intuitions, mais de toutes les manières, espérons-le, vous interpeller. Et ce n'est pas parce que vous ne vous identifieriez pas à la marginalisation de la mort, ou encore à son héroïsation, que vous ne rencontrez pas ces phénomènes et ses conséquences dans la vie de tous les jours.

Aussi, ce propos requiert de vous la même chose qu'on demande à l'occasion au mourant, à savoir se distancier de ses atavismes et un petit peu de son ego, mélancolique ou jubilatoire, pour les déposer dans l'ample et l'infini. Autrement dit, il s'agit d'admettre l'insolite apparent, l'étrangeté, le mystère, de sorte que cet inconnu, pris à bras-le-corps, augure, sinon d'une transformation[1], du moins d'une variation, même légère, bref, d'une altération. C'est ainsi que nous pouvons rencontrer l'altérité[2] à l'intérieur de nous et hors de nous.

---

1. Je parle de « transformation » pour indiquer comment l'expression est devenue mot-valise, dans notre quotidien. Cette évocation à tout crin convoie implicitement une valeur combinant le culte de l'éphémère ou de l'obsolescence rapide des choses et des liens ET le culte du spectacle, rivant l'essentiel à l'apparence et à sa présentation. Ainsi, on ne pourrait pas simplement évoluer, changer, il faut d'emblée se modifier du tout au tout, « se transformer ». On n'est pas alors sans s'inquiéter de la disparition des critères qui font ancrage et du pouvoir indu qu'exercent les exigences sociales de changement pour le changement, sur la subjectivité : perte de contexte référentiel et perte du sens de l'historicité au profit du présent digitalisé, singulièrement sur le mode du plaisir (voir C. Melman, 2002).

2. L'altérité, concept philosophique constitutif de l'anthropologie, discipline scientifique de la relation à l'ailleurs et à l'autrement, pourrait se résumer comme *l'ensemble de ce qui n'est pas soi, tout en y contribuant*. Au cours de notre existence, nous rencontrons plusieurs figures de l'altérité : 1) *le visage* maternel et, par suite, celui des autres humains, qui existent en dehors de mon regard sur eux ; 2) *l'inconnu*, qu'il soit interne à l'être – l'Ombre, dirait Jung –, ou surgissant de la limite imposée par la réalité au fantasme infantile de toute-puissance, ou encore, dans le non-aperçu, non-conçu ; 3) *la diversité* des modulations du vouloir-vivre, manifeste dans les créations de tous ordres, le fait culturel, les civilisations ; 4) *la mort*, en ce qu'elle nous modifie radicalement, au propre, mais dont la conscience,

PREMIER ARGUMENT – UNE CULTURE, LA NÔTRE

En mode majeur : en quoi la mort serait-elle marginalisée ?

Investiguer notre culture commande de répondre d'abord à la question suivante : en quoi la mort serait-elle marginalisée ? Répondre à cette question implique deux démarches : en premier lieu, que l'on reconnaisse dans les faits un statut culturel ambigu à la mort. Ainsi, d'un côté, elle est largement mise de côté ; de l'autre, elle est reconnue comme partie intégrante de la vie, entendre par là le butoir incontournable, transcendant toutes les sociétés (d'ailleurs, comme la naissance !), contrainte qui stimule, à rebours, à la fois la capacité de s'investir concrètement dans un projet et la capacité d'en prendre congé, par ascèse continue ; il arrive néanmoins que l'on se saisisse de cette forme de rationalité bien légitime pour rehausser le statut de ce qui entoure la mort au point où ce qui s'y tient est héroïsé (j'y reviendrai évidemment) ; en seconde démarche, il s'agit de situer nos représentations et nos pratiques concernant la mort dans le droit fil de celles que nous entretenons pour la vie, incluant bien sûr notre rapport au temps, aux autres, à l'identité, etc.[3] Je vais emprunter ces deux démarches en même temps.

---

par-delà son inconnaissable, vient aviver l'accueil de toutes les autres formes de l'altérité. On ne peut développer davantage dans cet exposé et en regard de l'altérité rencontrée par le malade. Néanmoins, elle concerne l'insaisissable et l'inconnaissable.

3. On me permettra de référer ici à la théorisation sur la maladie grave effectuée dans la recherche doctorale d'État (1983-1989, sous la direction de Louis-Vincent Thomas), et remaniée (1997) dans *Itinérances de la maladie grave. Le temps des nomades*. Outre des propositions théoriques sur la présence de rites avant la mort, y est présentée une structuration des pratiques en situation de menace, mettant en exergue des facteurs situationnels (diagnostic et charge d'incertitude, information désirée, demandée, reçue, perception du statut social de la maladie, identification à la maladie et expression favorisée) aussi bien que des facteurs dits historiques, agissant de loin en loin (rapports au travail, au changement, au réseau affectif, à la spiritualité et au religieux, à l'espace et au temps, expérience de la maladie et de la mort des autres). Un chapitre est aussi consacré au statut contemporain du mourant, dans la critique précise de la liminarité (ou liminalité) qu'on peut souvent associer à son statut. Par ailleurs, à l'intérieur d'un cycle de publications et de conférences relatives à l'analyse de la logique structurelle à l'œuvre dans l'instauration et le développement des soins palliatifs, voir la référence (1994), qui y est consacrée.

La vie étriquée

La mort serait marginalisée du fait que la vie elle-même est en bonne part étriquée, comme nous le rappellent les théoriciens critiques du social qui, depuis un siècle, ont cerné et souligné les faiblesses des démocraties nord-occidentales, désignant du coup les décadences matérielles et intellectuelles qui les érodent. Ainsi, on dénonce la mainmise du capitalisme mondialisé. On se méfie de la technologie qui se donne comme seule capable de saisir ce monde « mondialisé ». C'est que ces forces mettraient en place des « sociétés de contrôle » (G. Deleuze, 1990), où la standardisation des biens de consommation, sous couvert de personnalisation, le règne du marketing et l'abrutissement télévisuel, une des marques de la « vidéosphère » (R. Debray, 1992), concourent à atténuer la puissance d'action du sujet critique au profit du passage à l'acte, dit « authentique », et de la consommation aveugle. Or, ce consommateur se donne l'impression de liberté parce qu'il dispose de choix à la carte[4], dans un gigantesque *self-service*. Mine de rien, il en vient alors à concevoir les autres, l'autre, comme des instruments de cette pseudo liberté tant célébrée.

Il se trouve que personne n'échappe à ce trait structurel des cultures contemporaines, avec évidemment d'infinies modulations car il s'agit de se mouvoir dans une distance « juste », laquelle n'est jamais calibrée une fois pour toutes, et ce, singulièrement face à ceux qui meurent. Dès lors, il importe non seulement de prendre distance de nos pulsions de toute-puissance, voire de colmatage d'un narcissisme envahissant (pourquoi ? Voir ci-dessous) en face des mourants, notamment quand nous agissons sur la durée de leur avant-mort, mais aussi de réfléchir à l'usage trop « utilitaire » de leur fréquentation, quand nous déclinons systématiquement ce désormais adage : *Les mourants nous apprennent à vivre*. Cet adage trahirait au moins deux traits de mentalités ou « d'une aventure mentale collective » (M. Vovelle, 1982) ; d'abord une des formes de la raison instrumentale[5], ensuite, la confusion entre un

---

4. Parmi les nombreuses références sur ce thème, voir O. Rey (2006), *Une folle solitude. Le fantasme de l'homme auto-construit.*
5. « Par " raison instrumentale ", j'entends cette rationalité que nous utilisons lorsque nous évaluons les moyens les plus simples de parvenir à une fin donnée, l'efficacité maximale, la plus grande productivité » (C. Taylor, 1992 : 15). Or, la tentation est d'autant plus forte

effet de la « rencontre » avec ce grand malade et l'objectif poursuivi dans la fréquentation des lieux du mourir. Sur ce dernier aspect, ce n'est pas parce que l'on constate comment côtoyer des mourants nous aide éventuellement à « mieux vivre » qu'il faille retourner le constat et en faire un objectif de croissance ou de développement personnel pour celles et ceux qui côtoient les grands malades. Si tel est le cas, il nous faut ouvrir la véritable boîte de Pandore que constituent les grandiloquents discours éthiques en situation de proximité de mort.

Revenons à cette notion de contrôle individuel qui se donne comme le *nec plus ultra* du savoir-vivre contemporain. Nous observons alors paradoxalement un recul de la diversité, recul d'autant plus réel que l'on peut suspecter bien des odes à la différence d'en masquer l'absence. Autrement dit, les discours clamant la variété peuvent bien cacher cette érosion même de la diversité effective. En effet, notre sensibilité, nos modes de vie, prétendument originaux, ont tendance à s'uniformiser entre autres sous le diktat des messages publicitaires, qui doivent vendre les surplus de la production industrielle. Or, cette production secrète des effets de mode, des « tendances » irrésistibles, lesquelles servent de référence, qu'on les suive ou non. Au bilan, ce mouvement compulsif donné pour du progrès secrète le principe du flux, de toujours davantage de flux, lequel, au propre comme au figuré, finit par nous éloigner de ce qui procure consistance, de ce qui donne forme, de ce qui contient, de ce qui structure. Et peut-être de ce qui donne du sens. Si bien que nous avons tendance à le chercher, ce sens !

C'est que le sujet en perdrait ainsi sa singularité, sa capacité à l'exprimer et à la faire fructifier autrement que dans ce que nous intime l'idéologie au quotidien : par exemple, le sujet s'estime dans la mesure où il correspond au culte de l'image et de la visibilité ; il s'apprécie à l'aune de la glorification de la séduction ; il s'aime selon qu'il convienne à la sacralisation de l'adaptation[6]. Enfin, il croit exister dans la

---

en ce qui concerne les soins aux mourants et le souci de leur environnement que ces derniers se posent en contexte de « rationalisation » du système de santé et, dès lors, dans une légitimation qui se sent obligée de tenir le même discours que ceux concernant les autres types de soin.

6.   Entendons-nous bien : je ne prône pas ici l'absence de souci minimal de présentation de soi ou d'attention à l'effet produit sur l'autre (même si on en est mauvais juge !), non plus que le refus d'une séduction, tant cette dernière est consubstantielle de nos rapports aux

sanctification de l'empirique qui privilégie les tranches de vie au détriment du « penser la vie ». Persuadé de son bon droit et de son irréductible singularité énoncée à qui mieux-mieux sur toutes les tribunes, l'individu contemporain se retrouve alors au cœur d'un processus d'échange où domine le quantitatif, aux dépens du symbolique qui implique, lui, un partage, une pratique participative du don et du contre-don, interindividuel, intergroupal et collectif[7]. Ce désenchantement ou, mieux, cette dégradation de la puissance créatrice de l'homme, Bernard Stiegler (2004) les dénomme la « misère symbolique », et Marc Augé (2004), le « déficit symbolique ». Ceux-ci se manifestent entre autres dans le fait que, à la différence de toutes les cultures nous précédant, les normes, les rites, l'éthique et les échanges humains sont de plus en plus vus comme des constructions individuelles témoignant de la capacité des sujets humains à bricoler du lien social de façon autonome, libre, sans égard à l'histoire, aux institutions, et à un minimum de convention. Dans cette optique, le symbolique apparaît bien sûr de plus en plus comme un outil supplémentaire auquel l'individu aurait la possibilité de recourir pour faciliter ses rapports avec autrui. Ainsi, dans les circonstances charnières de la vie, chaque individu est tenu d'élaborer de lui-même la symbolique susceptible de

---

autres, du début à la fin de l'existence. Simplement, il s'agit d'être vigilant de la valeur-phare insufflée dans l'idéologie contemporaine ou donnée au titre de LA variable déterminante des liens les uns avec les autres.

7.   Le symbolique est ici donné comme le développement humain de la capacité de *mise en liens* : les uns avec les autres, et entre les idées, les phénomènes, ces deux registres s'interfécondant. Or, on ne produit pas du symbole à partir de rien, même si l'impulsion à mettre en lien procède de quelque manque ou absence, non nécessairement « conscientisé ». Il faut donc un système signifiant et cohérent qui permette d'adosser l'élan symbolique, qui est au fond le désir de relier ce qui ne l'est pas, donc de créer, de constituer un certain ordre dans le monde, certes toujours fragile. Or, la prétendue autonomie totale, au sens du refus de l'interdépendance des relations sociales, du refus de modèle, ou encore le relativisme à tout crin (« tout se vaut ») viennent précisément miner la capacité d'adaptation et d'apprentissage et, du coup, affadissent l'élan symbolique. Ainsi, quand nous prétendons tout cerner, tout nommer, nous refusons d'attribuer un sens supplémentaire, chargé historiquement et expérienciellement, à ce que nos sens nous font percevoir. Le symbolique est à cet égard distinct du signe par l'ampleur interprétative en contexte qu'il suggère, par le dépassement de son sens évident et immédiat. Par conséquent, tout phénomène humain comprend une fonction symbolique, en requérant à la fois un dépassement de l'apparence, invitant à puiser dans le fonds commun des savoirs et à grouper les êtres entre eux. Symboliser est donc inséparable d'*intelligere* et de communiquer.

le soutenir, avec le résultat paradoxal qu'il est à la fois plus esseulé et plus souffrant.

Souvenons-nous que cette souffrance du vide dans la vie peut contribuer à la genèse, de loin en loin, de la maladie, et dès lors teinter le regard des êtres que nous soignons.

Dans cet appauvrissement du symbolique, de notre capacité de relier et de nous relier les uns aux autres, transmission générationnelle autant que ces fameux réseaux sociaux, qu'advient-il de la mort ?

La mort déréalisée

Elle est insoutenable. Elle n'a pas de place. Et quand elle prend tout de même sa place, elle peut *grosso modo* emprunter deux figures : une première *la confine non seulement à la marge, mais au bâclage au sein même de la marge.* Comment ? Mort prise en acte, salut au mort et à l'institution qui se refonde du même mouvement[8] se trouvent en évanescence accélérée. Dans ce rapport au temps dont nous avons déjà dit un mot concernant la poursuite du plaisir, la subjectivité se trouve-rait ainsi paradoxalement détemporalisée, et les rythmes lents, disqualifiés. Et l'on s'étonne que le mourant se sente flotter dans un *no man's land*, ou se trouve indécent dans un rapport au temps qui l'accueille, à condition qu'il hâte le pas vers la mort ? C'est entre autres ce rapport au temps tronqué que l'on peut lire dans la demande euthana-sique et également dans l'accélération des dosages d'antalgiques en fin de vie, coupant de plus en plus court à ce que la bienséance technocrate a appelé « la phase terminale »... indiquant innocemment en creux son obsession de la mort et, *a fortiori*, sa volonté d'en maîtriser la survenue.

Ces morts-là, désormais banales, se banalisent encore davantage dans les recettes de deuil, qui en découpent gentiment l'expérience en tranches. Camouflée et avalisée aux rythmes de la « vie », la mort se révèle ainsi obscène, c'est-à-dire de mauvais augure pour les vivants soi-disant si passionnés de vie.

---

8.   Sur cette idée de la mort comme fondement des cultures, voir les travaux socio-anthro-pologiques « incontournables » de Louis-Vincent Thomas.

Une autre figure tient aussi de la marge, mais de la marge récupérée et chic, exposée et surexposée. Cette mort exposée met en scène des formes de mort relativement unidimensionnelles : morts spectaculaires, survenant évidemment toujours d'une cause extérieure, ou étant le prix à payer pour des règlements de compte sauvages, quand ce n'est des réclamations identitaires frustrées et tuméfiées à force de non-entendement. Ou encore morts parfaites, héroïques, survenant à l'heure choisie, dans des draps de satin, verre de champagne à la main. Morts dites « intenses », données dans la décennie qui nous précède comme « passionnées » (A. Badiou, 2005), à l'aune d'un autre mot d'ordre jaugeant de la qualité de la vie, que l'on peut saisir sur le vif, comme pour nous présenter aux premières loges, sans distance possible, dans la sensation d'être soi-même dans la mort, mais à condition qu'elle soit pacifiée, si ce n'est « cool[9] ».

Or, cette double conception de la mort – rapide et jouisseuse – vient exacerber notre tendance à ne la représenter que comme un terminus, que comme le point final. **Et forcément alors, l'angoisse ontologique – incontournable et féconde lorsqu'elle est envisagée – augmente d'autant et, à l'avenant, la fuite en avant.** *A fortiori*, ces mises en scène rendent compte d'un gauchissement des significations de la mort et, à la limite, de sa déréalisation. Déréalisation, ne serait-ce parce que ce qui est communiqué à propos de la mort n'est qu'un aspect, tout en prétendant entièrement la recouvrir.

Or cette déréalisation de la mort procède justement d'une forme culturelle, subtile, de déni. Je ne parle pas ici du déni comme parade astucieuse de l'inconscient, qui fait en sorte que la mort n'existe pas pour soi, déni ponctuel et réactionnel intrinsèquement salvateur pour éviter inconsciemment le sentiment de folie. Par exemple, quand un malade nous dit : « Je me tâte, je n'arrive pas à croire que je vais en

---

9.   Deux exemples suffiront : 1) Succès international, l'avant-dernier film de Denys Arcand, *Les invasions barbares*, en 2003, est venu témoigner de cette mythologie d'une mort enjolivée, dans la pseudo auto-dérision qui camoufle mal l'angoisse qui suinte autant des rictus des protagonistes que des lézardes bouffonnements exagérés des murs hospitaliers ; 2) Début 2009, une starlette plus ou moins déchue de la téléréalité britannique, renommée de la presse à sensation, Jade Goody, passe les dernières semaines de sa vie devant les caméras. Elle avait décidé de faire filmer sa bataille contre le cancer, expliquant que l'argent ainsi gagné permettrait d'assurer l'avenir de ses deux fils de 4 et 5 ans.

mourir, c'est irréel[10]... » Je parle ici d'autre chose, d'un déni chronicisé, « vaporisé », qui ne semble pas tel. Car ce qui est largement oblitéré dans le discours quotidien, celui que nous entendons, celui que nous émettons, ce sont deux traits. Est d'abord évacuée la mort comme « condition même de la vie » (V. Jankélévitch, 1966), de toute vie, la mort comme axe de toutes les cultures, la mort dont la conscience, furtive – et c'est heureux ainsi – instaure le projet, élance la découverte, cheville les créations, qu'elles soient techniques ou artistiques[11]. Ensuite, par-delà la mort atroce, ou encore la mort héroïsée, est bannie la mort qui contrevient à nos conceptions dominantes de maîtrise technique, de joliesse préformatée. Nous retrouvons le contrôle. C'est ainsi que nos figures de belle mort, soudaine, aseptisée, indolore, policée en nouvelle civilité du disparaître, rejettent entre autres la réalité des processus naturels de dégénérescence, en les confinant dans le désagréable, parfois jusque dans l'exclusive, ce qui, en retour, justifie d'autant de les rejeter. C'est ainsi que la mort est réduite à la déchéance et à l'échec de la détermination, à une embûche du jouir, à un frein au fonctionnement. Mort déréalisée, oui.

La vie d'autant plus appauvrie

Par conséquent, cette réduction va venir rebondir sur notre définition même de la vie : cette vie se présente alors dans l'horizon court de notre existence, entre dates de naissance et de mort, et dans l'entretemps, comme une somme de fonctions à entretenir et à gérer. « Tant qu'on a la vie ! », entend-on. Cette boutade, toute légitime soit-elle, manifeste bien une mentalité qui rabat la vie à l'existence, l'existence à quelque chose que l'on détient, et quelque chose que l'on détient, à une

---

10. On ne saurait négliger d'ailleurs la question de la folie dans les problématiques associées au mourir, et ce, d'autant qu'elles offrent toutes deux l'arrière-scène d'un enfermement protecteur, qui confine, au propre et au figuré, à la mise à l'écart impensable. Encore plus spécifiquement, je dis souvent que la folie est cousine de la mort, à titre de figure de délabrement psychique et d'isolement. Car beaucoup de malades la craignant se méfient bien de « jongler », voie ouverte à la désignation du mal, lequel est si peu entendu et, du coup, d'autant évité. Ils préfèrent alors la voie de l'auto-injonction à la tenue morale qui est donnée comme équivalente à « garder le moral » (cf. L. Des Aulniers, *op. cit.*, 1997).

11. Voir note 1 sur l'altérité et note 8, sur le caractère culturel fondateur de l'événement de la mort.

propriété individuelle à préserver à tout prix. À la limite, quand on se crispe trop sur cette préservation et cette mise en valeur, ledit prix peut contribuer à la hachure provoquée dans la vie des autres. Les meurtres en série, les abattages génocidaires auraient quelque chose à puiser dans cette logique vitaliste et autocentrée[12].

Mais le déni de la mort comme suprême altérité structurant et dynamisant l'être ne retentit pas seulement dans les confusions sur ce que, du vivant, nous devons protéger. Il écorche le principe même d'altérité. Autrement dit, le déni chronicisé de la mort érode ce que la mort vient instaurer, la capacité même de concevoir les formes d'altérité. Par exemple, j'accepte l'altérité de l'autre, dans la mesure où elle ne me trouble ou ne me confronte pas : dans la mesure, donc, où l'autre se rapproche de moi. C'est ce que nous pouvons interpréter quand nous disons automatiquement au récit d'un autre : « c'est comme moi », ou « j'adhère à ce que je vous dites ».

Or, cette quête de similitude témoigne précisément de l'angoisse dont on vient de parler. Pire, elle vient l'amplifier et nourrir le cercle vicieux, vicieux parce qu'il est impensé, d'une angoisse souterraine par laquelle, de quête en quête, dans la réduction réciproque de l'autre au même, c'est la singularité profonde de chacun qui écope.

Ce déni de notre finitude n'empêche évidemment pas cette dernière d'émettre tout de même des signes de réalité : alors, toujours dans la logique d'externalisation, la seule mort pensable sera celle d'autrui. En effet, un moi hyper insécure et jamais vraiment rassuré, et par conséquent hyper protecteur, voire paranoïaque, distribuera de la mort symbolique. C'est cette mise à mort symbolique que nous lisons dans les phénomènes suivants : comme je l'ai évoqué d'emblée, instrumentalisation des autres dans des rapports marchands, et aussi harcèlement psychologique sous toutes ses formes, agrippement à ses croyances, normalisation du *delete* dans le langage, inconsidération de ce qui dérange par sa critique, méconnaissance de l'étrange et de l'étranger trop visiblement étranger. Notre rapport individualisé à la mort, avec ses rites à la carte et son refus massif de penser notre relation à la

---

12. Pour une analyse de ce phénomène en regard des formes de violence, voir l'essai que je consacre à « La fascination, nouveau désir d'éternité » paru en 2009 aux Presses de l'Université du Québec, collection « Santé et société », 403 p.

transcendance (assimilée béatement, sur un mode évidemment négatif, à la religion), coïncide parfaitement avec l'idée d'une liberté faisant du sujet un être auto-fondé.

Or, cette vision singulièrement appauvrie de la liberté en évacue toute la dimension politique. Les conséquences instaurent une forme moderne de tragique : alors que la reconnaissance de notre finitude et de son caractère dynamique ouvrait notre horizon en lui permettant de se déployer dans l'espace creusé par le langage, son déni contemporain, assimilé au triomphe d'un sujet réputé tout-puissant, tend à masquer jusqu'à la possibilité de penser l'altérité autrement qu'à travers la figure du même. Le déni de notre finitude nous enferme ainsi de plus en plus dans un réel qui se décline – peut-être comme jamais dans l'histoire humaine – sur le mode du *fatum*. Le réel racorni à ce que nos sens peuvent percevoir, à ce qui nous est donné à voir, donc à ce sur quoi on estime avoir une prise.

On le conçoit, la méconnaissance du caractère fondamental et dynamique de la mort ne se vérifie pas qu'aux abords de la mort, par exemple, dans l'ultra-confinement des malades mourants, dans la désocialisation de la prise en acte du passage de la mort. Elle imprègne les rapports quotidiens d'un parfum délétère, puisqu'alors la vie, surprenante et diverse, déborde de planifications et de paris sur nos autonomies. Cette vie-là instaure l'interdépendance, comme la capacité de penser par soi-même, la prise en compte de ce sur quoi on bute, la fantaisie. De son côté, et corrélativement, la méconnaissance de la mort fondatrice, de loin en loin, vient tranquillement légitimer la mise à mort réelle de ce qui contrevient à notre volonté souveraine. Les voyous, qu'il s'agisse d'États, de gangs ou encore de pervers patents, savent par cœur la loi implicite de cette forme « d'in-civilisation » (on me pardonnera cet autre néologisme) : non seulement tuer, mais faire disparaître les morts.

Vous vous en doutez, ce dernier énoncé au terme d'une rapide analyse macroscopique[13] de la dominante de la mort dans notre culture

---

13. Ladite analyse reprend quelques clés énoncées de concert avec Jean Pichette, journaliste, sociologue, professeur à l'École des médias, UQAM, dans un propos encore inédit, « Communication et mort : quelle altérité ? », Colloque « Communications : horizons de pratiques et recherches », ACFAS, Montréal, Université McGill, mai 2006.

nous conduit à nous interroger sur les enjeux sociaux souterrains de l'institutionnalisation des soins aux mourants, par-delà ce que chacune et chacun de vous connaissez du contexte et du propos social validant leur pertinence.

SECOND ARGUMENT – EN QUOI LES SOINS EN FIN DE VIE SERAIENT-ILS TRIBUTAIRES DE CETTE DÉRÉALISATION DE LA MORT ?

En quoi, tant du côté des malades que du nôtre, comme soignants, sommes-nous plus ou moins imprégnés des traits de ce tableau ? En quoi l'intention humaniste ayant présidé à l'instauration des soins palliatifs modernes[14] est-elle tributaire du monde dans lequel elle évolue, pourrait-on dire, pour le meilleur et... le pire ?

Convenons d'abord que, dans ce tableau sur la dominante culturelle, le mourant puisse déranger. Il est le modèle contre-culturel en actes. Il est peut-être plus que jamais synonyme de désordre, en témoignant de quelque chose de surréel, ou de quelque chose qui échappe au réel convenu, maîtrisé, planifié. Or, qui dit désordre dit forcément aiguillon de mise à l'ordre. À cet égard, toutes les cultures ont mis en place des systèmes de résorption du désordre associé à la mort, désordre alors désigné, nommé, circonscrit, et surtout voie d'accès à une transcendance de ce qui trouble. Plus précisément concernant l'avant-mort, les peurs de l'anomie (justement, d'être mis en marge et de se trouver

---

14. Modernes, parce que les « hospices » et leurs préoccupations de prise en compte des grands malades existaient dès le XVᵉ siècle, insérés dans les communautés locales, régies par les ordres religieux, « disciplinaires », aurait signalé Michel Foucault. Le mouvement actuel, axé sur la recherche contre la douleur, son soulagement, les soins à l'intégralité de la personne, l'intégration de la subjectivité du malade, de ses habitus culturels et de son entourage, a pris naissance en 1967 en Angleterre, à St. Christopher Hospital (Londres), sous l'impulsion de la docteure Cecily Sanders. Il s'est répandu au Royaume-Uni avec les soins des missionnaires laïques ou religieux revenant au pays à la faveur des décolonisations (constat issu d'une enquête effectuée en 1981 en Angleterre, commanditée par le British Council), puis au Canada, d'abord à Montréal, en 1976, à l'Hôpital Royal Victoria, puis inaugurant la pratique en milieu francophone, à l'Hôpital Notre-Dame, en 1979. Depuis, le mouvement a pris de l'ampleur tant en Europe que dans les autres continents, sous des formules d'unités hospitalières, de soins à domicile, ou de maisons plus ou moins intégrées dans le tissu urbain. Il s'adresse depuis une dizaine d'années à d'autres patients que ceux qui sont atteints de cancer, et ce, sous l'impulsion des pays africains.

sans recours, de ne pas bénéficier de références structurantes), de la décrépitude physique, du délabrement psychique, de la noirceur et de l'abandon, ont suscité la création de rites de passage, dans lesquels sont venus s'immiscer les pouvoirs religieux et civils, afin à la fois d'assurer leur pérennité et de réassurer devant l'effroi, ou à tout le moins devant l'inconnu. Ces rites se déroulaient généralement dans l'espace familier, lequel empruntait dans un temps suspendu le *tempo* propre à l'agonie. Il s'agit du coup d'aménager les conditions d'un passage qui se tiennent au plus près de ce que les civilisations prônent au titre du respect de la vie jusque dans ses retranchements, vie incluant celle du grand malade bien sûr, mais surtout en lien serré avec celle de ses proches et de la communauté de référence.

Or, la préoccupation relative au grand malade s'est amplifiée au milieu du siècle dernier, à la faveur du droit de considération individuelle, garanti par les chartes, de même que de la combinatoire des revendications féministes[15] et de l'approche holiste en soins.

En ce sens, depuis presque 50 ans, le mouvement des soins palliatifs institue une mise à l'ordre politique – au sens de l'organisation des forces en présence – de l'expérience de l'avant-mort. Pour ce faire, il aménage un lieu liminaire[16] de soins et de déploiement de sens, le plus souvent en marge des espaces courants. Ce n'est pas rien, en soi, et comme délimitation de lieu à partir de laquelle on définit un temps humain et des modalités d'êtres avenantes.

Lorsque l'on considère quelques-uns des enjeux de cette protection de la vie qui vacille et s'éteint, on y trouve des périls autant que des occurrences de changement réel. Sans prétendre faire le tour de la question, examinons-en quelques aspects dynamiques qui puisent bien

---

15. Un des mérites du féminisme est d'avoir documenté la sensibilité immédiate des femmes à la fragilité de la vie, puisqu'elles sont le plus souvent en responsabilité directe des soins aux enfants et aux personnes âgées ; à ce titre, il a aussi pointé la responsabilité intergénérationnelle, autant dans le poids d'un désir de conformité que dans la répartition des ressources. Ce faisant, il a aussi alerté les femmes à propos de leur propension à poser leurs besoins en second (en s'identifiant à l'autre ou en le faisant uniquement sur la ligne du maternel) quand ce n'est à vivre par procuration.

16. Liminaire : du latin *limen*, seuil ou zone à la frange de deux situations, statuts, ou simplement d'états de l'être qui rencontre l'altérité. Voir L. Des Aulniers, 1997, pour discussion de ce concept en situation de proximité de la mort.

sûr dans le contexte général que j'ai tracé tout à l'heure. Je les résumerai sous trois mots-clés : compenser, réparer, élaborer culturellement.

Compenser

Compenser consiste en un scénario le plus à portée de main, à la mesure de l'inconscient collectif. C'est que la compensation, en soi, gomme l'idée même de la limite, du manque, de la tension entre manque et désir, de la symbolique féconde. Alors, si nous sommes tout entiers obnubilés par le manque et le vide, plutôt que de les réfléchir, nous développons la compulsion de la plénitude dans des conduites conjuratoires de la perte, généralement modulées sous la fascination pour le quantitatif : sous des registres variés, on pense d'emblée aux ingestions de toutes sortes qui donnent l'impression d'exister, sans négliger l'accélération du rythme et du remplissage de nos agendas. On pense aussi à la reconquête, parfois violente, de sa propre subjectivité présente à travers ce que l'on désigne comme « productions » culturelles, films, bandes dessinées, etc.

Évidemment, on peut se demander ce qui, dans l'institutionnalisation même des soins, procède de cette logique répandue à ce point qu'on arrive mal à la discerner. Prenons ainsi un trait communément admis et abordé plus haut dans ce chapitre, le fait que la présence des mourants renvoie ceux qui les côtoient à leur propre mort. Se pourrait-il que le mode de compensation fasse émettre ceci, bien sûr implicitement : « Si le mourant anticipe notre propre mort, en revanche de notre angoisse non entendue, anticipons la sienne, et donnons-nous une date-butoir – la mort – en fonction de laquelle nous pourrons programmer le gabarit de soin, et puis prévoir et donc gérer l'affect. » Par-delà le caractère un brin simpliste et quelque peu cynique de cette formulation, il y a sans doute là matière à réflexion : comment anticiper un tant soit peu sans étouffer ?

De leur côté, les malades, nourris au petit-lait culturel de la compensation, peuvent évidemment en remettre en nourrissant le fantasme de la conscience individuelle maîtresse de sa vie, en ignorant les contingences, l'invisible, l'imprévisible, bref, ce qui contribue à ce que la mort soit aussi vivante... En quel cas, la dignité équivaut automatiquement à l'absence totale de souffrances, de douleurs et de dégradations.

Dans cette exigence de mourir correctement, dans la réplication du même de ce que fut une vie et, singulièrement, une vie d'adulte, voire dans la volonté de ne pas en rester à un vague sentiment d'échec face à l'injonction de performer comme bon mourant, dans la dernière chance qui est offerte de signer son individualité, il se peut que le malade rencontre une synchronie dans notre regard, et ce, d'autant que nous pouvons être sensibles à son parcours.

En effet, conscients que nous serions que ce patient arrive au terme de sa carrière de malade qui, par moult in-considérations, a pu être source de bien des souffrances sédimentées, nous pouvons nous river au premier réflexe, à la première illusion, toujours recommencée un tant soit peu, de venir justement combler ces manques. Mimant incons-ciemment la culture de la promesse de plénitude, nous pouvons nous donner le mandat de prodiguer au mourant ce dont sa trajectoire de vie aurait pu le priver : la sollicitude, certes, mais offerte d'emblée comme mot de passe.

Or, ce qui vient redoubler la propension à la compensation par ce type de sollicitude, c'est bien la demande culturelle dont nous sommes porteurs, à savoir servir de bonne conscience plus ou moins avouée à des univers sociaux qui ne savent que faire de ces indésirables fonction-nels que sont les mourants. Ils nous les confient, notre compétence y est engagée et, de surcroît, le statut transculturel quasi héroïque, mais au moins puissant et énigmatique, conféré à qui se tient dans la frange de la mort, achève d'alimenter notre juste sentiment d'utilité sociale.

Pourtant, si nous ne prenons garde, nous pouvons nous-mêmes nous « saouler de feu sacré » (S. Trudel, 2001), ce qui donne lieu à des violences symboliques, racornissant alors le symbolique dans la relation duelle avec celui qui s'en va. Cette violence est bien évidemment tout le contraire de ce que nous désirons, mais elle reste toujours une éven-tualité des échanges humains, ne serait-ce que lorsque ceux et celles que nous soignons sont mis à l'intérieur de cette zone extérieure au monde « courant » où se passe le mourir. Comment se manifeste-t-elle ? D'abord, quand nous compensons, nous voulons avant tout signifier que nous comprenons, et alors nous ne savons ni écouter ni nous taire.

Nous nous tenons dans la réaction. Nous avançons, munis de nos mots d'ordre, qui, à la longue, finissent par crisper les relations dans une convention polie où le malade en arrive à dire ce qui nous fait plaisir. En même temps, obnubilés par le fantasme de la plénitude, nous sommes branchés sur la peur d'être annihilés par le grand malade, et alors nous voulons absolument lui faire prendre conscience, provoquer les mises au point, ou encore que le mourant atteigne une sorte d'état de grâce qui serait, entend-on, notre plus belle récompense... C'est peut-être que plus nous compensons, plus nous l'attendons, cette récompense. Et emportés dans la spirale, nous pouvons bien sûr féti-chiser la tendresse et l'amour dans l'inconditionnel ou dans le dévouement « extrême ». Quand, et si c'est le cas, nous violentons en toute bonne foi toute émotion qui contrecarrerait ce pseudo don de soi, celle émanant des malades et celle surgissant de nous.

Crise, sous des allures d'équipe, et avec des rebondissements intimes. Crise ou conflits à force de négligence ou par aveuglement, quand nous reproduisons à notre corps défendant ce que nous reprochons par ailleurs et bien légitimement au système de soins bio-médico-hospitaliers, à savoir son aveuglement à la richesse diversifiée des avancées vers la mort.

Nous sommes alors parés pour emprunter un autre chemin. Et ce chemin nous conduit à considérer la perspective d'un changement culturel, si ténu soit-il, du statut social de la mort. Regardons-y de plus près.

RÉPARER ET ÉLABORER CULTURELLEMENT

Il arrive alors que, rencontrant le mourant, nous soyons saisis par ce paradoxe : autant le malade pourrait requérir une entreprise de remplissage, se situant dans le droit fil de la culture triomphante, autant il peut se vivre comme un mésadapté culturel et, de là, se trouver encore plus démuni. Souffre-t-il davantage ? Écoutons ce que dit la psychana-lyste Anne Juranville (1994 : 56) à propos des modes d'expression de cette souffrance : « Les infirmières ne peuvent pas oublier les chairs, les respirations, les regards, les plaintes, les cris, le grand silence de la souffrance, la nuit. Elles ne peuvent pas prendre une personne pour une image. Elles sont dans l'impossibilité de zapper. »

Dès lors, les soignants, qu'ils soient dit naturels ou professionnels, doivent apprendre à se dissocier de la boulimie destructrice, maniaque, dont j'ai évoqué quelques figures et qui, justement, entraîne le réflexe de zapper, comme évitement devant ce qui ennuie, embarrasse ou contrevient à la signification culturelle de l'agréabilité. La tâche n'est pas mince et requiert patience et humilité, ouverture[17]...

Pour réparer, il nous faut en partant visiter la peur, puisque l'amour prend racine dans la crainte de la disparition, la peur de la désintégration. Et ce, sachant fort bien que « vous le savez comme moi : la peur étouffe l'amour [entendre : la sollicitude, la compassion] plus certainement qu'aucun autre serpent » (E. Orsenna, 2008 : 14). Par visite de cette peur, je ne peux développer ici, mais simplement souligner comment il est essentiel de ne pas comprendre d'emblée la peur, mais de l'explorer dans ses facettes en prisme. Car la peur, avouée, travaillée, et non pas assommée, nous rend plus intelligents, plus sensibles... et sans doute plus aimants.

Il nous faut ensuite admettre la violence narcissique qu'inflige la mort, par-delà les propos d'assentiment à sa survenue, ou de souhait d'en abréger les souffrances. C'est justement que, sous la souffrance innommable, ou à côté d'elle, se trouve une souffrance dicible, qui a aussi à voir avec le sentiment de manquer à la logique du plein, ou d'en avoir été envahi, comme une métastase psychique qui nous aurait leurrés. Aussi l'indignation du mourant n'a pas qu'à voir avec l'horizon qui va se rabattre sur lui, avec des possibles conflits anciens réactualisés ou des nœuds communicationnels actuels. Elle peut bien provenir du sentiment d'être « passé à côté de sa vie », comme on l'entend, sentiment qui peut se nourrir des nouvelles obligations de se concevoir comme le produit d'un assemblage continu, sans répit, et aussi sans dette pour les générations le précédant, et sans devoir pour celles le dépassant.

---

17. Et, faut-il l'ajouter, un réel travail interdisciplinaire, qui vienne enrichir l'avérée ou souhaitée « équipe multi » actuelle, dans une saine distanciation des enjeux microscopiques et macroscopiques qui se condensent souvent au chevet des mourants.

C'est dans cette nouvelle esthétique du mourir, esthétique au sens de l'harmonique toujours inusitée entre silence et bruit, entre bruit et parole, entre donné à voir et impossible à apercevoir, en principe, que se développe de manière univoque depuis une dizaine d'années le discours sur la mise au monde de soi par soi dans l'approche de la mort, l'auto-création. Or, ce que ce nouvel idéal traduit, ce serait la survalorisation de l'interaction performative aux fins de la pérennité de la personne qui meurt, et de sa transformation, et alors, au détriment d'une tierce part – qu'il s'agisse d'un autre intervenant, d'événement de biographie tout à coup éclairé, ou de signe corporel inattendu – dans une aporie étouffante, sans oxygénation de son être par quelque chose de plus universel, et toujours, jusqu'à bout de souffle[18].

Si alors nous renonçons au réflexe de la sécurisation hâtive, si nous attendons quelque peu, en signes délicats, le malade peut entrer dans l'espace-temps de la traduction de ses angoisses associées en quelque chose qui ne les abolit pas, mais les *transmute*. Par le récit d'un imaginaire qu'on lui permet de déplier et de déployer en le questionnant sous son impulsion, le mourant évite la dislocation intérieure, celle-là même qui le fait appeler souvent la mort de ses vœux. On ne lui demande pas de trouver une harmonie intérieure, ni même avec son entourage, on met simplement en place des conditions d'émergence de cette forme de création de soi, mais qui – apparemment paradoxalement si l'on se fie au discours dominant – ne soit pas centrée sur soi. Et cela, même au risque que son propos ne soit pas édifiant. Car ce n'est pas parce que nous pouvons et devons acquiescer au statut d'acteur[19] dans un monde non plus perçu que comme médical, notamment à partir de la complexe question du traitement de la douleur, que comme de soins, à partir des mille gestes attentifs qui ne sauraient se résumer au confort, que pour autant nous puissions nous leurrer sur les motivations et les effets de tels gestes, par-delà les bonnes intentions.

---

18. Voir à ce propos un ensemble d'ouvrages qui déclinent parfois de manière critique les divers credos : J.-C. Kauffman (2004) et N. Bourriaud (2003).
19. Voir M. Castra, *Bien mourir, Sociologie des soins palliatifs* (2003), qui reprend les travaux précédents en signalant les dynamiques convergentes et divergentes présidant à l'institution des soins palliatifs. À noter : ici, la clinicienne demeure toujours étonnée des hiatus entre les principes et intentions d'un côté et, de l'autre, la teneur des « discussions » avec les malades (ici rapportées par l'auteur et pas forcément de son cru), lesquelles, à bien des égards, agiraient comme contre-modèles.

Entendons à cet égard Sylvain Trudel (2001 : 25, 23. Soulignés de LDA), en mettant ces mots dans la bouche de son jeune narrateur qui n'en a que pour quelques jours à vivre.

J'ai beau me débattre à contre-courant, dans le fleuve déchaîné du monde, je suis moi-même un monde à l'envers, le parfum qui revient dans sa fleur après avoir flotté autour des maisons, un arbre qui rentre dans la terre, le cri ravalé des hommes. L'univers le veut, l'univers me veut, et je me demande : puis-je vraiment me battre à mains nues contre ces montagnes colossales qui égratignent la lune ? Des fois, devant toutes ces pauvres faces de carême qui viennent me nourrir de regrets à la petite cuillère, je sens qu'il faudrait que je pleure, que je joue dans le mélodrame, mais c'est moins fort que moi et tout se passe comme si de rien ne sera. [...]

Ce qui m'aiderait le plus, ce serait qu'ils soient tous comme d'habitude, fins et comiques, assez vulgaires quand il faut, sérieux quand c'est le temps, mais pas trop longtemps, grivois et surprenants, parfaits quoi, comme d'habitude, et qu'ils ne soient surtout pas gênés de me dire que tout va à merveille pour eux, qu'ils nagent dans le bonheur. Ça me ferait du bien d'entendre ça, mais je rêve en couleurs, car il y a maintenant du neuf entre nos regards, du neuf qui défait tout, **qui change les choses de place en nous, en repousse certaines au plus creux, en ramène d'autres à la surface, et ce remue-ménage est une grave source de douleurs et de malentendus.** Et quand j'entrouvre la bouche pour émettre un son, mes visiteurs boivent mes paroles : ces assoiffés ont besoin de plonger le petit seau au fond de mon puits pour en ramener un peu de mon eau de source et ça m'intimide. Fasciné, je les regarde m'écouter, mais ça m'empêche pas de tourner et de retourner dans ma tête une méchante obsession : « Faut surtout pas que je dise des bêtises... »

Ils sont bien fins d'être tout ouïe, ils sont pas obligés, mais ils ont leurs raisons : là où j'en suis de l'existence, tout nouvelle parole risque bien d'être la dernière, celle que parents et amis se rappelleront toute leur vie durant. Moi, de mon côté, je dois m'appliquer si je veux crever à la hauteur des attentes et ne décevoir personne. C'est que j'ai des montages de pitié pour eux, mes pauvres proches, et, en prévision de leurs longues soirées d'hiver, je désire leur laisser des bons mots gras et dodus, avec beaucoup de viande juteuse autour de l'os à moelle. Je jongle donc avec toutes sortes de dernières paroles spirituelles parce **que je sais bien que la nature humaine a la mémoire courte et que les gens se souviennent surtout de la fin du spectacle :** les ombres qui se bousculent derrière le rideau, les portes qui claquent, les lumières qui s'éteignent et la sortie des morts.

Que voilà campées certaines exigences relationnelles et communi-cationnelles de l'avant-mort. Que voilà tout autant désigné un trait universel imparable associé à cette sorte de survie – toujours provisoire – que le mourant confie et fait porter aux autres du fait de son imparable et définitive absence. De fait, le souvenir à aménager au regard et à l'entendement des autres, associé à l'altérité même de la mort, commande une tension qui se met toujours minimalement en scène aux abords de la mort. Il nous faut à cet égard désencombrer ladite scène de la machinerie émotive, de l'illusion de nouveauté inhérente à la mise en spectacle qui domine les rapports sociaux actuels. Encore ici, bien davantage que compenser et répéter à l'identique, il importe d'investir la scène du mourir, non pas tant par angoisse de ne pas « louper la sortie », mais à l'instar de romanciers, de dramaturges, de poètes, d'artistes visuels, mais pour projeter hors d'elle ce qui s'y trouve. Projeter en ayant l'intuition que tout ne se joue pas là, même si beau-coup se donne. Car au temps du mourir se condensent des réalités, lesquelles, avec plus d'attention, auraient pu être allégées, ouvragées, en amont, c'est-à-dire dans l'arrière-scène de nos existences.

EN CONCLUSION

Dans la littérature consacrée aux soins palliatifs (et à l'instar des actes fondateurs des études interdisciplinaires sur la mort, en 1980), on se demande souvent de quelle manière les mourants seraient nos maîtres. Assurément, les mourants le sont. Cette assertion me rappelle un débat en anthropologie – amorcé par Claude Lévi-Strauss dans les années 1950 ! – selon lequel les indigènes brésiliens étaient ses ensei-gnants et qu'il se considérait comme un élève : « Contre le théoricien, l'observateur doit avoir le dernier mot et contre l'observateur, l'indigène[20]. »

Fort bien, si nous considérons qu'ils n'ont pas, un à un, indigènes ou mourants, le monopole de l'enseignement. Car par-delà les nouveaux liens créés en proximité de mort, par-delà un symbolisme dont les mourants sont les instigateurs, si on les autorise, de nouvelles mises en

---

20. Je reproduis cette assertion de mémoire.

relations peuvent surgir de la « culturalisation » de l'expérience de fin
de vie. Par là, je veux dire que nous devons faire attention de ne pas
barboter dans la compensation, c'est sûr, mais aussi dans une réparation
qui ne s'en tiendrait qu'aux mourants exemplaires, en fait, héroïsés. En
effet, dans des sublimations impossibles, dans les limites de la beauté
et de la générosité, nous attend tout le travail de décodage des désarrois,
voire des détresses culturelles qui aboutissent sous nos soins. Pour ce
faire, je n'insisterai jamais assez, il nous faut effectuer les allers-retours
entre la scène du soin et l'arrière-scène des savoirs qui remettent en
question la portée symbolique de nos mentalités et de nos modes de
vie. (Re)symboliser, c'est ainsi jouer un rôle de médiateurs entre le
psychisme et la culture et pas seulement se poser comme passeurs dans
l'expérience du deuil. À nous donc d'instiguer une œuvre créatrice qui
exige de répercuter ce que pourrait bien être, à rebours, une « bonne
vie », sans être des morts-vivants, et surtout, comme le livrait Pablo
Neruda, sans être « fouettés par ceux qui possèdent le ciel ».

Au bilan, afin que les soins palliatifs ne servent pas de sauf-conduit
à une culture largement axée sur l'évitement falsifié de la mort, il nous
faut, à partir même du lieu de la fin de vie, recréer du symbolique, c'est-
à-dire mettre en lien l'absent (ici, la mort comme éperon généalogique
de notre rapport au monde) et sa représentation (ici, ce que les mourants
nous apprennent de ce monde). S'il est un tournant que doit négocier
l'institution des soins aux mourants, s'il est une transformation à opérer
sur elle-même, à ce qu'il me semble, c'est non pas tant de suggérer une
méditation quotidienne sur la mort comme manière d'être conscients
de la mort, mais plutôt ceci : à partir de ce que nous observons dans
notre quotidien, faire partage et faire équipe, faire question en nous
demandant « qu'est-ce que je comprends de la situation de tel malade
qui nous parle aussi de notre monde ? » Dans cette gymnastique, cette
véritable ascèse, nous pouvons contribuer à un mouvement qui s'amorce
d'autres sources – dont celle écologique –, mouvement qui est bien de
considérer comment la conscience de la mort ne survient pas qu'à la
fin de la vie pour la changer, mais qu'elle est la source radicale, souvent
furtive et silencieuse, de nos conduites d'existants. À l'instar du souci
pour notre planète, nous devons du coup replacer la question du deuil,
celui de notre fantaisie de toute-puissance, celui de nos aimés, dans la

sphère socio-anthropologique, en nous demandant de quoi nous départir pour favoriser un monde davantage générateur de vie.

Si nous réussissons à émettre ce signal, nous aurons contribué, même modestement, à ce que la mort, de sa marge culturelle, ne s'y confine pourtant pas, mais vienne irradier nos choix. Du coup, c'est à notre liberté psychique, politique, relationnelle, existentielle, que nous travaillons. Et les mourants actuels ne rechigneront pas, au contraire, ils emporteront avec eux la réverbération de ce regard qu'ils nous auront laissé en héritage.

Références

Augé, M. (2004), dans Bessis, R. *Dialogue avec Marc Augé autour d'une anthropologie de la mondialisation*, Paris: L'Harmattan.

Badiou, A. (2005). *Le siècle*, Paris: Seuil.

Bourriaud, N. (2003). *Formes de vie. L'art moderne et l'invention de soi*, Paris: Denoël,

Castra, M. (2003). *Bien mourir. Sociologie des soins palliatifs*, Paris: Presses universitaires de France, 365 p.

Debray, R. (1992). *Vie et mort de l'image. Une histoire du regard en Occident*, Paris: Gallimard (Folio Essais, 1994, 1998).

Deleuze, G. (1990). « P.S. », *L'autre journal*, n° 1, mai. Repris dans *Les Sociétés de contrôle, l'île déserte et autres textes* (Textes et entretiens 1953-1974, cours au collège de France, 1975-1978), Paris: Les Éditions de Minuit (coll. « Paradoxe »), 2002.

Des Aulniers, L. (2003). « Les invasions barbares, le contentement, l'angoisse, l'émoi », *Prisme* (psychiatrie, recherche et intervention en santé mentale de l'enfant), (41), 131-135.

Des Aulniers, L. (1997). *Itinérances de la maladie grave. Le temps des nomades*, Paris: L'Harmattan, 604 p.

Des Aulniers, L. (1994). « Notes pour un accompagnement désenchanteur. Musique pour une présence », *Trans, Revue de psychanalyse*, sur thème. « Suivre », (4), printemps, 73-92.

Elias, N. (1987). *La solitude des mourants*, Paris: Christian Bourgeois.

Jankélévitch, V. (1966). *La mort*, Paris : Flammarion.

Juranville, A. (1994). « Réflexion psychanalytique sur les soins palliatifs », *Psychanalyse à l'université*, 19, (75), 43-63.

Kauffman, J.-C. (2004). *L'invention de soi. Une théorie de l'identité*, Paris : Armand Colin.

Melman, C. (2002). *L'homme sans gravité : jouir à tout prix*, Paris : Denoël, 264 p.

Neruda, P. (1984). *Chant général*, X, Paris : Gallimard (1950).

Orsenna, E. (2008). *La chanson de Charles Quint*, Paris : Roman, Stock,

Rey, O. (2006). *Une folle solitude. Le fantasme de l'homme auto-construit*, Paris : Seuil.

Stiegler, B. (2004). *La misère symbolique*, t. 1 et 2, Paris : Galilée.

Taylor, C. (1992). *Grandeur et misère de la modernité*, Montréal : Bellarmin.

Thomas, L.-V. (1991a). *La mort en question. Traces de mort, mort des traces*, Paris : L'Harmattan.

Thomas, L.-V. (1991b). « L'homme et la mort », dans Jean Poirier (dir.), *Histoire des mœurs II*, 802-868.

Thomas, L.-V. (1975). *Anthropologie de la mort*, Paris : Payot.

Trudel, S. (2001). *Du mercure sous la langue*, Paris : Les Allusifs 10/18, collection « Domaine étranger » (Prix des libraires du Québec 2002).

Vovelle, M. (1982). *Idéologies et mentalités*, Paris : François Maspéro, Folio Histoire, 358 p.

THÉMATIQUE 5

L'ÉCLAIRAGE DES VULNÉRABILITÉS

D ans un contexte social marqué par l'idée de performance, de rentabilité et de compétition, la reconnaissance des vulnérabilités nous paraît centrale pour saisir le sens des transformations dans le monde contemporain et dans le champ sociosanitaire. On peut en effet interpréter plusieurs problèmes sociaux qui nous sollicitent aujourd'hui à partir de ce que plusieurs penseurs[1] évoquent comme la remontée de la vulnérabilité et de l'incertitude. Comme le précise Levinas, « dans la perspective interhumaine de ma responsabilité pour l'autre homme, sans souci de réciprocité, [...] c'est dans l'asymétrie de la relation de l'un à l'autre que nous lisons la vulnérabilité[2]. » Dans cette perspective, la vulnérabilité pose le constat essentiel de la relation à l'autre. En tant que soignant et professionnel, le souci de l'autre prend toute sa mesure dans notre investissement dans le lien social.

À travers une série de textes théoriques et analytiques, les auteurs convoqués centrent l'analyse de la vulnérabilité non seulement à des groupes sociaux clairement identifiés dans la littérature, comme « les personnes à faible revenu », « les sans-abri », « les minorités sociales », « les immigrants », etc. Au contraire, ils ouvrent le champ d'investigation sur des logiques à l'œuvre dans la société. L'idée est alors de

---

1. Voir, entre autres, Robert Castel (2009), *La montée des incertitudes : travail, protections, statut de l'individu*, Éd. du Seuil ; Robert Castel (2003), *L'insécurité sociale. Qu'est-ce qu'être protégé ?*, Paris, Seuil et La république des idées ; Alain Ehrenberg (1995), *L'individu incertain*, Paris, Hachette.
2. E. Levinas (1991), *Entre nous. Essais sur le penser à l'autre*, Paris, Grasset, cité dans Vivianne Châtel et Marc-Henry Soutet (2003), *Agir en situation de vulnérabilité*, Québec : Les Presses de l'Université Laval, p. 21.

comprendre les mécanismes en place qui ouvrent la voie à des conditions pouvant engendrer de la vulnérabilité. Leur démarche les amène à réfléchir également sur le pouvoir d'agir et de réagir. Comment la post-modernité a-t-elle amené une manière différente de soigner qui peut engendrer un épuisement professionnel ? Comment l'adolescent peut-il construire l'expérience de sa sexualité lorsque l'éducation tient peu compte de sa parole ? Comment comprendre les relations complexes qui existent entre les rapports de genre, la sexualité et les comportements à risque ? Quelles sont les dimensions qui portent ombrage à la santé des hommes ? Comment les soignants peuvent-ils intervenir auprès des personnes victimes de violence familiale ? C'est à ces questions que les auteurs tentent de répondre dans cette cinquième thématique.

En guise d'introduction, François de Singly décrit avec justesse comment les transformations des sociétés occidentales en sociétés indi-vidualistes ont engendré de grandes modifications dans le statut et les conditions de production « du prendre-soin ». Dans le contexte actuel, l'auteur montre que les individus présentant des souffrances refusent d'être réduits à des rôles et des fonctions. Dorénavant, ils réclament d'être pris en considération dans la totalité de leur être. Cette importance de considérer l'autre dans toute sa totalité, dans toutes les dimensions de sa vie rend plus exigeant le métier de soignant et pourrait être à l'origine de l'épuisement professionnel observé dans les univers de soins.

Au croisement d'une approche sociologique et psychanalytique, Laurence Gavarini s'interroge dans le second texte sur les cours d'édu-cation à la sexualité offerts aux adolescents dans des institutions scolaires françaises. Elle se demande comment s'intègrent mutuellement les connaissances scientifiques sur le corps, sur la puberté, sur la sexualité et sur la différence des sexes. Elle met notamment en relief que la rencontre des adolescents avec ses contenus peut être embarrassante lorsque ce dispositif pédagogique est diffusé en classe par un enseignant et devant les pairs. Selon l'auteure, les professionnels de l'éducation et de la santé sont invités à ne pas être sourds à la complexité du rapport des adolescents à leur sexualité pour leur construction identitaire et elle les encourage à privilégier un espace de parole individuelle pour renforcer des acquis qui engagent des questionnements intimes.

De la même manière, les professionnels de la santé sont encore invités dans le troisième texte à considérer la complexité de la sexualité et les comportements sexuels à risque. Ici, Émanuelle Bédard, avec l'exemple du VIH-sida en Afrique de l'Ouest, montre qu'ils doivent être sensibles aux relations complexes qui existent entre les rapports de genre et la sexualité, rapports qui sont profondément enracinés dans des environnements socioculturels diversifiés. Ainsi, planifier des interventions en santé publique orientée vers les infections transmises sexuellement suppose une convocation des sciences sociales qui vont pouvoir éclairer les rôles de chacun dans ses rapports de genre. L'auteur propose un cadre d'analyse permettant de mieux comprendre les comportements sexuels à risque des personnes avec lesquelles les soignants interviennent.

Retenons toutefois que cette interrogation du genre n'est pas réservée à des préoccupations internationales. Dans le quatrième texte, Gilles Tremblay et François Déry portent leur attention sur les hommes et leur santé, sujet encore peu étudié au Québec. Réfléchir aussi sur leurs besoins en cette matière exige, à leur avis, de porter un regard non seulement sur les problèmes de santé les plus fréquents comme le cancer de la prostate et les maladies cardiovasculaires, mais également sur l'adéquation des services aux spécificités masculines. De manière générale, les hommes consultent tardivement et connaissent peu les ressources disponibles. Convoquer les spécialistes de la santé et des sciences sociales pour penser des interventions qui correspondent davantage à leurs réalités leur semble une piste incontournable.

Enfin dans le dernier texte, Simon Lapierre, Dominique Damant, Louise Hamelin Brabant et Geneviève Lessard explorent le problème de la violence à l'endroit des femmes et des enfants qui est souvent passé sous silence dans le contexte familial. Après avoir présenté les données sur l'ampleur du problème et souligné comment cette violence peut affecter la santé des individus et leur bien-être physique et mental, les auteurs illustrent comment il est important pour le personnel soignant de dépister ces cas afin d'établir des stratégies d'interventions préventives et de soutenir les victimes dans leur relation d'aide.

Le soin et les deux individualismes

François de Singly

D ans les sciences humaines et sociales, il y a un débat permanent
entre ceux et celles qui recherchent les invariants et ceux et celles
qui insistent plus sur les changements et l'histoire. On retrouve donc
ce clivage dans l'analyse des soins : on peut démontrer une certaine
continuité historique entre les religieuses soignantes et les infirmières,
mais on peut aussi – et c'est l'orientation de ce chapitre – observer
davantage en quoi le travail des soignants d'aujourd'hui diffère de celui
des générations précédentes. En effet, il nous semble que la transformation des sociétés occidentales en sociétés individualistes a engendré de
grandes modifications dans le statut et les conditions de production du
« prendre soin ». Les exigences propres à l'individualisme et au
processus d'individualisation (Beck et Beck-Gernsheim, 2002) ont
entraîné et entraînent deux nouveaux équilibres : le premier avec
l'introduction dans la sphère publique d'une attention personnelle,
conçue comme relevant de la sphère privée ; le second avec la tension
entre deux types de normes. Ces deux niveaux désormais présents dans
la relation de soin rendent plus complexe le métier de soignant. On
présente ces deux importants changements au moyen d'exemples qui
ne sont pas nécessairement pris dans le monde de la santé et de la maladie
(étant donné les terrains de recherche de l'auteur), mais qui s'appliquent
à cet univers.

Commençons par souligner que, contrairement à une représentation fréquente et erronée, l'individualisme n'est pas un dérivé du

libéralisme économique. À la fin du XIXe siècle, certains pensent même que le socialisme et l'individualisme sont conciliables[1] dans la mesure où le socialisme serait la création des conditions sociales, d'une société au sein de laquelle chaque individu pourrait s'émanciper et se réaliser (de Singly, 2005). Pour comprendre le sens de l'individualisme, il faut revenir à son origine philosophique (plus précisément à une de ses origines), la philosophie des Lumières. Dans son texte classique de 1784 – « Qu'est-ce que les lumières ?[2] » –, Emmanuel Kant dessine l'idéal d'un individu indépendant et surtout autonome. Pour y parvenir, l'individu doit s'émanciper des autorités les plus traditionnelles et des liens hérités, afin de dessiner une identité personnelle.

ÉTABLIR UN DIFFICILE ÉQUILIBRE ENTRE LA RAISON ABSTRAITE ET LE *CARE*

Le processus central d'une société individualiste est « l'individualisation », qui peut être caractérisé par deux mouvements : l'émancipation et la différenciation. En effet l'individu ne doit pas seulement devenir « individualisé », en se dégageant des tutelles qui lui interdisent d'être majeur, d'être autonome ; il doit aussi pouvoir affirmer son originalité, ce qu'il est. En réalité, le programme d'émancipation des individus n'est vraiment en œuvre que dans la seconde modernité (Beck, 2001), dans la modernité avancée (Giddens, 1994). On peut lire ce programme dans le manifeste du « Refus global », proclamé par des artistes d'avant-garde en 1948 au Québec : « Au terme imaginable, nous entrevoyons l'homme, libéré de ses chaînes inutiles, réaliser dans l'ordre imprévu, nécessaire de la spontanéité, dans l'anarchie resplendissante, la plénitude de ses dons individuels[3]. » L'individu doit s'émanciper pour se réaliser, pour s'affirmer comme singulier.

---

1. Cf. pour exemple Eugène Fournière, avec son *Essai sur l'individualisme* (1901) où figure la formule : « le socialisme est l'individualisme intégral ».
2. Pour le lire : http://fr.wikisource.org/wiki/Qu%E2%80%99est-ce_que_les_ Lumi%C3%A8res_%3F.
3. Cf. http://pages.infinit.net/histoire/refus-gl.html.

Ces deux mouvements ne sont pas identiques. Le premier renvoie à la raison. L'individu doit rejeter les ténèbres des autorités traditionnelles pour se gouverner, pour être autonome, grâce aux lumières de la raison. Le second repose sur une conception de l'individu « unique » qui a pour mission de développer son identité personnelle. Emprunté au philosophe allemand, Johann Herder, l'impératif n'est plus de se conformer à ce qui en nous est commun à tous, mais au contraire de révéler ce qui nous est propre : « Deviens ce que tu es » (Taylor, 1998).

Dans l'histoire des idées, ces deux mouvements de l'individualisme – l'un plus universel (la raison étant commune aux humains) et l'autre plus particulariste – coexistent. Une des manières de résoudre ces tensions entre la raison et la singularité est de hiérarchiser ces deux principes. C'est ce qui s'est passé pendant la première modernité, nous semble-t-il, de la fin du XIX⁰ siècle jusqu'aux années 1960, avec la priorité accordée à la raison dans l'espace public. Les femmes ont été cantonnées dans l'espace privé alors que les hommes pouvaient, devaient occuper l'espace public puisque leur était reconnu le fait qu'ils aient plus de raison (Fraisse, 2000). Le culte de la raison engendre une forme de l'individualisme que l'on peut nommer l'individualisme « abstrait ». Émile Durkheim, fondateur de la sociologie savante, défend très explicitement cette religion de l'individualisme ainsi entendu. Lorsqu'il intervient au moment de l'affaire Dreyfus, il explicite sa position : « L'individualisme ainsi entendu, c'est la glorification, non du moi, mais de l'individu en général[4] » (1898). Pour lui, « le centre même de la vie morale a été transporté du dehors au dedans et l'individu érigé en juge souverain de sa propre conduite, sans avoir d'autres comptes à rendre qu'à lui-même et à son Dieu ». Cette « religion de l'individu » ne se confond pas avec le « culte égoïste du moi », elle doit défendre des principes, des manières d'agir « qui peuvent convenir à tous les hommes indistinctement, c'est-à-dire qui sont impliquées dans la notion de l'homme en général[5] ». En refusant le « je », Durkheim bannit l'intérêt privé, le cœur, la prise en compte des motifs personnels ; en valorisant la raison, il prône l'intérêt général, commun à tous les

---

4. Cf. http://classiques.uqac.ca/classiques/Durkheim_emile/sc_soc_et_action/texte_3_10/individualisme.html.
5. É. Durkheim, *ibid.*

humains. Proche de Rousseau, au moins sur ce point, il construit une nouvelle divinité sociale, l'individu : « Comme chacun de nous incarne quelque chose de l'humanité, chaque conscience individuelle a en elle quelque chose de divin », c'est-à-dire qui la dépasse. Si l'individu a désormais « droit à ce respect religieux c'est qu'il a en lui quelque chose de l'humanité. C'est l'humanité qui est respectable et sacrée, or elle n'est pas toute en lui » : « Le culte dont il est à la fois l'objet et l'agent ne s'adresse pas à l'être particulier qu'il est et qui porte son nom, mais à la personne humaine... sous quelque forme qu'elle s'incarne[6]. » Cette position domine jusqu'aux années 1960, jusqu'à ce que les individus réclament la reconnaissance de ce que Durkheim désignait sous le terme de « l'individualité empirique », de leur moi, et ne veulent pas être réduits à un être raisonnable.

La première modernité

Sous la première modernité, tout a donc été fait pour que la logique de la différenciation, de l'affirmation de soi, de l'attention aux motifs personnels dans la sphère publique soit limitée. Les gouvernements ont contenu les forces centrifuges de l'individualisme – c'est-à-dire les revendications de la singularité (Wagner, 1996). Ils l'ont justifié en s'appuyant sur l'idéologie du progrès. Si les hommes font leur propre histoire, ils ne doivent la faire qu'éclairés par la raison. Dangereuse, la liberté est donc contenue grâce à la raison. La première phase de l'individualisme a été centrée sur l'émancipation. C'est pour cette raison que l'école a été l'objet de forts investissements, elle était chargée de diffuser les lumières venant de la raison. « Reconnaissons que d'une manière générale la liberté est un instrument délicat dont le maniement doit s'apprendre et exerçons-y nos enfants ; toute l'éducation morale devrait être orientée dans ce but », recommande Durkheim (*ibid.*). L'individualisme est réduit à une première dimension que l'on peut nommer l'universalisme abstrait : c'est « la glorification, non du moi, mais de l'individu en général » (*ibid.*). Cachée au fond de chacun, non

---

6. *Ibid.*

pas une identité personnelle (jugée inintéressante), mais une parcelle de l'humanité dont la raison fait partie.

Pour exemple, en France, prise en charge par la Troisième République, l'éducation tire sa légitimité – en plus de l'instruction – d'une telle représentation dualiste : elle inculque aux enfants les moyens de se séparer de leur « être particulier » et d'apprendre les règles de la vie commune. La même procédure que l'isoloir est appliquée, on l'a vu, à l'école avec la blouse et les autres modalités de dépouillement des habits sociaux, pour un traitement égalitaire, mais aussi bien pour créer un lien entre des individus semblables par ce trait « général » d'appartenir à l'humanité douée de raison. L'élève doit apprendre aussi dans son rapport au maître ce clivage entre une identité personnelle et une identité statutaire. L'instituteur doit être considéré sous l'angle de sa fonction. Il incarne le savoir et la raison : « Si tu ne me respectes pas, respecte au moins ce que je représente » (Dubet, 2002). La première modernité impose une conception de l'individu émancipé, proche de l'individualisme citoyen. Ce type d'émancipation est toujours une valeur de référence, mais il entre en tension avec d'autres demandes de la part des individus « individualisés » (c'est-à-dire qui vivent, en partie au moins, selon l'individualisme). L'émancipation doit se conjuguer avec la différenciation. L'individu parvient à être singulier, en prenant appui sur certaines techniques que nous allons étudier.

Pour accéder à la citoyenneté, au savoir, à la raison, l'individu a le devoir de marquer ses distances vis-à-vis de sa religion, de sa famille, de son origine géographique (seule la « communauté » nationale n'est pas concernée par cette séparation puisque raison et nation se confondent). Avec cette conception, le lien unissant les individus au sein d'une institution donnée est unidimensionnel. Chacun n'est défini que par le rôle qu'il doit jouer dans cette institution (qui est donc en quelque sorte « totale »). L'élève n'est qu'élève à l'école, le malade n'est que malade à l'hôpital, le détenu n'est que détenu en prison... L'individu ne joue, idéalement, qu'un rôle à la fois, sans avoir le droit d'exprimer ses demandes personnelles.

En Occident, ne pas juger quelqu'un sur ses apparences est devenu un impératif, même s'il n'est pas toujours respecté. Le fait que certaines dimensions de l'identité statutaire ne doivent pas interférer sur la perception d'autrui est légitime en référence au principe central de l'égalité des chances. Ce principe n'a pas pour objectif de produire une société dont les membres seraient égaux dans leur existence, il vise à créer les conditions permettant à chacun, quelle que soit sa naissance – donc quelle que soit son origine –, de pouvoir mettre en valeur son identité personnelle, ses ressources personnelles.

La seconde modernité

Progressivement la limitation de la différenciation personnelle de la singularité a été refusée. Le compromis passé pendant la première modernité dans les institutions a été défait et se défait encore au nom des droits individuels. Les élèves ne veulent pas être seulement « élèves », ils veulent obtenir un droit d'expression. Il en est de même pour les malades : ils ont accès à leurs dossiers ; ils participent aussi, avec les médecins, aux conférences de consensus chargées de mettre au point les « bons soins » ; ils ont leurs représentants. Dans certaines prisons (surtout de femmes), des unités de vie familiale sont mises en place. Les détenues ne sont pas seulement « détenues », elles ont le droit de maintenir les liens antérieurs à leur incarcération. Ce dernier exemple permet de comprendre comment la singularité se manifeste. Contrairement à ce que l'on imagine, l'identité personnelle est assez souvent non pas une qualité originale, mais une identité sociale différente du rôle officiel qui doit être joué à l'instant considéré. En prison, la femme a comme identité personnelle son identité de mère ou de compagne. Sa singularité devient possible lorsqu'elle a les moyens de démontrer qu'elle n'est pas seulement « détenue ». Dans la seconde période de l'individualisme, l'individu a davantage le droit de rendre visibles d'autres dimensions identitaires que celle qui est requise officiellement par la situation. Il a alors le sentiment d'exister davantage. Un morceau de l'identité statutaire, un rôle, peut donc devenir un élément de l'identité personnelle dans les conditions que nous venons d'énoncer, à savoir en dehors de l'espace où cette dimension est normalement mise en scène. Au moins pour une part, le mystère de la profondeur de soi est ainsi résolu : ce « je » est, dans une situation déterminée, une dimension identitaire qui, sous la première modernité, ne devait pas être visible et qui désormais peut le devenir.

Sous la seconde modernité, les individus ont plus de pouvoir sur eux-mêmes. Le mouvement des femmes en est un bon exemple avec la revendication de « Nos corps nous appartiennent ». Le droit d'être soi-même se traduit non seulement par l'exigence de la singularité, mais aussi par une demande de plus de pouvoir. En contrepartie, les spécialistes en perdent au moins un peu. La raison n'est plus l'apanage de quelques-uns – les savants, les ingénieurs ayant montré les usages peu raisonnables de leur raison, avec la bombe atomique, la rationalité de l'organisation de l'extermination des juifs notamment –, elle doit être partagée et contrôlée. La notion de droit des malades s'enracine sur ce doute. Les experts, les spécialistes résistent à cette déstabilisation de leur pouvoir, légitimé au nom de la raison, de leur savoir. Une affaire en France – dite Alexis Goulette – peut servir d'illustration. Un médecin voulait réaliser sur un enfant qui avait le cancer du système lymphatique une autogreffe de moelle. Alexis et ses parents ont refusé. Le médecin a saisi la justice pour retirer l'autorité parentale, et assigné l'enfant à un hôpital universitaire. Après une forte lutte, Alexis a obtenu le droit d'être soigné différemment par un autre médecin, le docteur Nicole Delépine. Cette dernière ne veut pas se soumettre à une médecine abstraite, impersonnelle qui, au nom de la science, utilise des protocoles et inclut de nombreux enfants dans des essais thérapeutiques. Elle revendique une médecine plus personnalisée et le droit des malades à pouvoir avoir un deuxième avis (interdit jusqu'alors). Le pouvoir absolu au nom de la science (toujours incertaine) est contesté. Dans une chronique, Martin Winckler (2006[7]), médecin et écrivain, prend position : « Trop de praticiens oublient les vérités élémentaires : l'individu qui leur fait face est certes en position de demande, de faiblesse, de dépendance... Mais il ne l'est que de manière relative. Qu'il soit malade ou en bonne santé, son libre-arbitre n'est pas moins réel. Et s'il s'agit de prendre une décision qui met sa peau en jeu, il est tout aussi concerné par le choix d'une méthode thérapeutique que par celui de faire réparer ses freins. » Il poursuit, après avoir remis en question la toute-puissance du savoir : « Nous ne devrions pas repousser une vérité essentielle : être médecin ça ne consiste pas à décider à la place des autres. Être médecin, c'est avant tout un partage, un échange

---

7.   http://martinwinckler.com/article.php3 ?id_article=769&var_recherche=24+f%E9vrier+2006.

réciproque. Non pas une relation d'aide, mais une relation d'entraide. » Ce qu'écrit Winckler dans cet article du 24 février 2006 s'applique à l'ensemble des soignants, et pas seulement aux médecins. La légitimité de la raison ne constitue plus une légitimité suffisante, elle doit être partagée avec les individus concernés qui, eux-mêmes, en dernière instance, doivent décider : « Le patient a le droit d'abord à toutes les explications les plus complètes, et le droit de choisir la solution qui lui paraît la meilleure[8]. » Cette affaire a eu lieu quelques années après le vote d'une loi en France reconnaissant aux malades de prendre eux-mêmes les décisions importantes, et après l'inscription du nécessaire « consentement libre et éclairé », ce qui démontre bien que le changement ne se fait pas sans résistances.

L'individualisme « concret » et le care

Sous la seconde modernité, l'individualisme concret déstabilise l'individualisme abstrait. Les limites de la raison, de la science dans la conscience, ont été perçues, laissant plus de place à d'autres formes d'expression au sein de l'espace public. On peut prendre comme indice de cette irruption un « incident » qui a eu lieu à la fin de l'année 1997 dans une émission de Julie Snyder (qui porte ce nom) au Québec. Cette animatrice avait perdu son chien, et l'avait annoncé, avec émotion et pleurs, pendant son émission (qui tombait pendant la Journée mondiale du sida). Cela a soulevé des protestations et une polémique dans la presse de Montréal. Certains accusaient Julie Snyder de ne pas savoir hiérarchiser les causes, et de montrer ce qui n'a pas à être révélé : la vie privée. Michel Trudeau estime que cet événement est significatif de l'individualisme, caractéristique de nos sociétés :

> « Julie à Zapette-que-veux-tu [est] révélatrice de cette parcellisation du monde en puzzle humanitaire où chacun tient son morceau en attendant de le mettre, la prestation de Julie n'est rien d'autre qu'une allégorie ayant pour thème l'amour des bêtes et rappelant la disparition du projet collectif. J'aime MON chien, j'aime MON enfant malade du cœur, j'aime MON chum malade du sida. Entre deux rébellions en forme de téléthon, je ferme ma gueule... Quand les intérêts communs se fractionnent en

---

8. Docteur P. Cornillot, « Les leçons de l'affaire Goulette », *Votre santé*, 2006, (72).

toutes sortes de petites misères aussi locales qu'insignifiantes, le malheur prend une dimension ridicule que la télé réverbère[9]. » Julie Snyder répond à ses détracteurs que l'amour de son chien n'est pas contraire à l'amour des autres : « Zapette est un petit être cher qui pansait mes plaies d'enfant et d'adolescente violentée. Comme moi, elle a connu l'abandon, et ça nous unissait beaucoup. Cette souffrance qui m'habite m'a rendue sensible à toutes celles des autres. Pour moi il n'y pas de grands ou de petits malheurs : il n'y a que des malheurs... Je ne crois pas que pleurer son chien rende insensible aux humains. Lamartine [écrivait] : " On n'a pas un cœur pour les humains et un cœur pour les animaux : on a un cœur ou on n'en a pas[10] ". »

Cette polémique permet de soulever la question du fonctionnement de la sphère publique : celle-ci ne devrait-elle fonctionner que pour les grandes causes, « abstraites », qui ne doivent pas être confondues avec les petites histoires de la vie ordinaire ? La centration sur soi rend-elle l'altruisme impossible ? Ce n'est pas un hasard si cette polémique met sous les projecteurs une femme en pleurs. On retrouve un clivage entre les choses importantes (l'éthique, la science, la politique) et les choses secondaires, et une opposition entre ceux qui s'occupent des premières et les personnes qui prennent en charge les secondes. Deux camps sont en présence :

- L'un défend la hiérarchisation des mondes, et combat ce que Richard Sennett appelle « les tyrannies de l'intimité » (1979) : la sphère publique doit mettre en situation des individus dont les caractéristiques personnelles sont secondaires ; ce qui prime, c'est la compétence. C'est ainsi que l'on a vu en France des grèves menées par des fonctionnaires refusant de mettre un badge avec leur nom. L'identité personnelle n'a pas à apparaître dans l'espace de travail.

- Le second camp défend une autre conception des relations, y compris en dehors de l'espace privé. C'est ainsi que l'on peut, selon moi, interpréter la réhabilitation du *care*. Reprenons pour le comprendre la pensée de Carol Gilligan dans *Une si grande*

---

9. Rubrique « Les grandes gueules » dans *Voir*, hebdomadaire de Montréal. Avec pour invité, dans le numéro du 11-17 décembre 1997, Michel Trudeau.
10. Dans le même numéro au courrier des lecteurs, réponse de Julie Snyder à un article de *Voir* du 4-10 décembre 1997.

différence (1986). Cette psychologue distingue deux types de conscience morale qui ne doivent pas être situés sur une échelle de développement. Pour Jean Piaget notamment, la « pensée abstraite » est supérieure à la « pensée concrète », et la première est le signe d'un développement plus achevé. La proposition de Carol Gilligan prend le contre-pied de cette position en démontrant que la pensée abstraite est une forme historiquement associée au genre masculin, et que la pensée concrète est celle qui est associée au genre féminin. Le fait de placer en position supérieure l'abstraction est une des manières détournées d'imposer la supériorité masculine. Au contraire, pour Gilligan, les femmes adhèrent à une vision du monde où les rapports entre individus reposent sur une responsabilité personnelle et tiennent compte des besoins d'autrui. Les hommes, eux, optent pour l'application de principaux généraux. Ils préfèrent ce que l'on peut nommer « l'altruisme à distance », forme de l'altruisme abstrait : au service de l'intérêt général dans la sphère publique (avec le domaine politique). Les femmes mettent plus en œuvre un « altruisme de proximité » (de Singly, 1996) dans des pratiques différentes, où les individus à qui sont rendus des services sont plus proches.

Pour nous, il est possible de rapprocher ce clivage de l'opposition historique entre la raison de la modernité et le cœur de la « contremodernité ». Cette opposition peut être rapprochée du clivage historique entre la raison de la modernité et le cœur de la contremodernité, ou encore entre un principe d'universalisme et un principe de particularisme. Selon Michaël Walser (1992), le second principe peut être aussi nommé « universalisme réitératif ». Chacun doit recevoir de l'attention – principe universel – mais en fonction de sa propre histoire, de sa propre personnalité, de ses besoins. L'altruisme de proximité n'est pas mis en œuvre selon un schème défini *a priori* ; il est sensible, par définition, à la relation, au contexte. Ce qu'il faut retenir de la traduction de l'individualisme, c'est le refus des individus actuels d'être réduits à des rôles, à des fonctions ; ils réclament d'être pris en considération dans la totalité de leur être. La séparation entre la sphère publique et la sphère privée, entre le cœur et la raison, entre le masculin et le féminin, entre l'abstrait et le concret, entre le spécialiste et la personne ordinaire, entre l'intérêt général et l'intérêt personnel, est déstabilisée.

La réhabilitation du *care* ne doit pas entraîner, contrairement à certains énoncés de Gilligan, l'inversion des principes. Il n'y a pas à hiérarchiser dans l'autre sens les deux manières de se conduire, à faire contre le « légitimisme » de la raison le « populisme » du cœur. L'individualisme « abstrait » et l'individualisme « concret » sont idéalement complémentaires. L'individualisme abstrait est ce qui justifie le principe de l'égalité d'une part, et le soutien de la démarche scientifique d'autre part. Ses limites du fait de la mise entre parenthèses des personnes, des situations concrètes ne le condamnent pas. L'individualisme concret a, lui aussi, s'il n'est pas tempéré par de l'individualisme abstrait, des limites, notamment par le fait que la sollicitude s'exerce plus aisément vis-à-vis des proches, ou des gens qui nous paraissent tels. L'individualisme abstrait doit être tempéré par l'individualisme concret, sinon ses impératifs généraux sont tels qu'il interdit toute expression personnelle et limite considérablement les formes de reconnaissance. « L'individualisme est un humanisme » (de Singly, 2005) si, et seulement si, il parvient à concilier les deux formes – abstraite et concrète, universaliste et personnelle –, c'est-à-dire à réunir tous les êtres humains tout en respectant tout ce qui les sépare et qui fonde leur originalité.

Le rôle technique devrait inclure davantage d'attention personnelle

L'équilibre entre les deux types d'individualisme est rarement atteint, même s'il est souhaitable. On peut relire le travail de Dubet dans *Le déclin de l'institution* (2002) dans la mesure où la notion de « programme institutionnel » qu'il a construit est une des modalités, selon nous, de l'individualisme abstrait, propre à la première modernité, remis en question avec la seconde modernité. Il suffit d'entendre les jugements sur les soignants (à l'intérieur du corps des professionnels, ou à l'extérieur par les malades) pour le comprendre. C'est ainsi que les malades tentent d'avoir recours aux meilleurs spécialistes, s'ils en ont les moyens, même si ces médecins ne leur semblent pas très attentifs à leur personne, tout en ayant recours à des compléments, à une médecine traditionnelle qui leur paraît mieux les respecter. Le malade souhaite bénéficier des deux versants de l'individualisation, l'abstrait pour le progrès scientifique, le concret pour la prise en compte de leur spécificité personnelle. C'est ainsi que des infirmières attentives aux malades, et pas seulement à la maladie de leurs malades, reprochent à d'autres infirmières, à des médecins d'être spécialisés dans les « organes », de ne voir le malade que comme un cas. Sous la première modernité, les différences individuelles sont niées, dans le domaine des soins « savants » tout comme en sociologie. C'est le succès dans cette discipline du « personnage social », d'un individu réduit à quelques coordonnées sociales et à une identité officielle (celle qui est définie par le cadre institutionnel). « Le malade " parsonien " doit faire confiance à la médecine et désirer guérir, il doit être sa maladie, une fois sa situation reconnue » (Dubet, 2002, p. 213). L'inattention à la douleur des malades dérive du même principe, sa reconnaissance est très tardive : pour l'enfant, seulement à la fin du XXe siècle à l'hôpital en France.

Mais, si cela semble évident de prendre plus en considération la totalité de l'identité du malade aujourd'hui, cela a une contrepartie obligatoire du côté des soignants : il est en effet impossible de regarder le malade comme un individu, comme une personne, comme un sujet (les trois termes sont équivalents, mais ne sont pas utilisés par les mêmes écoles de sociologie ou de philosophie) sans que celui ou celle qui regarde, le soignant, soit, lui aussi, engagé comme un individu, une personne, un sujet. Si le malade n'est plus un organe mais qu'il est un individu, il souffre, donc le soignant doit prendre en compte cette souffrance, il est exposé à titre personnel. La fatigue dont se plaignent de nombreux soignants dérive non seulement des contraintes budgé-taires, mais aussi incontestablement de cette nouvelle participation. Schématiquement, auparavant on pouvait déposer son rôle en quittant sa blouse blanche, aujourd'hui comment procède-t-on, le degré d'en-gagement personnel étant plus élevé ? On ne peut pas déposer sa personne sur le portemanteau du service, alors on rentre plus fatigué car on est moins « séparé », le travail rentre aussi au domicile (d'autant plus que l'on est désormais joignable à tout moment, même chez soi). L'intérêt de la première modernité résidait dans cette séparation (même si nous avons noté les contraintes et les limites), la demande de la globalité ou de la totalité a, par construction, déstabilisé cette séparation. Il n'est pas possible de cumuler absolument les avantages de la séparation et les avantages de la continuité. Il est cependant possible de réduire la contradiction. Un des moyens est de créer les conditions pour que l'engagement personnel devienne une dimension technique, en mettant au programme des formations l'apprentissage de la relation et des techniques de relation.

La distinction entre individualisme « abstrait » et individualisme « concret » et la prise en compte des deux modernités permettent de mieux comprendre comment l'irruption de l'individu dans sa totalité perturbe le fonctionnement des institutions et contraint les personnels à tenter un équilibre incertain entre les exigences, en partie contradictoires, de ces deux individualismes. L'institution qui a fait le plus complet changement sous la seconde modernité est la famille, étant donné que la demande d'une plus grande attention à la personne (de l'enfant, du conjoint, de soi) a semblé plus évidente qu'ailleurs. Il a fallu « humaniser » les hôpitaux (la première circulaire en France sur cette humanisation date du 5 décembre 1958). Lors d'une visite en 1976, dans un tel hôpital, les visiteurs notent : « Tout a été étudié pour que le malade se sente chez lui tout en bénéficiant d'un maximum de sécurité pour les soins médicaux. » On retrouve la critique de la séparation, le malade doit être comme chez lui, c'est-à-dire qu'il doit se sentir reconnu pour d'autres dimensions que celle de malade.

ÉTABLIR UN DIFFICILE ÉQUILIBRE ENTRE LE COMMANDEMENT SCIENTIFIQUE ET LA NORME PSYCHOLOGIQUE

La déstabilisation du principe de la raison par la plus grande légitimité de la personne se traduit à un deuxième niveau : celui des normes qui servent de référence aux actions, y compris aux actes de soin. Sous la première modernité, la norme de référence, notamment dans les relations inégales comme celle entre le médecin et le malade, entre le savant et la personne ordinaire, s'est calquée sur celle du commandement. L'autorité de Dieu a été remplacée par celle de la science, symbole supérieur de la raison. En conséquence, l'obéissance est une vertu ; à défaut d'avoir la maîtrise de la raison, de la science, on doit se soumettre à ceux qui les représentent.

Les normes de la première modernité ressemblent donc aux normes morales, le plus souvent empruntant le registre religieux du commandement. Elles ont été introduites dans le domaine central de l'hygiène et de la santé. De tels commandements sont faciles à comprendre. Ils fonctionnent selon le principe du « Oui-Non » : l'individu doit respecter la règle, avec une sanction en cas de désobéissance. Il n'y a pas de prise en considération de l'individu, de circonstances atténuantes, la règle et la sanction étant les mêmes pour tous.

En 1920, en France, paraît le *Catéchisme de puériculture pratique et moderne* du docteur Demirleau : les mères doivent suivre à la lettre des règles pour bien élever leur enfant. Registre hygiéniste et registre moral coexistent alors harmonieusement, grâce à des glissements progressifs. Dans un des guides éducatifs, publié en 1926, on peut lire sous la plume de deux médecins : « Dans la journée, il est souvent nécessaire d'interrompre le sommeil à l'heure fixée pour la tétée. La régularité des repas doit être scrupuleusement respectée... En répétant les mêmes actes aux mêmes heures et toujours dans les mêmes conditions, l'enfant prend rapidement les bonnes habitudes qu'on désire lui donner. Il se discipline facilement » (cité par Catherine Rollet, 1990). Dans ses cours d'éducation morale, Émile Durkheim raisonne de la même manière, estimant que l'objectif est de régulariser les conduites, et le moyen d'y parvenir est d'inculquer l'esprit de discipline : « Bien agir c'est bien obéir » (Durkheim, 1963, p. 21). L'intérêt de cette vertu d'obéissance est d'être indépendante de ceux qui exigent un tel comportement et de ceux qui doivent l'appliquer. C'est pour cette raison que ce sociologue n'est guère favorable à l'éducation familiale, il craint une trop grande faiblesse de la part des parents. Il préfère l'école, plus impersonnelle. Même s'il reconnaît qu'il y a « toujours une marge laissée à l'initiative » des personnes concernées, il affirme qu'elle doit être « restreinte » : « l'essentiel de la conduite est déterminé par la règle » (*ibid.*, p. 20). Durkheim pense que la discipline scolaire est la plus à même d'imposer aux enfants ce « vaste système d'interdits », cette « sorte de barrière idéale au pied de laquelle le flot des passions humaines vient mourir » (*ibid.*, p. 36), cette morale qui demande de ne pas « suivre notre nature ».

Le principe du « ni-ni »

À partir des années 1960, de la seconde modernité, l'éducation progressivement change de régime normatif. Les règles, les commandements sont perçus comme dangereux puisqu'ils ignorent ce qui est personnel et nous amènent à négliger ce qui est unique chez notre enfant et dans notre relation à lui. Il s'agit d'une révolution pédagogique, déplaçant de son centre la règle pour y placer l'enfant. Il suffit de comparer les énoncés d'Émile Durkheim à ceux de Françoise Dolto, pour appréhender la transformation du système normatif : « Le développement d'un enfant se fait comme il se doit, au mieux de ce qu'il peut, selon la nature qui est la sienne au départ, quand il se sent aimé par des parents qui s'aiment et qu'il y a de la gaieté dans l'air... Un enfant heureux, bien dans sa peau, c'est celui qui se développe comme il a, lui, à se développer avec ses particularités qui seront respectées » (Dolto, 1979). Ce n'est plus la règle ou la discipline qui doit être respectée mais l'enfant et sa nature[11].

Cette norme – que nous nommons « psychologique[12] » – se différencie donc de la norme morale. Elle s'écrit sous la forme d'un énoncé plus complexe qui doit éviter les extrêmes : le principe est celui du « Ni-Ni ». Dans l'éducation l'enfant ne doit être trop aimé, ni pas assez. Il ne doit pas subir trop d'autorité, ni pas assez. L'autonomie qu'on lui laisse doit être aussi calculée : trop d'autonomie trahirait trop d'indifférence, pas assez, trop d'amour castrateur.

Idéalement il faut parvenir à un certain équilibre entre des contraires, entre le laisser-faire et la répression, entre le « trop » et le « pas assez », entre le « sous » et le « sur ». Cela exige de nouvelles compétences : avant tout de l'attention. La personne doit être considérée non pas comme un individu comme les autres, comme un numéro, mais comme un individu unique. La recherche d'un tel équilibre régit l'existence entière. Dans les magazines féminins ou les ouvrages de développement personnel, par exemple, il prend soit la forme de la

---

11. Les normes de la seconde modernité n'ont pas chassé celles de la première modernité. Il existe un débat social autour de la pertinence des unes et des autres (Naouri, 2008 ; de Singly, 2009).

12. Même si les psychologues refusent de la considérer comme norme, ce qui ne contribue pas à la rendre visible et engendre le sentiment de l'absence de normes.

confrontation entre deux points de vue, opposés, de spécialistes, le lecteur ou la lectrice devant parvenir à faire la synthèse, soit, modalité plus déroutante, la forme de la succession, d'un numéro à l'autre des avis divergents qui sont exposés, sans conclusion. Ce principe donne une direction, un repère, nettement moins directif que la norme morale, par construction le « ni-ni » étant plus flou. Cela ne constitue pas un défaut puisque c'est nécessaire pour permettre le réglage à la fois en fonction de la personne qui impose et de la personne qui est visée. Lorsque le point est fixe, plus de jeu possible, lorsque la ligne est flottante, il peut y avoir adaptation en fonction de la situation et de la personnalité de l'enfant. La liberté d'expression réside dans ce flou du « ni-ni ». Le travail sur soi consiste en des modifications permanentes, signes de l'attention personnel et de la non-rigidité des principes.

On entend fréquemment ce refrain du « ni-ni » dès lors que l'on prête plus attention à la structure des énoncés qu'à leur contenu. Ainsi dans un édito d'un magazine éducatif, consacré aux grands-parents, la rédactrice en chef suggère que ceux-ci soient « impliqués, mais pas trop[13] » : « Tout les porte à prendre aujourd'hui une place centrale sur l'échiquier familial qu'ils devraient bien se garder... car leurs enfants sont ambivalents ; ils leur demandent d'être là quand ils en ont besoin, de s'effacer à d'autres moments... de ne pas s'impliquer trop... À ces grands-parents nouveaux, nécessité est faite d'inventer un nouveau modèle : d'être disponibles sans être trop présents, utiles mais pas dans l'ingérence... d'être dans l'offre et pas dans la demande. En un mot, de trouver une position délicate d'équilibriste. » Cette position n'est pas définie une fois pour toutes. Elle n'existe pas, pour la bonne raison que c'est dans la variation même de la distance que se noue et que s'entretient une bonne relation. L'équilibre ne consiste donc pas en un point fixe, mais plutôt dans une mobilité entre distance et proximité, entre autorité et laisser-faire. Pour tenter de trouver, à chaque étape, à chaque moment, cet équilibre instable, les spécialistes sont mobilisés. Les articles des magazines éducatifs font presque toujours appel à des psychologues, des pédiatres, des infirmières-puéricultrices... L'article est signé par un journaliste, mais au début ou à la fin une précision est donnée : « Avec le D^r..., gynécologue obstétricien à l'hôpital... » par

---

13. G. Grimaldi, « Impliqués mais pas trop », *Top famille*, mai 2002.

exemple, et un encart est ajouté : « L'analyse du psy ». Derrière les variantes, affleure la légitimité des principes qui ne reposent pas sur une morale établie une fois pour toutes.

L'existence de ce principe normatif du « ni-ni » n'est pas arbitraire. Il ne dépend pas d'une mode passagère, il rend possible l'individualisation de la relation grâce au réglage fait en fonction des conditions du moment et des modalités de la négociation. En effet, chacun pour avoir le sentiment d'exister et d'être respecté demande une non-standardisation de la prise en charge, une attention personnalisée, incompatibles avec une règle unique pour tous.

L'alternance entre le commandement et l'interprétation

Dans les sociétés modernes, la normativité psychologique s'est imposée. Mais, tout comme le *care* doit coexister avec le registre de la science et de la raison, cette nouvelle norme n'a pas fait disparaître l'autre régime de normativité, celui du commandement. Un feu rouge ne se négocie pas (même si dans la réalité, de plus en plus en ville, les automobilistes le négocient). Pour une part, la santé relève aussi de ce registre. Ainsi le tabac n'est pas interdit, mais il est rappelé sur chaque paquet qu'il constitue une nouvelle forme de « péché » qui ouvre la porte à l'enfer de la dépendance et d'autres méfaits et risques (« les 22 principales maladies liées au tabac »). Le conseil devient impératif : « Ne fumez plus contre votre gré[14] », jouant toutefois sur l'affirmation d'un soi libre (prônée davantage par le régime psychologique). Un des arguments utilisés est celui de la libération : « Le tabac, vous vous en libérez quand ?[15] », ou encore : « Libère-toi du désir d'allumer, la cigarette te consume », avec comme illustration des menottes[16]. D'autres organisations donnent des conseils pour échapper à ce qu'elles considèrent comme une dictature du marché et de la globalisation. Pour exemple, une brochure, éditée par une organisation internationale – *True food guide. How to shop G.E. (genetic engineering) free*[17] –, qui adopte

---

14. Fédération française de cardiologie.
15. Comité français d'éducation pour la santé.
16. Comité régional d'éducation pour la santé et Smerep.
17. GeneEthics Network, Greenpeace, mai 2002.

explicitement un code en trois couleurs : le vert, l'orange et le rouge. Les individus sont invités à manger vert, c'est-à-dire des aliments dont les gènes n'ont pas été manipulés. Les normes hygiéniques fonctionnent toujours selon ce registre, et reposent sur une légitimité indiscutable, scientifique.

L'usage des machines, notamment des ordinateurs ou des consoles de jeux, relève aussi de la logique du commandement. Il est impossible de négocier dans la programmation : soit vous suivez les consignes et cela marche, soit vous ne les suivez pas et vous vous « plantez ». L'utilisateur considère cela comme normal, l'impersonnalité de la machine et l'impersonnalité de la règle sont cohérentes. Cela devient plus complexe avec les humains : dans certains cas, ces derniers doivent et demandent à être traités comme des personnes et, dans d'autres cas, les individus souhaitent être soumis à des règles communes, impersonnelles en quelque sorte. C'est dans cette alternance que réside le problème central du lien social : pour qu'il y ait harmonie sociale il faut qu'il y ait entente entre les parties concernées sur le type de normativité en jeu. Le problème réside, si l'on poursuit la métaphore de la circulation, en la confusion engendrée par la coexistence de ces deux signalisations. Il faut savoir sur quelle route on se trouve pour savoir quel code respecter. À certains moments, dans certaines situations, c'est la norme psychologique qui domine, à d'autres c'est la norme du commandement qui s'impose. L'individu – jeune ou adulte – doit apprendre à connaître ces temps.

L'alternance inévitable

La manière dont les deux normes doivent être pondérées est un mystère qui ne peut pas être élucidé, car c'est lui qui donne les marges du jeu, qui permet à la relation d'être individualisée. Dans chaque institution des désaccords surgissent entre les individus qui réclament davantage de prise en compte de la « personne » et les individus qui, au nom de la justice, de la transmission, ou de toute autre vertu, mettent l'accent sur des principes abstraits et impersonnels. Les malentendus sont fréquents. Ainsi certaines directions d'administration prônent la personnalisation des fonctionnaires en exigeant que ces derniers portent un insigne avec leur nom. Cette mesure déclenche des craintes d'atteinte personnelle. L'impersonnalité protège. D'autres directions souhaitent prendre en compte le « mérite » pour le calcul des rémunérations. *A priori*, cette idée ne devrait pas susciter de résistance puisque c'est la reconnaissance des niveaux différents d'investissements dans le travail. Or, le plus souvent, cette solution reçoit un mauvais accueil, moins pour une raison de principe que par crainte de l'arbitraire du jugement : le pouvoir ne récompense-t-il pas, en réalité, en fonction d'autres critères, notamment celui de la docilité vis-à-vis de la direction ? C'est pourquoi l'inégalité engendrée par un traitement impersonnel – c'est-à-dire sans mérite – est préférée à celle qui est associée à la différenciation personnelle. Cela ne signifie pas que le principe de la personnalisation soit jeté hors les murs de l'entreprise, mais il se joue sur d'autres dimensions. Les salariés ne veulent pas toujours être soumis à un traitement impersonnel, tout en craignant les contrecoups de la personnalisation, à savoir les atteintes à l'estime de soi. À l'école, une tension comparable s'observe. Si les élèves ne veulent pas être réduits à la dimension « élève », ils apprécient peu les professeurs qui notent, croient-ils, « à la tête du client », ils veulent une notation juste, impersonnelle (Dubet, 1994). Dans la famille, même si c'est plus feutré, les relations fraternelles souffrent aussi de la contradiction dérivant des exigences de justice et de personnalisation : les parents ont le sentiment de maintenir un certain équilibre entre une distribution égale de ressources économiques ou affectives entre chaque enfant et une attention associée à une reconnaissance de besoins différenciés selon l'âge et les circonstances ; les frères et les sœurs peuvent percevoir autrement cette différenciation et la coder comme inégalitaire.

Les risques dérivant de la coexistence des deux normes

Le premier risque de la coexistence des deux régimes de normativité réside dans le mécontentement élevé qu'elle engendre. Le réglage entre les deux normes satisfait rarement les parties en présence qui n'ont pas les mêmes intérêts. Ce n'est pas un hasard si les conflits les plus fréquents dans la famille naissent à l'occasion des sorties. Les jeunes ont l'impression que leurs parents appliquent des règles trop strictes, sans leur faire suffisamment confiance, sans tenir compte de qui ils sont vraiment. À d'autres moments, ils jouent de l'autre registre en revendiquant des droits accordés aux jeunes du même âge. Les parents ont des contradictions comparables, alternant usage de règles impersonnelles (notamment du type « À tel âge, on n'a pas le droit ») et de considérations personnelles (pour les dépenses, si leur enfant a tel besoin). Le désaccord ne provient pas d'une division du travail entre les parents spécialistes d'une norme et les jeunes spécialistes de l'autre ; il est engendré par des usages différenciés des deux régimes au même moment, pour la même situation.

Le deuxième risque du chevauchement est dans le manque de distinction entre les deux régimes. Puisque certaines choses dans la vie sont négociables, tout deviendrait négociable, y compris la prise de médicaments. Une des sources de la faible observance de médicaments peut venir de la trop forte extension de la zone du négociable. Cela est encore plus sensible à l'adolescence, âge social où l'obéissance est considérée comme une négation de soi. Tout se passe comme si, dans cette invention d'une manière personnelle de prendre ses médicaments, les adolescents revendiquaient le droit d'être eux-mêmes ; tout se passe comme si, en suivant les règles strictes édictées par les soignants, ils avaient l'impression d'être bridés et réduits à un rôle machinal. Comment faire comprendre aux malades que toutes les situations ne sont pas équivalentes, que certaines fonctionnent à la règle et que d'autres fonctionnent à la personnalisation, que le suivi de certaines règles n'exclut pas le respect personnel ?

La réponse à ces trop faibles observances, à ces « désobéissances » n'est pas dans un mot d'ordre simple, trop simple : rétablir l'autorité en augmentant le nombre de règles et les sanctions. Elle est dans l'apprentissage de la différenciation entre les deux normes, d'une part, et dans l'explicitation des frontières séparant les situations au sein desquelles ces deux normes s'appliquent, d'autre part. Ce type de socialisation moderniste rappelle l'existence d'une autorité supérieure, même au sein d'une relation plus démocratique (par exemple avec l'extension du droit des malades, du droit des enfants...). Les règles impératives doivent être, elles aussi, apprises, donc imposées dans la mesure où le monde social, même moderne, fonctionne également selon ce type de normes.

Toute institution devrait être un lieu de vie

Cette coexistence des normes, reflétant les deux exigences de l'individualisme, abstrait et concret, doit être prise en compte dans le travail de soin. La normativité impérative est contrainte de composer avec le second type de norme, sans que personne ne sache proposer la manière de réussir l'hybridation : ces deux composantes ont des logiques propres et ne se mêlent pas si aisément. C'est pourquoi reste forte la tentation de la division du travail dans le monde de la santé entre des professionnels définis avant tout par la technique (et la science qui la rend légitime) et des professionnels définis avant tout par la relation et la personnalisation. Les premiers voient dans le malade sa maladie, et les seconds la personne. La raison et le cœur ; le commandement et la prise en compte de la personne. Sous la seconde modernité, le processus d'individualisation se traduit par la légitimité des dimensions de l'identité non officielle à la situation – un malade n'est pas que malade, donc en conséquence l'institution et ses professionnels doivent considérer aussi le malade comme une personne. Ce changement apparaît à certains comme un déclin. Ainsi lorsqu'en France le ministre (conservateur) de l'Éducation envisage que les collèges et les lycées soient des « lieux de vie[18] », les partisans de l'école républicaine (c'est-à-dire de l'école de la première modernité) se désespèrent. Pour eux un élève n'est qu'élève. Idéalement le reste de l'identité ne devrait pas interférer avec la transmission.

L'usage de cette notion de « lieu de vie » est significatif ; elle devrait être, selon nous, au centre d'une réflexion sur toute institution de soin. Elle a été proposée dans les années 1970 parmi les solutions de rechange à la psychiatrie classique afin d'éviter la coupure avec la vraie vie, au-delà des murs de l'asile. Le mot d'ordre était d'éviter l'enfermement. Au sens strict au départ, et au sens large aujourd'hui. En effet les individus refusent, pour la plus grande part, d'être enfermés uniquement dans une définition officielle qu'ils vivent comme une réduction identitaire. Ils revendiquent d'exposer aussi une identité personnelle. Ils luttent contre ce qu'ils vivent comme une réduction identitaire. Les traductions de l'individualisme abstrait, propres à la première modernité, ne

---

18. Cf. *Le Figaro*, 2 septembre 2009.

satisfont plus les femmes et les hommes, les jeunes et les adultes. Les uns et les autres réclament d'être reconnus non seulement pour la dimension officielle («fils de» à la maison, «malade» à l'hôpital, etc.), mais aussi pour ce qu'ils codent une identité personnelle – qui peut être d'autres dimensions sociales, par exemple le respect de leur religion. Toute identité repose sur le processus d'individualisation qui engage cette mise à distance de l'identité officielle par la prise en compte d'autres dimensions (de Singly, 2007). C'est ainsi que la France, avec sa conception de la laïcité reposant sur le renvoi de la religion dans l'espace privé, est particulièrement remise en question par le refus de cette nette séparation. Bien d'autres pays européens et «occidentaux» sont aussi affectés par cette revendication qui prend les formes de la demande «communautaire» tout en signifiant le refus par les individus de leur amputation «personnelle».

La définition des bonnes pratiques du soin, du «prendre soin», se modifie et continuera à se modifier – ce mouvement de la seconde modernité étant loin d'être achevé – sous la pression des individus (et des groupes les représentant à un titre ou à un autre[19]) réclamant d'être reconnus dans la totalité de leur identité. On retrouve l'utopie, à la fin du XIXe siècle, d'un «individualisme intégral», vite étouffé sous la première modernité, mais qui, telles les herbes folles de l'humanité, résistantes aux désherbants de la légitimité des pouvoirs et des institutions, repousse.

Références

Beck, U. (2001). *La société du risque*, Paris : Aubier (1re éd., 1986).

Beck, U., et E. Beck-Gernsheim (2002). *Individualization*, London : Sage Publications.

Delépine, N. (2006). *Ma liberté de soigner*, Paris : Michalon.

Dolto, F. (1979). *Lorsque l'enfant paraît*, tomes 1, 2, 3, Paris : Seuil.

---

19. Les associations des usagers et, pour le soin en France, l'Union nationale des associations citoyennes de santé.

Dubet, F. (1994). *Sociologie de l'expérience*, Paris : Seuil

Dubet, F. (2002). *Le déclin de l'institution*, Paris : Seuil.

Dubet, F. (2006). *Injustices*, Paris : Seuil.

Durkheim, É. (1898). « L'individualisme et les intellectuels », *Revue Bleue* ; republié dans É. Durkheim (1987), *La science sociale et l'action*, Paris : PUF, 255-278.

Durkheim, É. (1963). *L'éducation morale*, Paris : PUF (Cours professé en 1902-1903).

Fournière, E. (1901). *Essai sur l'individualisme*, Paris : F. Alcan (réédité 2009, éd. Le Bord de l'eau, Paris).

Fraisse, G. (2000). *Les deux gouvernements : la famille et la cité*, Paris : Gallimard, Folio.

Giddens, A. (1994). *Les conséquences de la modernité*, Paris : L'Harmattan (1re éd., 1990).

Gilligan, C. (1986). *Une si grande différence*, Paris : Flammarion.

Naouri, A. (2008). *Éduquer ses enfants. L'urgence d'aujourd'hui*, Paris : Odile Jacob.

Rollet, C. (1990). *La politique de la petite enfance sous la Troisième République*, Paris : PUF-Ined.

Sennett, R. (1979). *Les tyrannies de l'intimité*, Paris : Seuil (1re éd., 1974).

Singly, F. de (1996). *Le Soi, le couple et la famille*, Paris : Nathan, coll. « Essais et recherches ».

Singly, F. de (2003). *Les uns avec les autres. Quand l'individualisme crée du lien*, Paris : A. Colin.

Singly, F. de (2005). *L'individualisme est un humanisme*, La Tour d'Aigues, éd. de l'Aube.

Singly, F. de (2007). *Les adonaissants*, Paris : A. Colin.

Singly, F. de (2009). *Comment aider l'enfant à devenir lui-même ?*, Paris : A. Colin.

Taylor, C. (1998). *Les sources du moi*, Paris : Seuil (1re éd., 1989).

Wagner, P. (1996). *Liberté et discipline*, Paris : Métailié.

Walzer, M. (1992). « La justice dans les institutions », *Esprit*, 106-122.

Subjectivations adolescentes. Comment se négocient l'éducation et les savoirs sexuels à l'école ?

LAURENCE GAVARINI

En 1905, Freud écrivait « [...] il est indispensable que, dès le début, on traite ce qui concerne la sexualité comme les autres matières dignes d'être connues. C'est à l'école d'abord qu'il appartient de ne pas éluder la mention qui a trait au domaine sexuel ; elle doit insérer dans l'enseignement sur le monde animal les grandes réalités de la reproduction avec toute leur importance [...]. La curiosité de l'enfant n'atteindra jamais un niveau très élevé pourvu qu'elle soit satisfaite de façon appropriée à chaque degré de l'enseignement » (Freud, 1973, p. 12). L'Éducation nationale, en France, est allée au-delà de ses espoirs en intégrant l'éducation sexuelle dans le programme des sciences et vie de la terre (SVT) des collèges[1], et en proposant des dispositifs éducatifs d'éveil à la vie sexuelle et affective dans le cadre scolaire auxquels participent les équipes sociosanitaires (médecins, infirmières, assistants

---

1. Les collèges correspondent au premier cycle de l'enseignement secondaire, d'une durée de quatre années ; ils scolarisent des élèves, filles et garçons, ayant entre 10 ans et 15 ans. Le second cycle de l'enseignement secondaire, d'une durée de trois ans, s'effectue en lycée.

sociaux). Plusieurs textes sous-tendent cette politique de santé à l'école[2] visant à l'acquisition de compétences de la part des élèves en fonction de leur âge. Ce projet est intégré à certains programmes d'enseignement, ainsi qu'à l'éducation à la santé qui relève de ce que nous appelons, dans notre système, la « vie scolaire[3] ».

Comment se subjective cette nouvelle contrainte « scolaire » lorsqu'on est un élève adolescent face à un discours de tonalité scientifique et médicale ? Autrement dit, comment s'intègrent ou se distordent, dans les problématiques adolescentes, les apports de connaissances scientifiques sur le corps, sur la puberté, la sexualité, la différence des sexes ?

Ces questions ont sous-tendu ma lecture des situations scolaires observées, mon écoute des adolescents et des adolescentes dans les groupes de parole[4] qui ont jalonné ma recherche ces trois dernières années. J'en dégagerai ici quelques points saillants relatifs au traitement de la question sexuelle par les enseignants dans la classe, laissant de côté ce qui relève de la « vie scolaire » et qui pose d'autres types de questions (Desaulniers, 1995). Bien que notre recherche ait été menée en milieu scolaire, les enseignements que l'on en retire intéresseront également les professionnels de la santé – infirmières, sexologues, médecins. La question de la construction identitaire des adolescents, les questions du sexuel, de la sexuation ou de la sexualité et du corps sont présentes dans les interventions éducatives en santé.

UNE RECHERCHE SUR LA CONSTRUCTION IDENTITAIRE DES ADOLESCENTS

La recherche que nous avons effectuée auprès d'adolescents en situation scolaire a mis au jour un type de configuration très particulière à notre époque, où les questions que j'ai soulevées ont trouvé une

---

2. La circulaire n° 2003-027 précise les conditions de l'éducation à la sexualité dans les écoles, les collèges et les lycées relatives aux enseignements et à ce que nous appelons la vie scolaire.
3. Par « vie scolaire », on entend, en France, le temps et les activités des élèves passés en dehors de la classe. Un personnel spécial (personnels d'éducation et sociosanitaires) est chargé de l'animer.
4. Pour de plus amples développements sur cette question, cf. Gavarini (2009).

résonnance elle aussi bien particulière. Pour schématiser cette configuration (au sens de Norbert Elias), disons qu'elle fait se croiser et s'entrechoquer dans l'espace scolaire des logiques sociales et individuelles très hétérogènes et potentiellement conflictuelles entre elles. En l'occurrence : l'attribution d'un statut scientifique à la sexualité et sa traduction en programmes scolaires, le développement de sujets adolescents en pleine construction identitaire au moment où ces programmes les concernent, le poids des déterminants que sont leurs affiliations familiales et de leurs loyautés à leur groupe de pairs, enfin, le discours ultra libéral sur le sexe tenu dans le contexte social et culturel environnant.

L'objet de cette recherche était précisément la construction identitaire adolescente en fonction des repères générationnels et des représentations sexuées (Agence nationale de la recherche, « Copsy-enfant », 2005-2008). Nous avons observé durant plusieurs mois, dans des collèges et des lycées de la banlieue nord de Paris, des activités scolaires dans lesquelles étaient traitées ou mises en jeu, sous divers abords, les questions du sexuel, de la sexuation, ou de la sexualité et du corps. Notamment, les cours de SVT en classe de 4e (troisième année du collège) où les savoirs scientifiques dispensés par des enseignants de biologie portaient sur la reproduction humaine, la contraception, les transformations des corps féminins et masculins à la puberté. Ou encore les cours d'éducation civique (ECJS) en classe de seconde (première année du lycée) où il était traité du statut des hommes et des femmes dans le monde, ou des transformations de la famille. Nous avons aussi assisté aux cours d'éducation physique et sportive (EPS) lorsque des activités sportives traditionnellement réservées à un sexe, comme le rugby, la boxe ou la danse, étaient proposées indifféremment aux filles et aux garçons et dans des groupes d'apprentissage mixtes[5]. Un point fort de notre démarche a été l'animation de groupes de parole auxquels ont participé une cinquantaine d'adolescents que nous avons écoutés selon une approche clinique. En faisant varier plusieurs niveaux

---

5. Nous voulions saisir le sens, pour les élèves, de cette proposition scolaire qualifiée par des sociologues de « sports inversés », impliquant des « modes de socialisation inversée », cf. Ch. Menesson (2007), dans Eckert et Faure, *Les jeunes et l'agencement des sexes*, La Dispute.

d'investigation, donc plusieurs registres situationnels – individuels et groupaux, formels et informels –, nous avons pu mesurer la diversité des positionnements et des discours des jeunes. Cette méthode nous a permis de voir que la discontinuité, et même le clivage, entre l'élève et l'adolescent est d'autant plus manifeste que les connaissances scolaires touchent au sexuel et que le dispositif pédagogique porte à s'exposer devant l'enseignant et devant ses pairs dans le registre du savoir sur des questions très intimes et intérieures, en tout cas peu élaborées par la parole. On retrouve ce phénomène de clivage à l'occasion des cours de SVT et, de façon moindre, lors de séances dénommées « éveil à la vie sexuelle et affective » que nous avons observées dans plusieurs collèges de la banlieue nord-ouest et qui étaient animées non pas par des enseignants, mais par des infirmières, des médecins et des assistants sociaux scolaires ; il en est allé de même lorsque les approches scolaires mettaient en jeu le corps et ses représentations sexuées en cours d'EPS ou qu'elles préconisaient de débattre des relations amoureuses ou sexuelles avec un film de fiction pour support. Par contre, ce phénomène n'était pas repérable aussi massivement sous cette forme de diffraction élève/sujet adolescent dans les groupes de parole que nous avons expérimentés, dès lors que nous partions de leurs préoccupations et non des savoirs académiques, et que nous avions trouvé une forme non scolaire comme cadre à leurs échanges. Ce résultat peut constituer une précieuse indication pour les professionnels de la santé engagés dans des programmes de prévention et d'éducation à la santé.

Nos observations de ces dispositifs scolaires traitant explicitement de la question sexuelle montrent combien la plupart des adolescents peuvent ne « rien vouloir entendre et réussissent à demeurer ignorants » – comme l'écrivait Freud à propos de certains enfants chez qui les effets du refoulement sont tels qu'ils ne peuvent apprendre les choses touchant à la sexualité (*ibid.*, p. 27). Ils sont en effet nombreux à opposer aux savoirs scolaires des « théories sexuelles infantiles », telles que Freud les a mentionnées et qui relèvent plus du registre de la fantaisie que de celui de la connaissance, ou encore à amener, par réaction aux énoncés scientifiques, des adultes des formes de réfutation sophistiquées, comme nous le verrons plus loin. Ce phénomène s'est manifesté massivement lors des cours de SVT en 4ᵉ ou lors de séances dites d'éveil à la vie sexuelle et affective qui concernaient des élèves de classes de

6e (première année de collège) et de 3e (quatrième année de collège), face aux questions des enseignants. Nous avons repéré, à l'occasion de ces observations, une nette persistance de théories naïves sur la sexualité, leur grande difficulté à nommer le corps sexué ou ses changements à la puberté. De manière beaucoup plus infra et non verbale, par leurs gêne, rires, embarras, agitation, chahut ou, à l'inverse, silence brutal, ils signifiaient leur difficulté à recevoir ces connaissances, et sans doute plus encore à les assimiler. Nous avons aussi repéré ces attitudes allant de l'embarras à des réactions de rejet chez des lycéens de classe de seconde (première année du lycée) lors de la projection d'un film de fiction mettant en scène un jeune couple et les vicissitudes de la relation amoureuse.

De telles manifestations nous ont semblé dissonantes avec la culture de la liberté sexuelle dans laquelle baignent ces jeunes, décalées aussi par rapport à ce que je qualifierais de libération générale du sexuel à laquelle nous assistons dans la société avec la réification marchande du corps et de la sexualité, dans la publicité ou dans la pornographie, à laquelle tous sont exposés, devenant très précocement des consommateurs visuels d'images *hard* et de discours porno par Internet. Cette dissonance est repérable par le véritable hiatus qu'il y a entre l'intensité de l'exposition à ce sexuel montré partout et la possibilité de parler, de nommer, d'être à l'aise lorsque dans l'espace d'un enseignement on est appelé à le faire.

Comme nous l'avons déjà dit, les groupes de parole d'adolescents (au nombre de sept) que nous avons animés en créant un lieu et un temps de parole dans l'institution scolaire, en rupture avec les formes d'expression scolaires instituées, semblent avoir favorisé une parole adolescente plus « libre » sur les questions qu'ils se posent sur la sexualité et une mise en mots de ce rapport tendu entre la figure de l'élève et celle de l'adolescent. Depuis une place d'adulte – ni parents ni enseignants –, nous avons pu aborder autrement les questions qui les travaillent dans un cadre d'échange groupal. Ainsi des questions supposées traitées par le cours de SVT, comme l'interruption volontaire de grossesse, sont venues rebondir dans un groupe de parole de jeunes filles, montrant bien qu'elles étaient passées à côté de cette transmission. Un seul exemple : l'une d'elles, âgée de 15 ans, a demandé à ses copines si elles avaient compris comme elle que « l'aspirateur passait par la bouche ». Cette interpellation à l'issue de plusieurs séances sur le thème nous était en fait adressée pour que nous apportions une réponse à ce qui n'avait pas été compris. Nous étions alors mis par ces adolescentes à une place d'adultes référents, dignes de leur confiance. Cette place-là nous paraît un enjeu préalable à la possibilité d'un travail sur les problématiques adolescentes.

LA SEXUALITÉ ET LE SEXUEL À L'ÉCOLE : LES OBSTACLES SUBJECTIFS À LA PRÉVENTION

« Je ne crois pas qu'il y ait une seule bonne raison pour refuser aux enfants les explications qu'exige leur soif de savoir » (Freud, 1973, p. 11). C'est dans une subtile construction grammaticale de son propos que Freud fait résider toute la nuance de sa position sur les explications sexuelles à donner aux enfants. Soulignons simplement qu'il s'agit de ne pas refuser aux enfants les explications qu'exige leur soif de savoir... Ce qui m'apparaît bien différent de la logique actuelle de l'enseignement scolaire de la sexualité dans son systématisme et dans la position d'extériorité des connaissances par rapport aux questionnements d'un sujet que suppose cet apprentissage.

Ce n'est évidemment pas une nouveauté de dire que, dans le domaine sexuel, savoir scolaire et savoir du sujet ne coïncident pas, qu'un discours d'énoncés techniques, aseptisés et « froids » ne peut pas forcément s'accorder et résonner avec les questions relatives à la sexualité que peut formuler un adolescent en tant que sujet d'énonciation « travaillé » par ces questions. En d'autres termes, le sujet peut résister à la connaissance apportée à l'école et manifester divers types d'objections, depuis l'ignorance jusqu'au déni ou au clivage, face aux messages qui lui sont envoyés, face à ce qui leur « est balancé », comme nous ont dit les adolescents à propos des savoirs scolaires.

Il est relativement nouveau que ces questions soient traitées au collège, dans la classe, comme si quelque chose de la sexualité, sublimée en savoir scientifique et académique, allait pouvoir constituer un objet d'apprentissage cognitif comme un autre. Nous pouvons dire que les efforts pédagogiques d'une enseignante de SVT, manifestés sous nos yeux, ont achoppé sur les rituelles difficultés didactiques, redoublées ici des inhibitions relatives à la question sexuelle. En revanche, les formes d'écoute plus empathique des difficultés des adolescents et des adolescentes qui s'accompagnaient d'un engagement subjectif de l'adulte se sont avérées très utiles à une relation éducative instauratrice de discussions plus approfondies. Nous avons pu le constater notamment avec un binôme d'animation constitué par une assistante sociale et une médecin scolaires qui, lors de séances d'éveil à la vie sexuelle, s'imposèrent au groupe de jeunes adolescents par leur présence dans leur parole et au groupe d'une qualité tout à fait inhabituelle. Cette position suppose à l'évidence un travail réflexif de ces professionnelles, bien différente en cela du sur-engagement personnel que nous avons pu repérer chez d'autres cherchant à bien faire en mêlant leur opinion et leur vécu à ce qu'ils et elles énonçaient aux adolescents.

La « rencontre » des adolescents avec un discours sur la sexualité demeure embarrassante lorsqu'elle se passe dans un espace public, devant des pairs, lors d'un dispositif pédagogique animé par une figure tutélaire bien particulier : l'enseignant. Cette rencontre, nous avons pu l'observer – j'en donnerai quelques illustrations plus loin –, montre toute la difficulté que revêt un dispositif entremêlant projet de transmission de connaissances et prévention, répondant chacun à des logiques et des registres d'apprentissage bien singuliers.

Freud pourrait avoir inspiré cette orientation par son propos de 1905 que je rappelle : « C'est à l'école, d'abord, qu'il appartient de ne pas éluder la mention qui a trait au domaine sexuel [...]. » Seulement, il n'y a pas de commune mesure entre son « ne pas éluder » et les préconisations qui aujourd'hui ont cours : c'est toute la subtile distinction que l'on peut faire entre ne pas cacher et afficher, c'est justement dans cet écart que les sujets adolescents peuvent poser les questions qui les travaillent, le moment venu. Par ailleurs, en avoir appelé à ne pas éluder la sexualité dans le contexte de la Vienne du début du XXe siècle ne participait pas du même geste que d'imposer à tous, dans le contexte ultra-libéral actuel, un enseignement scolaire sur la sexualité, le corps, la reproduction. Nous avons pu constater par nos observations dans des collèges et les lycées de banlieues défavorisées, à quel point, selon les croyances et l'origine sociale et culturelle, parler de sexualité en public et devant un professeur, voire aussi devant une équipe sociosanitaire, pouvait avoir des effets variés, susciter la curiosité et la discussion chez certains et plonger dans l'embarras d'autres jeunes, en particulier ceux qui sont liés à l'immigration maghrébine, qui n'ont pas cet habitus de la parole publique et entre gens de sexes différents sur les choses intimes du corps et des affects.

Évidemment, on peut ici évoquer le concept de violence symbolique de l'inculcation tel que Bourdieu et Passeron l'ont théorisé, en observant les réactions des élèves aux enseignements sur les choses de la sexualité à l'école. Toutefois, les enseignants revendiquaient une position d'éducateurs, se faisant un devoir presque militant de transmettre à ces adolescents les connaissances scientifiques nécessaires, un devoir « de mettre des mots justes sur les organes sexuels et sur le corps » (propos d'une enseignante de SVT), « face aux silences des familles » et face aussi à « la vulgarité » des expressions vernaculaires et argotiques pour les désigner. Pour ces enseignants, la violence tient plus aux non-dits, à l'obscurantisme des parents et ils ne sauraient concevoir que les lumières scientifiques puissent être dérangeantes dans la vie psychique des jeunes. Devant les tensions générées par ces enseignements, comment ne pas entendre que la question sexuelle à l'école relève encore d'un tabou ?

Parler de sexualité à l'école a été longtemps considéré en France comme un acte « révolutionnaire » au regard de ce qui peut être dit et entendu par les enfants en dehors du cercle intime et familial et des figures parentales tutélaires. Raison sans doute pour laquelle l'éducation sexuelle a été jusqu'à récemment, non pas l'objet d'enseignements mais liée avec la prévention dans son acception médicale et prophylactique, placée sous l'autorité du médecin scolaire.

ÉCOLE ET ÉDUCATION SEXUELLE : BRÈVE HISTOIRE D'UN LONG RAPPORT COMPLEXE

À la fin du XIXe siècle, un pédagogue libertaire français, Paul Robin, avait préconisé que l'éducation sexuelle fasse partie du projet d'une « éducation intégrale » censée être à la source d'une « régénération humaine ». Il avait reçu le soutien d'une grande figure de l'Instruction publique en France, Ferdinand Buisson, alors directeur de l'enseignement primaire, qui l'avait encouragé à mettre ses idées en pratique dans un orphelinat mixte, situé à Cempuis dans le département de l'Oise. Mais cette expérimentation d'éducation intégrale avait tourné court en raison des vives critiques dont elle avait fait l'objet. Quelques décennies plus tard, au lendemain de 1968, il était de nouveau révolutionnaire de parler de sexualité à l'école. Ce fut un temps où les militants freudo-marxistes, pionniers de l'éducation sexuelle moderne, voulaient « instruire » sexuellement les jeunes, en leur apportant une information sur la sexualité et sur la contraception. Ainsi, en 1971, un médecin de Corbeil (département de l'Essonne), Jean Carpentier, fondateur d'un « comité d'action pour la libération sexuelle », distribuait un tract aux portes des lycées intitulé « Apprenons à faire l'amour car c'est le chemin du bonheur ». Il y détaillait les organes sexuels de l'homme et de la femme et leurs fonctions érectiles et érogènes respectives, puis il expliquait les mécanismes du plaisir lié au coït. Cet épisode était intervenu dans un contexte particulier : deux jeunes du lycée avaient été surpris en train de s'embrasser, ce qui avait valu une lettre de répréhension de la direction à leurs parents. Quelques mois plus tard, une enseignante de philosophie, fut, elle, inculpée pour « outrage aux bonnes mœurs » (avant que n'intervienne finalement un non-lieu) et reçut un avertissement des autorités de tutelle pour avoir lu à ses élèves le tract du docteur Carpentier. Le corps enseignant et les syndicats se mobilisèrent, comme les associations de parents, mais aussi la classe politique, générant une véritable controverse entre conservateurs et progressistes.

Un grand débat sur la sexualité des jeunes s'ensuivit et le ministère de l'Éducation nationale publia en 1973 un communiqué faisant état de « la difficulté du rôle des enseignants face à une jeunesse confrontée à une liberté des mœurs que ne connaissaient pas les générations précédentes et une exploitation éhontée de l'érotisme à des fins commerciales. [...]. Pour la prochaine rentrée seront précisés les programmes d'une information sur les questions de la procréation et sera favorisé parallèlement le développement des actions éducatives de caractère périscolaire appelées à en être le complément » (Lelièvre, 2005, p. 128-129). Ce qui fut fait en juillet 1973 par une circulaire du ministre de l'époque. L'institutionnalisation de l'éducation sexuelle à l'école était ainsi réglée : elle a consisté en un rabattement de la question sur les appareils et les fonctions reproductives, des connaissances sans doute utiles mais avant tout plus présentables et consensuelles pour la classe politique et les fédérations de parents d'élèves qui jouent un rôle important en France. Parallèlement, il serait procédé dans le périscolaire à des actions de prévention, entendues de manière prophylactique et médicale.

LA SEXUALITÉ AU PROGRAMME : « COMPÉTENCE 6 »

Aujourd'hui, au programme officiel de la classe de 4e, soit, pour la plupart des collégiens, en pleine puberté, est systématiquement enseignée en SVT « la reproduction sexuée chez les êtres vivants et chez l'homme » (« durée conseillée » : 16 h). Ces enseignements, dans l'esprit du programme, visent à renforcer des « compétences sociales et civiques », « l'enseignement des sciences de la vie contribue à l'éducation à la sexualité ; les élèves sont outillés pour évaluer les conséquences de leurs actes, sensibilisés pour respecter les autres, l'autre sexe, la vie privée ».

Les objectifs éducatifs de ces enseignements ont été récemment redéfinis dans les programmes de mathématiques, SVT, physique et chimie au collège : « L'éducation à la responsabilité, contribution à la formation du citoyen (compétence 6), concerne la santé, la sexualité, l'environnement et le développement durable ainsi que la sécurité. Il s'agit de former l'élève à adopter une attitude raisonnée fondée sur la connaissance et à développer un comportement citoyen responsable vis-à-vis de l'environnement (préservation des espèces, gestion des milieux et des ressources, prévention des risques) et de la vie (respect des êtres vivants, des hommes et des femmes dans leur diversité) » (*Bulletin officiel de l'Éducation nationale*, 2007).

Ainsi, dans le discours administratif, la compétence 6 met en continuité tout le vivant en entretenant une confusion des registres de responsabilités et des genres. Cette équivalence généralisée du vivant ne tient que du strict point de vue de la science naturelle. L'éducation ne consiste-t-elle pas, au contraire, à apprendre à en discriminer les fonctions et les attributions respectives, à ne pas assimiler par une sorte d'intégrisme relevant du naturalisme, l'environnement et les êtres humains sexués, fût-ce au nom d'un même respect dû à leur diversité ? Par ailleurs, transformer l'apprentissage de connaissances scientifiques à l'école en l'acquisition d'une « compétence » fait signe de ce que sont en train de vivre l'école et l'éducation (Blais, Gauchet et Ottavi, 2008) : minoration de l'apprentissage de connaissances formant la pensée et l'esprit critique des individus, au profit de l'inculcation de comportements et de normes relationnelles. Il ne s'agit pas simplement d'une évolution de la chose scolaire, plus en prise sur le monde contemporain, les sciences et les techniques, mais d'une transformation radicale du rapport au savoir, si ce n'est du savoir lui-même.

Avec l'introduction de la sexualité dans la matière SVT, les visées éducatives et comportementales jouxtent, dans le programme, les compétences cognitives. Nos observations des classes de 4e durant les cours de SVT nous ont fait percevoir un réel trouble chez les élèves concernés relevant justement de la confusion de ces registres. Ils étaient comme attrapés par ces savoirs en tant que sujets et pris dans une sorte de tourbillon où s'entrechoquaient le discours de leurs enseignants, les supports Internet, les vidéos projetées, l'embarras de leurs camarades. Les questionnements personnels ne semblaient pas s'y retrouver. Je me suis demandé ce qui les troublait vraiment : était-ce le propos ? Ou la situation créée par le dispositif pédagogique ?

Je souhaite évoquer les points d'achoppement subjectifs que nous avons pu relever chez ces individus en pleine construction, lorsque les savoirs les amènent à réfléchir à des problématiques personnelles les concernant de très (trop ?) près. Parfois, je pourrais même parler de points de diffraction culturelle et de conflits de loyauté entre culture scientifique, injonctions de la société de consommation, culture familiale, idéaux parentaux et monde « ado ». Les élèves étaient manifestement moins élèves qu'adolescents, renvoyés ici par ces savoirs à une place de sujets très concernés par le propos qui se déroulait dans le discours de leur enseignante, au tableau et sur les écrans, alors que celle-ci s'adressait à l'élève.

ILLUSTRATION À PARTIR DE SÉQUENCES DE CLASSE : DES ÉLÈVES, UN ÉCRAN, UN ENSEIGNANT

Nous avons donc observé deux classes de 4e dans un collège situé dans ce qu'on appelle en France une zone d'éducation prioritaire (ZEP), lors d'un cours de SVT. Le dispositif variait en fonction des séquences, empruntant deux procédés pédagogiques : tantôt les élèves étaient rassemblés par groupes de deux ou trois, chacun devant un écran dans la salle informatique du collège, et naviguaient sur un site dédié aux connaissances de la reproduction humaine dépendant du très officiel Centre national de la documentation pédagogique (CNDP) ; tantôt, ils étaient dans leur salle de classe, disposés par tables de deux, rangées selon une organisation spatiale classique, et utilisaient pour apprendre des supports papier également « classiques » (schémas de l'appareil sexuel masculin et féminin), mais aussi des documents vidéos (l'enseignante ayant précisé : « C'est pour les images et le mouvement »).

Dans la salle informatique, le ressort pédagogique est l'interactivité permise par l'usage des ordinateurs qui permet de remplir des questionnaires à réponses multiples (type QCM) et de savoir immédiatement si la réponse est juste ou fausse. Voici un florilège des propos et des situations.

La professeur leur demande de lire sur l'écran un article récapitulant les transformations anatomiques à la puberté. Un jeune homme lit à haute voix en ânonnant laborieusement : « La tail-le du pé-nis augmente [...] la pi-lo-si-té se développe. » Deux filles s'esclaffent. Les commentaires fusent de toutes parts, le brouhaha s'installe et l'enseignante y remédie en adressant de nouveau une question. Elle demande : « La pilosité c'est quoi ? » La réponse tarde à venir. L'enseignante insiste : « Elle se développe où ? » Les réponses viennent des garçons et sont plus ou moins fantaisistes : l'un dit « sur le torse », puis un autre « sur les mollets », un troisième mélange un peu tout « la barbe, les bras ». Un garçon commente cette série de réponses par un : « On est trop fort ! » Un autre ajoute : « Sur le pénis », corrigé par l'enseignante, « sur le pubis », « et les aisselles », ajoute-t-elle.

La page suivante est au choix (je note que les filles ont choisi spontanément le corps féminin, et les garçons le corps masculin et qu'ils avaient pris soin de se grouper par binômes mono-sexués devant les ordinateurs !) et elle présente un schéma anatomique et sexué du corps où figurent les organes génitaux. Il leur est demandé d'exécuter par clic sur le schéma des réponses aux questions en s'appuyant sur ce qu'ils viennent de lire au sujet des transformations à la puberté. Une jeune fille, dans une reformulation maladroite, dit : « De nouveaux organes apparaissent », et elle clique alors sur les poils pubiens ! Mauvaise réponse. Ce ne sont pas des organes. Sa confusion entre organe et produits du corps amuse sa copine avec laquelle elle fait l'exercice. Elle est, quant à elle, confuse de s'être trompée de verbe, se ressaisit et dit : « De nouveaux organes se développent. » Je l'observe alors en train de cliquer dans un mouvement compulsif pour désigner quels sont les organes concernés par ce développement, et elle pointe le curseur sur les mollets, puis le nombril. Elle essuie encore deux mauvaises réponses, puis elle clique enfin sur les seins. Bonne réponse ! Précisons que la jeune fille en question est largement post-pubère. Donc son incapacité à répondre ne peut tenir à une méconnaissance du développement des seins, qu'elle nomme d'ailleurs « mamelles », mais bien à une inhibition face à un exercice scolaire touchant un savoir intime, savoir de l'intérieur, qui ne peut être ici mobilisé, en tout cas pas sous forme de questions et réponses. Un garçon voisin demande à la jeune fille dont il a compris l'embarras : « T'es choquée ? » Elle répond : « Non ! » Il ajoute : « Oh, la mytho[6] ! »

Une autre jeune fille répond à la même question que le bassin des filles s'élargit. La professeure lui en demande les raisons. L'adolescente d'origine africaine sub-saharienne précise : « C'est pour avoir un beau corps, de belles formes. » L'enseignante insiste fortement pour avoir une autre réponse, plus rationnelle. L'adolescente finit par dire : « Pour que le bébé puisse descendre plus rapidement. » L'élève est quitte car elle a fourni une réponse en apparence fonctionnelle, mais la formulation assez naïve de son propos semble relever plus de croyances profanes et de théories sexuelles infantiles que de connaissances fondées.

Pendant ce temps, les garçons s'affairent sur une image du corps masculin. Un jeune homme tente de répondre, lui aussi, à la question relative aux organes qui se développent à la puberté et il clique au niveau des chevilles ! « Mauvaise réponse », alors, en se frappant le torse, il dit : « C'est les biscoteaux qui se développent ! », faisant alors une confusion entre le torse et les muscles des bras. Dans les deux cas – les chevilles et les biceps –, la réponse a trait à ce qui semble pouvoir être nommé par lui comme étant des attributs extérieurs de la virilité, dans le but sans

---

6. Ce qui signifie mythomane dans le parler adolescent.

doute inconscient d'oblitérer ce qu'il en est du développement des organes sexuels, seule réponse vraiment attendue par l'exercice.

Quand se présente une question où il s'agit de nommer le pubis, manifestement la réponse est plus hésitante chez les garçons que chez les filles, d'ailleurs ce terme est même méconnu par la plupart d'entre eux. L'enseignante leur explique et les aide à le localiser car ses explications n'y suffisent pas.

En cliquant sur les organes, ils peuvent aussi obtenir, à la demande, leur appellation correcte et une définition. Un garçon qui s'était « égaré » sur la page représentant l'anatomie féminine se réjouit devant la définition scientifique des règles chez la jeune fille : « Au moins, nous, on saigne pas ! » Son compagnon trouve ça un peu « dégueulasse ». Deux autres sont littéralement hilares en lisant la définition du mot testicules, qu'ils nomment à voix haute et ici sans embarras les « couilles », alors que le mot est jugé grossier et insultant dans l'usage commun. D'un côté, une grande naïveté par rapport aux choses de la sexualité et à leur nomination, traduisant une méconnaissance scientifique, d'un autre, l'usage d'un vocabulaire très cru pour désigner les organes sexuels, pour s'interpeller. La proximité chez ces adolescents entre une pudeur ostentatoire et un vocabulaire non expurgé de mots très vulgaires paraît dissonante. Mais, au-delà d'un style langagier argotique assez usuel par ailleurs[7], ici la dissonance rend plutôt compte des mécanismes de défense mis en place dans leur vie psychique face à la question sexuelle qui n'a rien de simple à l'adolescence.

Par ailleurs, le dispositif pédagogique pouvait en lui-même provoquer quelques inhibitions intellectuelles réactionnelles par rapport au caractère cru et direct du discours biologique et anatomique sur le sexe énoncé par une enseignante face à un groupe de jeunes à la fois très matures physiquement et presque tous assez en retard sur le plan scolaire.

Un peu plus tard, il leur est proposé, sur le même site, un début de récit qu'ils doivent compléter. Il est question d'une adolescente

---

7.   Voir à ce propos Moïse, Auger, Fracchiolla et Schultz-Romain (2008). En particulier Mohamed Kara, « Parlures argotiques, insultes », dans Moïse, Auger, Fracchiolla et Schultz-Romain (2008, p. 183-201).

souffrant de forts complexes liés aux transformations de la puberté et à une surcharge pondérale. On vise à les amener à discuter des « transformations psychologiques » à la puberté. Là on ne clique plus ! Les élèves sont invités à causer. Une jeune fille déduit du récit : « Elle n'ose plus aller à la piscine car elle a grossi » ; une autre ajoute : « Elle ne se sent pas bien » ; un garçon pense : « Elle a honte » ; un autre : « Elle a pris 3 kg » et, faisant sans doute allusion à ce qu'il imagine être une problématique acnéique chez cette jeune fille, il ajoute : « Elle a plein de boutons sur la tête ! » Une adolescente, brodant sur l'histoire, se risque à une hypothèse que rien ne permettait à la lecture des quelques lignes de récit : « Elle ne s'entend plus avec sa mère, elle commence à avoir des boutons sur le nez » ; une autre, enfin : « Avec ses 3 kg elle ne se sent plus dans son super jean... » Aucun n'a vraiment compris que le message de prévention concernait ici la détresse adolescente et les tentatives de suicide. En revanche, leurs propres préoccupations semblent s'être infiltrées, qui avec des problèmes d'image et de narcissisme, qui avec une problématique d'estime de soi, qui avec sa relation à la mère, sans que pour autant l'enseignante puisse s'en saisir. Seule une écoute de type clinique et réflexive nous semble adaptée à ce type de situation.

La dernière séquence est dite « libre », les élèves peuvent regarder les définitions qui les intéressent et naviguer de pages en pages. Cela va des pertes blanches, à la masturbation et l'érection en passant par l'homosexualité et... par la grippe aviaire ! Un tel mélange a de quoi surprendre. Ce n'est pas la liste qui a frappé les adolescents, mais les mots tabous – érection, masturbation, par exemple – devenus accessibles à leurs investigations, alors que leurs équivalents argotiques ne les font en rien rougir. Je note que deux jeunes filles écrivent l'adresse du site dans le creux de leurs mains, sans doute pour pouvoir y retourner en dehors du regard des autres.

Les séquences observées ont constitué une sorte d'épreuve pour nous en tant que chercheurs. Nous étions pris dans une mise en scène où nous étions autant observés qu'observateurs, sans doute parce que notre présence silencieuse face à ces énoncés scientifiques où circulait du sexuel leur donnait une dimension plus publique et sans doute dérangeante ou plus vulgaire du fait de nos différences sexuées et générationnelles.

Il régnait une grande excitation dans la salle, des interactions permanentes, sous la forme de commentaires hors champ entre les élèves, une agitation physique, tandis que la professeure était imperturbablement attachée à son discours scientifique, à ses fiches et ses documents dont elle ne s'écartait guère. Son adresse aux adolescents était essentiellement sur le mode questions et réponses, sanctionnée par une évaluation normative. À maintes reprises, les dires des élèves venaient solliciter nos réactions amusées ou notre propre embarras. Mais l'enseignante, elle, n'a jamais cédé à l'humour, ni concédé un sourire ou un rire. Elle se faisait, m'avait elle dit avant le cours, un devoir de mettre les mots justes sur le corps sexué, sur la sexualité et sur la reproduction. Inlassablement, elle reprenait les énoncés des élèves pour les corriger : « Vous dites la chatte, ce n'est pas le terme juste pour le sexe de la femme. » Même correction pour leur faire dire le pénis ou les testicules. Je me suis surprise à osciller entre une pensée selon laquelle son cours, tout en objectivant le sexuel, érotisait, malgré elle, totalement les adolescents, et une autre pensée qui m'incitait à saluer le courage de cette enseignante « militante » des Lumières !

Mais comment faire pour qu'ils puissent franchir ce pas, faire même ce grand écart que représente ce qui est attendu scolairement d'eux dans un tel registre, alors qu'ils sont des adolescents avec leurs défenses propres mais surtout alors que dans leur famille le sexuel est recouvert de non-dit et d'interdit ? En voilà un seul exemple : un jeune homme, au fond de la classe où je me tenais parfois pour mes observations, cherchait en vain comment échapper à la consigne de recopier dans son cahier ce qu'est le coït. « C'est un truc de ouf ! Ma mère elle me tue si elle lit ça dans mon cahier ce soir. » Alors comment mieux éviter le conflit de loyauté et son propre embarras subjectif qu'en oubliant son cahier à la maison ou en l'égarant, ce dont ces élèves étaient coutumiers ?

Malgré le respect que pouvait inspirer cette enseignante, son dispositif m'évoquait une monstration de la chose sexuelle, un réel mis à nu et imposé, loin de toute représentation métaphorisée, et en cela il frisait l'« obscène ». Comme lorsque la professeure dit à ce groupe d'adolescents médusés, et en laissant planer un assez long suspense, en ouvrant l'armoire où se trouvait le matériel de projection vidéo : « Je vais vous montrer une érection. » Il s'agissait bel et bien de cela. Nous n'en croyions pas nos yeux ! Même si, à la différence du réalisme d'un film

X, la petite vidéo qu'elle nous a projetée était une imagerie médicale produite par coloration des flux sanguins activés par l'érection... comme si Andy Warhol était passé par là avec sa boîte de couleurs ! Mais ce n'est pas tant l'image projetée que la mise en scène, supposant une part de désubjectivation chez l'enseignante, qui avait de quoi sidérer.

Avant cette projection, une jeune fille avait répondu à la question de l'enseignante demandant de définir ladite érection : « C'est une éruption volcanique. » Cette confusion a peut-être été entraînée par le fait que la première séance de SVT sur la sexualité venait juste après une série de cours sur les volcans ! À moins qu'il ne s'agisse purement et simplement d'une métaphore dans la bouche de cette jeune fille d'origine sénégalaise ! Un jeune homme s'était lui aussi risqué dans une autre sorte de métaphore en répondant : « L'érection, c'est avoir la barre » et, à voix basse, je l'ai entendu ajouter, pour faire rire son entourage : « Il devient Hulk. »

Jacques Lacan a rendu célèbre une formule assez hermétique en apparence, déclarant : « Il n'y a pas de rapport sexuel. » C'était une manière de dire qu'il ne pouvait pas se dire et s'écrire parce que le rapport sexuel nous renvoie toujours au réel de l'incomplétude des sexes et du manque impossible à symboliser. Je me suis demandé si le propos exclusivement biologique des SVT sur la sexualité humaine ne nous avait pas plongés, adultes observateurs et adolescents, dans un abîme de perplexité précisément, je pense, parce qu'on essayait de s'atteler avec des mots scientifiques à cette écriture impossible autrement qu'à travers la poésie, les arts plastiques ou la métaphore des contes et des récits.

Je souhaiterais amener une autre situation qui nous a beaucoup fait réfléchir et qui s'est produite à l'occasion d'une activité cinématographique avec des élèves de seconde (première année du lycée).

MONIKA, LE REGARD CAMÉRA ET LE TROUBLE ADOLESCENT

À l'invitation d'un enseignant, nous nous sommes rendus au cinéma avec cette classe de jeunes demeurant tous dans la banlieue nord de Paris et issus de milieux populaires, pour voir *Monika*, un film d'Ingmar Bergman de 1952. Quelques mots sur le récit sont nécessaires ici.

Monika a 17 ans, l'âge des lycéens avec lesquels nous assistons à la projection. Elle vit dans la misère, avec un père alcoolique, et travaille dans un magasin d'alimentation de Stockholm. Elle rencontre Harry, manutentionnaire dans un magasin de vaisselle. Abandonnant tout derrière eux, ils partent en bateau vers l'une des nombreuses îles au large de la capitale. Vivant « d'amour et d'eau fraîche », ils mènent leur idylle la durée d'un été suédois, malgré le manque d'argent. L'été s'achève et c'est le retour à la vie urbaine. Enceinte, Monika épouse Harry qui a trouvé un emploi et un logement pour leur petite famille. Cette vie ne convient pas à la jeune femme, elle reprend son indépendance, part avec un ancien amoureux en laissant Harry seul avec leur enfant.

Malgré toutes les précautions prises par l'enseignant et le cinéaste qui voulait initier les jeunes à son art, la réception de *Monika* par les lycéens que nous avons accompagnés s'est faite sur un mode passionnel. Dans la salle obscure, on pouvait entendre fuser les : « Giffle-la ! », et éclater les applaudissements lorsque Harry, excédé par sa tromperie, a fini par la frapper. Lors des discussions qui ont suivi la projection, le discours dominant pourrait se résumer à quelques propos indignés : « Elle est pas bien la fille ! Lui, il travaille comme un chien. Elle, elle est là, bien habillée, elle le trompe. » « Ça s'fait pas ! » semblent dire d'une même voix les jeunes filles. Un jeune homme renchérit : « Elle sait pas ce qu'elle veut ! » ; un autre, « Elle est lâche ! Elle fait pas face à ses problèmes » ; une autre jeune fille, dans la même tonalité : « C'est pas en fuyant qu'elle va être heureuse. » Est-ce par anti-phrase, par dérision, ou bien par assomption d'un fantasme de fustigation, mais une jeune fille déclare sans retenue : « Il y a eu des moments marrants, comme quand elle se fait taper et qu'elle crie. » Cette jeune fille les a choqués pour vivre sa vie et poursuivre la logique de son désir, là où elle avait pourtant « tout pour être heureuse : un mari, un enfant, une maison... » Son acte de partir, de tout quitter sonne comme un désenchantement pour eux. C'est comme s'ils ne pouvaient pas reconnaître Monika dans son errance, dans sa difficulté à devenir une jeune femme : sa difficulté à être.

Le fait est que les lycéens ont été désarçonnés que l'animateur du débat leur signifie que la logique de Monika est « de suivre son désir » : « De partir avec le type qui lui plaît, qu'elle désire », « Harry la replonge dans le quotidien, Monika dit qu'elle veut vivre. Elle ne le désire plus. » En tout cas, leur logique, telle que ces lycéens ont pu la soutenir devant les adultes (leur enseignant, l'animateur et les deux chercheuses), c'est de condamner Monika sans appel, en raison de son inconséquence et de son manque de loyauté. Ils la condamnent avec les valeurs que leurs parents leur inculquent et ils retournent ici contre Monika les reproches qu'ils essuient peut-être pour leurs propres comportements. Elle les contraint à une répulsion ostentatoire dont je me suis demandé s'il s'agissait d'un banal mécanisme de défense chez ces jeunes gens très acculturés par ailleurs aux représentations vidéo et télévisuelles de relations sexuelles souvent plus *hard*. Mais peut-être qu'ils ont aussi manifesté une gêne d'être pris dans ce dispositif cinématographique avec des adultes. Dans un autre registre, la réaction d'une jeune fille a retenu particulièrement mon attention : « Monika, elle est chelou[8], elle lui fait un gosse et elle s'en va. » Comme si cette adolescente nous révélait par les mots utilisés que Monika occupait pour elle une position masculine de par la liberté qu'elle incarnait, on dit en effet dans le sens commun que l'homme « fait un enfant à la femme » et très rarement l'inverse.

POUR CONCLURE

Michel Foucault dans son *Histoire de la sexualité* (1976) analyse les « dispositifs de sexualité » comme « fait discursif global » et « mise en discours du sexe ». Et il précise que « le point essentiel [...] n'est pas tellement de savoir si au sexe on dit oui ou non, si l'on formule des interdits ou des permissions, si l'on affirme son importance ou si l'on nie ses effets, si l'on châtie ou non les mots dont on se sert pour le désigner ; mais de prendre en considération le fait qu'on en parle, ceux qui en parlent, les lieux et points de vue d'où on en parle, les institutions qui incitent à en parler, qui emmagasinent et diffusent ce qu'on en dit, bref le fait discursif global, la mise en discours du sexe » (p. 19-20).

Les exemples que j'ai retenus me semblent symptomatiques d'un fait discursif très contemporain autour de la sexualité qui se développe

---

8.   Mot verlan usité par les adolescents pour dire louche.

selon deux pôles extrêmes entre lesquels naviguent les individus : la pornographie et les énoncés techniques de la biologie. À l'adolescence, les jeunes sont déjà surexposés aux images et aux productions pornographiques qui envahissent les écrans par la publicité et le cinéma. Tout individu des sociétés de consommation fondées sur le libéralisme économique est invité dans sa vie privée à réaliser ses fantasmes sexuels et à jouir sans entrave, pour autant qu'il le fasse avec le consentement de l'autre. Il est aussi enjoint, par l'école, à acquérir des connaissances et à tenir un discours sur la sexualité, le corps, la reproduction humaine. Vue sous cet angle, l'arrivée de l'éducation à la sexualité au sein du système scolaire peut « humaniser » et apporter quelques limites éthiques à cette vague du sexuel libéré : développer la citoyenneté, inculquer le respect de l'autre sexe, être responsable des conséquences de ses actes. Personne ne trouvera à y redire, et les adolescents auprès desquels nous avons enquêté ont démontré ces acquisitions « citoyennes ».

Le libéralisme moral dominant fraie à travers quelques contradictions ou, plutôt, compose entre la liberté sexuelle individuelle et la récusation des rapports de domination entre les individus et entre les sexes. C'est cette axiologie complexe que l'éducation sexuelle, sous ses diverses formes, tente de transmettre à l'école. Une telle mise en discours du sexe ne manque pas d'aspects normatifs et objectivants auxquels les jeunes en pleine « opération » adolescente opposent une certaine résistance. De cette résistance il convient de tenir compte non pas en lui faisant violence mais en l'accueillant et en sachant ne pas être trop « interventionniste », en supportant par moments le silence nécessaire à l'élaboration. Le projet éducatif risque parfois de s'inverser et les meilleures intentions pédagogiques de se retourner, comme nous l'avons constaté devant l'impossibilité des jeunes filles de retenir ce que l'enseignante leur avait transmis à propos de l'IVG ou encore lors de la discussion sur *Monika*. Cette dernière s'est métamorphosée, devenant une figure d'un discours ultra-libéral sur le sexe férocement rejeté par ces jeunes. Enregistrant leurs défenses face à ce sujet féminin vacillant, n'attirant ni leur compassion ni leur identification, je me suis demandé si ces jeunes très moraux seraient « politiquement corrects » le moment venu, comme l'éducation sexuelle le leur a enseigné, dans leurs relations aux autres.

« Le dispositif sexualité a suscité le désir du sexe – désir de l'avoir, désir d'y accéder, de le découvrir, de le libérer, de l'articuler en discours, de le formuler en vérité », poursuit Foucault (1976, p. 211). L'idée de formuler en vérité la question sexuelle est peut-être celle des enseignants et des professionnels de la santé porteurs de ce dessein d'éducation sexuelle pour tous à l'école, dessein qui ne réussit pas à venir à bout des mécanismes de défense, des dénis, des théories sexuelles, du refoulement. Bref, la subjectivité des individus mériterait d'être mieux prise en considération par ces dispositifs qui engagent des questionnements intimes. Un espace de parole devrait pouvoir être systématiquement ménagé pour faire advenir des connaissances plus en phase avec chacun et avec les usages et mobilisations qu'il peut en faire ensuite dans son rapport à lui-même et aux autres.

À l'issue de notre recherche, nous ne pouvons que souligner la nécessité de formation des professionnels de l'éducation et de la santé. Ne pas être sourds à la complexité du rapport des adolescents à la sexualité suppose à l'évidence un travail sur soi, un affinement de sa position réflexive, pour mettre les jeunes sujets auxquels l'adulte professionnel est confronté à l'abri de ses projections et idéologies.

Références

Blais, M.C., M. Gauchet et D. Ottavi (2008). *Les conditions de l'éducation*, Paris : Éditions Stock.

Bulletin officiel de l'Éducation nationale, (6), 19 avril 2007.

Desaulniers, M.-P. (1995). *Faire l'éducation sexuelle à l'école*, Montréal : Éditions nouvelles.

Foucault, M. (1976). *Histoire de la sexualité, 1. La volonté de savoir*, Paris : Gallimard.

Freud, S. (1973). « Les explications sexuelles données aux enfants », dans *La vie sexuelle* (1905), Paris : PUF, 12.

Gavarini, L. (2009). « Des groupes de parole avec les adolescents : l'émergence d'une parole " autre " », *Cliopsy, psychanalyse et éducation*, Revue en ligne (1).

Lelièvre, C. (2005). *Les profs, l'école et la sexualité*, Odile Jacob.

Moïse, C., N. Auger, B. Fracchiolla et C. Schultz-Romain (2008). *La violence verbale, tome 1, Espaces politiques et médiatiques*, Paris: L'Harmattan.

Rapports de genre, sexualité et VIH-sida : des comportements à risque à la lumière du social

ÉMANUELLE BÉDARD

Les soignants et les intervenants de santé qui œuvrent à la prévention du VIH-sida et des infections transmissibles sexuellement (ITS) sont parfois face à des difficultés dans leur pratique. Ils le sont notamment en regard des multiples facteurs qui influencent favorablement la maladie et en raison d'une méconnaissance des relations complexes qui existent entre les rapports de genre et la sexualité. Ce chapitre vise à fournir aux intervenants en santé, aux infirmières et aux infirmiers, qui s'inscrivent dans des interventions de promotion et d'éducation de la santé auprès d'individus ou de groupes d'individus, un cadre d'analyse permettant de mieux comprendre les comportements sexuels à risque des personnes avec lesquelles ils interviennent. Il souligne pourquoi on ne peut se limiter à une lecture des comportements à risque en fonction de quelques facteurs isolés, et pourquoi il est impératif de situer des comportements sexuels dans un environnement complexe où la vulné-rabilité et le risque sont des productions sociales et historiques.

Nos propos relèvent ici de recherches effectuées sur la prévention du VIH-sida en Afrique subsaharienne. Dans celles-là, nous nous

sommes intéressés aux rapports de genre[1] et à la construction sociale
de la sexualité entre les hommes et les femmes, plus particulièrement
entre les travailleuses du sexe et leurs clients. Nourries par les sciences
sociales, ces deux notions composaient le cadre conceptuel de nos
recherches. Elles éclairaient le contexte dans lequel se développent les
comportements sexuels à risque. En effet, dans les pays d'Afrique
subsaharienne où la transmission du VIH se fait essentiellement par
voie hétérosexuelle, la prise de risque s'inscrit à l'intérieur de « rapports
sexuels », qui plus est, de rapports « entre des hommes et des femmes ».
En ce sens, les rapports de genre et la sexualité sont des thèmes centraux
dans la réflexion entourant la prévention du VIH-sida (Jenkins, 2000),
notamment en contexte prostitutionnel. Ils permettent encore de tenir
compte à la fois de déterminants individuels et de déterminants environnementaux[2].

Nous proposons de revenir dans un premier temps sur le concept
de genre pour saisir les dimensions sociales de la réalité à laquelle il
renvoie et comprendre qu'il est question ici de rapports de pouvoir et
d'inégalités entre les hommes et les femmes. Ces précisions théoriques
permettront d'appliquer cette lecture à la sexualité afin de définir ses
dimensions sociales et de ne pas se limiter à une approche biologique
de cette dernière. De là, nous pourrons déterminer les répercussions
que peuvent avoir les rapports de genre sur les comportements à risque
de contracter le VIH-sida ou une ITS dans le cas particulier des milieux
prostitutionnels en Afrique subsaharienne. Enfin, sachant que les
inégalités entre les hommes et les femmes ne sont pas réservées à cette
région du monde et que des problèmes différents du sida reposent aussi
sur des rapports de genres inégaux dans les pays occidentaux, nous
conclurons sur l'utilité de cette approche et de son intérêt pour les
intervenants en santé.

---

1. Compris ici comme les rapports entre les hommes et les femmes.
2. Comme nous le verrons plus loin, les concepts de genre et de sexualité sont définis socia-
    lement mais intégrés et vécus différemment selon chaque individu dans un contexte
    socioculturel donné. Il ne s'agit donc pas ici de mesurer les déterminants environnemen-
    taux (culturel, social, économique, politique) du comportement mais plutôt de les
    percevoir à travers les représentations du genre et de la sexualité dans la population
    cible.

RETOUR SUR LE CONCEPT DE GENRE

Au cours des dernières décennies, le concept de genre s'est développé principalement à la suite de l'émergence des critiques adressées envers les théories féministes et celles visant à faire ressortir les différences entre les sexes (Alsop, Fitzsimons et Lennon, 2002). Les théories féministes étaient jugées, notamment par les féministes de pays en développement, pour leur manque de considération envers l'hétérogénéité et la subjectivité de l'expérience des femmes (et de celle des hommes). Quant aux théories qui visaient à faire ressortir les différences entre les sexes, elles subissaient le reproche de contribuer à la formation de rôles sociaux stéréotypés parfois difficiles à interpréter (Jenkins, 2000). Ainsi, le concept de genre s'est imposé afin de rendre compte de l'organisation du système des relations entre les hommes et les femmes (Scott, 2000[3]). Il fait partie intégrante des étapes de la réflexion féministe et contribue précisément à la mise en œuvre du principe d'égalité entre les hommes et les femmes (Bisilliat, 2000). Toutefois, contrairement à d'autres approches du féminisme, notamment certaines factions du féminisme radical, le concept de genre « est un concept essentiellement dynamique permettant de remettre en question l'apparente immuabilité des rôles sociaux et d'envisager la fin de la subordination universelle des femmes » (Bisilliat, 2000, p. 23).

En outre, cette mise en œuvre de l'égalité entre les sexes s'est particulièrement inscrite dans le contexte du développement international. Dans les approches utilisées en développement international, la notion de genre a été introduite de façon formelle[4] après la quatrième Conférence sur les femmes à Beijing en 1995. Les membres des Nations Unies ont alors exprimé la nécessité de remplacer la perspective de « femmes et développement » par celle plus globale de « genre et développement » afin de répondre à certaines recommandations, à savoir percevoir les femmes comme des agentes de changement plutôt que comme des victimes, étudier la relation entre les femmes et les hommes

---

3. Il s'agit d'un texte traduit, tiré de son livre intitulé *Gender and the politics history* (1988), Columbia University Press, New York.
4. La notion de genre aurait été introduite au début des années 1970 (Scott, 2000).

de façon dynamique[5] plutôt que duale, réévaluer les rôles traditionnels des femmes et, enfin, se questionner sur les rôles sociaux masculins, particulièrement sur ce que signifie être un homme dans différents contextes socioculturels (Breines, Connell et Eide, 2000).

Scott (2000) propose ainsi de définir le concept de genre à partir de deux éléments fondamentaux. Selon l'auteur, « le genre est un élément constitutif des rapports sociaux fondés sur des différences perçues entre les sexes » (p. 56) et « le genre est une façon première de signifier des rapports de pouvoir » (*ibid.*). Ces deux éléments seront discutés dans les parties suivantes.

Genre et différences perçues entre les sexes

En ce qui a trait aux différences perçues entre les sexes, il a longtemps été soutenu qu'elles tenaient purement du fait biologique. Cette idée est aujourd'hui fortement contestée non seulement par les chercheuses féministes, mais aussi par un ensemble de chercheurs contemporains du domaine social. Le sexe, qui fait référence aux substantifs biologiques que sont la femme et l'homme, deviendrait genre, féminin ou masculin, par une construction sociale. Le genre ainsi défini dépasse ce que la femme et l'homme sont sur le plan biologique[6], mais les catégories « hommes, mâle (en anglais) ou masculinité » et « femme, femelle (en anglais) et féminité » (Cornwall et Lindisfarne, 1994) renvoient à des conceptions binaires du genre. Celles-ci sont établies à partir de la distinction entre les sexes qui confine les hommes et les femmes dans des rôles sociaux normatifs déterminés culturellement[7], et ce, dès leur naissance. Ne pas se conformer à ces rôles peut entraîner le rejet ou les représailles. Les hommes s'identifient donc davantage au masculin et les femmes au féminin (Alsop, Fitzsimons et Lennon, 2002). Cette

---

5. Les femmes et les hommes étaient donc perçus comme étant en interaction où les uns ne pouvaient être compris sans l'étude des autres (Scott, 2000).
6. Cette description correspond à une perspective traditionnelle du genre selon Alsop, Fitzsimons et Lennon (2002). Dans la littérature scientifique, certains auteurs parlent aussi de l'homme et de la femme comme des catégories construites.
7. Les symboles de la femme dans la religion chrétienne sont des exemples culturels et normatifs (Scott, 2000).

explication nous permet de constater qu'il existe des particularités autant normatives que culturelles en ce qui concerne la notion du genre.

Par ailleurs, bien qu'il soit possible de caractériser l'homme et la femme à partir de certaines pratiques, d'attitudes et de comportements normatifs, cette conception du genre fait ressortir des catégories dichotomiques qui divisent les femmes et les hommes et empêchent de rendre compte de la multiplicité et de l'hétérogénéité de leurs expériences respectives (Alsop, Fitzsimons et Lennon, 2002). De plus, ce que signifie être une femme ou un homme dans un espace culturel et social donné influencera directement la façon dont est vécu le genre chez un individu. L'identité féminine ou masculine peut donc varier d'un endroit à un autre, d'une culture à une autre. Il importe de ne pas tenir ces deux catégories pour acquises. Pour éviter d'entrer dans cette dichotomie, il est préférable de voir ces construits normatifs comme les pôles d'une suite à l'intérieur de laquelle les hommes et les femmes s'identifient. Suivant la signification du pouvoir de Foucault (1976), la subjectivité inhérente au genre conçoit le sujet à la fois comme un élément actif et contraint à reproduire ou à résister à la domination (Whitehead, 2002). De cette manière, une femme peut s'identifier ou non au genre féminin, tout comme l'homme peut en faire autant avec le genre masculin. La construction du genre suit donc, en partie, les aléas d'une identité subjective (Scott, 2000).

Mais le genre serait également changeant dans le temps et l'espace selon les contextes, non seulement sociaux et culturels, mais économiques, politiques et historiques. D'autres éléments contribueraient à donner un genre sexuel, tel que la race, la classe ou l'orientation sexuelle (Alsop, Fitzsimons et Lennon, 2002). Cette particularité propre au genre ferait que sa construction pourrait être vue comme un processus plutôt que comme un rôle social déterminé et permettrait d'éviter des conceptions statiques des catégories femme/homme ou féminin/ masculin.

En outre, le genre serait construit à partir d'une structure sociale qui divise les genres mais serait « négocié » selon la subjectivité de chacun. Pour comprendre comment le genre se construit chez des individus d'un contexte social et culturel donné, Ortner et Whitehead (1985) insistent sur l'importance de connaître leurs propres représentations symboliques de ce que sont un homme et une femme (ainsi que le sexe et la reproduction) par la mise en discours plutôt que d'affirmer connaître ce qu'ils signifient *a priori*. Alsop, Fitzsimons et Lennon (2002) ajoutent : « Gender is part of an identity woven from a complex and specific social whole, and requiring very specific and local readings » (p. 86). Dans le même sens, le genre pourrait être qualifié de vernaculaire du fait qu'il est « aussi particulier à une population traditionnelle (la gent latine) que l'est son parler vernaculaire » (Illich, 1983, p. 7). Ainsi, sans oublier le fait que certaines normes sociales transcendent les cultures (comme c'est le cas des inégalités sociales de genre), chaque culture, société ou groupe posséderait ses propres normes sociales de genre auxquelles les femmes et les hommes s'identifieraient et qui engendre-raient des rapports d'un type ou d'un autre.

Cette diversité dans la construction et la signification du genre nous amène à concevoir ce concept de façon complexe, hétérogène, changeante et même contradictoire. Cette perspective se rapprocherait alors davantage d'une forme théorique postmoderne (Alsop, Fitzsimons et Lennon, 2002)[8]. Enfin, cette réflexion nous révèle que le genre est à la fois un domaine de subjectivité culturelle (c'est-à-dire ce que signifie être une femme ou un homme dans une culture et un contexte donnés) et une variable sociale (c'est-à-dire le contexte de l'organisation sociale) qui structurent la façon dont une femme et un homme développeront et expérimenteront leur soi (Alsop, Fitzsimons et Lennon, 2002). Il existe donc une pluralité de points de vue à l'endroit des rapports entre les hommes et les femmes. Ces points de vue, selon certains, devraient rester en tensions polémiques plutôt que de former un consensus (Laufer, Marry et Maruani, 2001).

Inégalités sociales et rapports de pouvoir

Les rapports de genre sont un élément central et structurant du fonctionnement des sociétés (Laufer, Marry et Maruani, 2001). Ils représentent du même coup un facteur considérable dans l'influence

---

8.   « This find echoes in postmodernist theories which are rejecting notions of a coherent unified self, capable of rational reflection and agency, in favour of a model of a self which is fragmented, constantly in a process of formation, constituting itself out of its own self-understanding » (Alsop, Fitzsimons et Lennon, 2002, p. 81).

des comportements humains. Ils sont traditionnellement représentés par des rôles masculins et féminins dits complémentaires. Gupta (2000) affirme qu'ils sont néanmoins empreints d'inégalités, et ce, dans de nombreux pays et sur plusieurs continents. En effet, d'aucuns reconnaissent aujourd'hui l'existence de rapports sociaux inégaux entre les hommes et les femmes, rapports qui sont observables dans pratiquement toutes les cultures mais à des degrés divers (Edley et Wetherell, 1995 ; Illich, 1983). De manière générale, la position des hommes et des femmes dans les sociétés ne serait pas la même puisque le pouvoir, du moins un certain pouvoir formel, serait davantage l'affaire des hommes alors que la soumission et la dépendance seraient davantage celles des femmes.

Ces inégalités ont été abordées à partir de la situation des femmes dans le monde. L'un des principaux traits qui décrit la situation des femmes de façon quasi universelle est leur assignation à la reproduction des enfants et aux travaux domestiques c'est-à-dire aux tâches ménagères, à l'éducation des enfants et à la production d'un travail pour la famille tel que la préparation des repas (FNUAP, 2002). Or, ce travail domestique n'est pas reconnu par les sociétés, tout comme celui qu'elles occupent en dehors du foyer qui est généralement subordonné et mal payé (FNUAP, 2000, 2002 ; Folbre, 2000).

Cette illustration découle en fait de l'organisation des sociétés fondées sur la division sexuelle du travail. Celle-ci justifie la place subordonnée des femmes dans l'ordre patriarcal et leur exclusion au travail « produit » (ou de culture) à partir de leur nature biologique de « reproductrices » et de mère nourricière (Frigon et Kérisit, 2000). Il y a alors « construction d'une " nature féminine ", utilisée comme référent absolu pour justifier l'hégémonie masculine dans certaines sphères de production, et cela de façon différenciée selon l'ethnie, la " race " et la classe » (Frigon et Kérisit, 2000, p. 4). Cette « idée de nature » sert d'argument de preuve pour faire croire que la femme est naturellement au service de l'homme alors qu'il s'agit bel et bien d'une appropriation masculine de la classe des femmes, incluant le travail et le corps (Guillaumin, 1992).

Cette division sexuelle du travail aurait comme conséquence d'exclure les femmes de certains domaines ou métiers et, comme nous l'avons mentionné, de ne pas reconnaître leur contribution à la société.

Pourtant, dans pratiquement tous les pays, les femmes travailleraient généralement plus d'heures quotidiennement que les hommes si l'on comptabilise le temps de chacun attribué au travail rémunéré et à celui qui n'est pas rémunéré (FNUAP, 2002). Certaines parleraient même du triple rôle joué par les femmes dans la société, c'est-à-dire le rôle productif, reproductif et communautaire (Anderson, 2000 ; Kabeer, 2000). Enfin, cette division sexuelle du travail entretiendrait la pauvreté des femmes et leur dépendance économique envers les hommes (FNUAP, 2002).

Outre le confinement à la reproduction et aux travaux domestiques et surtout l'invisibilité de leur travail, la violence perpétrée contre les femmes, et particulièrement la violence conjugale (ou par un partenaire intime), est également une réalité vécue par un grand nombre d'entre elles, quels que soient le pays, le milieu socioéconomique ou le groupe d'âge (OMS, 2002). La violence à l'égard des femmes est d'ailleurs considérée comme un grave problème de santé publique. Les coûts humains, physiques, psychologiques et sociaux qui y sont associés (tels que les coûts de santé supplémentaires et les effets sur la productivité et l'emploi) ne sont pas négligeables (OMS, 2002). Que l'on parle de violence physique, sexuelle ou psychologique ou encore de sévices corporels, de harcèlement, de grossesse forcée ou de mutilations génitales, la violence contre les femmes est préoccupante non seulement en matière de santé, mais aussi en matière de droits de la personne. À cet égard, les normes sociales de genre joueraient d'ailleurs un rôle important dans l'apparition de la violence, notamment en ce qui concerne le droit attribué à l'homme d'être violent envers sa partenaire féminine pour une raison ou une autre[9].

De fait, la distinction sociale entre les sexes attribue un statut social et des droits différents aux femmes et aux hommes. Cela se manifeste, entre autres choses, dans la priorité accordée aux besoins des hommes contrairement à ceux des femmes (Caldwell, 1993 ; FNUAP, 2000). Celles-ci ont un accès plus restreint aux ressources que les hommes tels que l'éducation et les services de santé. C'est d'ailleurs particulièrement le cas dans les pays en développement, dont ceux d'Afrique subsaha-

---

9. Par exemple en cas de refus pour une femme d'avoir des rapports sexuels avec son partenaire masculin ou encore de lui désobéir (OMS, 2002).

rienne, où le taux de femmes illettrées est parfois le double de celui des hommes (UN, 2000), et où les dépenses accordées à la santé des femmes sont généralement moindres que celles qui sont accordées à la santé des hommes (WHO, 1998). Bref, l'inégalité entre les sexes génère des coûts importants, qu'ils soient économiques, physiques ou psychologiques (FNUAP, 2000). De plus, ils ont des conséquences graves non seulement sur les femmes mais sur le reste de leur famille (FNUAP, 2002).

Or, l'accès à ces ressources, et particulièrement à celui de l'éducation, serait générateur de pouvoir. Cela expliquerait en partie pourquoi les femmes occupent moins de postes de pouvoir[10] que les hommes et, surtout, pourquoi elles n'ont pas le même pouvoir dans la société, sur le plan autant économique que politique (FNUAP, 2002). Ainsi, l'oppression politique envers les femmes et leur pouvoir politique limité dans la société nous font comprendre leur faible contrôle sur les réalités de leur vie. Le cas particulier des femmes vivant de prostitution qui ne se sentent pas toujours capables de négocier, voire de refuser, une relation sexuelle non protégée en est un exemple patent (Campbell, 1998).

Cette analyse de la situation des femmes et plus globalement des rapports de genre nous montre que la question des inégalités entre les sexes sous-tend des rapports de pouvoir. À ce propos, Scott (2000) mentionne que le genre est un champ dans lequel (ou par lequel) le pouvoir se manifeste. De fait, la notion de pouvoir est centrale dans de multiples études empiriques traitant des rapports entre les hommes et les femmes en lien avec divers phénomènes. C'est le cas notamment de celui de la prévention du VIH-sida où le manque de pouvoir ou encore son appropriation (*empowerment*) sont abordés comme étant liés respectivement à la prise de risque au VIH-sida et à la diminution de ce risque (Amaro et Raj, 2000 ; Campbell, 1998 ; Jenkins, 2000 ; Wojcicki et Malala, 2001).

Enfin, s'il existe une structure sociale qui sous-tend les inégalités de genre, il reste que cette conception du pouvoir ouvre la porte à une diversité de rapports possibles entre les femmes et les hommes dans une

---

10. Notamment les postes qui leur permettent de participer aux prises de décision dans la société telle que la définition des politiques sociales et sanitaires.

société ou une culture donnée. C'est d'ailleurs l'une des caractéristiques fondamentales de la notion de genre (Bisilliat, 2000).

GENRE ET SEXUALITÉ : DES CONCEPTS INTIMEMENT LIÉS

Compte tenu des précisions préalables sur le genre, comment se traduisent ces rapports de genre dans la sexualité et les comportements sexuels ? Retenons d'abord que la sexualité humaine diffère de la sexualité animale du fait qu'elle n'est pas limitée au biologique. En effet, la sexualité humaine a « perdu » de son caractère instinctif, ce qui fait que l'activité sexuelle humaine n'est pas restreinte à la période féconde de la femme ; elle doit être apprise pour savoir ce qui doit être fait (Bozon, 2001). Dans cette optique, la sexualité humaine, à l'instar du genre, relève d'une construction sociale qui reprend et transforme le biologique (Tabet, 1998). Suivant ces particularités, la sexualité humaine peut désigner non seulement l'aspect physiologique et physique du développement corporel et des pratiques sexuelles, mais également leur aspect social, c'est-à-dire « les significations de la sexualité (représentations, normes, affects, motivations, etc.), ainsi que les relations et les interactions sociales qu'elle implique » (Bozon, 2001, p. 169). Cette définition illustre bien le transfert observé à l'endroit de la recherche sur la sexualité, passant d'un intérêt porté sur le comportement sexuel d'un individu isolé vers une sexualité qui existe non seulement à l'intérieur de l'individu mais entre les individus. La norme sexuelle étant l'hétérosexualité, elle implique, plus souvent qu'autrement, des rapports entre des femmes et des hommes (Alsop, Fitzsimons et Lennon, 2002).

Le lien entre la sexualité et les rapports de genre est donc évident. Les questions qui se rapportent à la sexualité doivent être interprétées à la lumière des différences de pouvoir, et particulièrement des inégalités, entre les femmes et les hommes. C'est d'ailleurs l'un des apports théoriques les plus importants des dernières décennies en ce qui a trait à la sexualité (Gagnon et Parker, 1995). En effet, les rapports de pouvoir et les inégalités de genre propres à une culture donnée structurent et participent à la formation de l'ensemble des aspects de la sexualité. Ainsi, la signification, les pratiques et les expériences sexuelles seraient façonnées par les rapports de genre et empreintes des mêmes inégalités sociales, de la même hégémonie masculine. Tout comme le genre, la sexualité serait aussi partagée entre une part de subjectivité et différentes règles culturelles et sociales qui donneraient lieu à une multiplicité et une diversité d'expériences sexuelles.

Mais, s'il est vrai que le genre façonne la sexualité, Bozon (2001) ajoute que ces deux concepts entretiennent une relation dialectique. L'auteur explique : « D'une part, le genre structure la sexualité humaine, en inscrivant les actes et les significations de la sexualité dans une logique de rapports inégaux. D'autre part, la sexualité représente, stabilise et légitime les rapports de genre, en figeant les rapports entre hommes et femmes dans une nature (qui est ici une nature travaillée, seconde) » (Bozon, 2001, p. 170). Il y a alors production de la domination masculine.

Or, ce « mode de production du genre » par la sexualité, comme le désigne Bozon (2001), se modifierait à travers les époques et les cultures. L'auteur propose trois principales périodes sociales[11] pour décrire ces transformations. La première période se rapporte aux époques (ou aux sociétés) où la sexualité est centrée sur le corps et la procréation, et lors desquelles la domination masculine supporte une forte inégalité entre les hommes et les femmes. Le développement des connaissances et la redéfinition des rapports entre les hommes et les femmes, tendant vers l'égalité et l'harmonie du couple, ouvrent sur une seconde période qui favorise une distanciation entre la sexualité et la procréation. Dans la troisième période, on observe que les différences entre l'expérience sexuelle des hommes et celle des femmes se sont atténuées et que la procréation n'est devenue qu'un aspect de la sexualité. Toutefois, la production de la domination masculine persisterait mais sous une forme plus subtile, c'est-à-dire par l'intimité où l'on noterait une dissymétrie entre les sexes particulièrement à travers le désir et l'affectivité plutôt que dans les pratiques sexuelles proprement dites.

---

11. Bozon (2001) emploie le terme « moment » pour désigner une période ou une société. Il ne fige pas cependant ce moment ou cette période à l'intérieur de dates précises puisque cela peut varier d'une culture à l'autre. Pour cette raison nous employons le terme « période sociale » pour délimiter les caractéristiques d'une société à un moment donné dans son histoire de façon à la différencier d'une autre période par les transformations survenues.

Selon l'auteur, la première période correspondrait particulièrement aux sociétés à très haut taux de fécondité comme c'est le cas de nombreuses sociétés africaines aujourd'hui (Bozon, 2001). Pour cette raison, nous nous y attarderons davantage.

Nous avons déjà mentionné que cette période correspondait aux sociétés (ou période sociale) où la sexualité est centrée sur la procréation et où les rapports entre les sexes sont hiérarchisés et influencés par une domination masculine. Dans cette perspective, la sexualité est construite par et pour l'homme et la reproduction, comme l'acte sexuel, est fondamentalement orientée sur ses besoins. Dans le même sens, les rôles sexuels sont dichotomisés : l'homme a le rôle actif de donner (sa semence) et la femme celui passif de recevoir. Cette conception, qui a longtemps prévalu dans de nombreuses sociétés, s'accorderait avec l'ordre dit naturel du monde et serait perçue comme étant incontestable (Bozon, 2001).

À cette « première période sociale », Bozon (2001) fait coïncider les propos de Paola Tabet. Correspondant davantage au féminisme radical, ces derniers sont intégrés à un cadre d'analyse dynamique fondé sur le genre[12] (celui de Bozon), où les rapports sociaux entre les sexes se transforment à travers les mouvements sociaux, économiques et politiques. Ainsi, pour mieux comprendre cette période sociale qui marque selon Bozon les sociétés africaines, nous trouvons important d'approfondir la perspective de Paola Tabe qui s'est intéressée à la sexualité à travers diverses sociétés et diverses époques. Celle-ci explique comment le social utiliserait, interviendrait et transformerait les données biologiques de la reproduction, et particulièrement la « fonction naturelle reproductive » des femmes, pour justifier les inégalités entre les hommes et les femmes (Tabet, 1998[13]). Pour cette auteure, la sexualité (1998) se caractériserait par un double standard pour les hommes et les femmes. En effet, les droits (et contraintes) des femmes et des hommes en ce qui a trait à la sexualité ne seraient pas les mêmes. Par exemple, dans certains

---

12. Bozon (2001) perçoit les rapports entre les femmes et les hommes comme étant perméables aux différentes conditions sociales et culturelles et aux époques alors que Tabet (1998) les voit plutôt se reproduire d'une société à l'autre et persister à travers les époques.

13. Cet ouvrage regroupe en fait plusieurs écrits de Paola Tabet initialement publiés dans la foulée des théories féministes au courant des années 1970.

pays d'Afrique subsaharienne, la polygamie et les relations extraconju-
gales sont reconnues pour les hommes mais pas pour les femmes. Cette
reconnaissance permettrait à ces derniers de satisfaire pratiquement
tous leurs besoins sexuels (Sow et Bop, 2004). Au contraire, les femmes
n'ont le droit d'avoir qu'un seul homme et leurs besoins sexuels ne sont
pas considérés. Une femme risque même d'être répudiée et battue par
son mari advenant une relation extraconjugale (Kouinche et Tagne,
1998).

De plus, chez les femmes, la sexualité se caractériserait par une
division entre la sexualité reproductive et la sexaulité non reproductive[14]
(Tabet, 1998). Dans la plupart des sociétés, ce clivage serait accentué
par le social, mais de façon différente selon les cultures, et serait en lien
avec l'organisation socioéconomique. L'auteure distingue deux formes
de division. L'une concerne les catégories de femmes et l'autre les âges
de la vie. La première division entre les catégories de femmes marquerait
la coupure, plus ou moins importante selon les époques et les cultures,
entre les femmes qui sont destinées à la reproduction (forcée), et celles
qui seraient consacrées au service sexuel (la prostitution) (Tabet, 1998).
Ces deux formes opposées seraient du même coup complémentaires,
puisqu'elles permettraient de répondre au devoir de procréation, mais
aussi aux besoins sexuels des hommes. On souligne ici le non-respect
des femmes dans l'un ou l'autre des rôles. D'un côté, la femme doit
répondre au devoir conjugal et servir son mari ; le plaisir est pour
l'homme et la femme doit s'organiser pour le satisfaire. D'un autre côté,
les prostituées, ou les travailleuses du sexe, seraient souvent condamnées
socialement pour leur pratique, contrairement aux hommes qui les
fréquentent (Bozon, 2001).

De plus, Tabet (1998) propose une poursuite de l'échange « économico-sexuel » entre les hommes et les femmes, qui dénote de la
dépendance économique des femmes envers les hommes, et dans laquelle
s'inscrirait cette coupure entre les catégories de femmes. Aux extrémités
se retrouveraient le mariage (ou les rendez-vous) et la prostitution. La
présence de ce type d'échange entre les hommes et les femmes en Afrique
subsaharienne a été discutée par d'autres auteurs. En effet, cet échange

---

14. Cette séparation serait possible en raison de l'absence de lien hormonal entre ovulation
et pulsion sexuelle chez la femme.

économico-sexuel pourrait prendre diverses formes telles que l'échange d'habits, de cadeaux ou de services domestiques contre du sexe sans pour autant être considéré comme étant de la prostitution (Ankhoma, 1999 ; Tchack, 1999).

La seconde division proposée par Tabet (1998) porte sur les âges de la vie des femmes, et sépare l'époque de la puberté des jeunes filles de celle de la sexualité conjugale. Dans cette division, les jeunes filles posséderaient une certaine liberté sur le plan sexuel bien que la procréation soit interdite. L'importance de ce discours consiste en la réponse sociale négative face aux grossesses des filles avant le mariage dans les sociétés qui l'interdisent. Le cas des mutilations génitales, qui sera abordé plus bas, illustre bien cette interdiction. Dans ce contexte, si les jeunes filles peuvent devenir mères physiquement, elles ne sont pas reconnues comme telles socialement. Pour cette raison, certaines d'entre elles qui se retrouvent enceintes pourraient recourir à l'avortement ou encore à l'infanticide. Au contraire, dans la sexualité conjugale, la femme perdrait cette liberté sexuelle après le mariage (contrairement aux hommes) afin qu'elle soit confinée au couple et vouée complètement à la reproduction (Tabet, 1998).

En fait, l'aspect central de la théorie de Tabet est de montrer comment cette vocation dite « naturelle » des femmes à la reproduction consiste à transformer socialement leur pouvoir de procréation en une reproduction forcée où tous les moyens sont pris pour que les femmes soient encouragées à être de « meilleures reproductrices ». Comme le dit l'auteure :

> Dressage psychique, contrainte, mutilation physique, les modalités d'intervention sur la sexualité des femmes, de traumatisation, sont variées et nombreuses ; avec plus ou moins d'acharnement, de travail, de violence, de succès aussi, il s'agit de refaçonner l'organisme en le spécialisant pour la reproduction. Briser ou réduire les potentialités sexuelles devient un des moyens nécessaire pour cette opération d'assujettissement, ou plus précisément de domestication (Tabet, 1998, p. 150-151).

La pratique de l'excision et des autres mutilations sexuelles féminines est à ce titre un exemple patent. Dans les sociétés traditionnelles d'Afrique subsaharienne, le vagabondage sexuel pour une femme était interdit et l'excision, l'infibulation ou l'organisation de cérémonies publiques servaient à interdire ou à punir les femmes pour toute transgression aux normes en matière de sexualité (Aïdam, 2001). Certaines normes semblent toujours en vigueur aujourd'hui et, bien que de façon moindre, les mutilations génitales sont encore pratiquées dans certains pays d'Afrique où, chaque année, près de deux millions de fillettes courent le risque de les subir (Sow et Bop, 2004). L'objectif est clair : diminuer le désir sexuel chez les jeunes filles et éviter le risque de grossesse avant le mariage (Kouinche et Tagne, 1998). Ces pratiques ont pour effet de diminuer, voire d'éliminer les obstacles pouvant entraver une utilisation optimale par l'homme de la reproduction de la femme ou encore d'augmenter les facteurs qui la facilitent (Tabet, 1998). Par cette action même, on élimine le désir et l'autonomie des femmes en matière sexuelle.

À cet égard, les jeunes filles que l'on prépare au mariage apprennent à entretenir le foyer et à prendre soin de leur mari, mais surtout à être obéissantes et respectueuses envers lui (Kouinche et Tagne, 1998). Dans la sexualité, elles apprennent à être passives et soumises aux besoins et aux désirs de leur mari (ou fiancé) qui doit engager et diriger les rapports sexuels. Une fois mariée, la femme peut ne pas avoir le droit de refuser un rapport sexuel à son mari sous peine de subir de la violence physique (Tchak, 1999 ; Sow et Bop ; 2004). D'après Tchak (1999), le recours à la violence d'un mari envers son épouse serait fréquent dans certains pays africains. Pour l'homme, il s'agirait non seulement d'un droit, mais d'un devoir accepté socialement qui lui permettrait d'affirmer sa supériorité et de maintenir l'ordre dominant. Dans ces conditions, la femme n'est pas encouragée à exprimer ses désirs et ses besoins et encore moins à se protéger. En effet, selon Tabet (1998), les conséquences de cet assujettissement pour la santé des femmes seraient élevées. Celles des mutilations génitales, par exemple, seraient nombreuses[15] et pourraient même provoquer la mort dans certains cas (Shell-Duncan et Hernlund,

---

15. Il existe trois principaux types de mutilations génitales : la clitoridectomie où l'on supprime l'enveloppe du clitoris ou le clitoris lui-même, l'excision où l'on ampute le clitoris et une partie ou la totalité des petites lèvres et l'infibulation qui est l'ablation du clitoris, des petites lèvres, en partie ou en totalité, et d'une partie des grandes lèvres que l'on recoud en laissant une petite ouverture pour laisser passer l'urine ou le sang des menstruations (Sow et Bop, 2004). C'est de loin cette dernière pratique qui présente le plus de risques pour la santé des femmes et des jeunes filles étant donné l'importance de l'intervention et la nécessité d'inciser et de recoudre à nouveau lorsque la femme accouche ou quand elle est dans l'impossibilité d'avoir des rapports sexuels.

2000). Chez les jeunes filles qui cherchent à se marier, la passivité sexuelle pourrait les contraindre à avoir des rapports sexuels non protégés avec leur fiancé (Bardem et Gobatto, 1995). Comme nous l'avons mentionné précédemment, le fait que des femmes et des travailleuses du sexe ne soient pas en mesure de pouvoir négocier un rapport sexuel sécuritaire en ayant recours au condom en est une autre illustration (Campbell, 1998).

Par conséquent, pour comprendre comment la sexualité influence le genre et confirme en quelque sorte les inégalités entre les femmes et les hommes, Bozon souligne que :

> Si la reproduction et la sexualité contribuent autant à la construction traditionnelle des rapports de genre, c'est qu'elles sont une des expériences et des représentations les plus universelles de l'« objectivation » symbolique des femmes. Le corps des femmes est perçu et traité comme un objet et un réceptacle, dont les hommes prennent possession par l'acte sexuel. La répétition des actes vaut confirmation de l'appropriation initiale (Bozon, 2001, p. 176).

Tabet précise par ailleurs qu'il « semblerait que la mise en place de l'obligation à la reproduction, de la domestication à la reproduction, puisse être l'opérateur qui a bloqué l'épanouissement d'une sexualité humaine entière et polymorphe et qui conduit à des formes partielles – en tant que formes déterminées et contraignantes – de la sexualité » (Tabet, 1998, p. 152).

Ainsi, au-delà de cette représentation de la sexualité des femmes et des hommes, il existerait un univers inexploré et possible. En ce sens, les autres périodes présentées par Bozon (2001) en seraient des exemples concrets mais non limitatifs. Les transformations sociales, politiques et intellectuelles viendraient à leur tour contribuer aux changements des rapports de genre et de la sexualité humaine. Dans les différents pays d'Afrique, la sexualité des hommes et des femmes n'aurait pas toujours été la même et serait en constante mouvance, influencée par diverses périodes datant d'avant, pendant et après l'époque coloniale (Vangroenweghe, 2000)[16]. De plus, il existerait

---

16. L'auteur fournit notamment l'exemple de l'homosexualité qui a été pratiquée dans divers pays africains, à différentes époques.

également des variantes dans la sexualité de chaque femme et de chaque homme (Sow et Bop, 2004).

À la lumière de ces propos, si la sexualité et le genre sont intimement reliés et interdépendants, ils représentent cependant deux entités différentes et ne sont pas hermétiques. La sexualité, tout comme le genre, peut être influencée par d'autres éléments ou d'autres systèmes qui la transforment (Alsop, Fitzsimons et Lennon, 2002).

RAPPORTS DE GENRE, SEXUALITÉ ET COMPORTEMENT À RISQUE AU VIH-SIDA

Le genre et la sexualité sont des thèmes centraux dans la réflexion entourant la prévention du VIH-sida (Jenkins, 2000). C'est particulièrement le cas dans des pays en développement où l'infection au VIH se transmet essentiellement par voie hétérosexuelle. Le fait que divers organismes de développement international, comme l'Agence canadienne de développement international (ACDI, 1996), aient décidé d'intégrer le genre comme un élément prioritaire[17] dans la lutte contre le VIH-sida est d'ailleurs un exemple révélateur de son importance dans la contamination.

Au cours des dernières décennies, une littérature scientifique assez abondante a mis en cause les inégalités sociales de genre. Elles sont perceptibles dans de nombreuses cultures comme facteur contribuant au risque de contracter le VIH-sida, particulièrement chez les femmes. Pour cette raison, plusieurs recherches portant sur la prévention du VIH-sida dans les pays en développement ont porté sur les femmes. C'est le cas notamment d'études menées dans divers continents (Amérique latine, Afrique, Asie et Pacifique) par l'International Center for Research on Women, et aux États-Unis (Gupta, 2000 ; Gupta et autres, 1993 ; Weiss, Whelan et Gupta, 2000). Ces recherches soutiennent que les normes sociales de genre et la dépendance socioéconomique des femmes peuvent limiter leurs habiletés à négocier des pratiques sexuelles sécuritaires avec leurs partenaires et les rendre ainsi vulnérables

---

17. Notons que l'intérêt pour la santé des femmes était déjà l'une des priorités de ces organismes bien avant l'avènement du VIH-sida.

au VIH. En effet, la vulnérabilité des femmes au VIH-sida ne se limite pas seulement au plan biologique du fait qu'elles représentent les partenaires sexuelles réceptives. Gupta (2000) précise que la vulnérabilité sociale des femmes au VIH-sida s'explique par la culture du silence qui les tient dans l'ignorance et la passivité sexuelle, par leur position inférieure dans la société et leur dépendance économique envers les hommes et enfin par la violence qui s'exerce contre elles. Ces facteurs font en sorte que les femmes ne se sentent pas toujours capables de négocier, voire de refuser, une relation sexuelle non protégée.

De nombreuses études et recensions critiques réalisées dans diverses cultures vont également dans la même direction, arborant le manque de pouvoir des femmes (particulièrement les travailleuses du sexe) et la difficulté à négocier des pratiques sexuelles sécuritaires comme le recours au préservatif (Amaro et Raj, 2000 ; Campbell, 1998 ; Wojcicki et Malala, 2001).

Mais le genre, trop souvent synonyme de « femme », concerne aussi les hommes (Scott, 2000). En ce sens, Courtenay (2000) affirme que, de manière générale, un homme qui s'identifie aux normes sociales masculines s'intéressera peu à sa santé, à sa sécurité et à son bien-être. Il se percevra comme étant plus fort que la femme tant physiquement que mentalement. Il prendra des risques et fera face aux dangers sans crainte. Il aura une attitude indépendante envers les autres et n'aura pas tendance à demander de l'aide, même s'il en a besoin. Ces normes peuvent faire en sorte que les hommes n'utiliseront pas les services de santé. De la même manière, les normes sociales rendraient également les hommes vulnérables au virus du sida (Gupta, 2000). En effet, il est valorisé pour un homme d'avoir l'air savant, expérimenté et immunisé contre le danger même s'il ne l'est pas réellement. De plus, dans de nombreuses cultures, le multipartenariat sexuel pour les hommes serait essentiel à leur virilité, tout comme leur domination sexuelle sur les femmes. À cet égard, certains hommes auraient des désirs sexuels insatiables et rechercheraient le plaisir charnel sans protection (Campbell, 1997). De plus, les hommes apprendraient souvent à cacher et à refouler leurs émotions. Ces normes les encourageraient à ne pas rechercher d'information et à prendre des risques sexuels. Elles favoriseraient également la violence, qu'elle soit tournée contre les femmes, contre les hommes ou encore contre la personne elle-même (De Keijzer, 2001).

Ainsi, les femmes ne seraient pas les seules à être « vulnérables » au VIH-sida ou à d'autres problèmes de santé. À cet égard, l'approche basée sur le genre de Gupta (2000) est originale puisqu'elle fait ressortir à la fois la vulnérabilité des hommes et des femmes et pas uniquement celle des femmes, comme le font plusieurs analyses fondées sur les inégalités entre les sexes. Enfin, rappelons que toutes les femmes et tous les hommes ne s'identifient pas forcément aux normes sexuelles féminines et masculines dominantes qui sont véhiculées dans une société. Ces normes peuvent néanmoins être contraignantes et même ne plus répondre aux différentes réalités socioculturelles. Dès lors, il devient important de les réévaluer et, au besoin, de les transformer.

CONCLUSION

Les concepts de genre et de sexualité offrent un cadre d'analyse qui permet de mieux comprendre les comportements sexuels à risque de contracter le VIH ou une ITS. Cette réflexion, appliquée au milieu prostitutionnel en Afrique subsaharienne, nous amène à considérer les implications possibles de ces concepts dans les interventions en santé et dans la pratique infirmière quel que soit le contexte culturel.

Si au départ chaque individu est responsable de ses comportements sexuels, il existe de nombreux facteurs sociaux, économiques et politiques qui interviennent de manière directe ou indirecte dans la négociation des rapports sexuels entre les hommes et les femmes, et qui peuvent entraver la volonté des individus. Transposés dans la sexualité, les rapports de genre et leurs inégalités font en sorte que les hommes comme les femmes sont vulnérables au VIH et aux autres ITS, mais de manière différente.

Pour les intervenants, il s'agit d'en prendre conscience dans leur pratique et de comprendre comment ces représentations peuvent se répercuter sur le comportement sexuel des individus qu'ils soignent. Ils doivent alors adapter leur intervention à la population et au contexte culturel donné. Par exemple, une intervention visant simplement à convaincre une personne d'utiliser le condom restera limitée si sa bonne intention est confrontée aux pesanteurs sociales. Ainsi, il sera pertinent d'envisager l'ensemble de la question avec la personne soignée pour connaître sa propre représentation des rapports de genre et de la sexualité. Il est également important d'analyser et de comprendre le contexte dans lequel s'inscrivent les comportements sexuels à risque plutôt que de les juger. C'est tout particulièrement nécessaire lors d'interventions de santé internationale ou d'interventions locales qui s'adressent à des hommes et des femmes où il question de violences dans les rapports sexuels (de différentes formes), aux travailleuses du sexe et aux jeunes qui apprennent dès l'enfance et l'adolescence comment s'inscrire dans des relations sexuelles en fonction de normes et d'attentes intrinsèques des rapports de genre.

Enfin, au regard de ce qui précède, il faut retenir qu'une bonne pratique en santé ne saurait reposer sur une conception unique des problèmes de santé ou des techniques d'intervention. Elle invite plutôt à considérer un ensemble complexe de facteurs liés à l'environnement social et culturel des groupes ciblés par les interventions et les soins. En cela, elle ne peut se passer de certains éclairages que peuvent fournir les sciences sociales sur la complexité des environnements humains et des déterminants sociaux de la santé.

Références

ACDI (1996). *Stratégie de santé*, Agence canadienne de développement international (ACDI), Direction générale des politiques (n° de catalogue : E94-251/1997).

Aïdam, C.A. (2001). « Perspectives d'Afrique de l'Ouest – Cas du Togo », dans CQFD/AQOCI, *Journées de formation : mondialisation de la prostitution et du trafic sexuel*, Comité québécois Femmes et développement (CQFD) et Association québécoise des organismes de coopération internationale (AQOCI), juin, 35-41.

Alsop, R., A. Fitzsimons et K. Lennon (2002). *Theorizing Gender*, Malden : Blackwell Publishers.

Amaro, H., et A. Raj (2000). « On the margin : Power and women's HIV risk reduction strategies », *Sex Roles*, 42 (7-8), 723-749.

Anderson, J. (2000). « Le " triple rôle " », dans J. Bisilliat et C. Verschuur, *Le Genre : un outil nécessaire. Introduction à une problématique*, Cahiers genre et développement, (1), 175-178.

Ankomah, A. (1999). « Sex, love, money and AIDS : The dynamics of premarital sexual relationships in Ghana », *Sexualities*, 2 (3), 291-308.

Bardem, I., et I. Gobatto (1995). *Maux d'amour, vies de femmes : sexualité et prévention du sida en milieu urbain africain (Ouagadougou)*, Paris : L'Harmattan.

Bisilliat, J. (2000). « Luttes féministes et développement : une perspective historique », dans J. Bisilliat et C. Verschuur, *Le Genre : un outil nécessaire. Introduction à une problématique*, Cahiers genre et développement, (1), 19-29.

Bozon, M. (2001). « Sexualité et genre », dans J. Laufer, C. Marry et M. Maruani (dir.), *Masculin-Féminin : questions pour les sciences de l'homme*, Paris : PUF, 169-186.

Breines, I., R.W. Connell et I. Eide (2000). *Male roles, masculinities and violence : a culture of peace perspective*, Cultures of Peace Series et UNESCO publishing.

Caldwell, J.C. (1993). « Health transition : the cultural, social and behavioural determinants of health in the third world », *Social Science and Medicine*, 36 (2), 125-135.

Campbell, C. (1997). « Migrancy, masculine identities and AIDS : The psychosocial context of HIV transmission on the South African Gold Mines », *Social Science and Medicine*, 45 (2), 273-281.

Campbell, C. (1998). « Representations of gender, respectability and commercial sex in the shadow of AIDS : a South African case study », *Social Science Information*, 37 (4), 687-707.

Cornwall, A., et N. Lindisfarne (1994). *Dislocating masculinity, comparative ethnographies*, London et New York : Routledge.

Courtenay, W.H. (2000). « Constructions of masculinity and their influence on men's well-being : a theory of gender and health », *Social Science and Medicine*, 50, 1385-1401.

de Keijzer, B. (2001). « Hasta donde el cuerpo aguante : généro, cuerpo y salud masculina », dans Caceres et autres, *La salud como derecho ciudadano : perspectivas y propuestas desde América Latina*, Universidad Peruana Cayetano Heredia, Lima.

Edley, N., et M. Wetherell (1995). *Men in perspective : practice, power and identity*, London et New York : Prentice Hall et Harvester Wheatsheaf.

FNUAP (2000). *État de la population mondiale 2000. Vivre ensemble dans des mondes séparés : hommes et femmes à une époque de changements*, Fonds des Nations unies pour la population.

FNUAP (2002). *État de la population mondiale 2002. Population, pauvreté et potentialités*, Fonds des Nations unies pour la population.

Folbre, N. (2000). « De la différence des sexes en économie politique : introduction », dans J. Bisilliat et C. Verschuur, *Le Genre : un outil nécessaire. Introduction à une problématique*, Cahiers genre et développement, (1), 141-145.

Foucault, M. (1976). *Histoire de la sexualité*, Paris : Gallimard.

Frigon, S., et M. Kérisit (2000). « Introduction », dans S. Frigon et M. Kérisit (dir.), *Du corps des femmes. Contrôles, surveillances et résistances*, Ottawa : Les Presses de l'Université d'Ottawa, 1-12.

Gagnon, J.H., et R.G. Parker (1995). « Introduction. Conceiving Sexuality », dans R.G. Parker et J.H. Gagnon, *Conceiving Sexuality : Approaches to Sex Research in a Postmodern World*, New York : Routledge, 3-16.

Guillaumin, C. (1992). *Sexe, race et pratique du pouvoir : l'idée de nature*, Paris : Côté-femmes.

Gupta, G.R. (2000). « Gender, Sexuality, and HIV/AIDS : The What, the Why, and the How », *XIIIth International AIDS Conference*, Durban, South Africa, 12 juillet.

Gupta, G.R., E. Weiss, P. Farmer, S. Lindenbaum et M.J. Del Vecchio Good (1993). « Women's lives and sex : implications for AIDS prevention ; Women, poverty and AIDS », *Culture, Medicine and Psychiatry*, 17 (4), 399-412.

Illich, I. (1983). *Le genre vernaculaire*, Paris : Éditions du Seuil.

Jenkins, S.R. (2000). « Introduction to the special issue : Defining gender, relationships, and power », *Sex Roles*, 42 (7-8), 467-493.

Kabeer, N. (2000). « Triples rôles, rôles selon le genre, rapports sociaux : le texte politique sous-jacent de la formation à la notion de genre », dans J. Bisilliat et C. Verschuur, *Le Genre : un outil nécessaire. Introduction à une problématique*, Cahiers genre et développement, (1), 155-174.

Kouinche, A.M., et E. Tagne (1998). « Traditional norms, beliefs, and practices regarding adolescent sexuality in Bandjoun (Western Cameroon) », dans B. Kuaté-Defo, *Sexuality and reproductive health during adolescence in Africa :*

with special reference to Cameroon, Ottawa : University of Ottawa Press, 109-117.

Laufer, J., C. Marry et M. Maruani (2001). « Introduction », dans J. Laufer, C. Marry et M. Maruani, *Masculin-Féminin : questions pour les sciences de l'homme*, Paris : Presses universitaires de France, 11-24.

OMS (2002). *Rapport mondial sur la violence et la santé*, Genève : Organisation mondiale de la santé.

Ortner, S.B., et H. Whitehead (1985). « Introduction : Accounting for sexual meanings », dans S.B. Ortner et H. Whitehead, *Sexual meanings : The cultural construction of gender and sexuality*, Cambridge : Cambridge University Press, 1-27.

Scott, J. (2000). « Genre : une catégorie utile d'analyse historique », dans J. Bisilliat et C. Verschuur, *Le Genre : un outil nécessaire. Introduction à une problématique*, Cahiers genre et développement, (1), 41-67.

Shell-Duncan, B., et Y. Hernlund (2000). *Female « circumcision » in Africa : culture, controversy and change*, Boulder : Lynne Rienner Publishers.

Sow, F., et C. Bop (2004). *Notre corps, notre santé. La santé et la sexualité des femmes en Afrique subsaharienne*, Paris : L'Harmattan.

Tabet, P. (1998). *La construction sociale de l'inégalité des sexes : des outils et des corps*, Paris : L'Harmattan.

Tchack, S. (1999). *La sexualité féminine en Afrique : domination masculine et libération féminine*, Paris : L'Harmattan.

UN (2000). *The World's Women 2000 : Trends and Statistics*, New York : United Nations. http ://www.un.org/depts/unsd/ww2000/table4a.htm.

Vangroenweghe, D. (2000). *Sida et sexualité en Afrique*, Bruxelles : Éditions EPO.

Weiss, E., D. Whelan et G.R. Gupta (2000). « Gender, sexuality and HIV : Making a difference in the lives of young women in developing countries », *Sexual and Relationship Therapy*, 15 (3), 233-245.

Whitehead, S.M. (2002). *Men and masculinities : key themes and new directions*, Cambridge : Polity Press.

WHO (1998). *Gender and health : Technical Paper*, Genève : World Health Organisation. Reference WHO/FRH/WHD/98.16.

Wojcicki, J.M., et J. Malala (2001). « Condom use, power and HIV/AIDS risk : sex-workers bargain for survival in Hillbrow/Joubert Park/Berea, Johannesburg », *Social Science and Medicine*, 53, 99-121.

Les hommes et leur santé : un portrait, une analyse, des questionnements

GILLES TREMBLAY, FRANÇOIS DÉRY

L a santé des hommes demeure un sujet relativement nouveau au Québec, et ce, bien que des données alarmantes soient déjà disponibles depuis plusieurs années. En effet, les hommes sont surreprésentés notamment en ce qui concerne le suicide, les accidents de la route, dans le sport et au travail, l'abus de substances psychoactives et le jeu pathologique, pour ne nommer que quelques domaines. Ainsi, réfléchir sur les besoins des hommes en matière de santé exige non seulement de polariser notre attention sur les problèmes de santé spécifiquement masculins comme le cancer de la prostate ou des testicules, les troubles érectiles et l'andropause, mais aussi de porter un regard plus général sur le rapport que les hommes entretiennent avec leur santé, ainsi que sur la manière dont les services s'adaptent ou non aux réalités masculines. On sait par exemple que traditionnellement les hommes consultent peu, ou du moins plus tardivement, dans le processus de recherche de soins de santé (Dulac, 1997, 2001). Ce texte se propose donc, après avoir dressé un portrait général de la santé des hommes au Québec et les principaux modèles explicatifs du rapport des hommes à leur santé, d'analyser l'adaptation des services aux particularités masculines. Il s'inscrit dans une perspective où la santé n'est pas envisagée seulement comme l'absence de maladie, mais dans ses aspects sociaux et culturels qui influencent l'état de santé d'une population donnée, ici les hommes.

Cette perspective inscrit le genre comme l'un de facteurs importants à prendre en considération dans l'analyse de la situation.

LA SANTÉ DES HOMMES : UN CHAMP D'ÉTUDE EN ÉMERGENCE

Au Québec, même si certains avaient sonné l'alarme il y a déjà une bonne vingtaine d'années (Antil, 1985 ; Perreault, 1986), ce n'est que récemment, avec les recherches sur la demande d'aide des hommes (Dulac et Groulx, 1999 ; Dulac, 1997, 2001 ; Turcotte et autres, 2002), la monographie sur la santé des hommes (Tremblay et autres, 2005), le rapport Rondeau (Rondeau et autres, 2004) et le nouveau programme de recherche sur la santé des garçons et des hommes de l'Institut sur la santé des femmes et des hommes, que l'on peut dire que la santé des hommes est devenue un réel domaine d'études. Même si la revue québécoise à grand tirage *Actualité* (2002, 2009) a publié à deux reprises un dossier sur le sujet et que la revue *L'Actualité médicale* de janvier 2009 interpelait le ministère de la Santé et des Services sociaux avec un titre choc « Le MSSS a-t-il abandonné les hommes ? », ce champ d'étude, bien qu'il soit émergent, demeure marginal par rapport à la recherche et à l'intervention sur la santé des femmes par exemple, ou en comparaison de ce qui se fait dans ce domaine dans d'autres pays comme l'Australie.

La recherche sur la santé des hommes s'inscrit clairement dans la reconnaissance de plus en plus grande du champ d'étude plus large sur les hommes et les masculinités. Critiquant le fait que le sexe masculin soit pris comme référence, les études sur le genre féminin ont commencé à se développer dès les années 1960. Ce n'est que depuis les années 1980 qu'ont commencé les études sur le genre masculin, lesquelles se penchent notamment sur les attentes, règles et normes sociales associées au fait d'être un homme. Au Québec, les études sur les hommes et les masculinités ont d'abord porté sur la paternité et la violence pour s'étendre progressivement vers d'autres réalités : les abus sexuels vécus dans l'enfance, la santé physique et la santé mentale, la réussite scolaire des garçons, etc. (Lindsay, Rondeau et Desgagnés, à paraître). Dans d'autres pays, dont l'Australie, les États-Unis, la Grande-Bretagne et l'Irlande, pour ne citer que ceux-là, la santé a rapidement représenté un des principaux axes de recherche et d'intervention concernant les

hommes et les masculinités avec de nombreuses initiatives, des regrou-
pements, des colloques et des congrès scientifiques. Même des chaires
de recherche lui sont consacrées.

Ce champ d'étude est aujourd'hui suffisamment bien délimité pour
que l'on puisse avoir une définition claire de la santé des hommes. Ainsi,
l'Union européenne considère qu'une question relève de la santé des
hommes lorsqu'elle

> émerge des facteurs physiologiques, psychologiques, sociaux, culturels ou
> environnementaux qui ont des conséquences particulières sur les garçons
> ou les hommes ou qu'elle nécessite des actions propres au genre masculin
> pour obtenir des améliorations en matière de santé ou de bien-être à un
> niveau individuel ou populationnel (traduction libre de l'Eugloreh Pro-
> ject, 2009, dans Wilkins et Savoye, 2009 : 7).

Cette définition fait suite à la déclaration de Vienne sur la santé
des garçons et des hommes de 2005 qui reconnaît leur santé comme
un champ distinct et important. Promue par l'European Men's Health
Forum (EMHF), cette déclaration a été adoptée par de nombreuses
organisations européennes et dans d'autres pays, dont l'Australie. Au
sens de l'EMHF, cette définition inclut les dimensions physiologiques,
psychologiques, sociales, culturelles et environnementales de la santé.
Il s'agit donc d'une vision globale de la santé et non d'une santé axée
seulement sur la maladie, comme le veut le modèle médical traditionnel.
Par ailleurs, en mettant l'accent sur l'amélioration de la santé et du
bien-être, elle invite à s'intéresser aux capacités et pas seulement aux
déficits. Alors que les premières études sur la santé des hommes étaient
essentiellement des recherches médicales qui portaient sur l'appareil
génital (cancer de la prostate et des testicules, andropause, dysfonctions
sexuelles), ou qu'elles s'inscrivaient encore dans une sociologie des
déficits masculins affectant la santé (prise de risques inutiles, consultation tardive ou absente, etc.), cette nouvelle perspective invite à
envisager plus largement ce qu'on pourrait appeler la « culture de
santé » qui est offerte aux garçons et aux hommes. Nous y reviendrons
plus loin lorsque nous aborderons quelques modèles explicatifs.

POURQUOI S'INTÉRESSER À LA SANTÉ
DES GARÇONS ET DES HOMMES ?

Sur le plan politique, l'adoption de deux grandes orientations amène nécessairement le gouvernement du Québec à se préoccuper davantage de la santé des garçons et des hommes. D'abord, le gouvernement canadien a adopté l'analyse comparative des sexes à la suite des accords de Beijing de 1995, ce qui a amené l'adoption en 2000 de la Politique de Santé Canada en matière d'analyse comparative entre les sexes. Le Québec est allé dans la même direction en 1997 avec l'adoption de l'Analyse différenciée selon les sexes, vocable pour lequel il n'y a d'ailleurs pas toujours consensus. Le Conseil du statut de la femme (Lepage, 2005) a tendance à parler plutôt d'approche intégrée de l'égalité entre les hommes et les femmes (AIÉ). Malgré les débats que cette approche soulève, il n'en demeure pas moins, comme le soulignait Antil (2001), qu'elle invite à se préoccuper de la santé des hommes. Ainsi, les politiques en matière d'égalité entre les genres établies sur le plan international amènent des développements importants en ce qui concerne le genre masculin (Wilkins et Savoye, 2009). Ce type d'analyse des politiques oblige en fait à se concentrer sur la spécificité selon le genre et ainsi à mettre de côté les éternelles « guerres entre les sexes » cherchant à savoir qui aura la priorité en matière de santé. Se situant au premier rang sur le plan international en matière de politiques sur l'égalité des genres, la Norvège, par exemple, a établi des règles concernant la recherche de parité aux conseils d'administration des entreprises et au gouvernement pour favoriser une plus grande participation des femmes, tout en créant divers programmes qui encouragent les hommes à choisir les professions de soins.

Par ailleurs, les orientations ministérielles en matière de santé et de services sociaux adoptées au Québec au cours des dernières années s'alignent clairement vers une approche populationnelle. Cette approche se base sur le développement des services non plus uniquement à partir de la demande mais bien de l'état de santé de la population du territoire. En ce sens, elle favorise des stratégies proactives. Les centres de santé et des services sociaux ont notamment un rôle important sur ce plan (Breton, 2009). Comme les hommes demandent moins de services, mais sont plus à risque sur plusieurs aspects, cette approche oblige en quelque sorte à regarder de plus près la situation en matière de santé des garçons et des hommes. À cet égard, les données probantes indiquent qu'il est urgent de s'intéresser à la santé des garçons et des hommes pour améliorer la situation de l'ensemble de la population.

QUELS SONT LES PRINCIPAUX POINTS QUI PORTENT OMBRAGE À LA SANTÉ DES GARÇONS ET DES HOMMES ?

La multiplicité des réalités masculines

Clarifions dès le départ le fait que les hommes ne constituent pas un groupe homogène, pas plus que les femmes d'ailleurs. Les recherches sur les déterminants de la santé conviennent qu'une juxtaposition de facteurs de risque expose les hommes à divers problèmes de santé. Parmi les marqueurs qui déterminent les différences entre les hommes en matière de santé, notons l'âge, l'origine ethnique (notamment la réalité des autochtones), les liens sociaux et le type d'emploi exercé (Tremblay et autres, 2005). On constate par exemple que la pauvreté joue un rôle important en ce qui concerne les problèmes de malnutrition, quel que soit le sexe.

Une espérance de vie qui s'améliore

Notons que, de manière générale, les hommes, comme les femmes d'ailleurs, se portent bien. Ainsi, au Québec, une très forte proportion (89,4 %) d'hommes et de femmes se considèrent en bonne santé (ISQ, 2009). Plus encore, l'espérance de vie à la naissance, qui constitue l'un des principaux indicateurs de l'état de santé d'une population, augmente constamment. Ainsi, alors que l'espérance de vie des hommes à la naissance était de 70,2 années en 1979 (écart de 7,4 années avec les femmes), elle a atteint 78,6 ans en 2008 (écart de 4,6 années) (ISQ, 2009). Notons que le Canada occupe le cinquième rang avec la plus longue espérance de vie des hommes parmi les pays industrialisés après le Japon (79,2 ans, écart de 6,7 années avec les femmes), l'Australie (79,2 ans, écart 4,7 ans), la Suisse (79,1 ans, écart de 5,1 ans) et la Suède (78,7 ans, écart de 4,3 ans). Il est aussi au deuxième rang pour le plus faible écart entre les hommes et les femmes (OMS, 2009).

Les causes principales de mortalité masculine

Même si leur espérance de vie s'améliore, les hommes meurent plus précocement que les femmes. Plus encore, les hommes sont plus fortement concernés que les femmes par 14 des 15 principales causes de décès au Canada (Robertson et autres, 2009). Par contre, au Québec, les écarts entre les deux sexes sont souvent moins grands qu'ailleurs et atteignent même parfois des taux similaires, notamment en ce qui concerne les maladies cardiaques (ISQ, 2006) (voir le tableau 1).

TABLEAU 1

Taux ajustés de mortalité selon certaines causes et le sexe, taux annuel moyen pour 100 000, Québec, 2006

Principales maladies	Hommes	Femmes	Ratio hommes/femmes
Tumeurs	253	228,3	1,11
Organes génitaux et voies urinaires	33	25,3	1,3
Cancer du poumon	84,5	59,2	1,43
Diabète	20,9	19,9	1,05
Appareil respiratoire	60,2	57,6	1,05
Appareil circulatoire	190,4	192,1	0,99
Cardiopathies ischémiques	111,6	93,2	1,2
Suicides	24,3	7,1	3,42
Ensemble des traumatismes	61,9	31,7	1,95
Ensemble de toutes les causes	**719,5**	**707,2**	**1,02**

Source : Institut de la statistique du Québec (mise à jour le 5 mai 2009), Décès et taux de mortalité selon la cause et le sexe, Québec, 2006.

Des comportements dommageables pour la santé

Il n'en demeure pas moins que les hommes sont proportionnellement plus nombreux à adopter des comportements dits « à risque ».
Selon des études américaines, de manière générale, les hommes mangent
plus de viande rouge, moins de fibres, moins de fruits et de légumes,
plus d'aliments forts en gras saturés et en cholestérol (Courtenay, 2000).
Ils sont aussi proportionnellement plus nombreux que les femmes à
présenter un poids excessif (32 % c. 24 %) (Tremblay et Lapointe-
Goupil, 2005). Les taux de personnes qui font usage de la cigarette sont
comparables entre les hommes et les femmes ; cependant, les hommes
se distinguent pour être de « gros fumeurs » (un paquet de cigarettes
et plus par jour). Cela est d'autant plus vrai chez les hommes pauvres
et peu scolarisés. Quant à l'alcool, ce sont principalement des hommes
que l'on retrouve parmi les « gros consommateurs », notamment ceux
qui s'enivrent (Tremblay et Lapointe-Goupil, 2005). Kuzminski et
Demers (1998) tracent le profil type du buveur : un homme, jeune,
célibataire, stressé, hautement scolarisé, qui travaille, qui se situe dans
les quantiles supérieurs de revenu, qui boit pour oublier ses soucis, se
détendre ou se sentir bien. Notons que l'usage de drogues est pour sa
part un phénomène principalement jeune et masculin (Tremblay et
Lapointe-Goupil, 2005). Cela est d'autant plus vrai lorsqu'on parle de
polytoxicomanies. De plus, les hommes sont surreprésentés en ce qui
concerne les traumatismes, que ce soit à la suite d'un accident dans la
pratique du sport[1], au travail (2,32 fois le taux féminin) ou lors de
l'usage d'un véhicule à moteur[2], sans compter le suicide (le taux
d'hommes s'étant suicidés est plus de trois fois supérieur à celui des
femmes, voir le tableau 1). Enfin, tous cancers confondus, ils sont
proportionnellement plus souvent atteints d'un cancer que les femmes
(voir le tableau 2).

---

1. Notamment le taux de décès par noyade était en 2006 de 1,2 par 100 000 habitants alors
    qu'il n'est que de 0,3 pour les femmes (ISQ, 2009 – données mises à jour le 5 mai 2009,
    disponibles sur Internet à http://www.stat.gouv.qc.ca/donstat/societe/demographie/
    naisn_deces/310_2006_tousages.htm, consulté le 12 août 2009).
2. La même source nous indique que les taux de décès dans l'usage d'un véhicule à moteur
    étaient respectivement de 14,2 et 5,7 chez les hommes et les femmes en 2006.

TABLEAU 2

**Incidence normalisée des quatre principales sources de cancer
selon le sexe, Québec, 2009 pour 100 000 personnes**

	Hommes	Femmes
Tous les cancers	491	383
Prostate / Sein	98	109
Poumon	95	53
Colorectal	69	43

Source : Comité directeur de la Société canadienne du cancer, *Statistiques canadiennes sur le cancer 2004-2009*.

Enfin, les hommes sont plus souvent responsables et victimes à la fois d'actes de violence physique, incluant l'homicide (Tremblay, Fonséca et Lapointe-Goupil, 2004). Ils sont surreprésentés dans les centres de réadaptation à l'adolescence et les centres de détention à l'âge adulte.

Toutes ces données montrent que les garçons et les hommes doivent recevoir une attention particulière en matière de santé, dans la mesure où ils sont à risque sur plusieurs plans.

Attitudes des hommes face à leurs problèmes de santé

Ce qui nous interpelle ici, c'est le fait que les hommes ont moins recours aux services de soins de santé que les femmes, même en tenant compte des exigences reliées à l'appareil reproducteur féminin. Il y a donc un paradoxe : de manière générale, alors que les hommes encourent de nombreux risques sur le plan de la santé, ils sont nettement moins nombreux à se présenter pour demander de l'aide ou des soins. Ils prennent moins d'information concernant la santé, ce qui est visible par l'utilisation du service Info-Santé par exemple (12,2 % c. 22,8 %[3]) (Statistique Canada, 2005). Ils sont proportionnellement presque deux fois plus nombreux que les femmes à ne pas avoir de médecin de famille (à l'exception des hommes âgés de 65 ans et plus) (voir le tableau 3),

3. Taux normalisés selon l'âge, personnes de 15 ans et plus ayant utilisé les services d'Info-santé. Source : *Enquête sur la santé des collectivités canadiennes, 2005*.

ce qui se conjugue la plupart du temps avec une absence d'examen médical périodique et de test de dépistage (Courtenay, 2000a). En fait, le taux de participation régulière aux différents tests de dépistage sur le plan de la santé est de 60 % supérieur chez les femmes que chez les hommes (Myers et autres, 1991, dans Courtenay, 2000b). Pourtant, l'importance de l'examen médical périodique et des principaux tests sanguins est bien documentée pour ses effets sur le dépistage du cholestérol et de la haute tension artérielle, donc de la prévention des problèmes du système cardiovasculaire, d'autant plus que les hommes ont plus souvent que les femmes un haut niveau de tension artérielle (Courtenay, 2000b).

TABLEAU 3

Pourcentage de la population de 12 ans et plus n'ayant pas de médecin de famille selon le sexe, Québec, 2005

	Hommes	Femmes	Total
12 à 19 ans	34,3	24,8	32,1
20 à 34 ans	52,7	25,9	39,8
35 à 44 ans	37,9	21,2	29,5
45 à 64 ans	21,5	10,5	15,9
65 ans et plus	7,7	7,2	7,4
Total 12 ans et plus	31,9	17,4	24,5

Source : Statistique Canada, Enquête sur la santé des collectivités canadiennes, 2005. *105-0358 : Médecin de famille, selon le groupe d'âge et le sexe, population à domicile de 12 ans et plus (ESCC 3.1, janvier à juin 2005), Canada, provinces et régions sociosanitaires (limites de juin 2005), aux 2 ans,* CANSIM (base de données).

En fait, lorsque l'on regarde les courbes concernant les consultations en CLSC, on observe que davantage d'interventions sur le plan médical sont réalisées auprès des garçons jusqu'à l'âge de 11 ans, comparativement aux filles, mais que l'inverse se produit très rapidement dès l'arrivée de l'entrée dans l'adolescence jusqu'à la cinquantaine (voir le graphique 1) et les écarts sont encore plus marqués sur le plan psychosocial (voir le graphique 2).

GRAPHIQUE 1
**Consultations médicales en CLSC selon l'âge et le sexe
Année financière 2008-2009**

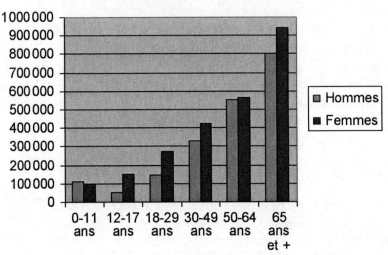

Source : Régie de l'assurance maladie du Québec. Banque provinciale I CLSC. Année financière 2008-2009.

GRAPHIQUE 2
**Consultations psychosociales en CLSC selon l'âge et le sexe
Année financière 2008-2009**

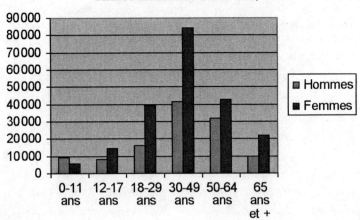

Source : Régie de l'assurance maladie du Québec. Banque provinciale I CLSC. Année financière 2008-2009.

À cet égard, de nombreuses recherches ont mis en évidence les liens entre les valeurs liées à la masculinité traditionnelle et les difficultés des hommes à demander de l'aide en général et dans le domaine de la santé mentale en particulier (Dulac, 1997, 2001 ; Galdas, Cheater et Marshal, 2005 ; George et Fleming, 2004 ; Good, Dell et Mintz, 1989 ; Grant et Potenza, 2006 ; Houle, 2005 ; Müller-Leimhühler, 2002 ; Turcotte et autres, 2002). Dulac (1997) mentionnait les trois facteurs qui amènent les hommes à consulter : le corps qui « flanche », une situation de crise ou encore des pressions de l'entourage, particulièrement de la conjointe. Souvent, les hommes connaissent peu les ressources disponibles et entretiennent des conceptions négatives à leur égard (Sayers, Miller et Ministerial Council for Suicide Prevention, 2004 ; Tudiver et Talbot, 1999).

Réactions et adaptations des services aux réalités masculines

Les services de santé auraient des difficultés à s'adapter aux réalités masculines (Dulac, 1997, 2001 ; Sayers et autres, 2004 ; Tudiver et Talbot, 1999). Plusieurs auteurs (Brooks, 1998 ; Dulac et Groulx, 1999 ; Dulac, 2001) suggèrent en effet que l'offre de services, du moins sur le plan psychosocial, est conçue à partir de valeurs correspondant davantage au stéréotype féminin (voir le tableau 4), et devant lesquelles les hommes plus « traditionnels » semblent vivre des inconforts. Par exemple, toute demande d'aide implique de devoir dévoiler sa vie privée, de parler de questions souvent considérées très intimes. La personne aidée se sent démunie, vulnérable, souvent honteuse et remet en quelque sorte le pouvoir à l'aidant. L'aidant s'attend à ce que la personne se laisse guider selon ses recommandations. Or, les exigences liées au modèle dominant de masculinité pousse vers le contraire. Selon le stéréotype, un homme doit être fort et maître de la situation. Plus encore, il doit savoir se débrouiller seul et sans aide.

TABLEAU 4

Des demandes contradictoires

Exigences de la thérapie	Exigences de la masculinité
– dévoiler la vie privée	– cacher sa vie privée
– renoncer au contrôle	– maintenir le contrôle
– intimité non sexuelle	– sexualiser l'intimité
– montrer ses faiblesses	– montrer sa force
– expérimenter la honte	– exprimer sa fierté
– être vulnérable	– être invincible
– chercher de l'aide	– être indépendant
– exprimer ses émotions	– être stoïque
– être introspectif	– agir, faire
– s'attaquer aux conflits	– éviter les conflits
– affronter sa douleur	– nier sa douleur, sa souffrance
– reconnaître ses échecs	– persister indéfiniment
– admettre son ignorance	– feindre l'omniscience

Source : Brooks (1998), traduit dans Dulac et Groulx (1999).

En fait, les professionnels et les intervenants ont construit une vision des femmes, perçues comme faibles, ayant besoin d'être prises en charge, et une vision des hommes, perçus comme forts, dont les problèmes de santé demeurent trop souvent invisibles (Courtenay, 2000b ; Perreault, 1986). Cette construction sociale influence inévitablement l'offre et le type de services professionnels présentés aux hommes. Lors des consultations médicales, comparativement aux femmes, moins de temps serait consacré aux hommes et moins de conseils et d'informations leur seraient fournis (Courtenay, 2000b). Des études récentes révèlent que les professionnels et les intervenants auraient de la difficulté à décoder les demandes d'aide provenant d'hommes dont la souffrance s'exprime parfois de manière agressive (Dulac, 1997, 2001). Par exemple, le dépistage de la dépression chez les hommes s'avère problématique (Cochran et Rabinovitz, 2000). Reconnue comme un important facteur de risque suicidaire, la dépression est plus fréquemment diagnostiquée chez les femmes que chez les hommes qui meurent davantage du suicide (Houle, 2005 ; Lynch et Kilmartin, 1999). Lesage (2000) a constaté que plus de la moitié des jeunes hommes décédés par suicide auraient consulté un omnipraticien au cours de la dernière année de leur vie. Dans une étude menée au Nouveau-Brunswick, Séguin et ses collègues (2005) ont montré, à la suite d'autopsies psychologiques de la presque totalité des 109 cas de suicides survenus en 2002-2003, que près de 70 % des hommes qui se sont suicidés souffraient de dépression et que la grande majorité d'entre eux (76,5 %) avaient été en contact avec des services spécialisés de santé mentale ou de toxicomanie au cours de l'année précédant leur suicide et, pour un peu plus de la moitié (51 %) de ces derniers, au cours du dernier mois de leur vie. Les services ne semblent pas en mesure de dépister la dépression ou d'autres facteurs de risque suicidaire chez les hommes. Des études récentes révèlent que les professionnels et les intervenants auraient de la difficulté à décoder les demandes d'aide provenant d'hommes dont la souffrance s'exprime parfois de manière agressive (Dulac, 1997, 2001).

COMMENT COMPRENDRE LE RAPPORT DES HOMMES À LEUR SANTÉ ?

À ce jour, peu de chercheurs ont tenté de présenter un modèle explicatif pour bien comprendre les difficultés particulières des hommes en matière de santé. Cependant, de nombreux auteurs s'accordent à dire que les dimensions socioculturelles ont nettement plus d'importance que les dimensions biologiques afin d'expliquer la situation des hommes en matière de santé (Courtenay, 2000a et b ; Doyal, 2001 ; Robertson, 2007 ; Stibbe, 2004 ; White, 2002). Ainsi, selon Siegfried (2009), sur les cinq à dix ans qui séparent l'espérance de vie des hommes et des femmes dans la plupart des pays industrialisés, les aspects biologiques n'expliqueraient qu'environ un an de l'écart. À partir d'une vaste recension des écrits, cet éminent médecin spécialiste en santé des hommes en vient à conclure que la forte majorité des facteurs explicatifs de la mortalité masculine sont davantage d'ordre socioculturel.

Ainsi, selon Courtenay (2000b), les pressions et les croyances reliées à la masculinité traditionnelle sont à la base de la manière dont les hommes agissent en matière de santé mais aussi des attitudes des professionnels de la santé. Le stéréotype de l'homme fort, stoïque, capable d'encaisser les coups, à la manière du « héros plaies et bosses », comme le qualifiait Duret (1999), demeurerait très présent dans l'inconscient collectif. La socialisation reliée aux rôles de genre influencerait le recours à l'aide, et ce, à toutes les étapes du processus, à commencer par le fait même de ressentir les symptômes. Dans son analyse de la revue populaire *Men's Health*, Stibbe (2004) démontre comment cette revue, sous une image remodelée (notamment celle du corps bien musclé et épilé), véhicule des valeurs typiques de la masculinité traditionnelle tout en reliant la masculinité avec des habitudes malsaines, telles consommer davantage de viande rouge, préférer les repas rapides, gagner de la masse corporelle en buvant de la bière, avoir plusieurs partenaires sexuelles, etc.

Pour sa part, Robertson (2007) propose un modèle plus complexe qui tente de tenir compte des nombreuses variations parmi les hommes. Selon ce modèle, les comportements des hommes en matière de santé gravitent autour de deux grands axes comportant chacun deux pôles qui s'opposent. Selon le premier axe, les comportements masculins gravitent entre les pressions de la masculinité « traditionnelle » qui incitent les hommes à ne pas trop se soucier de leur santé (*don't care*), tout en faisant en sorte que, comme bons citoyens et bons pères de famille, ils devraient s'en préoccuper (*should care*). Sur le deuxième axe, d'une part, ils doivent chercher à rester maître de la situation, à gérer les risques, leur santé (*control*), mais aussi, et au contraire, se doter de moments pour relâcher (*release*) la tension. Ainsi, les hommes navigueraient au sein de ce quadrant, comme dans un *no man's land* symbolique, adaptant une position ou une autre selon le contexte et la situation.

Dans la monographie sur la santé des hommes, nous avons proposé un modèle orienté principalement sur le comportement des hommes en matière de santé (voir la figure 1) même s'il s'agit sans aucun doute d'une interaction entre les services et les hommes et non pas d'un rapport unilatéral (Cloutier et autres, 2005). À l'instar des travaux de Dulac (1997, 2001) et de Dulac et Groulx (1999) sur la demande d'aide des hommes et ceux de Courtenay (2000a et b), cette approche met l'accent sur la socialisation masculine. Les observations faites au cours de l'analyse des données et la recension des écrits nous amenaient à proposer cinq facteurs explicatifs du décalage décelé entre la santé subjective et la santé objective des hommes : 1) la sensibilité différentielle, 2) le biais optimiste, 3) le radicalisme comportemental, 4) certains blocages relationnels et 5) l'identité de rôle de genre.

FIGURE 1
Facteurs explicatifs de la particularité de la santé des hommes

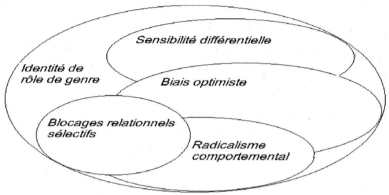

Source : Cloutier, Tremblay et Antil (2005 : 157).

Enfin, Macdonald (2005), reprenant le modèle canadien de la promotion de la santé, insiste sur le rôle des environnements qui créent les conditions favorables ou défavorables à la santé. Critiquant les limites du modèle biomédical essentiellement centré sur les déficits (ou les maladies), il propose une approche qu'il nomme « salutogène » en s'appuyant sur les forces des hommes et non plus seulement sur les comportements problématiques. Il prend pour exemple la prévention du cancer du sein chez les femmes dont les vastes campagnes ont contribué à construire une « culture de santé » faisant en sorte que la majorité des femmes de 50 ans et plus participent aux examens de dépistage (mammographie, auto-examen des seins, etc.), ce qui n'était pas le cas il y a une vingtaine d'années. D'après ce modèle, il revient à l'État de mettre en place les conditions nécessaires pour amener les hommes à développer aussi une « culture de santé » en s'appuyant sur les aspects positifs de la masculinité.

Bref, tous les modèles explicatifs mettent l'accent sur les aspects socioculturels. En fait, les données probantes viennent confirmer le fait que les problèmes de santé des hommes ne sont basés que très faiblement sur des critères physiologiques mais sont plutôt fortement reliés aux effets de la socialisation, tant sur les hommes eux-mêmes que sur les services qui leur sont offerts. Comprise de cette manière, la santé des hommes n'est plus seulement leur problème mais bien celui de la société tout entière.

PISTES DE SOLUTION POUR AMÉLIORER LA SANTÉ DES HOMMES ?

La première chose à faire est sans aucun doute de reconnaître la situation et de cesser d'en minimiser les effets. Que l'on prenne la question à partir d'une perspective de la santé des populations ou encore sous l'angle de l'équité et de la justice sociale, la santé des garçons et des hommes doit faire partie d'un plan stratégique de nos gouvernements. Ainsi, les vieilles positions défensives ou « revanchardes » où l'on souligne que l'équité en matière de santé s'adresse uniquement aux femmes, ou que les hommes « méritent ce qu'ils ont », doivent définitivement être mises de côté. Il faudrait prendre davantage en considération les avancées qui ont lieu sur le plan international, particulièrement dans certains pays comme l'Australie, la Norvège, l'Irlande ou le Brésil.

Il revient au gouvernement et aux services publics de créer des environnements favorisant la santé des hommes. Il devient nécessaire d'offrir des programmes d'éducation mais aussi de revoir la manière dont les services sont offerts pour s'assurer qu'ils rejoignent efficacement les garçons et les hommes. Des programmes de promotion et de prévention doivent être établis en utilisant des messages qui correspondent bien aux garçons et aux hommes (Macdonald, 2005 ; White, 2002). Un bon exemple pour déjouer la stigmatisation liée à la demande d'aide chez les hommes est sans aucun doute la campagne lancée par l'équipe du Centre de prévention du suicide du Saguenay–Lac-Saint-Jean sous le titre *Demander de l'aide, c'est fort !* De plus, il ne faut pas forcément attendre que les hommes recourent aux services de santé. Il conviendrait aussi de créer des programmes qui vont vers eux, dans les entreprises et les centres sportifs notamment (Rondeau et autres, 2004 ; Tremblay et autres, 2005). Des études ont démontré les effets positifs de tels programmes, que ce soit sur le plan de la santé physique (Williams et Bruno, 2007) ou encore de la santé mentale (Tremblay et autres, 2009). En Australie, des unités mobiles se promènent dans les entreprises, les centres sportifs et les quincailleries pour y effectuer divers tests de dépistage. Au Brésil et au Mexique, les cours d'initiation au soccer pour les préadolescents représentent un lieu privilégié pour éduquer les garçons à des saines habitudes de santé, à la prévention des accidents dans le sport de même qu'à une saine compétition sans violence.

De manière générale, les services de santé doivent aussi présenter une image davantage ouverte aux hommes (*male friendly*). Cela commence par la publicité, mais aussi le décor de la salle d'attente, les revues qu'on met à la disposition de la clientèle, la manière d'accueillir, les approches utilisées en relation d'aide, du personnel bien formé à l'intervention auprès des hommes, etc. Bref, les services doivent assurer un environnement invitant pour la clientèle masculine autant que pour la clientèle féminine.

Par ailleurs, des mesures devraient également être mises en place afin de donner davantage accès à un plus grand nombre d'hommes dans les professions d'aide et de soins, cela afin de contribuer à changer l'image stéréotypée selon laquelle il s'agit de professions « féminines » et, du même coup, que l'aide et le soin sont « une affaire de femmes ». Historiquement, il y a toujours eu des hommes infirmiers, travailleurs sociaux, psychologues, ergothérapeutes et même sages-femmes. À ce titre, la Norvège fait actuellement figure de proue avec des projets pilotes favorisant une plus grande participation des hommes dans les professions liées aux soins et à l'éducation des enfants.

CONCLUSION

Dans ce chapitre, nous avons dressé un portrait général des connaissances actuelles en matière de santé des hommes. Il s'agit d'un champ de recherche et de préoccupation encore en émergence. Néanmoins, les données probantes disponibles vont dans le même sens : il y a une certaine urgence à se préoccuper de la santé des garçons et des hommes car ils sont à risque sur plusieurs plans. À ce jour, quelques modèles explicatifs sont disponibles. Parmi ceux-ci, nous privilégions un modèle interactionnel au sein duquel l'individu et l'environnement sont en constante interaction. Ce modèle permet de montrer que les stéréotypes associés aux rôles de genre influencent les attitudes des hommes en regard de leur santé mais aussi la manière dont les professionnels et les services réagissent. Par conséquent, l'amélioration de la santé de la population passe par une analyse des effets du genre sur la santé et par des mesures qui s'adressent précisément aux garçons et aux hommes mais aussi aux professionnels des services de même qu'aux gestionnaires et politiciens qui décident des politiques en matière de santé, et ce, afin de procurer des environnements favorables à la santé des hommes, que ce soit des programmes de formation, des analyses d'environnements de santé ou même de la décoration des salles d'attentes. Enfin, on doit toujours se rappeler que les hommes ne constituent pas un groupe homogène et qu'il est nécessaire d'opter pour une approche intersectionnelle qui tient compte des multiples facettes comme l'âge, l'origine ethnique, l'orientation sexuelle et les capacités physiques. Ainsi, des groupes particuliers sont identifiés comme étant plus à risque et nécessitant des approches plus ciblées (Tremblay et autres, 2004) :

- Les jeunes hommes, au sujet des habitudes alimentaires (particulièrement la consommation de « malbouffe »), de l'usage de drogues et de l'enivrement, des accidents de la route ou du travail, de la pratique sportive et du suicide.

- Les hommes d'âge moyen (25-44 ans) en ce qui concerne le peu d'exercice physique de loisir et la vulnérabilité face au suicide. Les hommes pauvres, sans emploi et peu scolarisés au sujet de l'insécurité alimentaire, de l'exercice physique, du poids corporel, des pratiques sexuelles à risque et de la perception de l'état de santé mentale.

- Les manœuvres et les ouvriers non qualifiés, en matière d'habitudes alimentaires, de pratiques sexuelles à risque et d'accidents au travail.

- Les hommes vivant seuls (célibataires, veufs, séparés ou divorcés) sur plusieurs plans : les habitudes alimentaires, l'abus d'alcool et de drogues, les comportements sexuels à risque, les accidents de la route, du travail et de loisir, la détresse psychologique, la perception de l'état de santé mentale et le suicide.

- Les homosexuels et les bisexuels, surtout les jeunes, en matière de détresse psychologique et de suicide, ainsi que des pratiques sexuelles à risque, particulièrement au début de leur processus de *coming out*. Les hommes issus d'immigration récente au sujet du stress d'adaptation et du réajustement des rôles sociaux pouvant également constituer des facteurs de risque de violence conjugale et de violence familiale.

- Les hommes autochtones en ce qui a trait au chômage, au logement, à l'alcoolisme et à la toxicomanie, à la violence conjugale et au suicide.

En fin de compte, aborder la santé des hommes et s'engager dans les soins et les interventions qui leur sont destinés demande de concilier des approches sensibles à la réalité épidémiologique et à une réalité sociale particulière. Effectivement, nous avons vu que la santé relevait d'une identité masculine ou d'une dimension sociale de cette identité qui conduit à l'adoption de certains comportements et un type de rapport aux soins. De fait, il semble incontournable de convoquer les sciences sociales pour penser les interventions qui correspondront à leurs besoins.

Références

Antil, T. (1985). « Pourquoi les hommes meurent-ils plus jeunes ? », *Nursing Québec*, 5 (7), 28-33.

Antil, T. (2001). « L'analyse différenciée selon les sexes : implications pour l'intervention auprès des hommes », dans G. Rondeau et S. Hernandez, « Hommes, violence et changement », *Actes du colloque du 17 mai 2001 tenu à Sherbrooke dans le cadre du 69ᵉ congrès de l'ACFAS*, Québec : CRI-VIFF, collection « Réflexions », 13, 133-150.

Antil, T. (2005). « La santé des hommes : une mise en contexte », dans G. Tremblay, R. Cloutier, T. Antil, M.-È. Bergeron et R. Lapointe-Goupil, *La Santé des hommes au Québec*, Québec : Publications du Québec – MSSS et ISQ, 13-20.

Breton, M. (2009). *L'incorporation de la responsabilité populationnelle dans la gestion des CSSS*, Thèse de doctorat. Département d'administration de la santé, Faculté de médecine, Université de Montréal. Disponible en ligne à https:// papyrus.bib.umontreal.ca:8443/jspui/bit stream/1866/3201/2/Breton_ Mylaine_20009_18sept_these.pdf.

Brooks, G.R. (1998). *A new psychotherapy for traditional men*, San Francisco: Jossey-Bass.

Cloutier, R., G. Tremblay et T. Antil (2005). « Les hommes et leur rapport à la santé: proposition d'un modèle explicatif », dans G. Tremblay, R. Cloutier, T. Antil, M.-È. Bergeron et R. Lapointe-Goupil, *La Santé des hommes au Québec*, Québec: Publications du Québec – MSSS et ISQ, 155-166.

Cochran, S., et F.E. Robinovitz (2000). *Men and Depression: Clinical and Empirical Perspectives*, Washington: APA.

Courtenay, W.H. (2000a). « Behavioral Factors Associated with Disease, Injury, and Death among Men: Evidence and Implications for Prevention », *Journal of Men's Studies*, 9 (1), 81-142.

Courtenay, W.H. (2000b). « Engendering Health: A Social Constructionist Examination of Men's Health Beliefs and Behaviors », *Psychology of Men and Masculinity*, 1 (1) 4-15.

Doyal, L. (2001). « Sex, Gender, and Health: The need for a new approach », *Bmj*, 323 (3) 1061-1063.

Dulac, G. (1997). *Les demandes d'aide des hommes*, Montréal: Centre d'études appliquées sur la famille, École de service social, Université McGill.

Dulac, G. (2001). *Aider les hommes... aussi*, Montréal: VLB.

Dulac, G., et J. Groulx (1999). *Intervenir auprès des clientèles masculines. Théories et pratiques québécoises*, Montréal: Centre d'études appliquées sur la famille, École de service social, Université McGill.

Duret, P. (1999). *Les jeunes et l'identité masculine*, Paris: Albin Michel.

Galdas, O.M., F. Cheater et P. Marshal (2005). « Men and Health Help-Seeking Behavior: Literature Review », *Journal of Advanced Nursing*, 49 (6), 613-623.

George, A., et P. Fleming (2004). « Factors affecting men's help-seeking in the early detection of prostate cancer: implications for health promotion », *Journal of Men's Health*, 1 (4), 345-352.

Good, G.E., D.M. Dell et L.B. Mintz (1989). « Male Role and Gender Role Conflict: Relation to Help-Seeking in Men », *Journal of Counseling Psychology*, 36 (3), 295-300.

Grant, J.E., et M.N. Potenza (2006). *Textbook of Men's Mental Health*, Arlington (VA): American Psychiatric Publishings.

Houle, J. (2005). *La demande d'aide, le soutien social et le rôle masculin chez les hommes qui ont fait une tentative de suicide*, Thèse de doctorat, Montréal: Département de psychologie, Université du Québec à Montréal.

Institut de la statistique Québec (2006). *Décès et taux de mortalité selon la cause et le sexe, Québec, 2006.* Disponible en ligne http://www.stat.gouv.qc.ca/donstat/societe/ demographie /naisn_deces/310_2006_tousages.htm.

Institut de la statistique Québec (2009). *Espérance de vie à la naissance et à 65 ans selon le sexe 1980-1982 à 2006-2008.* Disponible en ligne, http://www.stat.gouv.qc.ca/donstat/societe/demograp hie/naisn_deces/4p1.htm.

Institut de la statistique Québec (2009). *Perception de l'état de santé selon le sexe, population de 15 ans et plus, Mauricie–Centre-du-Québec et ensemble du Québec, 1987, 1992-1993, 1998, 2000-2001, 2003 et 2005.* Disponible en ligne, http://www.stat.gouv.qc.ca/regions/profils /profil04/societe/sante/pe rceptions04.htm.

Kuzminski, F., et A. Demers (1998). *Évolution (1978-1994) et déterminants de la consommation d'alcool et de drogues au Québec (analyses secondaires de données d'enquêtes nationales),* Montréal : Université de Montréal et MSSS.

Lepage, F. (2005). *L'approche intégrée de l'égalité entre les hommes et les femmes : une approche transversale dans l'administration publique,* Québec : Conseil du statut de la femme.

Lesage, A.D. (2000). « D'autres pistes d'intervention pour prévenir le suicide chez les hommes au Québec », dans Association québécoise de suicidologie, *Prévenir le suicide au masculin,* Montréal : AQS, 107-114.

Lindsay, J., G. Rondeau et J.-Y. Desgagnés (2010 à paraître). « Bilan et perspectives du mouvement social des hommes au Québec entre 1975 et 2010 », dans J.-M. Deslauriers, G. Tremblay, S. Genst-Dufault et D. Blanchette (dir.), *Masculinités et société : comprendre et intervenir,* Québec : Presses de l'Université Laval.

Lynch, J.L., et C. Kilmartin (1999). *The Pain behind the Mask : Overcoming Masculine Depression,* New York : Haworth Press.

Macdonald, J. (2005). *Environments for Health,* London et Sterling (VA) : Earthscan.

Müller-Leimhühler, A.M. (2002). « Barriers to Help-Seeking by Men : A Review of Sociocultural and Clinical Literature with particular Reference to Depression », *Journal of Affective Disorders,* 71 (1-3), 1-9.

Organisation mondiale de la santé (2009). Site Internet : http://www.who.int/whosis/en/index.html, consulté le 18 juin 2009.

Perrault, C. (1986). « La vulnérabilité relative des hommes face au stress », dans J. Bélanger, J. Broué, C. Guèvremont, C. Larivière, F. Lepage, M. Montagne et J.-P. Simoneau (dir.), *Intervention auprès des hommes,* Compte rendu du colloque 19 et 20 juin 1986, Montréal : Fédération des CLSC du Québec, 105-105.

Régie de l'assurance maladie du Québec. Banque provinciale ICLSC, Année financière 2008-2009.

Robertson, S. (2007). *Understanding Men and Health – Masculinities, Identity and Well-Being*, Bekshire (UK) : Open University Press.

Robertson, S., P.M. Galdas, D.R. McCreary, J. Oliffe et G. Tremblay (2009). « Men's health promotion in Canada : Current context and future direction », *Health Education Journal*, 68 (4), 1-7.

Rondeau, G. (dir.) (2004). *Les hommes : s'ouvrir à leurs réalités et répondre à leurs besoins*, Rapport du Comité de travail en matière de prévention et d'aide aux hommes, Québec : MSSS.

Sayers, M.R., K.M. Miller et Ministerial Council for Suicide Prevention (2004). *Help-seeking of suicidal men aged 17-35 years : A consumer consultation and participation project*, Perth (Australia) : Ministerial Council for Suicide Prevention.

Séguin, M., A. Lesage, G. Turecki, F. Daigle, A. Guay, M.-N. Bayle et R. Landry (2005). *Projet de recherche sur les décès par suicide au Nouveau-Brunswick entre avril 2002 et mai 2003*, Montréal : Centre de recherche Hôpital Douglas.

Siegfried, M. (2009). « Men's Health : the Portal to Sexual Health. Paper presented at the 19th Congress of the World Association of Sexual Health », *Sexual Health and Rights : A Global Challenge*, Goteborg, 21 au 25 juin 2009.

Société canadienne du cancer (2009). *Statistiques canadiennes sur le cancer 2004-2009*, Toronto, Société canadienne du cancer.

Statistique Canada (2005). Enquête sur la santé des collectivités canadiennes, *105-0358 : Médecin de famille, selon le groupe d'âge et le sexe, population à domicile de 12 ans et plus (ESCC 3.1, janvier à juin 2005), Canada, provinces et régions sociosanitaires (limites de juin 2005), aux 2 ans*, CANSIM (base de données), page consultée le 27 juillet 2009.

Stibbe, A. (2004). « Health and the Social Construction of Masculinity in *Men's Health* Magazine », *Men and Masculinities*, 7 (1), 31-51.

Tremblay, G., F. Fonséca et R. Lapointe-Goupil (2004). *Portrait des besoins des hommes en matière de santé et de services sociaux au Québec*, Québec : CRI-VIFF.

Tremblay, G., Y. Thibault, F. Fonséca et R. Lapointe-Goupil (2004). « La santé mentale et les hommes : état de situation et pistes d'intervention », *Intervention*, (121), 6-16.

Tremblay, G., R. Cloutier, T. Antil, M.-È. Bergeron et R. Lapointe-Goupil (2005). *La Santé des hommes au Québec*, Québec : Publications du Québec – MSSS et ISQ.

Tremblay, G., et R. Lapointe-Goupil (2005). « Habitudes de vie et comportements liés à la santé chez les hommes québécois », dans G. Tremblay, R. Cloutier, T. Antil, M.-È. Bergeron et R. Lapointe-Goupil (2005). *La Santé des hommes au Québec*, Québec : Publications du Québec – MSSS et ISQ, 71-114.

Tremblay, G., P. Turcotte, J.-D. Marois et M. Morales (2009). *Rapport d'évaluation du projet « SOS Rupture » mené par le CPS de Québec et AutonHommie*, remis au MSSS, Québec.

Tudiver, F., et Y. Talbot (1999). « Why don't men seek help ? Family Physicians' Perspectives on Help-Seeking Behaviors in Men », *Journal of Family Practice*, (48), 47-52.

Turcotte, D., G. Dulac, J. Lindsay, G. Rondeau et S. Dufour (2002). « La demande d'aide des hommes en difficulté : trois profils de trajectoire », *Intervention*, 116, 37-51.

White, B. (2002). « Social and political aspects of men's health », *Health : An Interdisciplinary Journal for the Social Study of Health, Illness and Medecine*, 6 (3), 267-285.

Wilkins, D., et E. Savoye (ed.) (2009). *Men's Health around the world – A review of policy and progress in 11 countries*, Brussells : European Men's Health Forum.

William, S., et A. Bruno (2007). « Worksite Wellness Programs – What is working ? », *American Journal of Men's Health*, 1 (2), 164-156.

La violence à l'endroit des femmes et des enfants dans un contexte familial

Simon Lapierre, Dominique Damant,
Louise Hamelin Brabant

La famille est généralement représentée comme un refuge contre les nombreuses menaces et violences présentes dans la société, même si des données nous indiquent que c'est au sein de leur famille que les femmes et les enfants sont les plus susceptibles d'être victimes de violence. Cette contradiction peut s'expliquer notamment par le fait que le phénomène de la violence à l'endroit des femmes et des enfants dans un contexte familial a longtemps été passé sous silence, puisque cette violence se produit dernière des portes closes et qu'elle est souvent maintenue secrète par les agresseurs et les victimes. À cela s'ajoute la vision populaire voulant que cette violence constitue une affaire « privée » qui concerne uniquement les membres de la famille ou l'idée qu'un certain degré de force ou de violence est légitime, voire nécessaire afin d'assurer l'ordre et le bon fonctionnement au sein de la famille. Ces discours, bien qu'ils soient remis en question par un nombre croissant d'acteurs sociaux qui voient la violence comme étant intolérable, est encore bien présent dans nos sociétés occidentales.

Au cours des cinquante dernières années, de nombreux acteurs sociaux se sont préoccupés du phénomène de la violence à l'endroit des femmes et des enfants dans un contexte familial, à partir de deux perspectives différentes. D'une part, les chercheures et militantes féministes nord-américaines et européennes ont dénoncé la violence conjugale, la conceptualisant d'abord comme une manifestation de la violence masculine à l'endroit des femmes, et reconnaissant également les consé-quences néfastes pour les enfants qui y sont exposés (Bilodeau, 1990; Mullender, 1996). D'autre part, des chercheurs et des professionnels dans le champ des sciences de la santé et des sciences humaines se sont penchés sur la maltraitance à l'endroit des enfants, et se sont inscrits dans la tradition des travaux du psychiatre américain Henry Kempe (Kempe et autres, 1962). Cela a donné lieu à deux traditions de recherche distinctes, même si de plus en plus d'études démontrent que ces deux problématiques sociales sont souvent présentes de façon concomitante au sein des mêmes familles (Edleson, 1999; Chamber-land, 2003).

Ces deux traditions de recherche ont amené une réponse sociale tout aussi fragmentée. Les chercheures et militantes féministes ont privilégié au sein des organismes communautaires la mise en place de maisons d'aide et d'hébergement destinées aux femmes et aux enfants qui vivent des formes de violence conjugale. En effet, malgré l'élabora-tion d'une politique d'intervention en matière de violence conjugale (Gouvernement du Québec, 1995), il n'existe pas d'institution étatique dont la responsabilité première est d'assurer la réponse aux besoins des femmes victimes de violence conjugale. Pour leur part, les chercheurs et les professionnels dans le champ de la maltraitance ont plutôt privi-légié un système étatique régi par la loi québécoise sur la protection de la jeunesse (Gouvernement du Québec, 2007), qui vise d'abord à assurer la sécurité et le sain développement des enfants. Il y a donc un consensus concernant la nécessité d'intervenir pour venir en aide aux femmes et aux enfants qui sont victimes de violence conjugale. Toutefois, la façon de définir le problème et les stratégies à privilégier ne fait pas toujours l'unanimité.

Il n'y a donc pas une seule façon d'appréhender la réalité des femmes et des enfants qui sont victimes de violence au sein de leur famille. Notons également que les situations qui sont socialement reconnues comme de la violence varient dans le temps et dans l'espace, en fonction notamment des connaissances scientifiques disponibles. Ainsi, dans le domaine de la maltraitance à l'endroit des enfants, Sarah Dufour (2009) souligne que:

Les distinctions entre légitimité et illégitimité, légalité et illégalité ont varié, et varieront, selon les milieux, les cultures et les époques, influençant inévitablement les définitions de la violence et de la maltraitance envers les enfants en milieu familial (Dufour, 2009 p. 7).

Sans nier l'existence d'autres manifestations de la violence au sein de la famille et d'autres façons de conceptualiser le problème, ce chapitre s'intéresse au phénomène de la violence à l'endroit des femmes et des enfants, incluant l'exposition des enfants à la violence conjugale. Même si les connaissances sur la violence conjugale et les mauvais traitements à l'endroit des enfants se sont largement développées dans des univers conceptuels distincts, il est essentiel de reconnaître les liens qui existent entre les formes de violence, afin d'établir des stratégies d'intervention qui tiennent compte de la dynamique familiale et des relations entre les membres de la famille. La première partie du chapitre dresse donc un portrait général de la problématique de la violence familiale, puis la deuxième partie propose des actions que les infirmières et autres professionnels de la santé peuvent poser afin de contribuer à une réponse sociale qui vise à assurer la sécurité et le bien-être des femmes et des enfants victimes de violence.

LA VIOLENCE FAMILIALE : LE PROBLÈME, SON AMPLEUR ET SES CONSÉQUENCES

Tel que mentionné ci-dessus, il y a différentes façons d'appréhender la réalité des femmes et des enfants victimes de violence dans un contexte familial. De manière générale, la violence peut être définie de la façon suivante :

Un exercice abusif de pouvoir par lequel un individu en position de force cherche à contrôler une autre personne en utilisant des moyens de différents ordres afin de la maintenir dans un état d'infériorité ou de l'obliger à adopter des comportements conformes à ses propres désirs (Centre de recherche interdisciplinaire sur la violence familiale et la violence faite aux femmes, 2009).

Dans cette partie du chapitre nous abordons d'abord la violence à l'endroit des femmes, puis ensuite la violence à l'endroit des enfants et l'exposition à la violence conjugale. Notons que, malgré le recours à des méthodes de recherche qui fournissent des données de plus en plus fiables, le caractère secret du phénomène de la violence familiale fait qu'il est difficile de mesurer son ampleur et ses conséquences.

La violence conjugale

La violence conjugale constitue un exercice de pouvoir par lequel un homme cherche à contrôler sa conjointe – il n'est pas nécessaire qu'ils soient mariées ou qu'ils habitent ensemble – ou son ex-conjointe. La violence est souvent répétée et peut se manifester sous une seule ou plusieurs formes, incluant les agressions physiques, sexuelles et psychologiques, ainsi que les abus financiers. Notons que les incidents de violence physique ou sexuelle sont généralement accompagnés de menaces et d'autres formes d'abus psychologique.

Au Canada, les résultats d'une enquête populationnelle révèlent que 7 % des femmes de 15 ans ou plus, qui étaient mariées ou qui vivaient en union libre, avaient été victimes de violence conjugale au cours des cinq années précédant la collecte des données (Statistique Canada, 2005). Les résultats d'une enquête menée au Québec indiquent que, sur une période d'une année, 6 % des femmes de 18 ans ou plus vivant en couple avaient été victimes de violence physique, 7 % avaient été victimes de violence sexuelle et plus de 66 % ont été victimes de violence verbale de la part de leur conjoint (Riou, Rinfret-Raynor et Cantin, 2003). Des données similaires ont été observées aux États-Unis et en Europe (Walby et Allen, 2004 ; Jansson, 2007). Notons que, même si certaines données statistiques indiquent des taux de violence similaires pour les hommes et pour les femmes, ces dernières sont davantage victimes de violence sévère et répétée, et sont plus susceptibles d'être blessées lors des incidents de violence (Walby et Allen, 2004 ; Damant et Guay, 2005 ; Statistique Canada, 2005).

La période entourant la séparation conjugale constitue un moment où le risque de violence extrême et d'homicide est accru (Saunders, 1994 ; Hotton, 2001). Au Canada, les données d'une enquête populationnelle révèlent que 40 % des femmes dont l'union libre ou le mariage a été violent rapportent que la violence a encore eu lieu après la séparation, et la majorité de ces femmes précisent que la violence s'est aggravée durant cette période (Hotton, 2001). Les données révèlent également que les ex-conjoints étaient responsables de 36 % de tous les homicides perpétrés contre des femmes entre 1991 et 1999 (Hotton, 2001). Donc, contrairement à la croyance populaire, la séparation n'implique pas forcément un arrêt de la violence.

Le problème de la violence conjugale affecte les femmes de tous les âges et de tous les milieux, mais il y a néanmoins des réalités qui sont propres à certains groupes de femmes et qui peuvent accroître leur vulnérabilité et limiter leur accès à des sources de soutien. Les difficultés particulières auxquelles les femmes font face peuvent être liées notamment à la culture ou à la religion, à des handicaps, à des barrières de langage, ainsi qu'à la discrimination et au racisme. Par exemple, les controverses récentes sur les mariages forcés et les crimes d'honneur ont mis en lumière les expériences particulières vécues par les femmes de certaines communautés ethnoculturelles (Gill, 2004). Il est important de reconnaître que la violence conjugale peut également survenir entre conjointes de même sexe, une réalité qui exige une attention particulière (Irwin, 2008).

Les femmes qui ont des enfants peuvent aussi faire face à des difficultés particulières, puisque le climat de violence pose des obstacles importants à l'exercice de la maternité (Radford et Hester, 2006 ; Lapierre, 2008). À cet égard, des études révèlent que la grossesse constitue souvent une étape charnière dans le vécu des femmes victimes de violence, puisque les incidents d'abus risquent d'augmenter en fréquence et en gravité durant cette période (Campbell et autres, 1998). De plus, des études démontrent que les comportements violents des hommes à l'endroit de leur conjointe ont souvent tendance à cibler directement les relations mère-enfant et à miner leur autorité parentale maternelle (Bancroft et Silverman, 2002). Il est cependant important de souligner qu'en dépit de ces difficultés ces femmes développent généralement une gamme de stratégies qui leur permettent de protéger et de prendre soin de leurs enfants (Radford et Hester, 2006 ; Lapierre, 2008).

Toutes les femmes qui sont victimes de violence conjugale ne sont pas affectées de façon similaire, mais la violence peut avoir des conséquences sérieuses sur leur santé et sur leur bien-être. En effet, la violence peut causer des blessures physiques légères ou graves et, dans les cas extrêmes, mener à l'homicide (Hotton, 2001 ; Riou et autres, 2003 ; Walby et Allen, 2004 ; Statistique Canada, 2005 ; Jansson, 2007). Même si les blessures causées par la violence physique constituent les effets les plus évidents et immédiats, la violence conjugale peut aussi engendrer des conséquences à plus long terme. À cet égard, les résultats d'une étude réalisée par l'Organisation mondiale de la santé (2005) révèlent une forte association entre la violence conjugale et des symptômes de mauvaise santé, sur le plan tant physique que mental. Dans la majorité des milieux étudiés, les femmes qui avaient été aux prises avec la violence physique ou sexuelle de leur conjoint étaient sensiblement plus nombreuses à faire état d'une mauvaise ou d'une très mauvaise santé. Ces femmes étaient aussi plus nombreuses à présenter des problèmes de mobilité ayant des répercussions sur l'exercice de leurs activités quotidiennes, ainsi que des douleurs, des pertes de mémoire et des vertiges.

De plus, les femmes victimes de violence expriment souvent de la peur et de l'anxiété, ce qui risque d'engendrer des difficultés émotionnelles et d'affecter leur santé mentale (Humphreys et Thiara, 2003 ; Walby et Allen, 2004 ; Organisation mondiale de la santé, 2005). Dans les cas où les femmes ont vécu dans un climat de peur extrême ou prolongée, elles peuvent avoir eu des attaques de panique ou subi un syndrome de stress post-traumatique. Les femmes victimes de violence peuvent aussi être aux prises avec une consommation abusive de drogues ou d'alcool dans le but de composer avec les difficultés auxquelles elles font face (Humphreys et autres, 2005).

La violence à l'endroit des enfants et l'exposition à la violence conjugale

Dans ce chapitre, la violence à l'endroit des enfants constitue un exercice abusif de pouvoir de la part d'un parent ou d'un adulte responsable de l'enfant. Contrairement à d'autres textes dans le champ de la maltraitance, ce chapitre ne traitera pas de la négligence à l'endroit des enfants, puisque ce phénomène présente des caractéristiques différentes de celui de la violence ou de l'abus. La violence peut donc être physique, sexuelle ou psychologique. La notion d'abus de pouvoir est centrale dans la définition de la problématique et sans l'évaluation des situations de potentielle violence à l'endroit des enfants, puisqu'elle permet d'établir une distinction entre les gestes qui sont de l'ordre de la maltraitance et ceux qui constituent plutôt des moyens utilisés par un parent afin d'assurer la discipline et l'encadrement.

Le caractère variable de la violence est particulièrement évident lorsque nous considérons la question de la punition corporelle. En effet, même si la fessée a longtemps été considérée comme une méthode disciplinaire efficace, un grand nombre de chercheurs et de professionnels s'entendent maintenant pour dire que le recours à la punition corporelle est peu efficace et peu souhaitable (Clément, 2009). L'intérêt relativement récent pour les problématiques de l'abus psychologique et de l'exposition à la violence conjugale est aussi une illustration du caractère variable des mauvais traitements (Chamberland, 2003).

Une grande proportion des recherches qui ont tenté de mesurer l'ampleur du problème de la violence à l'endroit des enfants se sont basées sur l'étude des cas signalés aux services de protection de la jeunesse. Par exemple, les résultats de l'Étude canadienne d'incidence des signalements réalisée en 2003 indiquent que, parmi les 114 667 cas jugés fondés au cours de l'année, 23 % étaient des cas d'abus physiques, 14 % des cas d'abus psychologiques et 3 % des cas d'abus sexuels (Trocmé et autres, 2005). Ces données révèlent donc des taux d'incidence d'abus physiques, d'abus psychologiques et d'abus sexuels qui sont respectivement de 4,35, de 2,61 et de 0,61 pour 1 000 enfants dans la population générale. Au Québec, les résultats d'une enquête populationnelle sur la violence familiale à l'endroit des enfants indiquent que 6 % des mères ont rapporté que leur enfant avait été victime d'au moins un épisode annuel de violence physique sévère perpétrée par un adulte du ménage (Clément et autres, 2004). Dans cette étude, 43 % des mères ont rapporté au moins un épisode de violence physique légère, mais ce taux diminue à 17 % lorsqu'il est question de l'utilisation répétée de la violence physique légère. Par ailleurs, la grande majorité des mères (80 %) ont rapporté la présence d'au moins un épisode annuel d'agression psychologique, et un peu plus de la moitié des participantes (52 %) ont fait état de l'utilisation de ces conduites à trois reprises ou plus par un adulte du ménage.

Tel que mentionné ci-dessus, de nombreuses études se sont intéressées à la situation des enfants qui sont généralement exposés à la violence conjugale ; ils peuvent être présents dans la pièce lors des incidents de violence, entendre ce qui se passe à partir d'une autre pièce de la maison, ou constater les blessures subies par leur mère (Mullender et autres, 2002 ; Lessard et Paradis, 2003). Selon les données d'une enquête réalisée par Statistique Canada (2001), environ un demi-million d'enfants seraient exposés à la violence conjugale. Pour leur part, Sudermann et Jaffe (1999) avancent que de 11 % à 23 % des enfants canadiens seraient exposés à la violence conjugale, ce qui veut dire qu'en moyenne de deux à six enfants dans chaque classe feraient face à cette réalité. Aux États-Unis, ce problème toucherait de 3,3 à 10 millions d'enfants par année (Lawrence, 2002).

Des études révèlent également que les enfants qui sont exposés à la violence conjugale sont plus susceptibles d'être victimes d'abus et de violence (Edleson, 1999). En effet, un examen de plusieurs recherches dans ce domaine révèle que de 30 % à 87 % des enfants exposés à la violence conjugale seraient également victimes de mauvais traitements psychologiques, physiques ou sexuels (Lessard et Paradis, 2003). Cette concomitance de la violence à l'endroit des femmes et des enfants peut survenir, par exemple, lorsque les enfants sont présents dans la pièce lors des incidents de violence ou lorsqu'ils tentent de s'interposer entre leurs parents afin de faire cesser la violence ou de protéger leur mère.

La violence familiale peut avoir des répercussions à court et à long terme pour les enfants victimes ou exposés, mais tous les enfants ne sont pas affectés de façon similaire. En effet, les conséquences peuvent varier en fonction de la gravité et de la fréquence de la violence, mais aussi en fonction de l'âge de l'enfant, de son niveau de développement et des relations qu'il entretient avec l'agresseur et avec les autres personnes présentes dans son environnement. En effet, un rapport publié par l'Organisation mondiale de la santé (World Health Organization, 2006) rapporte que les mauvais traitements peuvent causer des blessures et même la mort, mais peuvent aussi avoir des conséquences sur la santé physique et mentale, ainsi que sur le développement des enfants. Par exemple, ces enfants seraient plus susceptibles d'être victimes de violence ou de présenter des comportements violents, d'avoir des comportements sexuels à risque, de vivre une grossesse non désirée et de présenter des problèmes liés à la dépression, à l'obésité et à la consommation d'alcool ou de drogues.

De plus, les enfants qui vivent dans un contexte de violence familiale peuvent exprimer de la peur et de la culpabilité (Peled, 1993 ; Mullender et autres, 2002). Les enfants qui sont exposés à la violence conjugale peuvent aussi faire face à un conflit de loyauté, qui risque de s'accentuer durant le processus de séparation. Ils peuvent, par exemple, avoir le sentiment de trahir leur mère lorsqu'ils éprouvent ou expriment des sentiments positifs envers l'agresseur. En effet, ces enfants peuvent découvrir des éléments positifs dans la relation qu'ils entretiennent avec leur père, en dépit de la violence. Ils peuvent aussi percevoir leur père comme étant une victime de la situation, particulièrement lorsque celui-ci doit quitter la maison ou faire face au système de justice.

ASSURER LA SÉCURITÉ ET LE BIEN-ÊTRE DES FEMMES ET DES ENFANTS VIVANT DANS UN CONTEXTE DE VIOLENCE

Étant donné l'ampleur du phénomène de la violence familiale et ses conséquences sur la santé physique et mentale, les infirmières et les autres professionnels de la santé sont fréquemment en contact avec des femmes et des enfants victimes de violence, parfois sans toujours en être conscients (Bergman et autres, 1992 ; Lachapelle et Forest, 2000). Tout comme l'ensemble des intervenantes et intervenants dans le domaine de la santé et des services sociaux, les infirmières ont une responsabilité professionnelle à l'endroit de ces personnes. En effet, un des objectifs de la Politique d'intervention en matière de violence conjugale (Gouvernement du Québec, 1995) était formulé de la façon suivante :

> Sensibiliser et former les intervenantes et les intervenants en cause des secteurs privé, social, communautaire, scolaire, policier, judiciaire, correctionnel ainsi que l'ensemble des professionnelles et des professionnels de la santé, afin qu'ils puissent contribuer, dans les limites de leurs responsabilités respectives, à la lutte contre la violence conjugale. (Gouvernement du Québec, 1995, p. 17)

Concernant la violence à l'endroit des enfants, leur responsabilité professionnelle est encadrée notamment par la Loi sur la protection de la jeunesse (Gouvernement du Québec, 2007). Selon cette loi, tous les professionnels sont tenus de signaler au Directeur de la protection de la jeunesse toute situation qui pourrait compromettre la sécurité ou le développement d'un enfant :

> Tout professionnel qui, par la nature même de sa profession, prodigue des soins ou toute autre forme d'assistance à des enfants et qui, dans l'exercice de sa profession, a un motif raisonnable de croire que la sécurité ou le développement d'un enfant est ou peut être considéré comme compromis […] est tenu de signaler sans délai la situation au directeur.

De manière générale, la sécurité et le bien-être des femmes et des enfants devraient constituer une priorité dans l'intervention auprès des familles aux prises avec une problématique de violence. À cet égard, il est important de noter que les femmes et les enfants victimes de violence ont souvent un réseau de soutien social limité et les contacts qu'ils ont avec les infirmières et avec les autres professionnels de la santé peuvent donc être des moments privilégiés pour l'accès aux services d'aide. Pour que cela se concrétise, les professionnels doivent être en mesure de poser de bonnes questions au bon moment, de reconnaître les signes indicateurs et de soutenir les femmes et les enfants dans leurs demandes d'aide.

Poser les bonnes questions au bon moment

Le phénomène de la violence familiale est souvent marqué par le secret et les hommes qui ont des comportements violents utilisent généralement une gamme de stratégies pour qu'il en demeure ainsi. Dans certains cas, les femmes et les enfants ne réalisent pas qu'ils sont victimes de violence ou ne possèdent pas les mots pour donner un sens aux situations auxquelles ils font face. Ils peuvent aussi être gênés et hésitants à parler ouvertement de ces situations, parce qu'ils craignent les conséquences potentielles du dévoilement, incluant les représailles de la part de l'agresseur (Peled, 1993 ; Mullender et autres, 2002) et l'intervention des services de protection de la jeunesse (Peckover, 2003). Les professionnels qui interviennent auprès de ces familles ne doivent donc pas s'attendre à ce que les victimes dévoilent automatiquement la présence de violence, et doivent éviter d'interpréter ce refus de dévoiler ou de confirmer la présence de violence comme un signe de non-collaboration ou d'hostilité de leur part.

Le dépistage de la violence à l'endroit des femmes et des enfants constitue donc une tâche extrêmement complexe et des recherches ont démontré que les infirmières et les autres professionnels de la santé ne se sentent pas tous à l'aise et bien outillés pour aborder ce sujet avec leurs patients (Davidson et autres, 2001 ; Hester, 2006). Néanmoins, des études dans le domaine de la violence conjugale ont démontré que les femmes victimes de violence ne s'opposent généralement pas au fait que les infirmières abordent ce sujet lors des rencontres, et que le simple fait de poser des questions concernant la présence de violence peut les amener à parler des difficultés auxquelles elles font face. Il semble que, de façon générale, les questions directes soient plus efficaces que les questions indirectes, mais il peut être préférable de commencer avec des questions courtes et factuelles pour ensuite faire une évaluation plus détaillée si nécessaire (Rodriguez et autres, 1996 ; Hamberger et autres, 1998). Il s'agit donc, pour les infirmières, d'interroger les femmes à propos des blessures ou des situations qui pourraient avoir été causées par des incidents de violence, plutôt que de laisser la responsabilité aux victimes d'aborder elles-mêmes le sujet et de dévoiler les difficultés auxquelles elles font face.

De plus, pour que les femmes et les enfants qui sont victimes de violence en arrivent à parler ouvertement des difficultés auxquelles ils font face, ils doivent se sentir en confiance et respectés. Pour qu'un climat de confiance et de respect puisse s'installer, les infirmières doivent rassurer leurs patients par rapport à la confidentialité des informations partagées. Elles doivent également prendre le temps de les écouter et respecter leur rythme, même si cela nécessite parfois des contacts répétés sur une période de plusieurs semaines, voire de plusieurs mois.

Compte tenu des risques associés à la présence de violence et au dévoilement de celle-ci, des précautions doivent être prises avant d'aborder ce sujet. Par exemple, il est important de ne pas poser des questions concernant les situations de violence conjugale ou de mauvais traitements en présence du conjoint violent ou du parent maltraitant. Cette situation pourrait effectivement placer les victimes dans une position délicate et accroître le risque de violence à leur endroit. À cet égard, il est important de noter que les interventions de couple et les interventions familiales sont généralement contre-indiquées dans les cas présentant une problématique de violence. Dans certaines situations, les problèmes peuvent être abordés avec les conjoints violents ou avec les parents maltraitants, mais cela doit être évalué avec beaucoup de prudence sur une base individuelle.

Reconnaître les signes indicateurs et établir des liens entre les problèmes auxquels les familles font face

Étant donné que les femmes et les enfants qui sont victimes de violence ne sont pas souvent en mesure de parler ouvertement des difficultés auxquelles ils font face, les infirmières et les autres professionnels de la santé doivent être vigilants afin de déceler les signes qui pourraient indiquer la présence de violence conjugale ou de mauvais traitements. Cela s'avère important lorsqu'un problème est inexpliqué ou lorsque les explications fournies ne sont pas plausibles, mais aussi lorsqu'un conjoint ou un parent semble exercer un contrôle excessif sur la situation familiale et sur les informations partagées par les autres membres de la famille.

De plus, certaines des difficultés qui peuvent amener les familles à consulter les services de santé peuvent accompagner une situation de violence, ou être des conséquences de la violence. Des études démontrent d'ailleurs que les demandes d'aide formulées par les femmes qui vivent dans un contexte de violence ne font pas toujours mention de la présence de violence conjugale ou de mauvais traitements à l'endroit des enfants (Damant et autres, 2008). Elles peuvent consulter, par exemple, pour des problèmes d'apprentissage ou de comportements chez leurs enfants ou pour obtenir du soutien dans l'exercice de la maternité.

Les infirmières doivent être particulièrement vigilantes lorsqu'elles rencontrent des femmes qui manifestent un niveau élevé d'anxiété ou qui ont des attaques de panique pour lesquelles il est difficile de déceler les causes. De plus, une consommation abusive d'alcool ou de drogues peut être un moyen utilisé par certaines femmes afin de composer avec la violence qu'elles subissent (Humphreys et autres, 2005). Notons également que la détresse manifestée par les jeunes qui sont victimes de mauvais traitements ou qui sont exposés à la violence conjugale peut parfois être interprétée par les professionnels comme un déficit de l'attention ou de l'hyperactivité (Kerig et autres, 2000).

Étant donné les taux élevés de concomitance de la violence conjugale et des mauvais traitements à l'endroit des enfants au sein des mêmes familles, les professionnels qui détectent l'une de ces deux problématiques devraient investiguer la présence possible d'autres formes de violence (Edleson, 1999). Les dynamiques de pouvoir et de violence présentes dans ces familles sont souvent complexes et difficiles à cerner.

Soutenir les femmes et les enfants dans leurs demandes d'aide

À la suite du dévoilement de situations de violence, il est crucial de soutenir les femmes et les enfants et d'assurer leur sécurité et leur bien-être. Pour que cela soit possible, chaque situation doit être évaluée sur une base individuelle afin de déterminer la stratégie d'intervention à privilégier. De façon générale, les femmes et les enfants ont le droit d'être informés et de participer aux décisions et aux démarches qui les concernent, dans la mesure où cela ne compromet pas davantage leur sécurité.

D'abord, les infirmières peuvent diriger les femmes et les enfants vers les ressources institutionnelles ou communautaires les plus susceptibles de leur venir en aide. Tel que mentionné ci-dessus, tous les professionnels sont tenus de signaler à la Direction de la protection de la jeunesse les situations qui pourraient compromettre la sécurité ou le développement d'un enfant. Dans certains cas, il peut être nécessaire de faire appel aux services policiers. D'autres ressources susceptibles de venir en aide aux femmes et aux enfants qui vivent dans un contexte de violence incluent les maisons d'aide et d'hébergement pour femmes victimes de violence conjugale, les centres locaux de services communautaires et les maisons de la famille.

À cet égard, des études dans le domaine de la violence conjugale révèlent que, pour les femmes victimes, le fait d'avoir été orientées vers des ressources appropriées pour répondre à leurs besoins contribue grandement à leur sentiment de satisfaction par rapport aux services reçus (Rodriguez et autres, 1996 ; Damant et autres, 2008). Afin de faciliter une telle démarche, les infirmières peuvent accompagner les femmes et les enfants en établissant avec eux un contact personnalisé auprès d'une autre ressource.

Dans les situations de violence conjugale, la meilleure façon d'aider et de protéger les enfants est généralement de soutenir leur mère. D'ailleurs, plusieurs études démontrent que les enfants qui vivent dans un contexte de violence se tournent fréquemment vers leur mère lorsqu'ils ont besoin de protection ou de réconfort (Mullender et autres, 2002). Un grand nombre de femmes victimes de violence bénéficieraient donc d'interventions qui leur procureraient du soutien en lien avec leur victimisation, mais qui leur fourniraient également une assistance en lien avec leur rôle de mère. À cet égard, les femmes disent avoir besoin de soutien matériel et pratique, incluant du gardiennage et du répit (Radford et Hester, 2006 ; Damant et autres, 2008 ; Lapierre, 2008). Il est essentiel que ces femmes se sentent soutenues plutôt que blâmées dans leur rôle de mère, et les diverses stratégies qu'elles ont établies afin de protéger et de prendre soin de leurs enfants doivent être reconnues.

Pour que les infirmières et les autres professionnels de la santé puissent être en mesure de diriger les femmes et les enfants victimes de violence vers les ressources institutionnelles ou communautaires les plus susceptibles de leur venir en aide, ils se doivent de bien connaître les ressources de leur milieu et d'établir une bonne collaboration entre les établissements (Lessard, 2003). La mise en place de protocoles et de mécanismes de concertation sont des exemples de mesures qui peuvent faciliter la collaboration.

CONCLUSION

Au Québec et au Canada, un grand nombre de femmes et d'enfants vivent dans un contexte de violence familiale. Dans presque tous les cas, la violence affecte leur santé et leur bien-être physique et mental et, dans les situations les plus extrêmes, des femmes et des enfants meurent aux mains de leur conjoint ou de leurs parents.

Au cours de leur formation, les infirmières et autres professionnels de la santé font l'acquisition de connaissances et de techniques qui leur permettent de sauver des vies. Dans les situations de violence familiale, le fait de poser les bonnes questions au bon moment et d'établir des liens entre des problèmes peut faire toute la différence. Si les professionnels ne dépistent pas la présence de violence, ils risquent de ne pas déceler la source même des difficultés que vivent ces familles. Cela équivaut donc à un mauvais diagnostic, qui est susceptible de mener à des stratégies qui sont inappropriées ou inefficaces pour assurer la sécurité et le bien-être des femmes et des enfants victimes de violence au sein de leur famille.

RÉFÉRENCES

Bancroft, L., et J.G. Silverman (2002). *The Batterer as Parent: Addressing the Impact of Domestic Violence on Family Dynamics*, Thousand Oaks: Sage.

Bergman, B., B. Brismer et C. Nordin (1992). « Utilisation of medical care by abused women », *British Medical Journal*, 305, 27-28.

Bilodeau, D. (1990). « L'approche féministe en maison d'hébergement: quand la pratique enrichit la théorie », *Nouvelles pratiques sociales*, 3 (2), 45-65.

Campbell, J.C., C.E. Oliver et L.F.C. Bullock (1998). « The dynamics of battering during pregnancy: Women's explanations of why », dans J. Campbell (dir.), *Empowering Survivors of Abuse: Health Care for Battered Women and their Children*, Thousand Oaks: Sage, 81-89.

Centre de recherche interdisciplinaire sur la violence familiale et la violence faite aux femmes (2009). http://www.criviff.qc.ca/presentation.asp ?sous_section=definition.

Chamberland, C. (2003). *Violence parentale et violence conjugale: des réalités plurielles, multidimensionnelles et interreliées*, Québec: Presses de l'Université du Québec.

Chamberland, C., et M.E. Clément (2009). « La maltraitance psychologique envers les enfants », dans M.E. Clément et S. Dufour (dir.), *La violence à l'égard des enfants en milieu familial*, Anjou: Les Éditions CEC, 47-62.

Clément, M.E. (2009). « La violence physique envers les enfants », dans M.E. Clément et S. Dufour (dir.), *La violence à l'égard des enfants en milieu familial*, Anjou: Les Éditions CEC, 15-30.

Clément, M.E., C. Chamberland, L. Côté et D. Dubeau (2004). *La violence familiale dans la vie des enfants du Québec, 2004*, Montréal : Institut de la statistique du Québec.

Damant, D., et F. Guay (2005). « La question de la symétrie dans les enquêtes en violence conjugale », *La revue canadienne de sociologie et d'anthropologie*, 42 (2), 125-144.

Damant, D., S. Lapierre, C. Lebossé, S. Thibault, G. Lessard, L. Hamelin Brabant, C. Lavergne et A. Fortin (2008). *Être mère en situation de violence conjugale et de mauvais traitements à l'endroit des enfants*, Rapport de recherche, Montréal : Université de Montréal.

Davidson, L.L., V. King, J. Garcia et S. Marchant (2001). « What role can the health services play ? », dans J. Taylor-Browne (dir.), *What Works in Reducing Domestic Violence ? A Comprehensive Guide for Professionals*, London : Whiting & Birch.

Dufour, S. (2009). « Les enjeux liés à l'étude de la violence en milieu familial », dans M.E. Clément et S. Dufour (dir.), *La violence à l'égard des enfants en milieu familial*, Anjou : Les Éditions CEC, 1-14.

Edleson, J.L. (1999). « The Overlap Between Child Maltreatment and Woman Battering », *Violence Against Women*, 5 (2), 134-154.

Gill, A. (2004). « Voicing the silent fear : South Asian women's experiences of domestic violence », *Howard Journal of Criminal Justice*, 43 (5), 465-483.

Gouvernement du Québec (1995). *Politique d'intervention en matière de violence conjugale. Prévenir, dépister, contrer*, Québec : Gouvernement du Québec.

Gouvernement du Québec (2007). *Loi sur la protection de la jeunesse*, Québec : Gouvernement du Québec.

Hamberger, L.K., B. Ambuel, A. Marbella et J. Donze (1998). « Physician interaction with battered women : The women's perspective », *Archives of Family Medicine*, 7, 575-582.

Hester, M. (2006). « Asking about domestic violence – Implications for practice », dans C. Humphreys et N. Stanley (dir.), *Domestic Violence and Child Protection : Directions for Good Practice*, London : Jessica Kingsley Publishers, 97-109.

Hotton, T. (2001). *La violence conjugale après la séparation*, Juristat Ottawa : Statistique Canada.

Humphreys, C., et R. Thiara (2003). « Mental health and domestic violence : " I call it symptoms of abuse " », *British Journal of Social Work*, 33, 209-226.

Humphreys, C., L. Regan, D. River et R.K. Thiara (2005). « Domestic violence and substance use : Tackling complexity », *British Journal of Social Work*, 35 (8), 1303-1320.

Irwin, J. (2008). « Challenging the second closet : Intimate partner violence between lesbians », dans B. Fawcett et F. Waugh (dir.), *Addressing Violence, Abuse and Oppression : Debates and Challenges*, London : Routledge, p. 80-92.

Jansson, K. (2007). « Domestic violence, sexual assault and stalking – 2005/06 British Crime Survey », dans K. Coleman, K. Jansson, P. Kaiza et E. Reed (dir.), *Homicides, Firearm Offences and Intimate Violence 2005/2006*, London : Home Office, 54-82.

Kempe, C.H., F.N. Silverman, B.F. Steele, W. Droegemueller et H.K. Silver (1962). « The battered child syndrome », *Journal of the American Medical Association*, 181, 17-24.

Kerig, P.K., A.E. Fedorowicz, C.A. Brown et M. Warren (2000). « Assessment and intervention for PTSD in children exposed to violence », dans R.A. Geffner, P.G. Jaffe et M. Sudermann (dir.), *Children Exposed to Domestic Violence : Current Issues in Research, Intervention, Prevention, and Policy Development*, New York : Haworth, 161-184.

Lachapelle, H., et L. Forest (2000). *La violence conjugale : développer l'expertise infirmière*, Québec : Presses de l'Université du Québec.

Lapierre, S. (2008). « La persistance du blâme envers les mères chez les femmes victimes de violence conjugale », dans S. Arcand, D. Damant, S. Gravel et E. Harper (dir.), *Violences faites aux femmes*, Québec : Presses de l'Université du Québec.

Lawrence, S. (2002). *Domestic Violence and Welfare Policy : Research Findings that Can Inform Policies on Marriage and Child Well-being*, New York : National Center for Children in Poverty.

Lessard, G. (2003). « Agir auprès des familles où il y a de la violence conjugale et de la violence parentale », dans C. Chamberland (dir.), *Violence parentale et violence conjugale : des réalités plurielles, multidimensionnelles et interreliées*, Québec : Presses de l'Université du Québec.

Lessard, G., et F. Paradis (2003). *La problématique des enfants exposés à la violence conjugale et les facteurs de protection : recension des écrits*, Québec : Direction de la santé publique de Québec.

Mullender, A. (1996). *Rethinking Domestic Violence : The Social Work and Probation Response*, London : Routledge.

Mullender, A., G. Hague, U. Imam, L. Kelly, E. Malos et L. Regan (2002). *Children's Perspectives on Domestic Violence*, London : Sage.

Organisation mondiale de la santé (2005). *Étude multipays de l'OMS sur la santé des femmes et la violence domestique à l'égard des femmes. Rapport succinct*, Genève : Organisation mondiale de la santé.

Peckover, S. (2003). « " I could have just done with a little more help " : An analysis of women's help-seeking from health visitors in the context of domestic violence », *Health and Social Care in Community*, 11 (3), 275-282.

Peled, E. (1993). « Children who witness women battering : Concerns and dilemmas in the construction of a social problem », *Children and Youth Services Review*, 15, 43-52.

Radford, L., et M. Hester (2006). *Mothering Through Domestic Violence*, London : Jessica Kingsley Publishers.

Riou, D.A., M. Rinfret-Raynor et S. Cantin (2003). *La violence envers les conjointes dans les couples québécois, 1998*, Montréal : Institut de la statistique du Québec.

Rodriguez, M.A., S.S. Quiroga et H.M. Bauer (1996). « Breaking the silence : Battered women's perspectives on medical care », *Archives of Family Medicine*, 5 (3), 153-158.

Saunders, D.G. (1994). « Child custody decisions in families experiencing women abuse », *Social Work*, 39 (1), 51-59.

Statistique Canada (2001). *La violence familiale au Canada : un profil statistique 2001*, Ottawa : Centre canadien de la statistique juridique.

Statistique Canada (2005). *La violence familiale au Canada : un profil statistique 2005*, Ottawa : Centre canadien de la statistique juridique.

Sudermann, M., et P.G. Jaffe (1999). *Les enfants exposés à la violence conjugale et familiale : guide à l'intention des éducateurs et des intervenants en santé et en services sociaux*, Ottawa : Santé Canada.

Trocmé, N., B. Fallon, B. MacLaurin, J. Daciuk, C. Felstiner, T. Black et autres (2005). *Étude canadienne sur l'incidence des signalements des cas de violence et de négligence envers les enfants – 2003. Données principales*, Ottawa : ministère des Travaux publics et des Services gouvernementaux du Canada.

Walby, S., et J. Allen (2004). *Domestic Violence, Sexual Assault and Stalking : Findings from the British Crime Survey*, London : Home Office.

World Health Organization (2006). *Preventing Child Maltreatment : A Guide to Taking Action and Generating Evidence*, Genève : World Health Organization.

THÉMATIQUE 6

CONSIDÉRER LES ENVIRONNEMENTS

Depuis la publication du rapport Lalonde, *Nouvelle Perspective de la santé des Canadiens* en 1975, les recommandations émises par la charte d'Ottawa (1986), la charte de Bangkok (2005) et celles de la Commission sur les déterminants de la santé (2008) présidée par l'Organisation mondiale de la santé, ont fait valoir l'importance pour la santé des populations de porter une attention particulière sur les environnements sociaux. En effet, un pays ne peut s'occuper du bien-être de ses habitants en lui fournissant uniquement des services de santé et de soins. La santé de la population dépend d'un ensemble de déterminants parmi lesquels l'environnement social est aussi fondamental que le bagage génétique et l'organisation du système de soins. Le texte de Sophie Dupéré, Louise Hamelin Brabant et Geneviève Perry va bien dans ce sens en rappelant aux infirmières comment l'environnement socioéconomique produit des iniquités de santé. Malgré une indéniable prospérité économique et sociale, les inégalités sur le plan du revenu se sont accentuées au cours des dernières décennies et la pauvreté demeure présente au Canada. Les auteures soulignent alors comment la santé est fortement tributaire de conditions économiques défavorables, proposent quelques approches théoriques qui tentent d'expliquer ces iniquités et suggèrent des pistes d'action aux infirmières pour contrer ce fléau humain.

De son côté, Sarra Mougel montre comment l'environnement familial est au cœur de la trajectoire des soins hospitaliers pédiatriques. D'après elle, l'investissement des parents est devenu de plus en plus nécessaire à la réalisation des soins en raison des contextes budgétaires déficients et du virage ambulatoire. Malgré tout, cette participation a tendance à passer largement inaperçue aux yeux des soignants. Bien que leur participation aux soins engage tous les corps professionnels allant des aides-infirmières aux médecins, elle est souvent peu valorisée. L'auteure invite alors les professionnels de la santé à reconnaître l'importance de leur collaboration puisque la famille immédiate apporte un bien-être indéniable à l'enfant.

Dans un autre ordre d'idées, Éric Gagnon et Michèle Clément tiennent une réflexion sociologique sur l'hébergement de longue durée comme d'un environnement où le langage des droits modèle le regard et la représentation qu'on porte sur les résidents alors que ceux-là peuvent ne pas correspondre à ceux qui sont véhiculés par ces derniers. Ils soutiennent que le droit des usagers et les instances chargées de leur interprétation contribuent à redresser l'ordre qui organise les rapports entre les soignants, l'administration, les résidents et des proches parents. Selon eux, le langage des droits sort la personne âgée souvent fragilisée d'une position de dépendance à l'égard des autres et cristallise le respect de la dignité. Ce texte montre comment l'analyse du social permet de nourrir des réflexions critiques sur des pratiques soignantes qui peuvent se révéler plus complexes qu'elles ne le paraissent d'emblée.

Dans le texte de Marion Droz-Mendelzweig, l'environnement apparaît cette fois sous l'angle d'un champ où s'élaborent des savoirs savants et médicaux. Inscrite dans une anthropologie médicale critique attentive à la construction sociomédicale de catégories diagnostiques à différents moments de l'existence (comme la naissance, la grossesse ou la mort), l'auteure analyse bien les mécanismes, les logiques et les dynamiques qui conduisent à l'apparition et à la gestion de la maladie d'Alzheimer dans l'espace médical. En comparant notamment les apports qui émanent des sciences de laboratoire à ceux qui sont produits sur le terrain clinique de la démence, elle nous alerte sur des modes de diagnostics incertains et sur les effets de ces diagnostics à l'endroit de malades potentiels. Plutôt que de s'en tenir à l'idée d'une maladie d'Alzheimer révélée par exemple à l'aide de tests et de mesures quantitatives, elle nous invite à aborder le problème dans son rapport avec le vieillissement où l'on remarque un jour un basculement d'ordre qualitatif. À la lecture de ce texte, les soignants qui travaillent auprès de personnes dites démentes vont pouvoir remettre en question des vérités mal fondées et auront sans doute à revoir leurs idées du vieillissement pathologique.

Pour conclure cette thématique, Clémence Dallaire, France Gagnon et Michel O'Neill s'intéressent à la rencontre interdisciplinaire dans la formation et la recherche en sciences infirmières autour des concepts de santé, d'environnement et de politique. Intimement liés à la promotion de la santé, ces concepts se trouvent à la croisée de plusieurs disciplines et constituent les assises de plusieurs modèles de soins infirmiers. En outre, leur analyse soutient que, même si les soins infirmiers utilisent les différents savoirs des sciences sociales, ces derniers ont une utilité s'ils arrivent à se synchroniser au savoir infirmier et à la pratique des soins. Selon ces auteurs, une complémentarité plus soutenue entre la science infirmière et les sciences sociales pourrait par exemple rehausser l'approche holistique de la santé et des soins.

Pauvreté, iniquités de santé et soins infirmiers

Sophie Dupéré, Louise Hamelin Brabant, Geneviève Perry

L'état de santé de la population n'a cessé de s'améliorer durant les cinquante dernières années. Néanmoins, tous ne bénéficient pas de cette avancée spectaculaire sur le plan de la santé et du bien-être. Un immense fossé sépare les riches et les pauvres à ce chapitre. Les inégalités sociales de santé persistent, et même croissent, partout dans le monde, incluant les pays dits et considérés « développés » (Gwatkin, 2000). Le Canada n'y fait pas exception. En effet, malgré une indéniable prospérité économique et sociale, les inégalités sur le plan du revenu (Picot et Myles, 2004) et de la santé (Raphael et autres, 2006) se sont accentuées et la pauvreté perdure (CNBS, 2006). De tous les pays dits développés, le Canada est l'un de ceux qui affichent les taux de pauvreté générale et infantile les plus élevés (Raphael, 2006a). Le Comité des droits économiques, sociaux et culturels des Nations unies a d'ailleurs fortement critiqué le gouvernement canadien relativement à son taux de pauvreté élevé et au non-respect de ses promesses relatives aux droits de la personne (CNBS, 2006). Malgré une diminution du nombre de personnes pauvres depuis les quinze dernières années au Québec, la situation demeure préoccupante. On constate que certains groupes de personnes sont davantage touchés par la pauvreté[1] et que la situation de pauvreté s'est aggravée pour plusieurs personnes. C'est le cas notamment pour les prestataires de l'aide financière de dernier recours qui sont considérés aptes au travail, et pour les personnes vivant seules et sans enfant, qui ont moins bénéficié des mesures gouvernementales mises en place au cours des dernières années (CCPE, 2007). Combattre la pauvreté est l'affaire de tous. Les gouvernements, les collectivités et les familles doivent, en plus de l'individu, assumer un rôle dans la lutte contre la pauvreté.

Reconnaissant la pauvreté comme un puissant déterminant de la mauvaise santé, plusieurs acteurs clés du secteur de la santé au Québec et au Canada ont mentionné que ce problème était prioritaire, quoique à des degrés variables (CCFPT, 2005 ; CMRI, 2002). C'est le cas de plusieurs ordres professionnels, entre autres celui dont font partie les infirmières (ACSP, 2004 ; AIIC, 2005). Malgré ce consensus sur l'importance de la pauvreté et des iniquités de santé[2], relativement peu d'actions ont été entreprises à ce sujet par le secteur de la santé (CCFPT, 2005). À ce chapitre, le Canada accuse même un retard sur d'autres pays industrialisés (Raphael, 2003, 2006b ; Raphael et autres, 2006 ; Ridde, 2004 ; Wiliamson, 2001). Plusieurs éléments d'ordre idéologique, politique, économique, culturel et social peuvent expliquer le relatif immobilisme du secteur de la santé en matière de lutte à la pauvreté et aux iniquités de santé. Comme d'autres, nous argumenterons que le manque de compréhension de la pauvreté, de ses liens avec

---

1. C'est le cas, par exemple, des personnes de 45 à 59 ans qui vivent seules, des personnes pauvres ayant récemment immigré, des familles monoparentales, des personnes handicapées et des personnes autochtones qui vivent hors des réserves.

2. Nous adoptons les définitions suivantes qui ont été proposées par Kawachi et ses collaborateurs (2002) et qui ont été traduites par le CCFPT (2005) :
    Inégalités sur le plan de la santé « [...] est le terme générique utilisé pour désigner des écarts, des variations et des disparités dans les réalisations en santé et les facteurs de risque des individus et des groupes [...] n'impliquant aucun jugement moral [...] [et pouvant résulter d'un] choix personnel qui ne soulèverait pas nécessairement des questions d'ordre moral ».
    Iniquités ou injustices sur le plan de la santé « [...] fait référence aux inégalités jugées inéquitables et résultant de toute forme d'injustice [...]. La différence fondamentale entre l'égalité et l'équité réside dans l'identification des injustices sur le plan de la santé : ces injustices sont déterminées à l'aide d'un jugement normatif fondé sur (a) des théories de justice ; (b) des théories sociétales ; (c) un raisonnement relatif à l'origine des inégalités en santé... » (p. 29) (*notre traduction*).

la santé et du rôle du secteur de la santé et de ses intervenants en la matière, contribue à alimenter la confusion entourant l'action à entre-prendre dans la lutte aux iniquités de santé et dans la lutte contre la pauvreté (Gwatkin, 2000 ; Laderchi, Saith et Stewart, 2003). Le choix de stratégies d'action sanitaire susceptibles de réduire la pauvreté exige une connaissance approfondie des raisons pour lesquelles la mortalité et la morbidité sont plus fortes au sein des populations défavorisées (OMS, 1999). Il est donc important d'approfondir ces notions. Ce chapitre va dans ce sens en proposant d'abord d'examiner les liens qui existent entre la pauvreté et la santé des personnes et des populations. À ce titre nous verrons comment la santé est fortement tributaire de conditions socioéconomiques défavorables. Nous présenterons ensuite quelques approches théoriques[3] enracinées dans les sciences sociales qui tentent d'expliquer les iniquités de santé et nous permettent de ne pas les réduire à un déterminisme biologique. Enfin, nous tenterons de faire le point sur la part du secteur de la santé en regard de cette théma-tique. Pour conclure, nous ferons ressortir le rôle des infirmières en matière de lutte contre la pauvreté et les iniquités de santé.

LA PAUVRETÉ ET SES LIENS AVEC LA SANTÉ

Précisons d'abord qu'en dépit de l'existence de plusieurs courants théoriques diversifiés, et parfois opposés, de nombreux auteurs acceptent que la pauvreté soit un concept multidimensionnel autant dans ses causes que dans ses manifestations, et qu'elle relève d'un processus dynamique évoluant dans le temps (Laderchi et autres, 2003). Faute de consensus sur la définition de la pauvreté, le Canada et le Québec ne disposent pas de mesure officielle de la pauvreté et utilisent principalement des indi-cateurs économiques de la pauvreté (CCPE, 2007 ; CCSD, 2001)[4]. Or, une conception économique de la pauvreté n'est qu'une facette limitée de la pauvreté. Isolée, elle est clairement insuffisante pour apprécier le

---

3. Nous présenterons les écrits issus principalement du champ interdisciplinaire de la santé publique qui s'inspirent des sciences sociales (Potvin, Gendron, Bilodeau et Chabot, 2005). Notons toutefois que la manière d'aborder le sujet est encore largement dominée par les modèles biomédicaux, psychologiques et behavioristes.

4. Les principaux indicateurs utilisés sont les seuils des faibles revenus, le seuil de la mesure de faible revenu et la mesure du panier de consommation.

phénomène. Plusieurs auteurs soulignent la nécessité d'établir et d'évaluer des mesures de la pauvreté qui puissent refléter les dimensions sociales de la pauvreté (Laderchi et autres, 2003 ; Wagle, 2002). À cet égard, le Centre d'étude sur la pauvreté et l'exclusion (CEPE) a été mandaté pour approfondir la question. Celui-ci devrait bientôt soumettre au Comité consultatif de lutte contre la pauvreté et l'exclusion sociale des propositions d'indicateurs prenant également en considération les dimensions sociales de la pauvreté.

Il est extrêmement difficile de faire le point sur l'état des connaissances concernant les relations entre la pauvreté et les inégalités et la santé en raison de plusieurs problèmes conceptuels, méthodologiques et techniques (Goldberg et autres, 2002 ; Lollivier, 2003). L'un des problèmes est la grande variabilité sur le plan des définitions de la pauvreté, de ses indicateurs et des façons de mesurer les variables utilisées pour la circonscrire (Goldberg et autres, 2002 ; Phipps, 2003). Il existe également une confusion entre les concepts de pauvreté, d'inégalité et d'iniquité qui sont trop souvent utilisés de façon interchangeable, mais qui sont pourtant distincts l'un de l'autre. Mentionnons que nous sommes aux prises avec le même problème en ce qui a trait au concept de santé, cette dernière étant parfois mesurée par la perception subjective de la santé ou par la morbidité, et dans certains cas même par la mortalité (Judge et Peterson, 2001 ; Phipps, 2003). Un autre problème est le manque flagrant de recours à des théories pour étudier les liens entre la pauvreté, les iniquités et la santé (Raphael et autres, 2005). Cette situation limite non seulement notre capacité à comparer les études entre elles, mais aussi notre compréhension de la nature précise des relations entre pauvreté, iniquités et santé.

Pauvreté et santé : un lien bien connu malgré tout

Au-delà de ces problèmes théoriques et méthodologiques, le constat que les personnes les plus pauvres sont plus malades et meurent plus tôt que les personnes mieux nanties est observé depuis longtemps et considéré comme un fait de notoriété publique (AIIC, 2005 ; Wagstaff, 2002). La relation inversement proportionnelle entre le statut socio-économique et le risque de développer une maladie ou de mourir est une association documentée qui s'applique à la plupart des types de maladies, d'incapacités et des causes de décès. Elle persiste selon les groupes d'âge, les périodes et les lieux (CMRI, 2002 ; Phipps, 2003 ; Wilkinson et Marmot, 2003). Ces iniquités socioéconomiques sont également observées avec d'autres indicateurs de santé tels que la santé perçue et l'indice de détresse psychologique. Il est d'ailleurs intéressant de noter que ces observations persistent peu importe la façon utilisée pour déterminer le statut socioéconomique (revenu, scolarité, statut socioprofessionnel, etc.) (CMRI, 2002). Notons finalement que nous pouvons observer ces associations autant sur le plan microsocial, c'est-à-dire au niveau de l'état de santé d'un individu, que sur le plan macro-social, soit au niveau d'une population et de son état de santé général (Judge et Peterson, 2001 ; Phipps, 2003).

Pauvreté et santé : une association probable à double sens

Certains auteurs parlent de causalité probable à double sens : la pauvreté engendrant la mauvaise santé et vice versa (voir Wagstaff, 2002 pour une revue des écrits sur le sujet). Cependant, nous comprenons encore mal l'articulation et les processus en cause entre les trajectoires de pauvreté et les états de santé (McDonough et Berglund, 2003 ; McDonough, Sacker et Wiggins, 2005). Même si plusieurs travaux empiriques ont examiné les conséquences de la pauvreté économique sur la santé, très peu de recherches ont examiné leurs relations dynamiques (McDonough et autres, 2005). Or, ce sujet est très important. Effectivement, les auteurs d'une étude longitudinale récente, dans laquelle on a suivi 7 258 adultes, ont trouvé que les personnes qui avaient connu un épisode de pauvreté économique dans leur vie avaient rapporté un état de santé plus faible que les personnes qui n'avaient jamais connu de situation de pauvreté, et ce, incluant les personnes qui avaient amélioré leur situation financière. Il est intéressant de constater que la situation économique actuelle n'efface pas l'effet délétère des expériences de pauvreté passées sur la santé (McDonough et Berglund, 2003). La durée de l'épisode de pauvreté économique aurait également un effet distinct sur la santé, au sens où une plus longue durée aurait un effet plus néfaste (McDonough et autres, 2005 ; Phipps, 2003).

Quelques explications théoriques sur les liens entre pauvreté et santé

S'il existe un consensus sur le fait que la pauvreté est un déterminant puissant de la santé, la façon dont la pauvreté affecte la santé demeure l'objet de débat depuis plusieurs années (McDonough et Berglund, 2003 ; Nielsen, Juon et Ensminger, 2004). De multiples théories ont été proposées pour aborder le lien entre pauvreté et santé sur le plan individuel (Judge et Peterson, 2001) et sur le plan populationnel afin d'expliquer la production d'iniquités en santé. Les principaux courants théoriques se sont construits autour des quatre hypothèses qui avaient été mises de l'avant dans le rapport Black en 1980 (Macintyre, 1997). Voici un aperçu des principales explications théoriques mises de l'avant de nos jours.

- *Les explications matérialistes et structurelles*

L'hypothèse matérialiste soutient que le revenu et les conditions matérielles d'une société, comme l'infrastructure sociale (soins de santé, systèmes de transport, d'éducation, de logement, de loisirs) affectent la santé des populations de cette société. Ces iniquités dans les infras-tructures sociales et les revenus seraient dues à des processus économique, politique, culturel et historique sous-jacents d'une société donnée, et influenceraient la santé de la population (Phipps, 2003 ; Raphael et autres, 2005). Selon cette perspective, une distribution plus équitable des ressources devrait avoir plus de chance de réduire les inégalités de santé et d'améliorer la santé de la population (Lynch et autres, 2000). Sur le plan individuel, l'explication matérialiste postule que les personnes à revenu différent ont un accès différentiel aux ressources et qu'elles sont exposées à divers degrés aux facteurs de risques et aux conditions néfastes qui influencent leur santé. Cette perspective met l'accent sur le rôle des environnements externes qui échappent au contrôle individuel (Raphael et autres, 2005).

- *Les explications culturelles ou behavioristes*

Les explications de ce registre considèrent que les inégalités de santé sont le résultat d'une distribution différentielle des croyances et des comportements de santé parmi les différents groupes sociaux. Ainsi, les groupes les plus défavorisés seraient moins susceptibles d'adopter des comportements sains (Raphael et autres, 2005). Notons qu'en vertu de cette approche certains expliquent que les comportements sont principalement sous le contrôle de l'individu, et d'autres soutiennent au contraire qu'on ne peut séparer les choix et les modes de vie individuels des milieux sociaux, culturels et économiques où ils sont vécus (Sisson, 2007). Ces dernières explications rejoignent les explications matérialistes et structurelles. Toutefois, elles ne mettent pas l'accent sur le revenu et les conditions matérielles, et posent plutôt leur regard sur l'influence des attitudes, des valeurs, des croyances culturelles et les normes sociales qui déterminent le comportement des personnes (Sisson, 2007).

- *Les explications psychosociales*

Ces explications sont focalisées sur les expositions psychosociales comme le stress, l'hostilité, la perte de contrôle, le désespoir et leurs conséquences délétères sur la santé des personnes et des collectivités. On retrouve deux voies de recherche principales (Goldberg et autres, 2002 ; Sisson, 2007). La **première** considère que les inégalités de revenu d'une société peuvent provoquer des réactions psychosociales chez les personnes vivant dans cette société et affecte leur santé. Wilkinson (1996) soutiennent notamment que le stress associé au fait de se situer aux derniers échelons de la société (et non seulement au bas de l'échelle) provoque des processus psychologiques qui nuisent à la santé des personnes. Des effets néfastes sont également perceptibles dans les collectivités, les inégalités de revenu détériorant la cohésion sociale et le capital social des collectivités qui affecteront à leur tour la santé de la population (Kawachi et autres, 1999). La **deuxième** voie de recherche se penche sur les mécanismes bio-physio-pathologiques et tente de comprendre comment des facteurs psychosociaux exercent des effets sur la santé de façon directe ou indirecte (Goldberg et autres, 2002 ; Sisson, 2007). Les circonstances sociales stressantes au travail, à la maison et dans la communauté, qui sont associées à un faible niveau de pouvoir et de soutien social, produisent des émotions qui déclenchent des changements bio-physio-pathologiques.

- *La perspective du cours de la vie*

La perspective du cours de la vie (*lifecourse approach*) stipule que la santé est non seulement le résultat des conditions actuelles, mais également le résultat des conditions de vie passée (Krieger, 2001). Selon cette perspective, les iniquités de santé sont le résultat des interactions entre les facteurs matérialistes, behavioraux et psychosociaux dans le temps (Graham, 2002 ; Kawachi, Subramanian et Almeida-Filho, 2002 ; Raphael, 2006b ; Sisson, 2007). Cette perspective incorpore donc les éléments des explications matérielles, culturelles et psychosociales précédemment exposées en introduisant la notion de temporalité. Cette perspective considère que la santé des personnes est façonnée tout au long de leur vie par le cumul des effets des expériences de vie et des contextes social, économique, politique, technologique et écologique dans lesquels elles les expérimentent (Blane, 1999 ; Kawachi et autres, 2002 ; Krieger, 2001). L'exposition à des conditions socioéconomiques néfastes aurait ainsi un effet cumulatif délétère sur la santé (Blane, 1999).

Quelles conclusions tirer ?

Les explications théoriques exposées ci-dessus ne sont pas perçues par la plupart des auteurs comme étant exclusives, quoiqu'elles fassent l'objet de vifs débats. Pour certains, ces débats entre les contributions des explications culturelles béhavioristes et celles des explications matérialistes et structurelles sont stériles et contre-productifs (Frohlich, Ross et Richmond, 2006). Nous devrions donc concevoir ces explications théoriques sur les iniquités de santé comme étant complémentaires tout en étant provisoires. Bien qu'il y ait eu plusieurs avancées dans la théorisation des iniquités en santé, les mécanismes précis par lesquels la pauvreté et les autres déterminants sociaux sont liés à la santé et aux iniquités demeurent encore mal compris (McDonough et Berglund, 2003 ; McDonough et autres, 2005 ; Nielsen et autres, 2004).

LE RÔLE DU SYSTÈME DE SANTÉ

Solar et Irwin (2005), qui ont été mandatés par l'Organisation mondiale de la santé pour réviser les modèles et les cadres conceptuels sur les déterminants sociaux de la santé, et pour proposer un cadre conceptuel d'analyse intégrateur, ont constaté les divergences, mais aussi certaines convergences relatives aux facteurs retenus dans les cadres conceptuels. Ils ont notamment constaté que le système de santé n'était pas toujours retenu comme facteur. Comme d'autres auteurs (Couffinhal et autres, 2005 ; Furler, 2006), ils argumentent qu'il devrait être considéré comme un déterminant intermédiaire de la santé, entre autres, en raison d'une « rétroaction » de la santé sur la position socio-économique.

Le système de soins : un producteur d'iniquités de santé ?

Même si la majorité des recherches révèle que les grandes disparités de santé découlent de déterminants non médicaux, plusieurs conçoivent que le système de soins peut aussi contribuer à augmenter les iniquités de santé (CCFPT, 2005 ; Couffinhal et autres, 2005 ; Gwatkin, 2000 ; Lombrail, Pascal et Lang, 2004). Certains avancent d'ailleurs que les différences résiduelles d'accès aux soins ont sans doute plus de conséquences aujourd'hui sur les iniquités de santé qu'auparavant, alors que la médecine est plus efficace (Bernard et Raynault, 2004 ; Mackenbach, 2003).

Même dans les systèmes qui proposent un accès théoriquement universel, on retrouve des différences d'accès réel aux soins selon le statut socioéconomique (Couffinhal et autres, 2005 ; Furler, 2006 ; Lombrail et autres, 2004 ; Williamson et autres, 2006). L'accès peut être saisi à travers deux notions principales : l'accès potentiel et l'accès réalisé. L'accès potentiel représente la possibilité d'avoir accès aux soins et se rapporte à l'offre de services. L'accès réalisé se rapporte à l'utilisation des services. Il comprend l'accès primaire qui correspond à l'entrée dans le service et au degré d'utilisation des services, et un accès secondaire qui renvoie à la manière dont le service se déroule (la continuité des soins ; la coordination des soins et la globalité des soins) (Lombrail, 2000). Le CCFPT (2005) a recensé plusieurs exemples canadiens où l'on constate que les personnes de statut socioéconomique plus élevé sont plus susceptibles d'avoir accès à des soins optimaux de qualité. Par exemple, malgré une santé plus mauvaise et des besoins en santé plus complexes, on constate que les personnes de faible statut socioéconomique consultent moins les spécialistes que les personnes issues des échelons supérieurs. Ils sont également moins susceptibles d'être suivis de façon continue par des soignants qui connaissent leurs besoins. La fragmentation des soins et leur orientation sur le curatif plutôt que sur le préventif rendent donc le système incapable de répondre aux besoins plus complexes et continus des personnes défavorisées (CCFPT, 2005 ; Williamson et autres, 2006). Les services de santé et les services sociaux interviennent souvent tardivement, une fois les crises éclatées ou quand les maladies sont à un stade avancé (Malenfant, Jetté et White, 2004). Et Lévesque et Malenfant (2005) de faire ressortir, dans l'analyse des trajectoires de vie de personnes pauvres, que des services sociaux et de santé inadéquats peuvent allonger les périodes d'incapacité des personnes, et les maintenir aussi en situation de pauvreté. On peut donc s'interroger sur les différences qui existent dans les réponses du système en fonction des caractéristiques sociales des personnes qui vivent une pathologie identique (Couffinhal et autres, 2005 ; Williamson et autres, 2006).

Comment expliquer l'accès différentiel aux soins ?

Plusieurs hypothèses peuvent être avancées pour expliquer ces différences. L'analyse de la problématique d'accès est fort complexe, impliquant l'interaction dynamique de structures, d'organisations, de représentations et de pratiques sociales. Elle est hors de portée de ce chapitre. Rappelons néanmoins quelques hypothèses qui ont été formulées pour expliquer l'accès différentiel aux soins des personnes en situation de pauvreté.

• *L'accès primaire aux soins*

Plusieurs obstacles financiers persistent dans l'accès au système de soins canadien, notamment pour les soins dentaires, les soins pour les yeux, la physiothérapie, les médicaments et plusieurs services préventifs qui ne sont pas entièrement couverts par les programmes provinciaux de santé. De plus, les frais reliés au transport constituent des obstacles non négligeables pour plusieurs (Williamson et autres, 2006). Au-delà des barrières financières, plusieurs discutent des barrières culturelles. En effet, les populations les plus pauvres qui ont un moins bon niveau d'instruction recourent souvent tardivement aux services de santé (Couffinhal et autres, 2005 ; Paquet, 2006). La reconnaissance des signes avant-coureurs des problèmes de santé et la réaction des personnes en situation de pauvreté pourraient également expliquer ces différences dans la consultation médicale (Bernard et Raynault, 2004). On explique encore la sous-utilisation ou le recours tardif aux soins par l'incompatibilité qui existe entre l'organisation des services et les conditions de vie des personnes en situation de pauvreté. C'est particulièrement le cas pour les personnes itinérantes qui ont tendance à utiliser les services en dernier recours, notamment en raison de leur condition de vie (survie) et des besoins essentiels en concurrence (Roy et autres, 2006). D'autres expliquent encore que les expériences passées malheureuses avec le système de soins alimentent les représentations négatives et la méfiance des personnes en situation de pauvreté envers les services de santé (Bedos et autres, 2003 ; Williamson et autres, 2006). Les personnes en situation de pauvreté ont été ou craignent souvent d'être victimes de discrimination et de subir le mépris des professionnels de la santé. Ils sous-utilisent ainsi les services de santé (Hart et Freeman, 2005 ; Reid, 2004).

• *L'accès secondaire*

Les travaux de recherche ont mis en évidence un ensemble de barrières à l'accès aux soins de santé qui trouvent leur source dans le rapport que les personnes en situation de pauvreté entretiennent avec les services. Les éléments psychosociaux et culturels dans la dynamique des relations entre les professionnels de la santé et les personnes en situation de pauvreté pourraient engendrer des difficultés d'accès aux soins de qualité. Certains ont fait ressortir par exemple que les écarts socioculturels entre le professionnel de la santé et son patient pourraient provoquer des problèmes de communication (Paquet, 2006). Parfois, la culture dans laquelle vivent ces personnes véhicule des croyances différentes de celles des professionnels de la santé concernant les maladies diagnostiquées, leurs causes et les traitements (Maze, 2005). Le fossé culturel qui en résulte peut engendrer des frustrations de part et d'autre, et pourrait même mener à de mauvais traitements (Maze, 2005). D'autres auteurs ont trouvé que les professionnels de la santé avaient des perceptions et des attitudes négatives envers les personnes en situation de pauvreté, les percevant responsables de leur mauvaise santé et de leur pauvreté (Bedos et autres, 2006). Par exemple, une étude récente a trouvé que les dentistes québécois percevaient de la nonchalance et de la négligence dans les accès tardifs aux services dentaires et les annulations de dernière minute des personnes en situation de pauvreté. Les auteurs ont expliqué que les perceptions négatives et les frustrations des dentistes reflétaient une mauvaise compréhension des réalités et des contextes dans lesquels vivaient ces personnes (Loignon et autres, 2008).

• *Relation de pouvoir*

Peu d'études ont tenté de comprendre les relations de pouvoir entre les professionnels de la santé et les personnes en situation de pauvreté, et comment ces relations pouvaient affecter l'accès aux soins de qualité et entretenir (voire aggraver) les iniquités de santé (Hart et Freeman, 2005 ; Reid, 2004). Hart et Freeman (2005), qui ont tenté de conceptualiser les éléments psychosociaux et psycho-dynamiques dans les relations entre les infirmières, les sages-femmes et les personnes en situation de pauvreté, argumentent que le développement, la protection et le maintien de l'ego professionnel forgent les interventions des infirmières et peuvent contribuer à la perpétuation des iniquités de santé. Elles soutiennent que les interventions auprès des personnes en situation de pauvreté peuvent avoir des effets délétères notamment sur le plan de l'estime de soi des personnes. Ces interventions peuvent également déclencher des réactions de rejet, d'évitement, de colère ou de dépendance, pouvant ainsi provoquer des problèmes de santé physique et mentaux, et contribuer alors à alimenter les iniquités de santé.

• *Contexte de soins*

Les relations difficiles entre les personnes en situation de pauvreté et les dispensateurs de services pourraient également être reliées à la nature complexe et à la lourdeur des problèmes qu'elles vivent et à la difficulté du système de soins d'accueillir et de gérer les besoins. Des études auprès d'intervenants de la santé montrent que ces derniers ressentent souvent de l'inconfort, des sentiments d'impuissance et de la frustration, qu'ils se sentent souvent dépassés par le problème de la pauvreté. Ils disposent de peu d'outils d'intervention adéquats et bénéficient trop souvent d'une capacité d'action limitée en raison de contraintes organisationnelles ou d'un manque de reconnaissance et de soutien concernant les pratiques nécessaires qu'il faudrait mettre en œuvre (Furler, 2006 ; McAll, Ulysse et Bourque, 2000).

Quelles conclusions tirer ?

Comme bien d'autres, nous pensons que le système de santé doit jouer un rôle fondamental dans la lutte contre la pauvreté et les iniquités de santé, de concert avec les autres secteurs gouvernementaux et la société en général (Furler, 2006 ; Solar et Irwin, 2005). Le système de santé est en mesure de faire en sorte que les problèmes de santé ne se soldent pas par une détérioration supplémentaire de la situation sociale des populations. Il est aussi en position pour faciliter la réintégration sociale des malades (Malenfant et autres, 2004). Par ailleurs, au-delà des interventions curatives et préventives à planifier pour améliorer la santé des personnes en situation de pauvreté, on reconnaît l'importance des interventions du secteur de la santé pour atténuer les causes et les effets des autres déterminants de la santé (CCFPT, 2005).

Les infirmières engagées dans la lutte contre les iniquités de santé

Loin d'être les seuls leviers d'intervention, les infirmières doivent être considérées comme des acteurs importants dans la lutte à la pauvreté. Elles constituent le groupe le plus important de fournisseurs de soins de santé au Canada. Elles rencontrent quotidiennement dans leurs pratiques de nombreuses personnes en situation de pauvreté et constatent directement les répercussions de la pauvreté sur la santé des personnes (AIIC, 2005). Qu'elles soient cliniciennes, gestionnaires ou conseillères en prévention et en promotion de la santé, nous soutenons que chacune d'entre elles peut avoir un rôle, certes différent, mais tout aussi vital à jouer dans la lutte contre la pauvreté et les iniquités sociales de santé. En nous basant sur les argumentations de Raynault et Loslier (2008) qui ont discuté des rôles des professionnels de la santé en matière de lutte contre les inégalités sociales de santé, nous soutenons que les infirmières peuvent contribuer au développement et à l'implantation de :

– stratégies pour diminuer l'effet de la pauvreté sur la santé et réduire l'effet de l'état de santé sur le niveau socioéconomique en :

• assurant un accès primaire aux services de santé et secondaires,

• dispensant des soins de qualité, non discriminatoires, aux personnes en situation de pauvreté ;

– stratégies pour diminuer la pauvreté et l'exclusion sociale par leurs activités :

• de prévention et de promotion de la santé qui visent non seulement les comportements individuels des personnes, mais aussi les environnements,

• de médiatrices et de défense des droits (rôle de plaidoyer),

• de développement de politiques publiques.

Concrètement, dans la pratique clinique, les infirmières peuvent :

• *Adopter une perspective de trajectoire de vie dans les soins*

La perspective de trajectoire de vie invite l'infirmière qui travaille en soins cliniques à agir individuellement, mais à penser structurellement en considérant les influences des contextes sociaux économiques et culturels sur la personne à travers le temps. Cette perspective suggère que la santé est déterminée par la position socioéconomique des personnes à travers la vie et qu'elle est le résultat des interactions entre les facteurs économiques, culturels et psychosociaux dans le temps. Elle nous invite ainsi à considérer que la santé est, en partie, le résultat de choix que les personnes effectuent et les actions qu'elles entreprennent, ceux-ci étant néanmoins modulés par les possibilités et les contraintes des contextes de vie. En ce sens, toutes les situations de soins nécessitent de connaître l'histoire de vie de la personne soignée, tant sur le plan de sa maladie que sur celui de son entourage social et environnemental (Collière, 2001). L'infirmière devrait tenir compte de ces éléments lors des évaluations des personnes qu'elle soigne, et dans ses plans de traitement et son suivi (Collière, 2001).

- *Accorder une attention particulière aux aspects relationnels*

Tel que discuté précédemment, plusieurs problèmes d'accès à des soins équitables et de qualité prennent leurs sources dans les dynamiques entre les professionnels de la santé et les personnes en situation de pauvreté. Les professionnels de la santé peuvent sans le vouloir perpétuer consciemment, maintenir et renforcer les iniquités sociales de santé. Voici quelques suggestions pour éviter ces conséquences.

- *Adopter une pratique réflexive*

L'infirmière est invitée à jeter un regard critique sur elle-même et à prendre conscience de ses valeurs, de son identité personnelle et sociale et de sa position de pouvoir et ses privilèges (Nzira et Williams, 2009). Les valeurs personnelles et professionnelles sont des fondements qui influencent les réactions et les actions des infirmières. Elles constituent en quelque sorte des repères « de ce qui doit être et de ce qui doit se faire » (Cognet et autres, 2004). Comme nous l'avons exposé précédemment, certains contextes de soins peuvent être vécus par les intervenants de la santé comme un choc culturel en raison d'écarts socioculturels. Dès lors, des questions se posent, telle la suivante : « Est-ce que, si ça touche mes valeurs profondes, je serais moins accommodante ? » (Cognet et autres, 2004). Les infirmières peuvent influencer significativement les parcours de vie des personnes qui vivent en situation de pauvreté. Elles détiennent un certain pouvoir qu'elles doivent analyser (Collière, 2001) en adoptant une pratique réflexive. Il est important que l'infirmière apprenne également à utiliser son pouvoir professionnel judicieusement ; ce dernier peut grandement contribuer à assurer des soins équitables et non discriminatoires (Nzira et Williams, 2009).

- *Détecter et détruire les stéréotypes pour une pratique de soins non discriminatoire*

Les infirmières devraient remettre en question les généralisations couramment véhiculées dans le contexte de soins et se méfier particulièrement des stéréotypes négatifs (Nzira et Williams, 2009). Les explications théoriques exposées précédemment nous permettent de comprendre un peu plus l'univers précaire des personnes en situation de pauvreté et de remettre en cause les stéréotypes négatifs qui sont des barrières à des soins empathiques et respectueux. L'infirmière devrait viser le plus possible un accueil empathique non stéréotypé et tolérant de la personne (Falk-Rafael, 2001 ; Zamaron, 2000). Pour ce faire, elle devrait toujours examiner les comportements agressifs, d'hostilité ou de retrait de la personne en situation de pauvreté. Par exemple, Zamaron (2000) expliquait qu'à force de ne pas être entendue la personne en situation de pauvreté était souvent silencieuse et que, derrière ce silence, se cachaient souvent une détresse et une souffrance. L'auteure suggère que l'infirmière, sans s'imposer, n'abandonne pas le projet de relation. Les explications théoriques psychosociales peuvent nous nourrir dans notre réflexion sur la compréhension des réactions des personnes en situation de pauvreté qui se retrouvent au bas des échelons d'une société riche et prospère. Elles nous aident à comprendre comment les pertes de statut social et de pouvoir déclenchent chez plusieurs personnes en situation de pauvreté des sentiments de honte, de colère et d'impuissance. Nous pouvons ainsi saisir l'importance de reconnaître la valeur et l'identité de la personne en situation de pauvreté en lui serrant la main et en l'appelant par son nom pour lui signifier qu'elle est digne d'intérêt. Une approche participative et d'autonomisation, c'est-à-dire de travailler AVEC les personnes en les reconnaissant et en misant sur leurs forces et leur capacité d'agir en fonction de leur propre choix (Ninacs, 2008), plutôt que de focaliser sur les manques et les échecs, prend également ici son sens.

- *Favoriser une prise en charge globale et continue de la personne*

Les soins donnés à l'hôpital correspondent généralement à un besoin particulier du moment et trop souvent ne tiennent pas compte des autres problèmes psychologiques, sociaux et familiaux des personnes en situation de pauvreté ('Zamaron, 2000). De plus, comme nous l'avons exposé précédemment, ces personnes vivent fréquemment des ruptures de soins qui freinent leurs projets de réinsertion sociale. Les infirmières occupent une position privilégiée pour améliorer cette situation en assurant la globalité et la continuité des soins. La collaboration inter-disciplinaire est capitale ici car elle favorise une approche holistique auprès des personnes soignées répondant à l'ensemble de leurs besoins. Une étroite collaboration avec les travailleurs sociaux est particulière-ment cruciale. Ces derniers peuvent évaluer et intervenir directement auprès des ressources et au sujet des conditions socioéconomiques des personnes. L'infirmière devrait toutefois avoir une connaissance mini-male des services et des ressources communautaires (groupe de défense des droits, aide sociale, centres locaux d'emploi, organismes commu-nautaires) (Holmes et Perron, 2006) afin de pouvoir orienter les personnes vers les services pertinents lorsqu'il est impossible de mobi-liser un travailleur social.

- *Favoriser des stratégies de prévention et de promotion de la santé qui visent également les contextes dans lesquels les personnes vivent*

Les explications théoriques matérialistes et structurelles exposées précédemment nous aident à mieux comprendre pourquoi les stratégies de promotion de la santé qui visent un changement de comportement réussissent mieux avec les personnes de statuts socioéconomiques élevés[5]. Malgré ce constat, la majorité des interventions de prévention et de promotion de la santé demeure indifférenciée et ne tient pas compte des différences socioéconomiques des personnes (CCFPT, 2005). Il est important que l'infirmière tienne compte du contexte socioéconomique lors d'interventions ciblant des changements de comportements indi-viduels, et qu'elle agisse directement sur les environnements. Nous savons que les sessions traditionnelles d'éducation à la santé ciblant uniquement les connaissances et les attitudes des personnes sont loin d'être optimales pour changer les capacités des personnes à promouvoir la santé. Elles doivent être accompagnées de stratégies d'action sociales ou de politiques publiques qui tentent de modifier les conditions

---

5. Ces dernières ayant la motivation, les ressources, l'appui social et l'environnement néces-saire pour réussir à changer de comportements.

socioéconomiques et politiques qui affectent la santé (Williamson et Drummond, 2000). Une étude récente portant sur les activités de prévention et d'éducation pour la santé en CLSC a trouvé que les infirmières visaient davantage les facteurs de risque individuels dans leurs interventions que les autres déterminants de la santé. Un manque de connaissances des approches et des interventions populationnelles a été notamment mis en cause pour expliquer ces constats (DSP, 2008). Ce constat fait ressortir l'importance d'inclure ces aspects dans la formation de base et continue des infirmières. Il est notamment capital que les infirmières aient une meilleure compréhension des aspects socio-économiques et politiques des soins de santé et de leurs répercussions sur la santé des populations (Holmes et Perron, 2006 ; Nzira et Williams, 2009).

- *Développer le rôle de plaidoyer en matière de défense des droits et de développement de politiques publiques*

Tel qu'exposé précédemment, une voie d'action dans la lutte contre la pauvreté concerne l'accès primaire et secondaire au système de soins. Or, comme nous l'avons rapporté, certaines personnes en situation de pauvreté vivent de la discrimination au sein du système de soins. Le plaidoyer au sens de promotion et de protection des intérêts de la personne soignée est un des rôles professionnels de l'infirmière (Blondeau et Lambert, 1999). C'est dans ces occasions que l'infirmière qui prend la parole avec un respect des valeurs et de l'autonomie peut faire la promotion des meilleurs intérêts de la personne soignée (Blondeau et Lambert, 1999). Le fait de se porter à la défense des personnes soignées est une façon de leur permettre de participer aux débats en plus d'affirmer que cette personne a le droit d'être entendue (Ninacs, 2008). Outre ce rôle de plaidoyer sur le plan individuel, il est essentiel que les infirmières s'assurent que la pauvreté et les iniquités de santé soient considérées lors de l'élaboration de programmes et de politiques dans leur organisation. Les infirmières sont dans une position privilégiée pour assurer une vigilance dans ce domaine. Plaider pour des soins de santé accessibles et équitables pour les personnes en situation de pauvreté est crucial. Cependant l'infirmière ne devrait pas se limiter à cet aspect. Elle devrait plutôt élargir son plaidoyer à l'établissement de politiques publiques qui influencent la santé des populations (Cohen et Reutter, 2007). Le rôle d'*advocacy* de l'infirmière en matière de développement de politiques publiques saines, quoique théoriquement reconnu, demeure peu étudié et développé (Cohen et Reutter, 2007 ; Williamson, 2001). Les infirmières, en étant à l'intersection des vies des personnes et des politiques publiques, sont pourtant dans une position privilégiée pour participer aux débats et pour les nourrir (AIIC, 2005). En rapportant les histoires cliniques qui témoignent des injustices vécues par les personnes en situation de pauvreté, ainsi que leurs contextes socioéconomiques précaires qui ont des effets délétères sur leur santé et leur bien-être, les infirmières peuvent contribuer à améliorer les politiques publiques et à réduire les iniquités de santé.

RÉFÉRENCES

Association canadienne de santé publique (ACSP) (2004). *2000 RÉSOLUTION ACSP N° 2. Réduction de la pauvreté et de ses effets négatifs sur la santé*, Ottawa : Association canadienne de santé publique. http://www.cpha.ca/francais/policy/resolu/2000s/2000/page2.htm.

Association des infirmières et infirmiers du Canada (AIIC) (2005). *Les déterminants sociaux de la santé et les soins infirmiers : résumé des enjeux*, Ottawa.

Bedos, C., J.M. Brodeur, L. Boucheron, L. Richard, M. Benigeri, M. Olivier et S. Haddad (2003). « The dental care pathway of welfare recipients in Quebec », *Social Science and Medicine*, 57 (11), 2089-2099.

Bedos, C., S. Tubert, C. Loignon, J.M. Brodeur, P. Allison, L. Richard et autres (2006). « A qualitative investigation of how French and Canadian dentists perceive poverty », *European Journal of Public Health*, 16, 123-123.

Bernard, P., et M. Raynault (2004). « Inégalités sociales de santé : feux, contre-feux et piliers de bien-être », *Santé, société et solidarité : revue de l'observatoire franco-québécois de la santé et de la solidarité*, 2, 49-58.

Blane, D. (1999). « The life course, the social gradient and health », dans M. Marmot et R. Wilkinson (ed.), *Social determinants of health*, Oxford : Oxford University Press.

Blondeau, D., et C. Lambert (1999). « L'autonomie professionnelle des infirmières », dans D. Blondeau (dir.), *Éthique et soins infirmiers*, Montréal : Presses de l'Université de Montréal, 161-169.

Cognet, M., et autres (2004). *Citoyenneté et soins de santé aux immigrants : les infirmières jouent-elles un rôle dans la construction de la citoyenneté des immigrants au Québec ?*, Paper presented at the 72ᵉ Congrès de l'ACFAS, Montréal.

Cohen, B.E., et L. Reutter (2007). « Development of the role of public health nurses in addressing child and family poverty : a framework for action », *Journal of Advanced Nursing*, 60 (1), 96-107.

Collière, M.F. (2001). *Soigner... Premier art de la vie*, Paris : Masson.

Comité consultatif fédéral-provincial-territorial sur la santé de la population et la sécurité de la santé (CCFPT) (2005). *Réduire les disparités sur le plan de la santé – Rôles du secteur de la santé : document de travail*, Ottawa : ministère de la Santé.

Comité consultatif de lutte contre la pauvreté et l'exclusion sociale (CCPE) (2007). *Planification et orientations 2006-2009 : collectivement plus riches de moins de pauvreté, nous serons mieux...*, Québec.

Comité ministériel sur la réduction des inégalités de santé et de bien-être liées à la pauvreté (CMRI) (2002). *La réduction des inégalités liées à la pauvreté en matière de santé et de bien-être : orienter et soutenir l'action*, Québec : ministère de la Santé et des Services sociaux, Gouvernement du Québec.

Conseil canadien de développement social (CCSD) (2001). *Définir et redéfinir la pauvreté : le point de vue du CCDS*, Toronto : Conseil canadien de développement social (CCSD). www.ccsd.ca/francais/ip/2001/pauv.htm (consulté le 13 avril 2004).

Conseil national du bien-être social (CNBS) (2006). *Profil de la pauvreté, 2002 et 2003*, Ottawa.

Couffinhal, A., P. Dourgnon, P. Geoffard, M. Grignon, F. Jusot, J. Lavis et autres (2005). « Politiques de réduction des inégalités de santé, quelle place pour le système de santé ? Un éclairage européen. Première partie : les déterminants des inégalités sociales de santé et le rôle du système de santé », *Bulletin d'information en économie de la santé – Institut de recherche et documentation en économie de la santé (IRDES)*, 92 (février), 1-6.

DSP (2008). « La pratique infirmière de promotion de la santé et de prévention en CSSS, mission CLSC », *Rapport Synthèse*, 11 (2).

Falk-Rafael, A.R. (2001). « Empowerment as a process of evolving consciousness : A model of empowered caring », *Advances in Nursing Science*, 24 (1), 1-16.

Frohlich, K.L., N. Ross et C. Richmond (2006). « Health disparities in Canada today : Some evidence and a theoretical framework », *Health Policy*, 79 (2-3), 132-143.

Furler, J. (2006). « Social determinants of health and health inequalities : what role for general practice », *Health Promotion Journal of Australia*, 17 (3), 264-265.

Goldberg, M., M. Melchior, A. Leclerc et F. Lert (2002). « Les déterminants sociaux de la santé : apports récents de l'épidémiologie sociale et des sciences sociales de la santé », *Sciences sociales et santé*, 20 (4), 75-128.

Graham, H. (2002). « Building an inter-disciplinary science of health inequalities : the example of lifecourse research », *Social Science and Medicine*, 55 (11), 2005-2016.

Gwatkin, D. (2000). « Inégalités de santé et santé des pauvres : que sait-on et que peut-on faire ? », *Bulletin de l'Organisation mondiale de la santé*, 3, 3-17.

Hart, A., et M. Freeman (2005). « Health " care " interventions : making health inequalities worse, not better ? », *Journal of Advanced Nursing*, 49 (5), 502-512.

Holmes, D., et A. Perron (2006). « Les groupes vulnérables : comprendre la vulnérabilité et agir », dans G. Carrol (dir.), *Pratiques en santé communautaire*, Montréal : Chenelière Éducation, 195-203.

Judge, K., et I. Peterson (2001). *Poverty, Income Inequality and Health*, Scotland.

Kawachi, I., B.P. Kennedy et R.G. Wilkinson (ed.) (1999). *The society and population health reader : Vol. 1 : Income inequality and health*, New York : New Press.

Kawachi, I., S.V. Subramanian et N. Almeida-Filho (2002). « A glossary for health inequalities », *Journal of Epidemiology and Community Health*, 56 (9), 647-652.

Krieger, N. (2001). « A glossary for social epidemiology », *Journal of Epidemiology and Community Health*, 55 (10), 693-700.

Laderchi, C.R., R. Saith et F. Stewart (2003). *Does it matter that we don't agree on the definition of poverty ? A comparision of four approaches*, Oxford, R.-U.

Lévesque, M., et R. Malenfant (2005). « Trajectoires liées à la pauvreté et santé des femmes », *Le Médecin du Québec*, 40 (9).

Loignon, C., P.J. Allison, A. Landry, L. Richard, J.M. Brodeur et C. Bedos (2008). « Providing socio-humanistic care : dentists' experience in deprived areas », *Journal of Dental Research*, sous presse.

Lollivier, S. (2003). « Inégalités et pauvreté : limites conceptuelles et tendances récentes », *Santé, société et solidarité : revue de l'observatoire franco-québécois de la santé et de la solidarité*, 1, 149-159.

Lombrail, P. (2000). « Accès aux soins », dans A. Leclerc, D. Fassin, H. Grandjean, M. Kaminski et T. Lang, *Les inégalités sociales de santé*, Paris : La Découverte.

Lombrail, P., J. Pascal et T. Lang (2004). « Accès au système de soins et inégalités sociales de santé : que sait-on de l'accès secondaire ? », *Santé, société et solidarité : revue de l'observatoire franco-québécois de la santé et de la solidarité*, 2, 61-71.

Lynch, J.W., G.D. Smith, G.A. Kaplan et J.S. House (2000). « Income inequality and mortality : importance to health of individual income, psychosocial environment, or material conditions », *British Medical Journal*, 320, 1220-1224.

Macintyre, S. (1997). « The black report and beyond what are the issues ? », *Social Science and Medecine*, 44 (6), 723-745.

Mackenbach, J.P. (2003). « An analysis of the role of health care in reducing socioeconomic inequalities in health : The case of the Netherlands », *International Journal of Health Services*, 33 (3), 523-541.

Malenfant, R., M. Lévesque, M. Jetté et D. White (2004). « Étude de trajectoires liées à la pauvreté », *RIPOST. Rapport de recherche*, 87.

Maze, C.D.M. (2005). « Registered Nurses' personal rights vs. professional responsibility in caring for members of underserved and disenfranchised populations », *Journal of Clinical Nursing*, 14 (5), 546-554.

McAll, C., J. Fortier, P.J. Ulysse et R. Bourque (2000). *Se libérer du regard. Agir sur les barrières : points de vue sur la pauvreté à Montréal*, Montréal : Rapport de recherche soumis au CQRS, Université de Montréal.

McDonough, P., et P. Berglund (2003). « Histories of poverty and self-rated health trajectories », *Journal of Health and Social Behavior*, 44 (2), 198-214.

McDonough, P., A. Sacker et R.D. Wiggins (2005). « Time on my side ? Life course trajectories of poverty and health », *Social Science and Medicine*, 61 (8), 1795-1808.

Nielsen, M.J., H.S. Juon et M. Ensminger (2004). « Preventing long-term welfare receipt : the theoretical relationship between health and poverty over the early life course », *Social Science and Medicine*, 59 (11), 2285-2301.

Ninacs, W.A. (2008). *Empowerment et intervention : développement de la capacité d'agir et de la solidarité*, Québec : Les Presses de l'Université Laval.

Nzira, V., et P. Williams (2009). *Anti-Oppressive practice in health and social care*, London, Sage.

Organisation mondiale de la santé (OMS) (1999). *Pauvreté et santé*, Genève : Organisation mondiale de la santé.

Paquet, G. (2006). *Partir du bas de l'échelle : des pistes pour atteindre l'égalité sociale en matière de santé*, Montréal : Presses de l'Université de Montréal.

Phipps, S. (2003). *Répercussions de la pauvreté sur la santé*, Ottawa : Institut canadien d'information sur la santé.

Picot, G., et J. Myles (2004). « Inégalité du revenu et population à faible revenu au Canada », *Horizons*, 7 (2), 9-18.

Potvin, L., S. Gendron, A. Bilodeau et P. Chabot (2005). « Integrating social theory into public health practice », *American Journal of Public Health*, 95 (4), 591-595.

Raphael, D. (2003). « Barriers to addressing the societal determinants of health : public health units and poverty in Ontario, Canada », *Health Promotion International*, 18 (4), 397-405.

Raphael, D. (2006a). « Les inégalités de santé au Canada : faible préoccupation, actions insatisfaisantes, succès limités », dans M. O'Neill, S. Dupéré, A. Pederson et I. Rootman (dir.), *Promotion de la santé au Canada et au Québec : perspectives critiques*, Québec : Les Presses de l'Université Laval, 138-159.

Raphael, D. (2006b). « Social determinants of health : Present status, unanswered questions, and future directions », *International Journal of Health Services*, 36 (4), 651-677.

Raphael, D., J. Macdonald, R. Colman, R. Labonte, K. Hayward et R. Torgerson (2005). « Researching income and income distribution as determinants of health in Canada : gaps between theoretical knowledge, research practice, and policy implementation », *Health Policy*, 72 (2), 217-232.

Raphael, D., R. Labonte, R. Colman, K. Hayward, R. Torgerson et J. Macdonald (2006). « Income and health in Canada – Research gaps and future opportunities », *Canadian Journal of Public Health / Revue canadienne de santé publique*, 97, S16-S23.

Raynault, M., et J. Loslier (2008). « La réduction des inégalités sociales de santé », dans K.L. Frohlich, M. De Koninck, A. Demers et P. Bernard (dir.), *Les inégalités sociales de santé au Québec*, Québec : Presses de l'Université de Montréal.

Reid, C. (2004). *The wounds of exclusion : Poverty, women's health, and social justice*, Edmonton. AB : Qualitative Institute Press.

Ridde, V. (2004). « Countering social inequalities in the area of health – Explaining the immobility of public health agencies in Quebec », *Canadian Journal of Public Health / Revue canadienne de santé publique*, 95 (3), 224-227.

Roy, S., D. Morin, F. Lemétayer et C. Grimard (2006). *Itinérance et accès aux services : problèmes et enjeux*, Collectif de recherche sur l'itinérance, la pauvreté et l'exclusion sociale, Montréal, 179.

Sisson, K.L. (2007). « Theoretical explanations for social inequalities in oral health », *Community Dentistry and Oral Epidemiology*, 35 (2), 81-88.

Solar, O., et A. Irwin (2005). *Vers la mise au point d'un cadre conceptuel d'analyse et d'action sur les déterminants sociaux de la santé : document de discussion*, Genève : Organisation mondiale de la santé.

Wagle, U. (2002). « Rethinking poverty : definition and measurement », *Open Forum*, UNESCO, 155-165.

Wagstaff, A. (2002). « Pauvreté et inégalités dans le secteur de la santé », *Bulletin de l'Organisation mondiale de la santé – recueil d'articles*, 7, 100-108.

Wilkinson, R.G. (1996). *Unhealthy societies. The afflictions of inequality*, London : Routledge.

Wilkinson, R., et M. Marmot (2003). *Determinants of Health : the Solid Facts*, Copenhagen : WHO.

Williamson, D.L. (2001). « The Role of the Health Sector in Addressing Poverty », *Canadian Journal of Public Health*, 92 (3), 178-183.

Williamson, D.L., et J. Drummond (2000). « Enhancing low-income parents' capacities to promote their children's health : education is not enough », *Public Health Nursing*, 17 (2), 121-131.

Williamson, D.L., M.J. Stewart, K. Hayward, N. Létourneau, E. Makwarimba, J. Masuda et autres (2006). « Low-income Canadians' experiences with health-related services : Implications for health care reform », *Health Policy*, 76 (1), 106-121.

Zamaron, C. (2000). « Santé et pauvreté, quels soins infirmiers à l'hôpital », *Soins*, 650 (43), 175-179.

Famille et soins à l'hôpital : l'exemple des services de pédiatrie français

SARRA MOUGEL

S i les parents d'enfants malades ont pu être décrits comme des « acteurs incontournables » (Morawski-Bachimont, 2002) et dans le même temps secondaires[1] (Cresson, 2000) dans les dispositifs de soins à domicile, le soin familial à l'intérieur de l'hôpital a été peu étudié, en particulier dans les pays occidentaux (Chang, 2001)[2]. Ce chapitre vise à combler ce manque en montrant que la participation des parents à la réalisation des soins hospitaliers gagnerait à être mieux reconnue par les équipes et les responsables hospitaliers.

On peut faire l'hypothèse que la rareté des travaux sur ce sujet n'est pas sans lien avec les politiques de visite restrictives qui ont limité pendant longtemps toute possibilité pour les proches de s'investir dans les soins aux malades. Les parents sont désormais largement présents

---

1. Dans la mesure où les préoccupations des professionnels restent tournées vers l'enfant, et où le rôle joué par les parents est perçu uniquement comme un complément de leur intervention (Cresson, 2000, p. 177).
2. Pour ce qui est de la médecine adulte, Michel Castra signale cependant la place spécifique conférée aux familles dans les services de soins palliatifs français, activement invitées à participer au travail de confort et de surveillance du patient mais aussi à aider les équipes dans leur travail sur l'identité du malade mourant (Castra, 2003). Malin Akerström (1996) a également montré comment les familles sont mises à contribution dans la rééducation des services de traumatologie cérébrale.

dans les services de pédiatrie[3]. En raison du « virage ambulatoire[4] » (Saillant, 2000) et de la plus grande place occupée par les maladies chroniques[5], ils participent activement à la division du travail hospitalier (Saiki-Craighill, 1997 ; Heimer et Staffen, 1998 ; Young et autres, 2002), ce qui pose la question de l'articulation entre soins familiaux et soins professionnels (Lesemann et Martin, 1992 ; Favrot-Laurens, 1995). Cette participation est favorisée par les logiques d'éducation des parents en vue de poursuivre le traitement à domicile (Waissman, 1989 ; Brossat, Pinell, 1990), mais ne s'y réduit pas. Tout en étant devenu de plus en plus nécessaire à la réalisation d'un objectif managérial de réduction de la durée des séjours[6], le travail des parents a paradoxalement tendance à passer largement inaperçu aux yeux des soignants (Strauss et autres, 1982a), tant il est englué dans l'évidence d'une sollicitude parentale envers l'enfant (Kaufmann, 1995). Il est néanmoins requis par les équipes qui cherchent dans le même temps à le circonscrire afin de conserver la maîtrise de la division du travail[7].

Ma réflexion sur la participation des parents aux soins hospitaliers s'appuiera sur l'analyse du matériau collecté au cours d'observations réalisées dans deux services de pédiatrie[8]. Le travail de terrain a permis

---

3   L'ouverture des services pédiatriques aux parents a été généralisée en France à partir des années 1980 (Mougel-Cojocaru, 2005).

4.   Le « virage ambulatoire » a consisté à écourter la durée des hospitalisations en transférant une partie des soins autrefois délivrés à l'hôpital (par exemple les perfusions d'antibiotiques) vers le domicile. L'idée est d'éviter toute hospitalisation qui n'exige pas la mobilisation du plateau technique de l'hôpital.

5.   La prévalence des maladies chroniques s'est accrue en raison des succès de la médecine dans le traitement des maladies aiguës (Carricaburu, 1999). Dans le cas des maladies chroniques comme des soins ambulatoires, il est nécessaire de faire appel aux familles pour assurer une partie des soins et leur surveillance. En ouvrant ses portes aux parents, l'hôpital prépare les conditions de la délégation de cette surveillance aux parents.

6.   L'apprentissage par les parents de la surveillance et de l'administration du traitement permet d'organiser des sorties plus rapides de l'enfant, avant même qu'il ne soit guéri dans le cas des maladies aiguës et de façon plus routinière, grâce aux savoir-faire acquis par les parents dans le cas des maladies chroniques.

7.   Double mouvement d'incorporation et de mise à distance déjà repéré par Malin Akerström (1996).

8.   Deux services aux profils contrastés ont été étudiés : un service de pédiatrie générale accueillant des enfants présentant plutôt des pathologies aiguës pour des hospitalisations de courtes durées (3-4 jours en moyenne), et un service d'hépatologie pédiatrique spécialisé dans les greffes de foie supposant des hospitalisations longues (souvent plusieurs mois) et répétées pour assurer le suivi de l'enfant lors d'affections chroniques. L'étude s'est déroulée dans le service de pédiatrie générale sur une période d'un an et demi à compter

de saisir *in situ* l'insertion des parents dans la division du travail hospitalier et ses conséquences sur le quotidien des services[9]. Je montrerai comment cette participation engage tous les niveaux de la ligne hiérarchique allant des aides-soignantes aux médecins. Il s'agit d'un premier résultat important de l'enquête dans la mesure où la présence des familles dans les hôpitaux des pays non occidentaux a souvent été interprétée comme la conséquence de l'absence des aides-soignantes dans l'organigramme hospitalier (Chang, 2001 ; Thi Than Thao, 2001). Ainsi, l'hypothèse d'une équivalence entre le soin familial et la fonction d'aide-soignante[10] ne peut pas être retenue en raison d'une différence de contenu. Ce résultat ne doit pas nous surprendre car, comme le relevait Anne-Marie Arborio, la fonction de l'aide-soignante consiste à « neutraliser » la personne sociale du malade en intervenant en amont des autres soignants pour le faire « apparaître comme doté des seuls attributs élémentaires de la maladie » (Arborio, 1996, p. 181-182). Au contraire, l'intervention des parents vise plutôt à préserver l'identité de l'enfant. D'une manière générale, si les parents font de nombreuses tâches contiguës à celles des professionnels, quel que soit le travail éducatif dont ils ont été l'objet, ils ne les réalisent pas pour autant de la même manière. Les enjeux affectifs et identitaires (y compris pour les parents eux-mêmes qui jouent là la possibilité de se voir reconnus par les équipes comme de « bons » parents) y sont premiers. Ils exercent un rôle de garde-malade composite et syncrétique qui met au premier plan l'intérêt individualisé de l'enfant. En renvoyant à une prise en

---

de 2-3 jours par semaine en moyenne. Dans le service d'hépatologie pédiatrique, deux séjours consécutifs ont été réalisés d'une durée de quatre mois chacun à raison de 2-3 jours par semaine là encore.

9. Nous nous inspirons ici de l'approche développée par Anselm Strauss qui insistait sur la participation du patient et de ses proches à la division du travail hospitalier (1992). Ce travail reste largement invisible pour les professionnels qui ne le définissent pas comme un travail ou n'y assistent pas (1982a). C'est moins vrai dans le cas des parents, dans la mesure où leur participation, tout du moins pour les soins quotidiens de l'enfant (alimentation, toilette, habillage, etc.), est désormais officiellement prescrite. Parce qu'elle est destinée à l'enfant, elle est cependant considérée par les professionnels comme allant de soi et à ce titre n'est pas pensée comme un travail.

10. Cette hypothèse a déjà été invalidée lors des soins à domicile où s'opère un glissement vers les tâches de l'infirmière. Geneviève Cresson a aussi montré comment les parents d'enfants ayant la mucoviscidose sont parfois contraints de réaliser eux-mêmes la kinési-thérapie respiratoire (Cresson, 2000) ce qui étend les compétences des parents vers d'autres catégories de professionnels paramédicaux.

charge globale de l'enfant, cette participation fait ressortir les lacunes du fonctionnement des services. Comme pour les soins à domicile, le soin familial à l'hôpital vise l'intérêt de l'enfant, mais permet aussi d'économiser sur le travail des équipes dans un contexte de gestion managériale de l'hôpital qui a conduit à une intensification du travail et au déclassement des soins relationnels non technologisés (Demailly et Dembinski, 2000 ; Feroni, 2006).

Ce chapitre permettra de saisir l'importance du rôle des parents auprès des enfants hospitalisés. Un rôle parental pleinement assumé permet en effet une meilleure humanisation des soins au moment même où l'hospitalisation et la maladie perturbent l'existence de l'enfant (et de ses parents).

DES SOINS DU QUOTIDIEN AU RÔLE DE « MINI-NURSE »

Il est possible de repérer dans les services de pédiatrie français l'importance prise désormais par les parents dans la division du travail hospitalier. En France, la circulaire relative à l'hospitalisation des enfants datant de 1983[11] marque un tournant dans les politiques d'ouverture des services aux parents qui sont enfin officialisées. La participation des parents aux soins quotidiens y est explicitement recommandée. On y souligne que :

> La technicité des soins médicaux ou infirmiers, les problèmes de sécurité et de responsabilités interdisent le plus souvent de confier ces soins aux parents. En revanche, ces derniers peuvent souvent se charger, auprès de leur enfant, des soins de la vie quotidienne : le nourrir, le changer, faire sa toilette, aller lui chercher quelque chose, l'accompagner, le calmer... Les agents sont ainsi libérés pour des tâches plus techniques ou pour mieux soigner les enfants dont les parents ne sont pas là. En outre, mieux vaut une mère occupée auprès de son enfant qu'une mère inactive, anxieuse, qui harcèle le personnel[12] (*Circulaire de 1983*, p. 7).

---

11. Circulaire n° 83-24 du 1er août 1983 : « L'hospitalisation des enfants ».

12. On notera au passage le glissement qui s'est opéré entre l'attribution d'une participation aux parents de manière indifférenciée et la justification finale qui fait intervenir la seule figure (négative) de la mère. Ce glissement illustre une fois de plus l'occultation de la différence genrée et des inégalités persistantes de prise en charge des enfants entre père et mère introduite par l'utilisation du vocable « parent ».

Dans les deux services étudiés, la participation aux soins de *nursing* constitue désormais un impératif puissant. Dans le service d'hépatologie, dès ma première entrevue avec la psychologue, celle-ci évoque le contrôle exercé par les infirmières sur la participation des parents :

> Les infirmières, m'explique-t-elle, n'hésitent pas à appeler « les mamans » à la Maison des parents, si elles tardent trop à venir le matin (imitant la voix des infirmières) : « Elles ne sont pas là pour se prélasser ! » Les infirmières mesurent en effet leur charge de travail en fonction du nombre de parents présents : au cours du déjeuner qui marque la fin de leur journée, elles énumèrent ainsi ensemble les parents/les mères qui seront présents le lendemain pour s'occuper des enfants (ndt[13], hépatologie).

L'exigence de participation se lit aussi dans les critiques émises par les professionnels à l'encontre des parents qui détournent la relation de service, en demandant au personnel de réaliser les tâches de *nursing* désormais définies comme étant de leur responsabilité. Dans le service de pédiatrie générale, lors d'une consultation, les médecins remarquent à propos de la mère de Jade :

> Elle est pénible et désagréable avec tout le monde. [...] Dimanche, les infirmières avaient fait du thé, elles en ont proposé aux mamans. Elle leur a dit : « non merci, vous n'auriez pas du café ? » (rire général). Y a des gens qui se croient au restaurant.
>
> – Oui l'autre fois la maman de [?] elle a dit : « Je paye alors je veux que ma fille soit changée toutes les cinq minutes. »
>
> – Oui souvent les gens ils veulent qu'on fasse tout.
>
> Luc (praticien hospitalier) : lavage, graissage
>
> Camille (chef de clinique) : astiquage
>
> Christiane (surveillante) : et qui emportent aussi les couches en partant (ndt, PG).

Il s'agit bien pour les parents/les mères de participer et non d'être les ordonnateurs des tâches à accomplir. La manière dont les infirmières insistent auprès des pères, lorsqu'ils viennent seuls, pour qu'ils changent leur enfant témoigne également d'une attente forte de participation des parents aux soins quotidiens à l'enfant. En témoignent les propos tenus

---

13. Ces abréviations sont utilisées pour alléger le texte : ndt = notes de terrain, PG = pédiatrie générale.

par Carine, une jeune infirmière, dans le service de pédiatrie générale, dans la salle de repos[14].

> Carine se plaint que le père d'Abdoulaye ne sait pas changer son fils et lui a demandé de le faire. « [...] Abdoulaye en avait vraiment partout, ajoute Carine, alors je l'ai changé, mais, sinon, je le laissais comme ça pour que la mère le trouve comme ça. » Les infirmières tombent d'accord sur l'idée que les pères « pourraient apprendre à changer leur enfant quand même » (ndt, PG).

Cette participation est largement admise par les parents (les mères avant tout qui sont davantage présentes), mais se révèle plus difficile et pénible que les soignants ne veulent bien l'admettre. Il ne s'agit pas simplement de transposer telles quelles les habitudes acquises : le fonctionnement collectif, l'appareillage technique et l'impératif d'hygiène de même que la priorité accordée aux soins infirmiers s'interposent en effet entre les manières de faire habituelles des parents et celles qui s'imposent dans le contexte hospitalier[15]. Il ne suffit pas de faire ailleurs ce que l'on fait déjà chez soi. En invitant les parents/les mères à s'occuper de leur enfant hospitalisé « comme ils le feraient à la maison », les professionnels semblent ignorer le surcroît de disponibilité et d'« art de faire » que cela suppose de la part des parents/les mères. Préserver le confort de l'enfant malgré les allées et venues des professionnels ne va pas de soi dans le contexte hospitalier, comme en témoigne la mère d'Ahmed.

> Ahmed, petit bébé, dort paisiblement dans les bras de sa mère. Elle m'explique que, ce matin, il n'était pas aussi calme : il a beaucoup pleuré comme hier. Elle avait réussi à l'endormir, mais on l'a réveillé pour la tension. Il s'est rendormi. « Après on avait oublié de prendre sa température, on l'a réveillé à nouveau. Là il dort, mais, comme la dame va revenir pour lui enlever le " truc " (la sonde de la phmétrie[16]), il va se réveiller encore. Cette

---

14. Les contraintes de civilités dans les relations de face-à-face et la volonté de conserver de bonnes relations avec les parents conduisent les soignants à ne pas manifester directement leur désapprobation face aux pratiques parentales. La salle de repos fonctionne alors comme un « sas » au sein duquel les tensions peuvent être exprimées de manière à pouvoir endosser à nouveau un rôle « professionnel » avant de retourner dans le service.
15. À l'instar des difficultés éprouvées par les aides-soignantes lorsqu'elles doivent réaliser des soins de *nursing* dans le cadre hospitalier (Arborio, 2001).
16. Il s'agit d'un petit tube en plastique introduit par le nez et placé dans l'estomac pour mesurer l'acidité gastrique pendant 24 heures.

nuit, ajoute-t-elle, il a très mal dormi : il était gêné par son " truc ", ça le gratte, il tousse. » Elle m'explique qu'elle a dû dormir 1 h 30 seulement (entretien informel[17], PG).

La primauté accordée aux soins médicaux rend l'organisation des soins à l'enfant délicate, la disponibilité maternelle, voire son temps de repos, ayant alors tendance à jouer le rôle de variable d'adaptation au service du confort de l'enfant.

Les parents/les mères mettent en œuvre de fait un rôle de garde-malade composite qui va au-delà des seuls soins quotidiens : tout d'abord en assurant la surveillance de l'enfant, travail rendu délicat par la faiblesse supposée de l'autocontrôle enfantin ou par la susceptibilité des adolescents à tout empiètement sur leur autonomie. Ce travail et la manière dont il est requis par les infirmières ne sont explicités qu'en cas d'échec.

Christelle, une jeune infirmière, raconte que ce matin, Salma [qui est âgée de deux-trois ans] est tombée derrière ses jambes. « Moi je ne l'avais pas vue. Sa mère était là assise dans la chambre, la gamine était dans le couloir, elle ne la surveillait même pas. Si elle est là, elle est là pour la surveiller quand même ! » (ndt, PG).

Ce travail de surveillance est largement dévalorisé au profit du « travail de relation », du travail éducatif et de soutien affectif. En surveillant, les parents/les mères font toujours un peu « autre chose ». La surveillance est incluse dans la nébuleuse d'activités consistant à « s'occuper » d'un enfant. Par rapport à celle qui peut être exercée par un membre de l'équipe, la qualité de la surveillance parentale/maternelle provient de l'exclusivité de cette tâche, les parents/les mères étant *a priori* relevés de leurs autres obligations lorsqu'ils sont à l'hôpital.

La surveillance assurée par les parents/les mères a fortement contribué à l'humanisation des conditions d'hospitalisation enfantine, en faisant tomber en désuétude la pratique consistant à attacher les

---

17. Pour faire émerger la parole des parents, des entretiens informels dans les chambres ou les espaces collectifs des services ont été privilégiés en raison des difficultés à organiser des entretiens formalisés dans un contexte de crise tel que l'hospitalisation : les parents pouvaient ainsi continuer d'accorder l'attention à leur enfant qu'on attendait d'eux. Les propos de cette mère ont été rapportés de mémoire lors d'une prise de note après coup avec tous les risques d'omission et de déformation qui peuvent en découler.

enfants les plus petits dans leur lit, en garantissant des possibilités de mobilité et de jeux plus grandes aux enfants hospitalisés. Elle s'étend au-delà de l'enfant lui-même et concerne son environnement médical et technique. Les parents/les mères sont notamment chargés de donner l'alerte en cas de perturbation de la situation de l'enfant indiquée par l'appareillage technique. Ainsi dans le service d'hépatologie, il est fait un large usage des perfusions automatiques. À certains moments, la machine sonne inutilement. Les parents/les mères « initiés » connaissent la marche à suivre pour relancer la machine sans avoir à déranger les infirmières. Cette surveillance favorise une plus grande autonomie de l'enfant qui peut se déplacer et poursuivre ses activités, contribuant à lever les contraintes liées à la technologie des soins hospitaliers.

La surveillance assurée par les parents/les mères s'accompagne d'un « travail sur les sentiments » (maîtriser sa peur, son angoisse, sa colère : Strauss et autres, 1982b) qui suppose une maîtrise de soi du parent présent, en particulier de sa propre anxiété. L'une des tâches délicates volontiers déléguée aux parents présents consiste à assurer la compliance de l'enfant, travail parfois long et fastidieux dans la mesure où il s'agit de persuader l'enfant de prendre de lui-même le traitement, de développer une pédagogie du contrat, selon le nouvel idéal d'émancipation de l'enfant qui exclut le recours à la contrainte physique (Renaut, 2002). L'interaction suivante en témoigne :

> Cléa, âgée de trois-quatre ans, refuse de prendre un médicament nécessaire pour la réalisation du prochain examen, qui a été dilué au préalable dans un grand verre. Sa mère essaie de la convaincre : « Je ne vais pas te forcer. Bois ton verre et après tu auras du coca. C'est maman qui va le boire (elle met la paille, ajoutée pour que le liquide ressemble moins à un médicament, dans sa bouche et fait semblant de boire. Cléa veut monter dans le trotteur). Oui mais tu bois ça d'abord. (Cléa refuse toujours de boire). Si tu ne bois pas, l'infirmière va te passer un grand tuyau jusqu'à l'estomac pour que tu le prennes (Cléa redemande à aller dans le trotteur). Si c'est moi qui le bois, c'est moi qui vais dans le trotteur (elle fait mine de monter dans le trotteur, Cléa veut monter à sa place). D'accord, mais d'abord tu bois ça (Cléa essaie d'esquiver et réclame du " coca-mamie "). Oui, ça c'est du " coca-mamie ". D'accord tu bois ça et tu vas dans le trotteur (Cléa finit par répondre oui. Sa mère la met dans le trotteur après lui avoir demandé). Promis ? Tu bois ça hein ? (Cléa refuse toujours de boire). Bon, ben tu

restes là alors ? Allez Cléa ! Après on te donnera du coca pour faire passer le goût » (ndt, hépatologie).

Le marchandage (le coca que l'on fait miroiter à Cléa en échange de sa compliance) et le recours à une pédagogie de la peur (la menace du grand tuyau dans le ventre) n'ont pas tout à fait disparu cependant.

Les parents/les mères réalisent d'eux-mêmes ou se voient déléguer certaines tâches assurées en leur absence par les infirmières, ce qui a pu conduire Anselm Strauss et ses collègues (1979) à les qualifier de « mini-nurse[18] ». Les caractéristiques de la profession d'infirmière favorisent un tel rapprochement. « [...] on attend d'elle qu'elle soit l'intermédiaire entre divers rouages de l'hôpital, l'intercesseur du malade auprès du médecin, un support psychologique et moral » (Peneff, 1992, p. 125), autant de fonctions qui sont également assurées par les parents/les mères lorsqu'ils sont présents. Le rôle technique de l'infirmière limite cependant le recouvrement de leur fonction par les parents/les mères, même si, lors de maladies chroniques, certains en viennent à réaliser des soins à composante technique dont ils font l'apprentissage pour en alléger les conséquences sur le quotidien de l'enfant (Morawski-Bachimont, 2002 ; Cresson, 2000). Geneviève Cresson a également relevé un certain nombre de points communs entre le travail réalisé par les parents/les mères et celui des infirmières : il est nécessaire au médecin qui le délègue, *care* (soins d'entretien) et *cure* (soins de réparation) y sont plus continus qu'opposés, il suppose de mobiliser des qualités féminines tenues pour « innées », la valeur économique et sociale de ce travail n'est pas reconnue à sa juste valeur (Cresson, 1991). Cependant, à la différence des professionnels, les savoir-faire acquis par les

---

18. Cette expression est employée pour désigner une hypersocialisation des parents à la prise en charge médicale de leur enfant dans les services de réanimation néonatale. En France, l'idée que la mère puisse jouer pour le compte de ses proches un rôle d'infirmière a été envisagée par les médecins dès le XIXe siècle. Les premiers cours d'infirmières créés dans les années 1870 sont ouverts aux mères de famille pour leur permettre d'apprendre à mieux soigner leurs malades et faire d'elles des infirmières en puissance (Salaün, 2003). L'expression « mini-nurse » ou « quasi-infirmière », employée par Janine Bachimont (Morawski-Bachimont, 2002), souligne l'écart persistant de savoir entre parents et infirmières : les parents ne détiennent qu'un savoir ponctuel, non inséré dans un ensemble de connaissances qui lui donne un sens. Les gestes qu'ils accomplissent sont sous la responsabilité du personnel infirmier qui doit s'assurer de leur niveau de compétence avant toute délégation.

parents/les mères restent isolés (ils ne savent pas faire l'ensemble des soins techniques que réalisent les infirmières) et ne sont pas insérés dans un ensemble de connaissances formalisées.

Il en découle un déplacement de la frontière professionnel-profane (Freidson, 1984), encouragé pour économiser sur les ressources de l'hôpital mises à la disposition des parents (Hill Beuf, 1989) et pour préparer la prise en charge de l'enfant lors de son retour à domicile. La situation et les échanges suivants l'illustrent :

> Abdel, âgé de quatre-cinq ans, a été longuement hospitalisé depuis sa naissance en raison d'une malformation de l'œsophage. Après sa douche, sa mère lui refait la compresse qui protège son bouton de gastrostomie[19]. Comme je lui fais remarquer qu'elle est devenue experte, elle m'explique : « À la naissance, il a été hospitalisé en réa et, là-bas, ils m'ont expliqué que, si je voulais qu'il sorte, il allait falloir que je m'y mette. » Elle ajoute qu'au début ça ne lui était pas facile, elle ne pensait pas qu'elle serait capable de le faire. Avec une paire de ciseaux, d'un geste sûr, madame Achar découpe un petit rond pour entourer le bouton de gastrostomie. La peau qui enrobe le bouton est bien lisse sauf tout près du bouton (ndt, PG).

Comme on le voit dans cet exemple, la délégation va souvent au-delà de ce que les parents/les mères se sentaient prêts à assumer au départ. En se réappropriant les soins, les parents/les mères peuvent tenter d'introduire davantage de symétrie dans leurs relations avec les infirmières. Certaines situations font d'ailleurs émerger la contiguïté entre les fonctions assurées par les parents/les mères et celles qui sont assurées par les infirmières. Par exemple, pour habiller sa fille âgée d'environ deux ans, la mère de Blandine demande « une pince à clamper » à l'infirmière, qui commente, admirative, devant la précision et l'assurance de ses gestes : « Vous êtes devenue une pro ! » Et la mère de répondre : « Oui, la reconversion est proche ! » (ndt, hépatologie).

Ainsi, le fait que la même tâche puisse être effectuée alternativement par un infirmier ou un parent dans un même espace rend plus visible ce qui n'est pas décrit dans le cadre domestique comme un travail, même

---

19. La gastrostomie est un orifice créé artificiellement afin de relier l'estomac à la peau du ventre. Le « bouton » ainsi créé permet le branchement d'une sonde pour alimenter l'enfant à l'aide de nutriments délivrés directement dans l'estomac.

si, étant prise dans une « relation de plaisanterie », l'équivalence affirmée est nuancée.

Par son caractère composite et syncrétique, le rôle de « mini-nurse » tend à renvoyer l'infirmière vers un pôle technique qui convient mal à celles qui ont une conception plus relationnelle de leur rôle. Il les éloigne d'une approche globale de l'enfant qui engage en effet une attention globale au bien-être de l'enfant (qu'il n'ait pas de fièvre, qu'il porte des vêtements confortables, qu'il ne s'ennuie pas, qu'il puisse exercer sa mobilité, jouer – symbole de l'enfance). Assurer ce rôle de « mini-nurse » peut se révéler périlleux pour les parents, car il est difficile de tenir ensemble toutes les composantes d'une approche globalisante et de se montrer également performant. C'est le cas par exemple pour la mère de Maël, petit bébé hospitalisé dans le service de pédiatrie générale pour une pneumopathie :

> Alors que je lui signale que Maël a le corps chaud, elle vérifie elle-même s'il n'a pas de température en utilisant son thermomètre, après avoir vérifié la quantité d'oxygène qui lui est délivré. Elle se fait rappeler à l'ordre par l'infirmière lorsque celle-ci entre dans la chambre et lui fait remarquer qu'elle n'a pas mis de masque, et qu'elle peine à donner les antibiotiques que lui a confiés l'infirmière car Maël en recrache une partie. Elle maîtrise donc certains indicateurs médicaux, mais se montre négligente dans le respect des normes d'hygiène et une piètre garde-malade pour la délivrance des médicaments. (ndt, PG)

NORMALISER LE SÉJOUR DE L'ENFANT À L'HÔPITAL

Les parents/les mères cherchent plus globalement à normaliser le séjour de l'enfant à l'hôpital, en faisant en sorte que l'hospitalisation perturbe le moins possible sa vie quotidienne, qu'il continue à vivre le plus normalement possible (s'habiller, aller à l'école, lire, jouer...). À nouveau, il s'agit d'une fonction en partie prescrite par les équipes, l'« idéologie de la normalisation » étant désormais fortement ancrée dans leurs pratiques. Lorsque les parents partagent cette vision, la collaboration est aisée avec les professionnels de santé. Par contre, ceux qui ne la partagent pas sont rapidement perçus comme « non-compliants » (Anderson et autres, 1989).

Pour les parents, normaliser le séjour de l'enfant à l'hôpital, c'est tout d'abord faire en sorte qu'une certaine continuité soit instaurée entre la vie à la maison et à l'hôpital, dont on a déjà souligné qu'elle n'avait rien d'évidente. La situation suivante en témoigne :

Gaël, petit bébé hospitalisé pour une bronchiolite, est dans le service depuis douze jours. Sa sortie est proche. Sa mère [qui est auxiliaire de puériculture] me raconte qu'elle a rapporté, dès le premier jour, son nounours préféré et sa couverture pour qu'il se familiarise, mais qu'elle ne peut pas faire les mêmes rituels qu'à la maison, en particulier pour l'endormir. À la maison, elle le pose dans son lit, elle a une petite lumière qui fait des ronds sur le plafond : « je lui dis : je suis à côté. De temps en temps, il joue, il pousse un petit cri, je passe la tête par la porte, je lui dis : je suis là. Et il s'endort. Mais il a besoin d'être rassuré, de savoir qu'on est là à côté » (ndt, PG).

Étant auxiliaire de puériculture, la mère de Gaël partage l'idéologie professionnelle des soignantes. Elle a appliqué à la lettre les nouvelles prescriptions (autrefois il était interdit, par crainte des microbes, d'amener un objet personnel à l'hôpital, désormais, la fonction transitionnelle du « doudou » ayant été mise en avant par les travaux psychologiques, cette pratique est au contraire fortement recommandée et fonctionne comme un gage du partage par les parents/les mères de la vision contemporaine de l'enfance).

Assurer une certaine continuité entre le domicile et l'hôpital ne suffit pas. Les parents/les mères font aussi en sorte que les apprentissages de l'enfant ne soient pas interrompus. La volonté d'assurer la poursuite de la socialisation enfantine malgré l'hospitalisation repose sur l'idée que l'enfant ne doit pas marquer d'arrêt dans son développement même s'il est malade. Elle suscite une division du travail entre parents et professionnels. Avec la mise en œuvre des politiques d'humanisation des services de pédiatrie, l'hôpital a développé des services particuliers, en faisant appel notamment à des instituteurs et des éducateurs de jeunes enfants, en ouvrant des salles de classes et des salles de jeux, en installant des téléviseurs dans les chambres, en proposant des jeux et des livres, des ordinateurs, etc. Certains parents profitent en particulier de leur présence à l'hôpital pour conforter les apprentissages scolaires de leur enfant et éviter qu'il ne prenne du retard. Alors que nous discutions à la cafétéria de l'hôpital, la mère d'Édouard justifie les raisons de sa présence aux côtés de son fils de la manière suivante :

> Je suis restée avec lui pour être là, pour lui expliquer, le rassurer. [...] Je voudrais qu'il garde un bon souvenir de l'hôpital si c'est possible. En plus là, il entre au CP[20], c'est tout nouveau, c'est des nouveaux copains, un nouvel établissement. Alors ça m'embête parce qu'il apprend à lire – même s'il avait de l'avance – mais c'est une année importante. Alors ce matin on a fait une page de lecture parce que je ne veux pas qu'il prenne du retard. Le début de l'année c'est important (entretien informel, PG).

Les exigences de préparation scolaire ne sont pas abandonnées au cours de l'hospitalisation, illustrant l'un des deux impératifs de l'éducation contemporaine : veiller à l'épanouissement de l'enfant tout en assurant sa réussite scolaire (Singly, 1996). Le modèle idéal est celui dans lequel l'enfant se réapproprie l'objectif de réussite scolaire, tel Yanis qui s'empare avec gourmandise des exercices de mathématiques que sa mère lui a amenés (ndt, PG). Cette préparation aux apprentissages est de plus en plus précoce (Chamboredon et Prévôt, 1973). On en trouve la trace dans certaines interactions entre parents/mères et enfant à l'hôpital :

> La mère de William, âgé environ de deux ans, dans l'attente d'un biberon, est assise à la table de l'unité des grands qui se trouve à proximité de l'espace-jeux du service. Elle prend une corbeille contenant des fruits et des légumes en plastique, sort un fruit du panier et demande à son fils de nommer le fruit qu'elle tient à la main. Elle reprend son fils s'il se trompe avant de lui montrer un autre fruit (ndt, PG).

Les parents opèrent un certain filtrage contre un traitement institutionnel impersonnel. Ils peuvent veiller à éviter une infantilisation excessive de leur enfant, tel le père de Savinna :

> Âgée de deux ans, la petite fille récemment greffée est seule dans sa chambre, attachée dans un transat, avec un jouet sur les genoux. L'auxiliaire de puériculture cherche pour elle un portique pour bébé. Elle se justifie en disant que Savinna a un peu le comportement d'un bébé. Quand son père arrive, il l'installe sur le lit, appuyée sur un coussin, et lui apporte une

---

20. Ce qui correspond à la première année d'école élémentaire lors de laquelle se fait en France l'apprentissage de la lecture entre cinq et six ans.

grande boîte contenant de nombreux jouets dont elle peut se saisir seule. Savinna s'en empare avec satisfaction (ndt, hépatologie).

DES PARENTS « DIRECTEURS DE TRAJECTOIRE »

Anselm Strauss (1992) conceptualise le parcours du malade à l'hôpital en termes de trajectoire. Aux différents carrefours de la trajectoire, des décisions doivent être prises. Les médecins sont les acteurs-clés de la décision, souvent relayés par les surveillantes dans cette fonction. Ils ont à la fois une vue d'ensemble de cette trajectoire (ils ont en tête des « schémas de trajectoire » en fonction de l'expérience accumulée sur des cas semblables ou proches) et l'autorité nécessaire pour en infléchir le cours. Les personnes détentrices d'une telle position sont appelées des « directeurs de trajectoires ». Il existe des « débats de trajectoire » entre les acteurs qui œuvrent autour de celle-ci, en particulier lorsque la trajectoire du malade devient problématique. Ces débats reposent sur des différends techniques (faut-il privilégier la chirurgie ou la chimiothérapie dans le traitement d'un cancer ?), mais aussi des débats idéologiques (tel parent peut-il être donneur de la moitié de son foie pour son enfant ou faut-il attendre un greffon anonyme ?). La « trajectoire hospitalière » désigne ainsi le parcours du malade tel qu'il se construit à partir des décisions prises au sein de l'hôpital, les moments-clés, les moments de réorientation (par exemple dans un autre service). Cette trajectoire dépend des événements pathologiques, mais aussi des modalités d'organisation des services, du travail accompli par l'ensemble des acteurs concernés (les examens de sang ont-ils été envoyés à temps pour que le médecin, au vu des résultats, puisse prendre la décision de faire sortir un enfant de l'hôpital ? Les parents étaient-ils présents pour accompagner un enfant devant réaliser un examen nécessaire au diagnostic dans un autre hôpital ?). Compte tenu de la complexité de l'organisation du travail à l'hôpital, il existe à tout moment des risques de « désarticulation » de la trajectoire hospitalière de l'enfant, car celle-ci suppose une coordination des interventions de tous, toujours difficile à atteindre « lorsque tant d'activités diagnostiques et thérapeutiques tourbillonnent littéralement autour du corps du malade » (Strauss, 1992, p. 197).

Parce qu'ils se sentent responsables du bien-être global de leur enfant, les parents/les mères vont également s'intéresser à sa trajectoire hospitalière, y compris dans ses composantes techniques, pour éviter toute désarticulation de celle-ci (notamment en cas de mauvaise transmission de l'information entre « blouses blanches », occurrence fréquente à l'hôpital (Amar et Minvielle, 2000), ou plus généralement pour éviter d'affecter ses chances d'amélioration à plus long terme. Il arrive ainsi que des risques de désarticulation de la trajectoire hospitalière de l'enfant soient évités de justesse par les parents. Ils se situent en cela au plus proche de la fonction du « directeur de trajectoire » habituellement tenue par le médecin ou l'infirmière-cadre qui assurent le contrôle de la bonne organisation des soins et qui ont le pouvoir de décision.

Mais, pour être « directeur de trajectoire », il faut disposer des informations pertinentes. Or, en raison de l'incertitude qui caractérise l'évolution de la maladie et des inflexions de la trajectoire hospitalière, les informations anciennes se dévaluent très vite. Il est difficile pour les parents/les mères d'obtenir des informations en continu alors que la trajectoire hospitalière au cours d'une journée peut être radicalement modifiée. Par leur présence et leur bonne connaissance de la situation de leur enfant, les parents/les mères peuvent cependant être amenés à jouer un rôle important dans le « travail d'articulation » (Strauss, 1992) des tâches nécessaires au bon déroulement de la trajectoire hospitalière. Ce que l'on peut repérer dans l'intervention de la mère de Valentine :

> Âgée d'un peu plus d'un an, hospitalisée pour une fièvre inexpliquée, est « grognon » à son réveil. Sa mère pense que sa température a monté. Elle demande à l'infirmière de reprendre sa température, faisant ainsi admettre la validité de sa demande. Constatant que la température a monté, l'infirmière décide de refaire un bilan (ndt, hépatologie).

Dans ce cas, l'intervention de la mère de Valentine a permis d'accélérer la trajectoire de soins de sa fille pour l'établissement d'un diagnostic. La mère de Valentine a réussi à faire valoir son statut d'interprète qualifiée des symptômes de sa fille auprès des infirmières. Dans le service d'hépatologie, compte tenu du savoir qu'ils ont fini par acquérir sur la maladie de leur enfant et son traitement, certains parents revendiquent expressément la place de partenaire dans la direction de la trajectoire hospitalière. Par exemple, la mère de Blandine, âgée de deux ans environ, affirme :

> « Ils [les médecins] doivent faire avec nous. » Elle considère essentiel de pouvoir donner « leur » avis, et de faire valoir « leur » point de vue (à ce point de notre conversation elle s'exprime en porte-parole du couple et parle à la première personne du pluriel). Elle prend pour exemple l'aspect que devra prendre la cicatrice de sa fille après son opération prévue dans quelques jours, ce dont elle a parlé au chirurgien : « Ce sont des choses qui comptent pour nous », conclut-elle (entretien informel, hépatologie).

Il s'agit ici de faire valoir une considération esthétique qui devrait modifier les gestes du chirurgien si elle était prise en compte.

CONCLUSION

Pour les parents, les enjeux identitaires de ces différentes facettes de leur rôle à l'hôpital sont importants car ils y côtoient des spécialistes du développement enfantin à même de les valider dans leur rôle de « bons » ou de « mauvais » parents. Les jeux sont néanmoins « pipés » dans la mesure où ce qui est attendu d'eux n'est explicité qu'en cas d'échec. Leur investissement à l'hôpital ne va pas non plus sans déboires dans la relation à l'enfant dans la mesure où ils sont obligés d'exercer une contrainte « douce » sur ce dernier pour l'amener à accepter les contraintes du traitement et de la vie dans un cadre institutionnel.

Pour les professionnels, l'investissement des parents dans les soins est parfois vécu comme une source de contrôle supplémentaire, comme un dessaisissement de ce qui constitue la part la plus gratifiante de leur travail si elle restreint leur contact avec l'enfant et participe à l'intensification des tâches exigées lors de la réorganisation managériale des soins. Ils ne peuvent sortir de ce malaise à moins d'accepter un déplacement de la relation de service en direction des parents. En dehors des travailleurs sociaux et des psychologues, rares sont ceux qui acceptent un tel déplacement de leur mission. Le rajeunissement des équipes ne contribue pas à la reconnaissance du mieux-être pour l'enfant apporté par les parents quand tout le monde semble avoir oublié l'ambiance des services de pédiatrie avant leur ouverture aux parents. Les situations, devenues plus rares, dans lesquelles les enfants ne sont pas accompagnés par leurs parents constituent pourtant un brûlant rappel et font écho aux descriptions de la détresse de l'enfant séparé de ses parents par les théoriciens de la carence maternelle. Elles ne vont pas non plus sans poser des problèmes organisationnels qui se traduisent par un risque d'allongement de la trajectoire hospitalière de l'enfant (qui pour manifester sa colère d'avoir été laissé seul dans son lit arrache sa perfusion, par exemple).

Il est donc nécessaire pour les soignants de prendre conscience de l'importance du rôle parental, celui-ci n'étant pas réductible à la fonction de l'aide soignante. La participation des parents est essentielle au bon déroulement des soins. Les équipes pédiatriques ont, me semble-t-il, tout intérêt à la considérer, la valoriser et la reconnaître.

Références

Akerström, M. (1996). « Incorporating and distancing. Changing roles and images of the family in a brain trauma clinic », *International Journal of Sociology of the Family*, 26, (2), 113-127.

Amar, L., et É. Minvielle (2000). « L'action publique en faveur de l'usager : de la dynamique institutionnelle aux pratiques quotidiennes. Le cas de l'obligation d'informer le malade », *Sociologie du travail*, 42, (1), 69-89.

Anderson, J., H. Elfert et M. Lai (1989). « Ideology in the clinical context : chronic illness, ethnicity and the discourse on normalisation », *Sociology of Health and Illness*, 11, (3), 253-278.

Arborio, A.-M. (1996). « Savoir profane et expertise profane. Les aides-soignantes dans l'institution hospitalière », *Genèses*, (22), 87-106.

Arborio, A.-M. (2001). *Un personnel invisible. Les aides-soignantes à l'hôpital*, Paris : Anthropos.

Brossat, S., et P. Pinell (1990). « Coping with parents », *Sociology of Health and Illness*, 12, (1), 69-83.

Carricaburu, D. (1999). « La santé : un monde social en mutation », *Cahiers français*, (291), 86-89.

Castra, M. (2003). *Bien mourir. Sociologie des soins palliatifs*, Paris : PUF.

Chamboredon, J.-C., et J. Prévôt (1973). « Le " métier d'enfant ". Définition sociale de la prime enfance et fonctions différentielles de l'école maternelle », *Revue française de sociologie*, 14, (3), 295-335.

Chang, L.-Y. (2001). « Family at the bedside », *Current Sociology*, 49, (3), 155-173.

Cresson, G. (2000). *Les parents d'enfants hospitalisés à domicile. Leur participation aux soins*, Paris : L'Harmattan.

Cresson, G. (1991). *Le travail sanitaire profane dans la famille. Analyse sociologique*, thèse de doctorat sous la direction de Claudine Herzlich, Paris : EHESS.

Demailly, L., et O. Dembinski (2000). « La réorganisation managériale à l'école et à l'hôpital », *Éducation et sociétés*, (6), 43-64.

Favrot-Laurens, G. (1995). « Soins familiaux ou soins professionnels ? La construction des catégories dans la prise en charge des personnes âgées dépendantes », dans Jean-Claude Kaufmann, *Faire ou faire-faire ? Famille et services*, Rennes, Presses universitaires de Rennes, 213-232.

Feroni, I. (2006). « Évolutions institutionnelles, transformations de l'activité : le contexte des restructurations hospitalières des années quatre-vingt-dix », *Sciences sociales et santé*, 24, (4), 129-133.

Freidson, E. (1984). *La profession médicale*, Paris : Payot (1970 pour l'édition américaine).

Heimer, C. A., et L. R. Staffen (1998). *For the Sake of the Children : The Social Organization of Responsibility in the Hospital and the Home*, Chicago, University of Chicago Press.

Hill Beuf, A. (1989). *Biting off the bracelet. A study of children in hospitals*, Philadephia, University of Pennsylvania Press (1re éd. 1979).

Kaufmann, J.-C. (dir.) (1995). *Faire ou faire-faire ? Famille et services*, Rennes, Presses universitaires de Rennes.

Lesemann, F., et C. Martin (1992). « Présentation, " Prendre soin : liens sociaux et médiations institutionnelles " », *Revue internationale d'action communautaire*, (28/68), 7-11.

Morawski-Bachimont, J. (2002). *Entre soins spécialisés et soins profanes : gérer une maladie infantile chronique à domicile. Le cas de la mucoviscidose*, Villeneuve d'Ascq, Presses universitaires du Septentrion.

Mougel-Cojocaru, S. (2005). « Éléments pour une histoire de l'ouverture des services pédiatriques aux parents », dans *L'hôpital et l'enfant : l'hôpital autrement ?*, Paris : AP-HP, ENSP, 80-91.

Peneff, J. (1992). *L'Hôpital en urgences. Étude par observation participante*, Paris : Métailié.

Renaut, A. (2002). *La libération des enfants. Contribution philosophique à une histoire de l'enfance*, Paris : Bayard et Calmann-Lévy.

Saiki-Craighill, S. (1997). « The children's sentinels : mothers and their relationships with health professionals in the context of japanese health care », *Social Science and Medicine*, 44, (3), 291-300.

Saillant, F. (2000). « Transformations des soins familiaux et lien social », dans Pascal-Henri Keller et Janine Pierret (dir.), *Qu'est-ce que soigner ? Le soin du professionnel à la personne*, Paris : Syros, 11-24.

Salaün, F. (2003). « Approche historique du soin infirmier en pédiatrie : l'exemple des hôpitaux parisiens au XIXᵉ siècle », *Perspective soignante*, (18), 131-143.

Singly, F. de (1996). *Le Soi, le couple et la famille*, Paris : Nathan.

Strauss, A. L. (1992). *La trame de la négociation. Sociologie qualitative et interactionnisme*, Paris : L'Harmattan.

Strauss, A. L., et autres (1982a). « The work of hospitalized patients », *Social Science and Medicine*, 16, 977-986.

Strauss, A. L., et autres (1982b). « Sentimental work in the technologized hospital », *Sociology of Health and Illness*, 4, (3), 254-278.

Strauss, A. L., et autres (1979). « Trajectories, biographies and the evolving medical technology scene : labor and delivery and the intensive care nursery », *Sociology of Health and Illness*, 1, (3), 261-283.

Thi Thanh Thao, B. (2001). « Familles et soins en milieu hospitalier vietnamien », *Cahiers du genre*, (30), 79-101.

Young, B., et autres (2002). « Parenting in crisis : conceptualising mothers of children with cancer », *Social Science and Medicine*, 55, 1835-1847.

Waissman, R. (1989). « Le travail médical de la famille », dans Pierre Aïach, Alice Kaufmann et Renée Waissman, *Vivre une maladie grave*, Paris : Méridiens Klincksieck, 175-226.

L'hébergement et le langage des droits

Éric Gagnon, Michèle Clément

Au cours des trente dernières années, l'affirmation et la défense des droits des malades – devenus usagers de services – se sont faites plus insistantes au Québec, comme dans un grand nombre de pays industrialisés. Les droits reconnus dans les lois, les chartes et les codes sont plus nombreux ; les revendications et les moyens pris pour les défendre sont davantage encadrés et soutenus par différentes instances juridiques et administratives. Dans le milieu de l'hébergement et des soins de longue durée, ces changements se sont traduits par la reconnaissance plus grande des droits des résidents et des personnes vulnérables, à tout le moins par leur plus grande visibilité. Au nom des droits des résidents, des situations sont dénoncées, des changements dans les pratiques sont exigés et des projets sont formulés, comme celui de faire des centres d'hébergement des « milieux de vie » davantage que des milieux de soins.

Mais quels sont exactement ces droits et comment les fait-on respecter ? Quels sens les droits à l'*autonomie*, à la *vie privée* ou à la *dignité*, par exemple, prennent-ils en contexte d'hébergement ? Contribuent-ils à changer la compréhension des problèmes et de la vie en hébergement ? Quels changements favorisent-ils dans les pratiques et les rapports entre les résidents et les soignants ? L'étude que nous avons menée sur les comités de résidents, les comités d'éthique et les commissaires locaux aux plaintes apporte des éléments de réponse à ces questions. En effet, ces instances sont chargées d'interpréter les droits des résidents et de veiller à ce qu'ils soient respectés. L'examen de leur travail permet ainsi d'apprécier les changements que favorisent les droits quant à la place des résidents au sein de l'établissement et leurs rapports avec les soignants et la direction[1]. Cet examen permet également de comprendre les transformations que la reconnaissance de ces droits provoque sur le travail des soignants, tant en ce qui a trait à leurs responsabilités et à leurs obligations qu'à la signification et la finalité données aux soins. Il éclaire les tensions que ces changements produisent dans les situations de soin.

Dans ce chapitre, nous défendrons tout particulièrement deux idées. La première est que les droits des résidents, loin de se réduire à une série de prescriptions et d'interdictions, constituent une sorte de langage au moyen duquel les intervenants (infirmières, préposés aux bénéficiaires), les résidents et leurs proches cherchent à décrire et à comprendre les événements et les situations qui posent problème, mais aussi à définir des objectifs ou un idéal vers lequel devraient tendre les services d'hébergement. Davantage qu'une série de principes et de règles, ces droits servent à interpréter une situation, à formuler des inquiétudes, à articuler une demande, à nommer un malaise. Ils contribuent à l'institution de nouvelles normes, mais, avant tout, à nourrir une interrogation sur la vie en hébergement et sur les rapports entre les soignants et les soignés.

La seconde idée est que chacun de ces droits peut faire l'objet d'interprétations parfois divergentes. Loin de produire toujours la même représentation de la réalité ou d'aller toujours dans la même direction, ils donnent lieu à différentes lectures qui en changent non

---

1.   Ces analyses reposent sur des observations faites pendant 18 mois dans quatre comités de résidents de centre d'hébergement et de soins de longue durée (CHSLD) et les comités d'éthique clinique des deux centres de santé et de services sociaux (CSSS) du Québec, qui administrent ces centres d'hébergement. Nous avons assisté aux discussions, notant l'origine et la nature des questions et les problèmes discutés, les arguments et les droits invoqués, les recommandations formulées. Nous avons également procédé à l'analyse d'une quarantaine de dossiers de plaintes traités par les commissaires locaux aux plaintes des deux CSSS. La moitié des dossiers portaient sur l'hébergement. Nous avons essayé de reconstituer le traitement de la plainte, la manière dont le problème était formulé par le plaignant, était traduit par le commissaire, les dimensions et les droits pris en compte, d'identifier les personnes consultées, la formulation de la conclusion finale (la source du problème, le conflit entre deux droits ou le manquement à un droit).

seulement la signification ou le contenu, mais aussi le statut des résidents dans le centre d'hébergement. Ces lectures ne sont pas sans conséquences sur l'identité des résidents, et plus largement sur la représentation des soins et de l'hébergement. Là encore, les droits soulèvent un questionnement plus qu'ils ne donnent de réponse.

LES DROITS ET L'INTERPRÉTATION DES DROITS

Chartes des droits, Code civil, Loi sur la santé et les services sociaux, codes de déontologie professionnelle et codes d'éthique énoncent tous des droits pour les résidents et les usagers des services sociaux et de santé. La liste qu'en donne chacun de ces textes est variable, parfois succincte, parfois très longue, se bornant à énoncer des principes généraux ou offrant une énumération de règles de conduite. Ces droits sont de plus en plus connus et revendiqués : on les affiche sur les murs du centre d'hébergement, les publicise au moyen d'un calendrier distribué aux résidents, les rappelle lors des campagnes d'information et de sensibilisation (sur le vouvoiement ou l'intimité, par exemple). Droits de la personne, ils visent à protéger les individus contre les atteintes à leur intégrité physique et morale (ex. : droit à la confidentialité et droit de consentir ou de refuser des soins, droit à être traité avec respect et courtoisie, sans subir de discrimination, etc.). Droits-créances, ils impliquent une obligation de la part de l'État ou des établissements d'intervenir ou de fournir certains services (ex. : accès équitable aux services, accès à des services de qualité, droit à un milieu de vie de qualité, etc.).

L'essor des droits des usagers et des résidents participe d'une extension des droits de la personne et des libertés fondamentales, dont l'importance dans les sociétés contemporaines n'a plus besoin d'être montrée. Ils visent à protéger l'individu de toute forme d'abus et de coercition, mais également à lui garantir une plus grande autonomie et un pouvoir sur les décisions concernant sa santé et plus largement la manière dont il conduit sa vie. Leur essor est également lié à l'extension du droit public, qui régit les rapports entre les citoyens et l'État. Dans un établissement public, comme ceux où nous avons mené notre étude, ce sont non seulement les rapports entre les résidents et le personnel qui sont visés par ces droits, mais aussi le volume et la nature des services que l'État doit offrir (soins, repas, activités[2]). Ne sont pas non plus étrangères à leur essor les dénonciations d'abus et de négligences de ces dernières années, dont certains résidents auraient fait l'objet, et l'image négative que l'hébergement semble avoir dans une bonne partie de la population.

Loin de se limiter à leur seule énonciation, la reconnaissance et la visibilité des droits s'accompagnent de la mise sur pied d'instances chargées de les interpréter, c'est-à-dire d'en préciser la signification et de veiller à leur respect. Trois instances ont ici retenu notre attention[3]. Les comités de résidents d'abord, mis sur pied dans le but de permettre aux personnes hébergées et à leurs proches de faire entendre leur point de vue, et qui ont pour mandat la défense des droits et l'amélioration de la qualité de vie ; ces comités se réunissent plusieurs fois par année pour discuter des problèmes vécus par les résidents, transmettre des demandes ou faire des recommandations à la direction. Les comités d'éthique clinique ensuite, composés de professionnels et de gestionnaires, auxquels s'ajoutent un juriste et un éthicien, dont le mandat est de guider les intervenants lorsqu'ils sont face à un dilemme éthique dans leur pratique. Enfin, le commissaire local aux plaintes et à la qualité des services, chargé pour sa part de recevoir les plaintes et les insatisfactions des usagers et de leurs proches, de faire enquête sur les événements ou la situation, et de voir, le cas échéant, à ce que des changements soient apportés ou à ce que des réparations soient faites.

La seule existence de ces instances indique déjà que la vie en hébergement soulève de nombreuses questions quant à la qualité des soins, à la conduite du personnel ou à l'accès aux services, et que des situations provoquant des conflits ou des malaises ne trouvent pas aisément de réponses. Elle montre également que les droits n'ont pas une signification univoque et que leur respect ne passe pas par l'application de simples règles de conduite. La résolution des différends ou la recherche d'une solution à un problème exige réflexion, discussion, médiation.

---

2.   L'extension formidable qu'a connue le droit public est liée au développement de l'État-providence (Rocher, 1996a), et c'est dans le contexte de la remise en question de cet État que se pose la question des services auxquels les résidents ont droit.

3.   Il en existe d'autres, telles les visites d'inspection du ministère ou les associations d'usagers (ex. : le Conseil de protection des malades).

Il faut tenir compte des situations, arbitrer entre des règles ou des normes qui entrent en contradiction.

À regarder de près le travail de ces instances, on observe en effet assez rapidement que les droits des résidents ne forment pas une collection de règles, encore moins un système cohérent d'obligations et d'interdictions. Ils se présentent plutôt comme un ensemble de références servant d'abord à interpréter les situations problématiques ou conflictuelles. Ils permettent de nommer ce qui dérange, trouble ou choque. Entrer sans frapper dans une chambre, par exemple, est un manquement au droit à la vie privée, ou laver une personne sans lui adresser la parole porte atteinte à sa dignité. Ils permettent également de décrire un embarras ou un conflit : par exemple les droits d'une personne aux comportements perturbateurs entrent en conflit avec le droit à la quiétude d'un autre résident, ou le devoir du professionnel se heurte au droit du résident de refuser les soins. On les invoque également ment pour exiger l'accès à certains services, lorsqu'on demande un service fourni dans un autre centre d'hébergement au nom de l'équité. Enfin, ils peuvent servir à indiquer ou à nommer ce vers quoi il faut tendre, des objectifs ou des orientations qu'il faudrait suivre dans la réorganisation des services ou de la vie en hébergement, comme maximiser l'autonomie des personnes ou leur assurer une certaine dignité. Dans l'un ou l'autre cas, les droits servent à révéler un écart entre la situation présente et ce qui serait la norme ou l'idéal, tout en clarifiant cette norme et cet idéal.

Si les droits des résidents se traduisent parfois en des règles précises – nous y reviendrons –, ils constituent avant tout un langage ou un « système de ressources » pour reprendre la formule de P. Lascoumes (1990) permettant de clarifier la situation qui fait problème, de la penser, sans toujours fournir la solution ou la réponse au problème. Davantage qu'un ensemble de commandements, ils fournissent un ensemble de repères auxquels les comités de résidents, les commissaires aux plaintes et les comités d'éthique clinique vont recourir dans l'examen d'un problème qui leur est soumis par un résident, un proche ou un professionnel[4].

---

4. Un événement, une conduite ou une règle ne prend son sens qu'en le situant sur un horizon de significations, de représentations et de normes plus larges, qui en précise l'origine ou

S'ils aident à interpréter une situation, ils demandent eux-mêmes à être interprétés, c'est-à-dire à recevoir une signification, un contenu et une application, en fonction de la situation examinée. Cette interprétation des droits se fait au travers de l'interprétation d'une situation qui pose problème : en interprétant la situation, on interprète des droits. Le sens d'un droit n'est pas préalablement déterminé pour être ensuite appliqué à une situation. Son sens se précise et se discute dans l'examen d'une situation et largement en fonction de cette situation (une décision prise par la direction de ne pas offrir certains services, le refus d'un usager d'être hébergé, la manière de donner les soins, etc.). En se demandant en quoi une situation est inadmissible, on est amené à préciser ce qui la rend inadmissible, ce qui devrait être fait, et ainsi à préciser le sens d'un droit. L'autonomie du résident se précise dans son droit de refuser les soins, et sa dignité dans le vouvoiement ou le simple fait de lui parler en lui donnant les soins. Les droits sont à la fois objet de l'interprétation et moyen pour interpréter une situation. Droits et situation problématique s'interprètent l'un l'autre.

TROIS INTERPRÉTATIONS

De nos observations faites dans les comités d'éthique, les comités de résidents et le traitement des plaintes ressortent trois grands types d'interprétations ou de lectures des droits et, simultanément, des situations jugées problématiques. Chacune de ces trois grandes lectures sous-tend un certain type de rapport entre les résidents et les intervenants ou l'établissement, et le statut occupé par les résidents et les intervenants dans l'établissement est chaque fois différent.

---

la portée, et qui donne une orientation quant à la direction à prendre ou aux choix à faire. Par exemple, le fait qu'on en vienne à laver une personne sans lui adresser la parole est expliqué par une déshumanisation des soins et jugé en regard d'une vision de l'humanité et de la dignité fondée sur l'échange, la communication et la reconnaissance réciproque. Le droit de refuser des soins prend son sens, quant à lui, en regard de l'ensemble du droit et des règlements qui en précise la portée et les limites, notamment la capacité à consentir de la personne.

Une lecture morale

La première lecture qui se dégage des discussions sur la vie en hébergement et les difficultés vécues est une lecture *morale*. Les droits indiquent ou tracent un horizon à rejoindre, des idéaux à poursuivre. C'est une compréhension des droits de sens commun, approximative même et plutôt consensuelle. Ce sont des droits très généraux, la *dignité* ou la *vie privée*, par exemple. L'idée que l'on se fait de la première oscille entre deux pôles : l'exercice de l'autonomie (la dignité d'une personne est respectée lorsque celle-ci peut juger et décider pour elle-même) et, au contraire, ce qu'une personne conserve lorsqu'elle a perdu toute autonomie (le respect auquel toutes ont également droit, et qu'il faut leur garantir, particulièrement lorsqu'elles sont vulnérables). Par exemple, au nom de la dignité, il faut favoriser le maintien et l'expression de l'autonomie du résident, ou prendre soin des personnes inaptes, avec respect et considération. Un comité de résidents demandera par exemple à ce qu'on fournisse à tous les résidents une serviette de table lors des repas, afin qu'ils n'aient pas à s'essuyer avec leur bavette et qu'ils puissent ainsi préserver leur dignité (leur apparence témoignant du respect qu'on leur accorde). La vie privée, quant à elle, s'exprime par la reconnaissance à chacun d'un espace à soi, d'une partie de sa vie soustraite aux regards et aux jugements des autres (sexualité, activités personnelles, moment de solitude, secret sur sa vie présente et passée). La vie privée rejoint les deux grandes conceptions de la dignité, dans la mesure : 1) où l'on reconnaît un espace d'autonomie à la personne ; 2) où il faut éviter de placer la personne dans une situation désavantageuse, humiliante (nudité, apparence négligée).

Cette lecture des droits est présente dans les discussions des trois instances étudiées comme un ensemble d'idéaux ou de finalités, sur lesquels on s'entend tacitement et qui guident la discussion. Elle se retrouve également dans les documents ministériels ou issus des associations, notamment lorsqu'il s'agit de faire la promotion de l'« approche relationnelle » ou des centres d'hébergement comme « milieu de vie » (Clément et autres, 2008). On vise ainsi l'amélioration de la qualité de vie, le bien-être des personnes et, plus largement, ce qu'on appelle en philosophie morale *la vie bonne* (ce qui fait qu'une vie est jugée digne d'être vécue). D'ailleurs, les droits ne se traduisent finalement pas en règles à faire respecter, sinon des règles très générales (agir dans le respect de l'autre, permettre à l'autre d'être autonome). Leur sens n'est pas toujours explicité. On décrit une situation que l'on juge choquante – comme laver une personne sans lui adresser la parole, réduire les soins d'hygiène ou devoir s'essuyer avec sa bavette – en parlant d'atteinte à la dignité sans expliquer ce qu'elle est, étant donné que la dignité semble aller de soi, tout comme le fait d'y porter atteinte dans ce genre de situations.

La lecture morale des droits (et des situations discutées) sous-tend un certain rapport entre le résident et l'intervenant, un rapport entre une *personne humaine* (et vulnérable) et un *soignant*. C'est un rapport compassionnel, empathique, mettant l'accent sur la considération que le second doit témoigner au premier, auquel il s'identifie d'ailleurs, humain comme lui, mais fragilisé.

Une lecture juridique

La seconde grande interprétation que l'on fait des droits est *juridique*, au sens où l'entend Guy Rocher (1996b), c'est-à-dire au sens où ils prennent la forme de règles contraignantes et sont reconnus par des agents ou des appareils qui font autorité dans l'établissement. Ils prennent la forme de directives ministérielles ou émanent de la direction de l'établissement, ou encore de jugements de tribunaux, à la suite de discussions ou de revendications, parfois au sein des instances ici étudiées.

On peut en donner deux exemples : d'abord le droit reconnu aux résidents par le MSSS de choisir le sexe de la personne qui va leur donner les soins d'hygiène, afin de minimiser l'inconfort que pourrait causer le fait d'être lavé par une personne de l'autre sexe (traduction juridique du droit à l'intimité – regard de l'autre – et du droit à l'intégrité physique – contact déplaisant) ; ensuite le droit à des soins de pieds ou des soins dentaires, désormais inscrits dans le « panier des services » offerts par un centre d'hébergement, et que l'on peut exiger au besoin (droit-créance reconnu au nom du principe que les personnes en hébergement ont droit aux mêmes services que les autres citoyens). Ici encore, le sens d'un droit n'est pas préalablement déterminé pour être ensuite appliqué à une situation. Il se précise et se discute dans l'examen d'une situation particulière (les soins d'hygiène, les repas), en fonction des contraintes propres à cette situation, tout en étant resitué dans un horizon plus large de valeurs et de représentations qui lui donne son sens (la nudité et les rapports homme-femme, et l'égalité entre les citoyens, dans nos deux exemples). La lecture juridique repose sur une lecture morale de la situation et du droit, qu'elle traduit en objet précis de revendication.

Ainsi, la lecture juridique des droits présuppose ou favorise un tout autre rapport entre les résidents et les professionnels que ne le fait la lecture morale. C'est un rapport entre un *usager* (voire un citoyen) et une *institution publique*. C'est davantage un rapport entre le résident et la direction, qu'un rapport entre le résident et les soignants. C'est comme personne recevant des services que le résident fait valoir ses droits. Il revendique – ou on revendique pour lui – des services ou une certaine manière de les dispenser. Ces droits ne sont pas aussi aisément reconnus que les droits moraux : l'usager ou ses proches, non seulement doivent s'informer et se documenter, argumenter et discuter pour faire reconnaître leurs droits, mais ils doivent encore changer le rapport de force avec l'établissement ou le ministère, duquel on exige ce que tout citoyen est en droit de recevoir. On n'attend plus seulement compassion ou considération. On *exige* le respect d'un droit.

Une lecture clinique

La troisième grande forme d'interprétation des droits est *clinique*, c'est-à-dire que leur lecture se fait en regard de la condition clinique des personnes et des responsabilités des professionnels. La situation la plus courante consiste à chercher à limiter le droit à l'autonomie d'un résident au nom d'intérêts qui passent avant, comme sa sécurité, sa santé et son bien-être. Par exemple, on cherchera à faire reconnaître inapte une personne qui refuse l'hébergement et qui met ainsi en danger sa vie (logement insalubre, environnement non sécuritaire en raison de son état de santé). On contestera le refus d'une résidente de suivre le régime alimentaire prescrit par le médecin, et le droit qu'elle reven-dique de manger certains aliments au risque de s'étouffer, en mettant en cause son jugement. On invoquera ses problèmes passés de santé mentale et la dynamique « malsaine » avec son conjoint pour remettre en question son droit, à défaut de pouvoir la faire changer d'avis. À la différence des deux autres, cette lecture est essentiellement portée par les soignants qui envisagent la situation du point de vue de leur mission et de leurs responsabilités.

Des considérations cliniques (médicales, psychosociales, voire psychiatriques) viennent limiter le droit à l'autonomie et en donnent une interprétation restrictive. Le problème est ramené à une pathologie à soigner, un problème à corriger sur la base d'une expertise professionnelle. Si la personne est agressive, ce n'est pas parce qu'elle a des raisons de se plaindre, c'est en raison de sa maladie qui perturbe son comportement. Elle nécessite une aide, des interventions, plus qu'une reconnaissance de ses demandes et de ses droits. Cette lecture clinique rejoint la lecture morale, dans la mesure où l'on vise le même objectif de bien-être, mais retraduit ce que le bien-être peut avoir comme résonnances morales en interventions et en responsabilités professionnelles. Ici encore, les droits prennent leur sens dans l'examen d'une situation particulière. Ils sont interprétés en fonction des normes professionnelles et des autres règles en vigueur dans l'établissement, plutôt qu'en regard d'idéaux moraux et politiques comme dans les deux autres lectures (ex. : l'autonomie du résident est limitée par les responsabilités des soignants, le respect de la vie privée est fonction des contraintes de travail).

Dans la vision clinique, le rapport entre le résident et le professionnel prend une troisième forme. Cette lecture sous-tend un rapport entre une *personne malade ou handicapée* et un *professionnel* qui sait mieux que la personne ce qui est bien pour elle, et qui se sent responsable de son bien-être. À la différence des deux autres lectures, où tous ont en principe les mêmes droits, les caractéristiques de la personne entrent ici en ligne de compte, notamment ses pathologies et ses handicaps, sa personnalité et sa situation singulière, sur lesquels le professionnel intervient.

D'une lecture à l'autre

Ces trois lectures des droits (et des situations) et les trois formes de rapports qu'elles sous-tendent divergent sur des points importants.

Elles impliquent des obligations différentes. La première obligation porte sur la considération à laquelle le résident a droit. La seconde touche plutôt aux services qu'il peut exiger. Et la troisième renvoie aux obligations des professionnels. Si la lecture juridique implique un rapport plus égalitaire entre le résident et l'intervenant que ne le fait la lecture morale (où demeure une asymétrie entre le soignant et la personne vulnérable), la vision clinique en revanche restaure un rapport hiérarchique entre la personne malade ou fragilisée et ceux qui savent ce qui est le mieux pour elle. La lecture juridique favorise le passage d'un discours *sur* les résidents tenus par d'autres à un discours *du* résident sur sa propre condition. Elle permet davantage que les autres une position où il est *sujet* de ses droits, mais aussi du discours sur ces droits ; il est interprète de sa condition (au moyen des droits) et pas uniquement l'objet d'interprétation. Au contraire, dans la lecture clinique, le résident redevient objet d'un discours, celui des professionnels. Enfin, la lecture morale et la lecture juridique limitent plutôt l'initiative et le pouvoir des professionnels, alors que la lecture clinique remet en question certains droits juridiquement reconnus, ou du moins en limite la portée[5].

Passer d'une lecture morale à une lecture juridique permet ainsi aux résidents, mais surtout aux proches parents, de changer de position et de quitter la position passive de personne vulnérable pour adopter celle plus revendicative et critique de consommateur, voire de citoyen[6]. En revanche, les intervenants vont préférer une lecture clinique à une lecture juridique, car la première leur permet d'intervenir en accord avec leurs responsabilités et selon leurs compétences, alors que la lecture juridique, en reconnaissant clairement des droits aux usagers (à commencer par un droit de refuser les soins), a plutôt pour effet de limiter les actions des professionnels ou de les contraindre. La lecture

---

5. Dans un langage plus philosophique, ces statuts participent d'un double mouvement d'assujettissement (assignation à l'individu d'une place, d'un rôle, de responsabilités et d'une voix) et de subjectivation (appropriation par l'individu de cette place, de ce rôle, de ses responsabilités et de cette voix, et leur possible dépassement).
6. Comme nous avons pu l'observer, ce sont en effet davantage les proches dans les comités de résidents qui adoptent cette position plus revendicatrice, en raison parfois de leur condition physique, mais surtout sociale. Ils ont moins peur des représailles que leur revendication pourrait susciter ; ils ne sont pas dans un rapport de dépendance quotidienne avec les intervenants, ni ne développent une relation aussi intime que les résidents.

clinique est davantage présente dans les discussions des comités d'éthique clinique qui sont composés majoritairement de professionnels et de cadres, et qui ont été créés pour répondre à leurs interrogations, que dans les discussions des comités de résidents où les lectures morale et juridique dominent.

Cela dit, les professionnels ne s'opposent pas toujours à ces droits juridiquement reconnus et s'en font parfois les promoteurs. Aucun intervenant, ni aucun résident ou proche parent ne se campe d'ailleurs dans une seule lecture des situations et des droits. Effectivement, ils glissent souvent de l'une à l'autre au cours d'une discussion dans les instances étudiées. Ils adoptent l'une plutôt que l'autre selon le contexte, les intérêts qu'ils défendent, le rapport de force qu'ils cherchent à créer ou la pression qu'ils veulent exercer, ou encore la dimension de la situation sur laquelle ils cherchent à attirer l'attention. Ces lectures cohabitent, parfois en tension.

DROITS, SOINS ET IDENTITÉ

L'affirmation des droits et la formation d'instances pour les interpréter et les faire respecter ne sont pas sans conséquence sur la vie en hébergement, mais d'abord sur le sens que prennent les soins qui y sont donnés et les rapports entre les résidents et les soignants.

En effet, les soins que le résident reçoit et auxquels il a droit n'ont pas exactement la même signification, selon l'interprétation de ces droits. Dans la lecture morale, les soins assurent une appartenance à la commune humanité. Par la manière dont ils sont donnés et le respect dont ils témoignent, l'individu est reconnu comme une personne à part entière. Dans la lecture juridique, les soins exigés et reçus témoignent plutôt d'une reconnaissance de la personne comme citoyen à part entière et comme usager des services publics. Celle-ci a droit aux services auxquels tous les autres citoyens ont accès ou devraient avoir accès. Dans la lecture clinique, en revanche, les soins viennent plutôt garantir la sécurité physique de la personne, assurer ce que les professionnels estiment être favorable à son bien-être. Les préoccupations sont ramenées à la santé et à la sécurité, alors que, dans les lectures cliniques et juridiques, les préoccupations vont bien au-delà (image de soi, autonomie, considération). D'un point de vue technique, les gestes posés par l'intervenant peuvent être identiques dans les trois lectures (donner un bain, fournir un repas), mais ne prennent pas le même sens.

Il n'est pas indifférent de percevoir les résidents comme des personnes vulnérables dignes de respect, des usagers de services publics qui revendiquent, ou encore des personnes malades et handicapées que l'on protège. Cela change et complexifie les normes, les attentes et les responsabilités des soignants à l'égard d'individus qui sont tout à la fois personne vulnérable, usager-citoyen et malade nécessitant des soins. Ce sont également des représentations différentes de l'hébergement et de la mission des centres que ces trois lectures ou interprétations induisent, perçus plutôt comme un milieu de vie dans une lecture morale, comme un fournisseur de services dans une lecture juridique ou comme un établissement de soins dans une lecture clinique. De même, on n'attire pas l'attention sur les mêmes dimensions des situations dans chacune des lectures.

L'identité du résident est également en jeu, son rapport à soi et son rapport aux autres. Chacune des interprétations, on l'a vu, n'induit pas la même position dans l'établissement, ni le même rapport avec les intervenants et la direction. Le résident n'a pas le même *statut*, n'a pas la même voix, ni le même pouvoir, et les obligations de l'établissement envers lui ne sont pas exactement les mêmes. Dans chacune de ces lectures, c'est un statut différent qu'il occupe dans l'établissement et une position différente qu'il prend, celle de personne vulnérable qui a droit à la compassion et à la protection, celle de citoyen, qui a droit aux mêmes services que les autres et à une vie la plus normale possible, ou encore celle d'une personne handicapée ou d'un malade pris en charge par des professionnels. Chacun de ces statuts n'épuise pas l'identité de la personne, mais il n'est pas sans changer le regard qu'elle porte sur elle-même, et le regard que les autres portent sur elle.

La question de l'identité est d'autant plus importante que l'hébergement ne va pas sans provoquer un bouleversement important de la vie des individus : quitter leur maison ou leur appartement, renoncer à certaines activités et accepter leur dépendance, perdre leurs repères habituels dans l'espace (nouvel environnement) et dans le temps (nouvel horaire, nouveau rythme), voir leurs relations sociales changer, les rapports avec les proches modifiés. L'hébergement oblige à faire de nombreux deuils et à faire de nombreuses adaptations (Charpentier, 2007). Il change le rapport à soi et aux autres. Il ébranle l'identité.

La reconnaissance de droits ne suffit certes pas à reconstruire cette identité, à assurer au résident une place dans ce nouvel univers, qu'il reconnaît comme étant la sienne, et qui l'insère dans un réseau de liens et d'obligations qui lui procure reconnaissance et autonomie. Mais le langage des droits le sort d'une position de totale dépendance à l'égard des autres et d'acception des conditions de vie actuelles. L'appel au respect de la dignité, par exemple, met en évidence non seulement sa fragilité, mais la considération à laquelle il a droit, ainsi que son auto- nomie, sa capacité de choisir et de décider quant à la manière dont il veut vivre sa vie désormais, ce qu'il veut être et veut faire. Le droit à la vie privée met l'accent sur la manière singulière dont chacune des personnes habite ce nouvel environnement : l'intimité dont elles peuvent avoir besoin pour maintenir leur identité (Mallon, 2004), mais aussi l'individualisation des soins et des activités, en fonction des goûts, des désirs et des besoins de la personne, de manière à assurer une conti- nuité par rapport à sa vie antérieure[7].

De manière générale, le langage des droits permet de parler des responsabilités et des engagements à l'égard des personnes âgées ou vulnérables. Défendre les droits d'un résident, c'est pour un proche parent chercher à être à la hauteur de ses obligations ou de la promesse faite à la personne de veiller sur elle, d'assurer sa protection et de préserver l'image qu'elle a d'elle-même et une continuité biographique, par des soins personnalisés et respectueux (Bowers, 1988 ; Vézina et Pelletier, 2001). Pour la direction et les soignants, c'est chercher à donner un contenu à des projets comme le « milieu de vie », l'« approche relationnelle » ou l'« humanisation des soins », ainsi qu'à leurs responsabilités professionnelles. C'est tenter de nommer ces engagements au moyen d'un langage qui en clarifie le sens. Ce langage les réduit parfois un peu sèchement à des règles précises ou, à l'inverse, pointe vers un horizon plus abstrait et lointain, mais permet toujours

---

7.   L'articulation entre éthique et identité a été bien mise en lumière par C. Taylor (1989). Ce qui fait que l'on juge une vie valable ou désirable relève à la fois de l'éthique et de l'identité. Ça renvoie à ce qu'un individu entend demeurer ou aspire à devenir.

de préciser leur signification. Il donne des repères communs, à défaut d'une compréhension complète et commune des situations.

Les droits ouvrent et relancent des questions, autant, sinon plus, qu'ils apportent une réponse. Exiger du personnel qu'il vouvoie les résidents ne règle pas la question de l'intimité et de la distance entre le soignant et le soigné, et relance au contraire l'interrogation sur la proximité dans les soins et l'affection que les personnes peuvent avoir l'une pour l'autre. Reconnaître un droit à la sexualité en hébergement entre des personnes consentantes ne règle pas davantage la question des conditions dans lesquelles cette sexualité peut s'exercer, l'évaluation du consentement et les responsabilités du personnel. Enfin, dire que l'autonomie du patient est clairement reconnue et protégée ne congédie pas la question de la responsabilité des soignants, mais au contraire l'aiguise ; le droit du patient à l'autonomie les oblige constamment à s'interroger sur leurs devoirs et leurs obligations.

CONCLUSION

Contrairement à ce que l'on pourrait parfois penser, les droits des résidents et des usagers ne prennent pas toujours la forme de règles précises et la lecture juridique n'épuise pas leur sens[8]. Les droits ne servent pas uniquement à sanctionner une conduite, mais d'abord à situer cette conduite sur un horizon de significations (représentations, valeurs, idéaux) qui lui donne un sens et permet de la juger.

Les droits des usagers et les instances chargées de leur interprétation contribuent à redessiner l'ordre juridique qui organise les rapports entre les soignants, l'administration, les résidents et leurs proches parents dans les centres d'hébergement, au gré des réponses apportées à des questions, des revendications et des conflits. Mais, loin de se limiter à

---

8.   Aussi faut-il être nuancé lorsque l'on parle d'une *judiciarisation* des rapports sociaux, à laquelle participeraient les droits des résidents et des usagers des services sociaux et de santé. Si un traitement juridique tend à se substituer aux autres modes de régulation sociale (morale, coutumes et usages), il ne permet pas toujours de trancher le litige et de clore le débat, qu'il contribue même à relancer. Il faut trouver d'autres modes de régulation des conduites et de résolution des conflits. Comme on a pu l'observer dans un autre contexte, celui des comités d'éthique *hospitaliers* (Gagnon, 1995), le droit balise l'espace à l'intérieur duquel se fera la discussion, en limitant les options, sans toujours donner la réponse.

imposer des normes de comportement, cet ordre dessine un espace où des questions sont soulevées sur la vie en hébergement, les soins et les relations entre les soignants et les soignés, où des visions de l'héberge-ment sont esquissées. Si l'on peut dire que les droits sont un langage, ce n'est pas qu'ils proposent une vision unifiée des situations et des conduites à suivre, mais parce qu'ils permettent, à l'intérieur de cet espace, de penser et d'apprécier une situation. Les droits ne définissent pas non plus un seul statut possible pour les résidents et soutiennent un questionnement sur la manière dont ils habitent le centre d'héber-gement et la place qu'ils y occupent.

Nous avons cherché ici à éclairer ce questionnement et dans quelles conditions et avec quels moyens il se fait au sein de certaines instances. Ce questionnement rejoint celui des sciences sociales et des sciences infirmières lorsqu'elles placent au centre de leur intérêt pour les soins et pour l'hébergement, les attentes et les obligations qui *lient* les indi-vidus (soignants et soignés), et le *sens* qu'ils donnent à leur expérience. Les sciences sociales apportent ainsi un éclairage sur la complexité de la relation de soins et sur ses dimensions éthiques et juridiques, en la situant dans l'univers social de significations à l'intérieur duquel cette relation prend place.

Références

Bowers, B.J. (1988). « Family Perceptions of Care in a Nursing Home », *The Gerontologist*, 28, (3), 361-368.

Charpentier, M., avec la collab. de M. Soulière (2007). *Vieillir en milieu d'héber-gement. Le regard des résidents*, Québec : Presses de l'Université du Québec.

Clément, M., É. Gagnon et M.-H. Deshaies (2008). « Dignité et indignité de l'hébergement institutionnel », *Éthique publique*, 10, (2), 19-27.

Gagnon, É. (1995). « Usage du droit et usage de la parole. Normes juridique, professionnelle et éthique », dans M.-H. Parizeau (dir.), *Éthique et hôpital. Rôles et défis des comités d'éthique clinique*, Québec : Les Presses de l'Université Laval, 199-221.

Lascoumes, P. (1990). « Normes juridiques et mises en œuvre des politiques publiques », *L'Année sociologique*, 40, 43-71.

Mallon, I. (2004). *Vivre en maison de retraite. Le dernier chez-soi*, Rennes, Presses universitaires de Rennes.

Rocher, G. (1996a [1990]). « L'emprise croissante du droit », dans Guy Rocher, *Études de sociologie du droit et de l'éthique*, Montréal : Éditions Thémis.

Rocher, G. (1996b [1988]). « Pour une sociologie des ordres juridiques », dans Guy Rocher, *Études de sociologie du droit et de l'éthique*, Montréal : Éditions Thémis.

Taylor, C. (1989). *Sources of the Self*, Cambridge, Harvard University Press.

Vézina, A., et D. Pelletier, avec la collab. de P. Durand et S. Lauzon (2001). *Du domicile au centre d'hébergement et de soins de longue durée*, Québec : Centre de recherche sur les services communautaires, Université Laval.

Construction médicale de la sénilité et vieillissement cérébral : penser la différence

MARION DROZ-MENDELZWEIG

Les sociétés des pays à économie développée connaissent un vieillissement démographique notoire. Dans ce contexte, les troubles cognitifs, avec la maladie d'Alzheimer (MA) comme phénomène emblématique, tendent à devenir le paradigme d'une forme redoutée de vieillissement. Ce texte avance quelques pistes d'analyse à même de percevoir comment les faits de nature (les données théorisées par la neurobiologie de la dégénérescence cognitive) et les faits sociaux (la prise en charge des phénomènes démentiels) s'entrelacent pour produire la réalité de la maladie d'Alzheimer. La confrontation des apports émanant des sciences de laboratoire à ceux qui sont produits par la clinique de la démence apporte des éléments permettant d'appréhender les significations sociales que ces dynamiques engendrent. Ce chapitre soutient que c'est à la lumière d'un tel angle de vues croisées qu'il devient possible d'appréhender ce qui se trouve au cœur de l'angoisse véhiculée par la démence sénile : son indissociabilité du processus de vieillissement.

Comment distinguer sujets « normaux » exprimant un vieillissement non pathologique et sujets porteurs d'une maladie d'Alzheimer (MA) débutante[1] ? Conformément à la logique biomoléculaire, la

---

1. Il est fait recours dans ces lignes à la maladie d'Alzheimer au titre de représentante emblématique d'un phénomène de troubles démentiels plus large, dont les formes ne se limitent

recherche dans le domaine du vieillissement cérébral s'emploie à mettre au point des modèles standardisés susceptibles de rendre compte des processus biochimiques qui caractérisent le vieillissement neuronal pathologique. L'observation des avancées en la matière montre que la démarche comporte un problème non négligeable. En effet, aucun élément particulier ne se dégage à ce stade, permettant d'objectiver l'élément causal qui distinguerait sans équivoque la phénoménologie du vieillissement d'un vieillissement pathologique. L'enjeu heuristique est immense, car, en l'absence d'un tel indicateur, c'est le vieillissement lui-même qui reste seul en piste pour jouer le rôle de facteur de risque. Vieillissement et sénilité seraient de fait deux faces d'une même médaille. En augmentant son espérance de vie, l'être humain aurait ainsi donc provoqué son propre malheur, les neurones n'ayant pas suivi la même courbe évolutive que le reste des organes. La psychiatrie de l'âge avancé[2] s'est constituée en champ disciplinaire particulier précisément dans le but d'échapper à ce constat nihiliste, s'assignant pour tâche la constitution de catégories nosographiques scientifiquement établies. Toutefois, le renfort de la neurobiologie lui fait défaut dans cette tâche, étant donné que les indicateurs permettant de situer le moment de basculement dans la maladie sont inconnus. Par ailleurs, de son côté, la neurobiologie est également en difficulté pour mesurer le processus dégénératif. Celui-ci étant caractérisé par un développement lent et à bas bruit, c'est essentiellement le diagnostic précoce qui pose problème, élément fondamental dans une perspective de prévention chère aux politiques de santé publique. À ce jour, dans les pratiques de routine, les seuls indicateurs fiables ne sont observables que par

---

pas à celle de l'entité nosologique désignée par le nom de MA. Toutefois, comme la présente contribution n'a pas pour vocation de faire un exposé de neuropathologie, hors de mes compétences, je me permets ce raccourci simplificateur. Par ailleurs, ainsi que je le développe ici, il s'avère que le diagnostic de MA est bien hasardeux à poser et que cet intitulé recouvre probablement des réalités neurobiologiques plus complexes. En parlant de MA, j'agis donc comme anthropologue qui se réfère à la parole des acteurs, sans pour autant perdre son regard critique à l'égard de l'objet mis en question.

2.   Le terme de psychiatrie de l'âge avancé a été développé au sein de l'OMS à la fin des années 1990, dans l'intention de repositionner ce qui était usuellement nommé jusqu'alors géronto-psychiatrie. L'intention de cette reformulation est d'accorder à la psychiatrie la prédominance de l'approche médicale en regard d'une approche centrée sur la démence (OMS, 1998, Déclaration de consensus à propos de la psychiatrie de la personne âgée, *Cahiers psychiatriques* (25), 351-358).

autopsie, soit une démarche in-opérationnelle du point de vue de la pratique clinique.

À eux seuls, les progrès dans la connaissance de l'étiologie des dégénérescences cognitives ne permettent pas de répondre à l'interrogation que soulèvent les phénomènes démentiels : où faut-il poser le regard pour savoir qui est susceptible de développer la maladie ? La perspective neurobiologique ne nous renseigne pas pleinement sur les paramètres permettant d'assigner la personne soit à la catégorie « personne âgée » soit à celle de « personne avec troubles démentiels débutants ». Par ailleurs, le statut de la maladie dans nos collectifs à population vieillissante n'est pas uniquement fonction des marqueurs biologiques pouvant être reconnus comme « témoins fiables[3] » de la pathologie.

Nous verrons ainsi dans ces pages quels sont les obstacles qui se posent à la neurobiologie dans sa recherche des causes étiologiques des troubles démentiels. Nous verrons ensuite comment cette confusion se traduit dans la clinique des troubles démentiels ; comment et pourquoi les professionnels occupés à détecter la démence s'emploient à tracer des lignes de partage dans ce qui a tout l'air de se présenter comme une continuité, où fixer le moment du basculement fatidique apparaît comme une entreprise non dénuée d'une part de spéculation. Enfin, il s'agira de tirer des enseignements anthropologiques des contradictions mises en lumière. L'intérêt d'étudier la controverse n'est pas de pointer les incohérences des spécialistes, mais bien d'utiliser les éléments en discussion pour éclairer les valeurs « contextuelles » (Longino, 1990) de la réalité de la MA. C'est en observant de front les logiques qui soutiennent les théories biologiques de la maladie, les perceptions de leurs concepteurs et les représentations de ceux qui la vivent dans leur chair, que le sens des enjeux peut se dégager.

---

3.   J'emprunte cette notion métaphorique à Bruno Latour (2004 : 192). L'intention sous-tendue dans cet intitulé est de souligner le caractère non définitif du rôle confié à l'entité moléculaire. Le « témoin fiable » est, selon Latour, une entité non humaine qui occupe momentanément la place de « porte-parole » d'une situation. Dans une perspective plus factuelle, Philippe Pignarre (2001 : 242) recourt à ce terme pour désigner « quelque chose qui peut être sorti du corps humain et transporté (comme un germe) soit pour faire un diagnostic de laboratoire, loin du face-à-face médecin-patient, soit pour créer des modèles pharmacologiques permettant de tester des candidats-médicaments avant l'entrée dans les essais cliniques ».

Pour les soignants exerçant leur activité en milieu gériatrique, le regard critique proposé dans ces lignes par rapport à un label pathologique, qui tend dans le langage populaire à être appliqué à des symptômes mnésiques divers, est une mise en garde contre les glissements qui s'opèrent insidieusement autour des phénomènes démentiels. En tant qu'interface de proximité entre l'espace médical et le discours d'autorité qui en émane, et la sphère intime du sujet soigné, les soignants ont, en matière de vieillissement cérébral en particulier, tout avantage à s'en tenir à une approche holistique de la santé. Considérer la complexité et l'individualité de chaque sujet et de chaque phénomène pathologique est certes une démarche qui demande beaucoup de finesse, mais qui est d'autant plus indispensable lorsque le phénomène pathologique résiste à une codification simpliste. Munis d'une grille de lecture plus subtile, les soignants peuvent d'autant mieux jouer un rôle utile dans la détection précoce des troubles cognitifs chez la personne âgée sans tomber dans des travers qui menacent l'approche du vieillissement cérébral.

À LA RECHERCHE DE «TÉMOINS FIABLES»: LA DÉGÉNÉRESCENCE SÉNILE À LA LUMIÈRE DE LA BIOMÉDECINE

Le « tournant biologique » (Ballenger, 2006) que connaît l'étude de la MA, intervenu dans les années 1960-1970, reflète une évolution conceptuelle qui marque de son empreinte la médecine contemporaine dans son ensemble. Ce tournant se manifeste de manière plus affirmée avec l'attention portée aux troubles cognitifs en raison de la convergence qu'il rencontre avec la « démographie apocalyptique » (Ballenger, 2006). L'augmentation de la prévalence des manifestations de disparition des facultés mnésiques parmi la population implique l'urgence de pallier le processus morbide qui semble inexorablement accompagner la sénescence.

Le fait de chercher l'explication et le remède aux manifestations de troubles cognitifs dans la neurochimie du cerveau n'est pas un fait qui va de soi. C'est une option méthodologique et, avant tout, épistémique qui procède d'un changement paradigmatique au sens développé par Thomas Kuhn (1983), lequel, dès la fin du XIXe siècle, repositionne la médecine sur des bases totalement différentes des pratiques médicales antérieures. Les pratiques matérielles et cognitives se voient désormais articulées autour de faits scientifiques (Stengers et Bensaude-Vincent, 2003) établis par une intrication étroite entre recherches de laboratoire et clinique. Les phénomènes pathologiques ne peuvent plus se comprendre sans l'appui des observations biomoléculaires. L'axe prioritaire de compréhension n'est pas focalisé sur le malade mais sur la connaissance des fonctionnements moléculaires[4]. À titre d'exemple, Peter Davies est un chercheur engagé à l'Albert Einstein College of Medicine qui s'inscrit dans cette conjoncture particulière où la désignation des maladies procède de la reconnaissance de ses agents pathogènes. Il est venu à la neurobiologie du vieillissement cérébral dans les années 1970, après avoir travaillé sur la neurochimie des cerveaux de schizophrènes. La perspective de parvenir à détecter des processus biochimiques particuliers comme « acteurs[5] » responsables du phénomène de dégénérescence cognitive l'a engagé à abandonner un type de pathologie pour l'autre

> La subjectivité des critères de diagnostic m'a désillusionné et je me suis mis dès lors à la recherche d'une maladie cérébrale suffisamment ordinaire, où un diagnostic neuropathologique objectif pouvait être envisageable (Davies, 2006, 123, traduction personnelle).

Toutefois, Davies a de quoi déchanter. Au terme de trois décennies de recherche, non seulement les indicateurs significativement corrélés avec l'apparition de troubles démentiels ne sont pas exclusifs à ces troubles, mais, en plus, il n'y a toujours pas d'entendement au sein de

---

4.   Pour l'histoire du phénomène de biomolécularisation de la médecine contemporaine et la description des méandres que cette approche de la santé et du corps imprime aux trajectoires qui relient la paillasse au lit des malades, voire Jean-Paul Gaudillière (2002).
5.   Cette notion d'« acteur » appliquée à des éléments chimiques est cohérente avec la perspective constructiviste des sciences développée par Latour. Cet auteur nomme acteur non humain ou « actant » toute entité qui advient à l'existence lorsque, une fois soumise à des épreuves de laboratoire, des performances lui sont reconnues, autrement dit un rôle lui est attribué dans le phénomène observé. Dès lors, des compétences lui sont attribuées et cette entité se voit incorporée au phénomène. Sur la base de cette grille de lecture, Latour justifie l'inclusion des non-humains dans la composition du monde perçu. Pour plus de développements sur cette notion, voir Latour (2004 et 2007).

la communauté scientifique sur l'élément déclencheur précoce du processus pathologique. Les plaques séniles, lésion extraneuronale la plus marquante dans les cerveaux touchés par la dégénérescence cognitive, mais également visible dans le vieillissement cérébral non pathologique, avaient déjà retenu l'attention du Dr Alzheimer. De son temps, on pensait que la diffusion fibrillaire était la cause de la mort neuronale, corrélation qui a été remise en question par des études plus récentes. Des études montrent qu'il peut y avoir une prévalence de plaques séniles de 40 % à 75 % chez les sujets âgés de 80 ans et plus sans incidences démentielles (Leuba et Savioz, 2004, 5, 153)[6]. La présence de plaques séniles à elles seules n'est donc pas un critère déterminant de démence.

Dès lors, la recherche du facteur déclenchant les processus de diffusion de la protéine incriminée, l'amyloïde β, a stimulé l'étude de son métabolisme. La lecture faite des mécanismes impliqués se révèle être sous-tendue par une vision très linéaire d'enchaînements d'événements pathologiques en cascade. Cette théorie est connue dans la littérature spécialisée sous le nom de « cascade amyloïde » et ses partisans sont appelés les « *bap*tistes », du nom de la protéine qui tient le rôle de protagoniste central dans ce scénario explicatif. Selon cette grille de lecture, l'accumulation des plaques séniles serait provoquée par une mutation intervenant sur un gène, ayant pour effet la diffusion du peptide Aβ 42-43, et la création de dépôts amyloïdes, avec leurs conséquences toxiques pour les neurones.

Toute attrayante qu'elle soit, l'hypothèse de la cascade amyloïde laisse subsister de nombreuses questions. Ainsi, il n'y a toujours pas d'entente sur le processus d'enclenchement de la cascade et des questions restent sans réponse. Effectivement, l'apparition des plaques neuritiques est-elle un phénomène secondaire au dépôt amyloïde ou est-elle indépendante de ce dépôt ? Y aurait-il un événement primaire situé en amont du processus pathologique, responsable soit de la propagation du peptide ? amyloïde, soit de la formation de plaques, ou le processus est-il dû à la coïncidence simultanée de ces deux phénomènes ?

---

6.   J'emprunte ces informations neurobiologiques à l'ouvrage très utile pour son excellente portée didactique : Schenk, Leuba et Büla (2004, en particulier les chapitres 5 et 6).

Quel serait le moment de déclenchement de la diffusion de la protéine amyloïdogénique ? (Savioz et autres, 2004, 6, 181-182). À l'heure actuelle, toutes ces questions sont encore débattues dans les milieux spécialisés. En n'offrant pas d'explication utilitaire à l'évolution de la MA, et en n'aidant pas à situer le moment de son déclenchement, l'hypothèse de la cascade amyloïde laisse la porte ouverte au développement de théories alternatives.

C'est ainsi qu'une deuxième piste explicative, dite théorie « *tau*iste », a introduit une complexification inattendue en déplaçant le centre de l'attention des plaques séniles sur le phénomène de mort neuronale. Cette théorie se profile dans le panorama de la recherche sur la MA quasiment comme une école antagoniste à la première. Peter Davies, mentionné plus haut, appelle à déconstruire la « mystique de l'amyloïde β[7] » (Davies, 2006, 125) et oriente les regards sur la protéine nommée *Tau* qu'il tient pour « témoin fiable » (ou *reporter protein* pour le dire en ses propres termes) du processus pathologique à l'œuvre. Pour les tenants de cette théorie, la neuropathologie s'observe dans la présence de protéines *Tau* parmi les dépôts de filaments hélicoïdaux[8], identifiés comme signes de processus dégénératifs. En permettant l'envahissement du cytoplasme neuronal par les filaments pathologiques, cette protéine provoque la paralysie des fonctions cellulaires. Ce rôle causal situé au sommet de la cascade dégénérative explique que Davies se sent autorisé à tenir la protéine *Tau* pour un marqueur biologique de la MA.

Cependant, cette théorie comporte aussi ses faiblesses, car aucune des mutations identifiées sur le gène codant pour la protéine *Tau*, responsables de ses anormalités fonctionnelles, ne semble à ce jour être associée à la MA, alors que la prévalence de ces mutations a été observée dans d'autres formes de démence. Cela signifierait que l'hyper-

---

7. *Mystical Aβ*, cette expression ne peut manquer de faire écho aux critiques entendues à la suite d'une vague d'enthousiasme démesuré pour l'ADN comme élément noyau, capable d'expliquer l'ensemble des phénomènes vitaux. Voir à ce sujet l'ouvrage de Nelkin et Lindee *The DNA Mystique* (1995).

8. Il s'agit d'une dégénérescence cellulaire produisant des filaments pathologiques à l'intérieur du corps cellulaire du neurone et de la dendrite, mais qui peuvent aussi trouver sur les connexions dendritiques, synaptiques et axonales des neurones (Schenk, Leuba et Büla, 2004 : 148).

phosphorylation[9] de la protéine *Tau* serait un relai permettant le développement du mécanisme pathologique, mais non un élément causal. Face à quoi les tenants de l'école « *tau*iste » soutiennent l'argument qu'il n'est pas pertinent de savoir si les protéines *Tau* sont ou ne sont pas la cause de la mort neuronale, le fait étant qu'en l'absence des anomalies de cette protéine, les processus biochimiques en cours, quels qu'ils soient, correspondent à un phénomène autre que la MA (Davies, 2006, 124).

> Dans une certaine mesure, il est sans importance pour moi de savoir si les anomalies de *Tau* tuent la cellule ou non [...]. Mon laboratoire a fait usage de *Tau* comme d'une protéine messagère. J'ai utilisé la présence et la nature des anomalies de *Tau* comme signe indiquant que le processus de la maladie d'Alzheimer était en route (Traduction personnelle).

LE RETOUR DU SOCIAL DANS L'APPRÉCIATION DU PHÉNOMÈNE PATHOLOGIQUE

À ce jour, une théorie explicative des mécanismes d'action de la chaîne de toxicité neuronale se fait encore attendre. C'est d'ailleurs une condition pour le développement de mesures de prévention. Dans l'intervalle, d'autres pistes sont explorées. Ainsi, une étude fameuse, dont les résultats publiés à partir de 1989 ont donné lieu à un nombre considérable de travaux, a été menée sur une population de 678 nonnes aux États-Unis. Connue sous le nom de la « Nun Study », cette étude a joué un rôle perturbateur intéressant dans la compréhension de l'étiologie de la maladie. Des chercheurs ont eu la brillante idée de constituer un échantillon de recherche à partir d'une population composée d'un nombre important de femmes ayant partagé durant pratiquement toute leur vie adulte un même régime alimentaire et un style de vie identique. L'étude a eu en outre l'avantage d'obtenir l'accord des sœurs qui y ont participé pour autopsier leur cerveau après leur mort. Cette recherche

---

9. En biologie moléculaire, la phosphorylation des protéines est reconnue comme un des mécanismes de régulation le plus fréquent et le plus important parmi le règne des organismes vivants constitués de cellules possédant un noyau. On attribue à ce mécanisme le maintien de l'équilibre entre la synthèse des protéines et leur dégradation. On suppose que l'atteinte à ce système est à l'origine d'une prolifération de la protéine *Tau*, entraînant à sa suite la dégénérescence du neurone.

rassemblait ainsi des conditions quasiment de laboratoire pour observer l'effet à long terme que pourraient avoir des facteurs sociaux, alimentaires, environnementaux, intellectuels et émotionnels sur les phénomènes de dégénérescence cognitive, et pour croiser ces facteurs avec les facteurs biologiques[10]. Les résultats de cette étude ne sont pas novateurs sur le plan de la connaissance des mécanismes biochimiques de la démence sénile. En revanche, ils ont fortement ébranlé le statut de « témoin fiable » et déterminant, qui était accordé jusque-là aux plaques séniles en attirant l'attention sur le poids des facteurs sociaux et affectifs dans la prédisposition à la détérioration des fonctions cognitives. En effet, pour une moitié seulement de la population analysée, les quantités de dépôts amyloïdes trouvés dans les cerveaux autopsiés coïncidaient avec des déficiences cognitives observées du vivant des sujets analysés. Inversement, le cerveau de certaines nonnes qui avaient été atteintes de troubles démentiels ne montraient pas à l'autopsie des dépôts amyloïdes correspondant aux critères quantitatifs admis pour un diagnostic de MA. Cette recherche mettait ainsi le doigt sur certaines discordances entre l'hypothèse de la cascade amyloïde et des constats cliniques de démence. Par ailleurs, la longue période qu'a pu investiguer cette recherche a permis de dresser une corrélation entre le niveau d'instruction élevé, conjugué avec l'aptitude à la formulation des idées dans le jeune âge, et le maintien des fonctions cognitives à un âge avancé. L'étude des récits autobiographiques, rédigés par les nonnes au moment de leur entrée dans les ordres, a servi de référence pour établir des degrés d'équivalence entre les membres de l'étude. Ce regard diachronique a apporté une nouvelle profondeur temporelle au phénomène démentiel en évoquant un possible moment de déclenchement, situé bien en amont de la vieillesse. Il a introduit un pendant social au registre des hypothèses neurobiologiques en supputant que les changements moléculaires et les signes de neurodégénérescence pourraient débuter plusieurs années avant l'apparition de signes cliniques mesurables.

---

10. Pour plus de détails sur la « Nun Study », voir Snowdon (2001). Le titre de cet ouvrage indique que l'auteur a choisi d'axer son discours sur la rhétorique de l'espoir plutôt que de polémiquer avec les théories biologiques.

Si l'on prend la mesure de ces réflexions, force est de reconnaître au social un rôle déterminant dans la prédisposition à la démence sénile. Dès lors, chercher à la prévenir uniquement par voie d'action biochimique sur les mécanismes cellulaires, une fois que ceux-ci sont déjà à l'œuvre de surcroît, s'avère être un mode de prise en charge étroit, d'autant plus qu'à ce stade il ne s'agit pas d'une prévention mais d'un palliatif. En l'absence d'une connaissance de signes avant-coureurs permettant une intervention préventive efficace, la prévention du phénomène a tout à gagner d'être réfléchie en termes d'action sociale.

L'étude sur les nonnes a soulevé de l'intérêt pour les corrélations qu'elle permet d'établir entre les conditions sociales et environnementales et la prévalence de démence sénile chez les sujets observés. Dès les années 1990, plusieurs chercheurs se sont intéressés aux relations entre des facteurs socioéconomiques, tels que le nombre d'années d'étude, le niveau de revenu, le type d'occupation professionnelle, le prestige attaché aux fonctions professionnelles occupées, le nombre de langues maîtrisées et la prévalence de risque de développement de la MA[11]. Un groupe de recherche a ainsi établi un lien entre la soumission d'un individu à un stress chronique – tel que, par exemple, la prise en charge d'un conjoint malade – et la surproduction par son système immunitaire d'une substance favorisant un processus inflammatoire présent dans bon nombre de maladies de la personne âgée (The European Dana Alliance for the Brain, 2004, 25). Ces études concordent dans leurs constats d'une corrélation positive entre un capital socioéconomique bas et le risque de dégénérescence cognitive. Certains chercheurs soulèvent l'hypothèse d'une réserve cognitive plus élevée parmi les sujets aui ont bénéficié d'une éducation plus poussée, mettant ceux-ci davantage à l'abri d'un risque de dégénérescence cognitive, sans produire pour autant de théorie explicative du mécanisme de cette relation. Avec ces pistes de recherche, tout en restant le facteur de risque le plus fortement corrélé avec l'apparition des phénomènes démentiels, le vieillissement se voit intégré à un panel de facteurs associant les aspects

---

11.   À titre d'illustration de ce vaste champ de recherche, nous mentionnons ici juste quelques exemples de recherches qui ont croisé des données socioéconomiques avec l'apparition de troubles démentiels : Stern, Tang et autres (1995) ; Keefover, Rankin et autres (1996) ; Evans, Hebert et autres (1997) ; Hall, Gao et autres (2000) ; Friedland, Fritsch et autres (2001) ; Moceri, Kukull et autres (2001) ; Ngandu, von Strauss et autres (2007).

génétiques, environnementaux et culturels (Leuba, Savioz et Reymond, 2004, ch. 7). Les expériences de vie endossent ainsi le rôle de facteurs de risque, ôtant aux mécanismes biochimiques leur prérogative en la matière. La leçon à retenir de la complexification qui émane de la recherche des facteurs causaux de la démence est un appel à considérer la question de leur prévention en termes sociaux et environnementaux, et non plus exclusivement médicamenteux. La prise en compte du rôle des facteurs socioéconomiques dans la pathogénie de la maladie et l'étude de la vulnérabilité socialement différenciée face à la maladie sont désormais des nécessités auxquelles les laboratoires de neurobiologie ne peuvent répondre seuls. Une prise en main psychosociale de la problématique doit être faite parallèlement.

DE LA SYMPTOMATOLOGIE AU DIAGNOSTIC

Les soucis suscités par la double problématique découlant de l'augmentation des besoins de dispositifs d'hébergement destinés à l'accueil de résidents âgés et de la fragmentation du tissu familial sont des phénomènes qui s'articulent au sein d'un processus dialectique. La gériatrie et la psychiatrie de l'âge avancé apparaissent à la fois comme des réponses sociomédicales à ces phénomènes omniprésents et des modulateurs de la représentation de ces phénomènes. Pour les professionnels de ces domaines comme pour la population en général, il est indispensable de préciser le statut de leurs « clients » et conséquemment les contours de leurs propres rôles en tant que thérapeutes et experts des pathologies du vieillissement. Le transfert de compétences qui a eu lieu au cours du XXᵉ siècle de la psychiatrie à la gériatrie en matière de responsabilité du soin destiné aux personnes âgées démentes témoigne d'une remise en question de l'ère du « nihilisme[12] »

---

12. Le terme de « nihilisme », utilisé par Ballenger pour décrire l'état d'esprit régnant sur la gérontologie américaine, est inspiré de la littérature gérontologique des années 1980, laquelle a conceptualisé les conditions de possibilité d'un vieillissement non pathologique. Dans cette mouvance, la notion de « nihilisme thérapeutique » désigne une vision contestée d'un vieillissement perçu comme inexorablement associé à la sénilité en lui opposant celle d'un « vieillissement réussi » (*successful aging*). La population âgée serait donc, en vertu de la gériatrie post-période nihiliste, divisée en deux catégories : les personnes connaissant un vieillissement physiologique exempt de pathologies *versus* les personnes atteintes de pathologies pouvant être sujettes à une intervention médicale. Le recours au

(Ballenger, 2000) qui a marqué l'attitude à l'égard de cette catégorie de personnes. Depuis 1980 et par rapport aux années précédentes (1960-1980), la gériatrie a développé une perception relativiste par rapport aux phénomènes de vieillissement. Elle est plus nuancée et conséquemment plus positive dans l'approche des troubles dont sont atteintes un grand nombre de personnes âgées.

Cependant, en refusant l'absolutisme défaitiste du regard porté sur le vieillissement cérébral, l'approche actuelle perd aussi la clarté qu'apportait la ligne de partage qui opposait autrefois la folie à un état confusionnel, quand il incombait à la psychiatrie de soigner des personnes âgées démentes. En posant la santé et les maladies affectant les personnes âgées comme l'objet de sa spécialité, la gériatrie s'est exposée à l'inconfort de l'incertitude. Dès lors, une nécessaire distinction positive entre le vieillissement physiologique non pathologique et la dégénérescence cognitive se fait sentir, afin d'éviter d'associer la démence au vieillissement, comme si celle-ci était son corollaire inévitable. Se débarrasser de l'image stigmatisante de la sénilité est devenu autant un objectif social qu'un défi épistémique pour la médecine gériatrique. La gériatrie a alors trouvé une issue dans la médicalisation de la sénilité, avec la production d'une catégorie biomédicale particulière.

Le processus a donné lieu à l'émergence d'une nouvelle branche disciplinaire : la démentologie. Néologisme pour les non-initiés au domaine, la notion de démentologie circule cependant de façon usuelle dans les milieux de la pratique médicale. Elle désigne une science qui a pour objet la connaissance des maladies démentielles. La filière démentologique est soutenue par une intention de rassembler les différents intervenants autour des patients atteints de troubles démentiels sur la base du diagnostic de démence, indépendamment des particularités cliniques que peut présenter chacun des patients. L'intention est de créer des conditions de prise en charge de tous les aspects – crise, démence, aspects somatiques – au sein d'une seule filière médicale, afin d'éviter le morcellement des patients, comme c'est souvent le cas dans les structures de soins. Le phénomène de constitution de la démento-

---

label de MA remplit dans ce panorama thérapeutique le rôle de modèle d'une maladie progressive qui devient, moyennant la connaissance de son processus, accessible à des traitements.

logie en spécialité médicale peut être compris comme signe tangible de la non-pertinence, du point de vue clinique, à s'attarder sur les particularités neurobiologiques de chaque type de trouble démentiel. Les poly-pathologies dont sont affectés dans leur majorité les patients âgés, conjuguées aux effets comportementaux des troubles, déterminent bien plus fortement les démarches cliniques que de quelconques particularités neurobiologiques en cause dans le processus démentiel. Autrement dit, la filière démentologique reconnaît la nécessité d'élaborer les soins et l'accompagnement de sujets âgés avec syndromes démentiels au plus près des situations qui prévalent dans le contexte de travail. Elle ne considère pas le label nosologique comme le facteur qui détermine la conception du soin.

L'ÉLABORATION D'UN DIAGNOSTIC DE SYNDROME DÉMENTIEL : UNE OPÉRATION INCERTAINE

La démentologie est le produit du ramollissement de la ligne de basculement qui permettait d'attribuer aux personnes âgées saines des *homes* pour vieillards, et des hôpitaux psychiatriques aux personnes âgées atteintes dans leurs fonctions cérébrales. La remise en question des critères de discrimination univoques eut pour effet de rendre la gériatrie et la psychiatrie de l'âge avancé[13] héritières d'une série de patients candidats à l'une ou l'autre des disciplines. Finalement, les deux sont aux prises avec les mêmes difficultés. Seules des nuances quantitatives les séparent. Il est rare à présent qu'un *home* pour personnes âgées se présente comme exclusivement voué à l'une ou l'autre de ces deux disciplines. Les établissements mixtes psycho-gériatriques deviennent la norme. Toutefois, la logique des systèmes assurantiels de santé qui structure la médecine occidentale force à dresser des délimitations là où la réalité tend à se confondre. Sous la dictée des directives liées aux barèmes de traitements associés aux spécialisations médicales et à la facturation des soins, une logique de territoire encourage la sectorisation. La même dynamique force aussi la standardisation des pratiques médicales appliquées au dépistage des

---

13. Ce sont encore à ce jour les deux principales actrices de la filière démentologique, considérées par les structures médicales comme disciplines distinctes.

symptômes de vieillissement cognitif. Ce qui est reconnu comme pathologique doit pouvoir être mesuré et quantifié, condition obligée pour être sujet à une prise en charge par le système de santé, ce qui conduit à une pathologisation du vieillissement cérébral.

Une conférence de consensus sur les maladies démentielles, qui s'est tenue en 1987 (Consensus Conference, 1987), témoigne de ce processus organisationnel. Le travail réalisé lors de cette conférence a validé le statut pathologique de la démence et a balisé les contours de la clinique en charge de son traitement. La primauté de l'approche clinique sur toutes les autres méthodes d'investigation médicale, et par conséquent son rôle central dans la constitution des savoirs étiologiques afférents aux phénomènes démentiels, a clairement été posée lors de cette conférence. Vingt ans après sa tenue, force est de constater la très grande stabilité de la connaissance des phénomènes démentiels, de la manière de les diagnostiquer et de les traiter.

Les experts des phénomènes démentiels et les acteurs qui incarnent la maladie ou qui sont candidats à celle-ci s'alimentent réciproquement. Les uns et les autres entrent dans un mouvement en spirale, conférant des dimensions toujours plus marquées et plus réelles à une maladie qui, par ailleurs, peine à se trouver une étiologie stabilisée. Chaque groupe d'acteurs est producteur de sens pour son vis-à-vis. À l'instar de nombreux domaines de la biomédecine contemporaine, la démentologie se constitue en science par l'enrôlement des patients dans le processus de fabrication de son savoir. Les patients atteints de déficiences cognitives procurent aux démentologues la matière première pour asseoir leur discipline et construire leur science. En grande partie à son insu, chaque patient contribue à alimenter par sa symptomatologie des bases de données, des échelles d'évaluation et des connaissances empiriques qui viennent donner corps à des réalités qui, sans les efforts de systématisation de la part des cliniciens, resteraient des informations et non des données nosographiques. En réaction au flou qui marque la description étiologique de son objet de travail, la démentologie se montre extrêmement prolifique en échelles d'évaluation et en batteries de tests destinés à mesurer les troubles et à leur donner des valeurs comparatives. De gros efforts de recherche sont investis, surtout depuis les deux dernières décennies, dans la standardisation des critères cliniques utiles à la pose de diagnostic de démence. Ce faisant, la clinique de la démence participe à la diffusion d'un discours médicalisé sur les phénomènes de troubles mnésiques et cognitifs, contribuant à leur inscription dans le paysage du vieillissement. En écho à ceci, les personnes s'identifiant avec les descriptions de la maladie fournissent le gros des bataillons de patients qui servent à affiner les critères de diagnostic.

Plus précisément, le réservoir des demandeurs de diagnostic et de soins est constitué d'une diversité d'acteurs. Outre les patients présents ou potentiels, ce sont bien souvent les proches, les médecins généralistes faisant office de médecins de famille ou encore des professionnels travaillant dans les espaces intermédiaires entre hôpital et lieux de vie pour personnes âgées – établissements médicaux-sociaux, centres de réhabilitation, services de soins à domicile, hôpitaux de jour, associations de malades Alzheimer – qui introduisent le proche/patient dans les circuits de la démentologie. La caisse de résonance à l'angoisse de la démence sénile est très vaste. C'est à ce niveau que la « pandémie du vieillissement » évoquée par Margaret Lock (2006) acquiert sa plus forte expression. Les services engagés dans la prise en charge des phénomènes de démence sont débordés, aussi bien au niveau hospitalier que dans les soins stationnaires et au niveau ambulatoire, dans les lieux d'hébergement comme dans les services de soins à domicile. En agitant la menace d'une explosion des coûts de la santé, les institutions sanitaires freinent des initiatives qui tendent à désengorger les services et à améliorer les conditions de prise en charge des patients. Il en va ainsi par exemple de l'embauche de personnel supplémentaire et du soulagement des proches au moyen de mesures de soutien psychosociales. N'étant pas considérées comme d'ordre sanitaire, les démarches psychosociales ne sont pas sujettes à remboursement et sont dès lors tributaires d'initiatives alternatives. Cet agencement des politiques de santé, fondées sur le principe de l'efficacité et de l'économicité[14] de l'acte médical, a pour effet de maintenir la pression sur la collectivité. Au lieu de faciliter les prises en charge, cela contribue au contraire à accentuer le sentiment d'urgence lié aux phénomènes démentiels. L'exigence de

---

14. En Suisse, l'art. 32, alinéa 1 de la Loi sur l'assurance maladie spécifie que « les prestations mentionnées aux art. 25 à 31 doivent être efficaces, appropriées et économiques. L'efficacité doit être démontrée selon des méthodes scientifiques » (http://www.admin.ch/ch/f/rs/832_10/a32.html, page consultée le 27 mars 2009).

formulation de critères à même de départager les malades des personnes vivant un vieillissement qui ne serait pas pathologique connaît donc plusieurs motivations. C'est dans ce mouvement que sont normées les approches thérapeutiques.

Les multiples outils de travail que représentent les tests neuropsychologiques[15] auxquels recourt la clinique psychiatrique de l'âge avancé peuvent être considérés comme des « médiations » au sens donné à ce terme par Latour (2007), à savoir des moyens élaborés par la pratique dans le but de créer un « événement », dans le sens où leur application est conçue de manière à entraîner des conséquences pour tous les acteurs participant à l'expérience, les cliniciens comme les patients. Certains tests normés et consensuels ont fait l'objet d'une « mise en boîte noire » comme le formule Latour (1989), dans le sens où la complexité des paramètres qu'ils coordonnent et des présupposés qu'ils véhiculent n'est plus discutée. L'expertise des professionnels s'ordonne autour de leur aptitude à les appliquer. Toutefois, la manipulation de ces outils ne relève pas d'un savoir-faire purement technique ni d'une application machinale de protocoles. Leur utilisation implique une capacité à les faire parler, cela dépendant de l'aptitude à engendrer une articulation entre les données extirpées au patient au cours des investigations cliniques, leur paramétrage et leur harmonisation avec la propre subjectivité des experts. En effet, le recueil de paramètres observables et mesurables nécessite la mobilisation d'un savoir expert.

Que faut-il savoir pour juger l'état cognitif d'un patient ? Le catalogue des candidats potentiellement responsables des scores recueillis aux tests est tellement riche que subsiste toujours une crainte que ce qui a été soumis à l'examen ne puisse être tenu pour responsable de la réponse reçue, ou encore que les investigations aient biaisé l'interrogation des « faits » en suggérant la réponse recueillie. Méfiants à l'égard du déséquilibre que pourrait causer l'interférence de leur subjectivité dans la détermination du diagnostic, les cliniciens s'emploient à multiplier les

---

15. Il serait trop long ici d'énumérer tous les tests existants, par ailleurs aisément accessibles dans des ouvrages spécialisés et sur Internet. La clinique où a été menée l'observation ethnographique sur laquelle repose cette étude employait le Mini Mental State (MMS), des tests neuropsychologiques, les échelles de Zarit, HAD, Hamilton, QPC, Horloge, Hachinski, ADL, IADL, NPIQ, IQCODE.

recoupements entre les différentes mesures afin de donner consistance à leur positionnement. Cet exercice implique aussi une exploration des subjectivités des patients. Face à ces cumuls de subjectivités, le cadre strictement normé des tests est convoqué au titre de garantie de scientificité. Les résultats sont transcrits sous forme de scores standardisés, permettant la mesure et, ce faisant, se prêtant à la comparaison et à la catégorisation des patients. Adossés à ces balises, les spécialistes font œuvre d'interprétation. Et, ce faisant, le jugement expert s'affirme.

Parmi les outils d'appréciation de la progression des phénomènes dégénératifs[16], le déclin cognitif léger (plus connu dans la littérature sous l'intitulé anglais de *MCI* : *mild cognitive impairment*) est la catégorie diagnostique la plus fréquemment appliquée aujourd'hui. Elle a pour effet de placer des patients dans une zone grise car un diagnostic de MCI n'est pas encore la maladie. Pourtant, l'individu qui reçoit le diagnostic de MCI est déjà un patient. En lui proposant un traitement précoce par voie médicamenteuse, mais, plus encore, en amorçant auprès de lui et de son entourage une transformation conceptuelle de l'interprétation subjective des troubles mnésiques l'affectant, la médecine enrôle ce dernier dans un statut de patient pour une durée indéterminée. L'évolution des performances cognitives pourra être mesurée en convoquant à nouveau le patient pour des examens ultérieurs, dans un délai de quelques mois. Le dépistage précoce, assuré par des consultations de la mémoire, aura ainsi rempli pleinement sa fonction, puisqu'il aura permis d'une part de situer le patient dans une trajectoire nosologique où une démarche préventive peut être entreprise ; d'autre part, d'enrichir les bases de données qui servent à affiner les modèles de prévention.

---

16. Donnée permettant de poser un diagnostic de troubles démentiels puisque, en l'absence d'indicateurs organiques observables, c'est précisément l'observation d'une dynamique dégénérative qui devient élément de diagnostic.

LE PARADOXE DE LA LOGIQUE ASSURANTIELLE :
ENTRE EFFORTS DE DÉPISTAGE ET DILUTION
DU TABLEAU PATHOLOGIQUE

La clinique de la démence s'appuie sur la catégorie MCI pour militer en faveur de l'élargissement de son champ d'intervention en amont, en préconisant une intervention préventive aux stades préséniles de la maladie, avant qu'elle ne devienne clinique. Ce faisant, elle propage un discours à plusieurs facettes et quelque peu antagoniste. Elle aspire à susciter l'attention du public sur les signes précurseurs de la maladie, tout en mettant en garde contre l'attribution à tort de signes dépressifs sur le compte de la MA. Elle promeut un développement du dépistage précoce et réclame plus de moyens pour ce faire, tout en reconnaissant l'inutilité à terme d'une application généralisée d'une clinique de la mémoire. Elle alimente une rhétorique de l'espoir en soutenant l'efficacité des traitements médicamenteux de la symptomatologie et du soulagement qui peut être attendu des traitements psychothérapeutiques, ainsi que des diverses initiatives psychosociales en faveur des proches, tout en reconnaissant l'absence de traitements curatifs. Les attentes placées dans la commercialisation future d'un vaccin contre la MA dérivent de ce discours et entretiennent le mythe d'une progression vers une amélioration, alors même que le message global est sous-tendu par une insistance sur l'inéluctabilité des ravages des démences de type Alzheimer.

Il est donc quelque peu ironique de constater que les efforts de la clinique de la démence pour affirmer le caractère pathologique des signes de sénilité, pour convaincre de l'importance de les traiter en tant que pathologie et pour refuser de les associer à un vieillissement normal aboutissent à un déplacement de la problématique dans un sens contraire à celui qui est visé : l'omniprésence de la démence dans le paysage culturel et médical, partagé par le public et les experts, est indissociable de la dispersion des indicateurs nosologiques de la maladie, ce qui tend à rabattre l'identité de celle-ci sur son indissociation d'avec le vieillissement. Comme le constatent un peu amèrement les historiens de la médecine Berrios et Freeman (1991, 7), il y a un paradoxe dans le fait que, plus les données scientifiques sur la neuropathologie s'accumulent, plus la maladie devient insaisissable. En d'autres termes, la construction de la constellation sociale de la maladie, à laquelle participe activement la clinique de la démence, peine à faire coïncider les acteurs non humains avec les acteurs humains. Non pas que les connexions entre l'expérience vécue de la maladie et les manifestations des agents neuronaux échappent aux spécialistes, mais ces derniers ne parviennent pas à « domestiquer » les acteurs non humains et à leur ménager une place signifiante au sein du collectif, car ni eux, ni les patients, ni les proches n'y trouvent de fonction utilitaire. En attendant que les neurosciences leur fournissent des moyens utiles au resserrement de la marge d'erreur entre le diagnostic clinique et le diagnostic neuropathologique post-mortem, la clinique de la démence se trouve inévitablement imbriquée dans un réseau d'influences fait de social et de biologique. C'est au niveau de la création du sens que les chemins explicatifs – le neurobiologique et le social – divergent.

PENSER LA DIFFÉRENCE

Longtemps comprise comme un aspect du vieillissement, la sénilité a fait place aux troubles pathologiques des démences de type Alzheimer. Ce « recodage » (Ehrenberg, 2000) de la sénilité crée un appel aux spécialistes du cérébral pour définir les contours neurobiologiques de la maladie. L'augmentation de la prévalence des troubles démentiels est à considérer parallèlement à l'intérêt que leur portent la recherche neurobiologique et la clinique, aspirant dans le champ des pathologies ce qui était autrefois attribué à la sénilité. Alors que les démences séniles deviennent objet de travail pour la psychiatrie biologique et donnent de l'ampleur à un champ particulier de celle-ci – la démentologie –, le fossé se creuse entre, d'une part, les attentes adressées à la recherche scientifique et aux pratiques cliniques pour agir sur la maladie et, d'autre part, le pouvoir d'action dont celles-ci disposent. Comme pour la dépression, « tout est soignable, rien n'est guérissable » (Ehrenberg, 2000, 251).

Pour un biologiste, l'identification d'un bio-marqueur fait office de crochet permettant le travail de nouage entre la compréhension de la maladie et son traitement. Il semblerait que « l'embarras du choix » en la matière que connaît la neuropathologie de la MA, avec l'abondance de bio-marqueurs possibles, ne rend pas cette tâche de nouage plus aisée. Outre le travail d'identification des facteurs causaux, une hiérarchisation est à faire entre les candidats retenus, la logique biochimique voulant qu'un rôle soit attribué à un « micro-rouage » reconnu comme doté d'un effet déterminant dans les enchaînements, fût-ce à l'état silencieux. Dans le cas de la neuropathologie de la MA, la coexistence de deux processus neurodégénératifs distincts – soit la cascade amyloïde, soit la phosphorylation anormale de la protéine *Tau* – n'est pas pacifiée et la conciliation des spécialistes autour d'une théorie unifiée de la MA devient de plus en plus complexe.

Du côté de la clinique, cerner la maladie n'est pas non plus tâche aisée. La fréquence de la prévalence de plusieurs formes de dépression parmi la « patientèle » des consultations de la mémoire vient ajouter un brouillage aux pistes de diagnostic. L'absence de pathogénie univoque, caractérisant à la fois la dépression et la MA, renforce les difficultés que rencontrent les cliniciens pour émettre un diagnostic. L'état de « dépression larvée[17] » mène les cliniciens à considérer la dépression comme un état propre à la personne âgée, « toute personne âgée pouvant avoir de bonnes raisons pour devenir dépressive[18] ». Ce constat fournit matière à l'intervention médicale en incitant le recours aux médications permettant d'en réguler les effets. La fréquentation des *homes* médicalisés et des consultations mémoire permet de s'apercevoir que les antidépresseurs sont largement administrés aux usagers de ces lieux. Or, la définition nosologique de la dépression baigne dans une confusion qui n'est pas sans analogie avec la MA. Comme le démontre Ehrenberg (2000, 252-255), la nature des troubles désignés par le terme « dépression » souffre d'un manque de distinction catégorielle : s'agit-il de mal-être ou d'une pathologie ? Comme pour la MA, le phénomène dépressif souffre d'une absence de remèdes pharmacologiques et psychothérapeutiques à même d'agir sur la cause du mal. Et pourtant il y a encouragement à la consommation d'antidépresseurs qui, par leur banalisation, tendent à sortir de la catégorie de médicament pour adhérer à celle « d'aide domestique ». Il s'ensuit une chronicisation de l'état de la maladie, réactualisant la question inextricable des critères de distinc-

---

17. Terme entendu dans la « consultation mémoire » où a été réalisée l'observation ethnographique sur laquelle se base cette étude.
18. *Idem.*

tion entre le normal et le pathologique. De même que pour le phénomène dépressif, la spirale ascendante dans laquelle se trouve engagée la MA, et à laquelle se raccordent toujours plus d'acteurs au titre de patients, de proches de patients, de professionnels des soins et de l'accompagnement, de cliniciens ou de chercheurs, tend elle aussi, simultanément à sa tendance au gonflement, à connaître une extension temporelle qui installe la symptomatologie des démences dans la chronicité. Si un antécédent dépressif peut avoir des effets sur un déclenchement tardif de la MA, et si la dépression est une « pathologie de notre temps » (Ehrenberg, 2000), il n'est pas surprenant que la MA endosse le même costume que la dépression et augmente sa visibilité. Démence et dépression alimentent de pair un ensemble symptomatique, déficient au niveau de sa thérapeutique, mais lourd d'incidences sur l'esprit du temps.

Le flou de la situation rend difficile le déploiement de passerelles entre savoirs biologiques, dépistage de la maladie et approches thérapeutiques. Dès lors, c'est sur un mode diachronique que la constitution identitaire de la MA s'opère, par interférence de savoirs et de pratiques provenant du travail expérimental et de la clinique, et au gré des liens que chaque élément nouveau parvient à établir avec les normes établies. Si, aujourd'hui, la MA remplit un espace prépondérant en santé publique et dans l'imaginaire du vieillissement, c'est plus le fait de la clinique que celui des neurosciences. En l'absence de bouleversements venant de la neurobiologie, la clinique – gériatrique et psycho-gériatrique – a notablement modifié le regard porté sur la problématique. C'est sous son action que la MA est passée d'une maladie rare et peu investiguée au statut de maladie omniprésente dans le panorama social des populations des pays à économie développée. En ayant pour point d'appui le sujet et le subjectif, l'approche clinique a constitué comme « malades Alzheimer » une part considérable de la population, déplaçant ce faisant le regard porté sur ceux-ci. Pour la multitude des personnes concernées par la maladie, l'absence de remède pour soigner, guérir ou stopper la dégénérescence accroît le sentiment d'inexorabilité.

C'est dans ce contexte qu'amener une distinction dans ce qui tend à se confondre dans la réalité vécue mais *qu'il importe de penser comme différent* s'impose comme une nécessité culturelle partagée par tous, spécialistes et profanes. L'essentiel des avancées en matière de connaissance de la MA, depuis l'introduction de cette entité nosologique au

catalogue des maladies psychiatriques en 1908, porte sur la définition
et l'affinage des nuances permettant de distinguer différentes tournures
que peuvent revêtir les phénomènes démentiels. Le processus a mené
à l'abandon de ce qui était tenu pour une entité nosologique homogène
– la démence sénile et présénile – en faveur d'une typologie de démences
de type Alzheimer. La démentologie et la recherche neurobiologique
sur les troubles démentiels se rencontrent dans leur intérêt réciproque
à aborder ces phénomènes comme un défaut de nature dont il doit être
possible de se débarrasser avec l'aide des techno-sciences. Il ne s'agit
pas d'un abus de crédulité du public mais d'un développement
conforme à la logique biomédicale. La rencontre reflète un processus
de modification de l'opinion publique, de l'attitude des scientifiques
et de celle des cliniciens à l'égard du vieillissement cérébral. *Pour tous,
il importe de rompre le lien causal entre vieillissement et démence.*
L'injonction répond au déplacement du stigmate de la démence sénile
dans le champ de la pathologie cérébrale, entraînant à sa suite le déplacement des troubles démentiels de la vieillesse vers la maladie.

Trois modèles se dessinent peu à peu pour penser la différence : le
vieillissement « réussi », le « normal » et le pathologique. Des trois,
seule la dernière catégorie s'avère dénuée d'ambiguïté. Lorsque les
personnes sont frappées d'incohérence entre leur objectivité et leur
subjectivité, il n'y a pas de doute qu'elles sont effectivement victimes
d'un phénomène pathologique. Par contre, il n'y a pas à ce jour
d'éléments solides permettant de dessiner des contours distincts du
vieillissement réussi et du vieillissement normal, ni de préciser un
moment de bascule vers la troisième catégorie. Il y a lieu de croire que
nous sommes en présence d'un processus au cours duquel un virage
qualitatif s'opère. Mais on ignore quand il se passe et quelles en sont
les causes déterminantes.

La sévérité de la catastrophe est à la hauteur des qualités attribuées
au modèle du sujet performant. Si l'autonomie du soi est au cœur de
notre mode de socialisation, le chaos qui envahit les mécanismes cérébraux est forcément un trouble sérieux. Au terme de ce parcours, il
s'avère que le dilemme, de savoir si la MA fait partie du processus normal
de vieillissement ou si elle serait une dérive pathologique en rupture
avec le cours normal du vieillissement, se révèle être un problème mal
posé. Soulever la question en termes dichotomiques est probablement

un vestige d'une période où les taux de prévalence de la MA étaient moindres qu'à présent. Sans aucun doute, les statistiques sont sans équivoque à ce propos, l'avancée dans le très grand âge est un facteur de risque majeur dans le développement de démences de type Alzheimer. Lorsque le processus dégénératif est amorcé, les individus n'ont pas prise sur la cascade qui érode inexorablement leurs mécanismes cérébraux et les mène face à leur autodissolution. Là où une certaine marge de manœuvre existerait, c'est dans la disponibilité de ressources adaptatives que chaque individu doit pouvoir trouver aux niveaux individuel et social, des moyens à la fois pour prévenir la maladie et pour y faire face lorsqu'elle est installée. *La véritable question est donc celle du rapport au vieillissement* et non du statut de la maladie. La bonne question à poser concerne la manière dont le collectif intègre dans ses articulations sociales la longévité et le risque de dégénérescence cognitive qui lui est associé, et comment il anticipe les modalités de prise en charge des sujets défaillants et de soutien destiné à leur entourage.

RÉFÉRENCES

Ballenger, J. F. (2000). « Beyond the Characteristic Plaques and Tangles, Mid-Twentieth Century U.S. Psychiatry and the Fight Against Senility », dans Peter Whitehouse, Konrad Maurer et Jesse Ballenger (ed.), *Concepts of Alzheimer's Disease. Biological, Clinical and Cultural Perspectives*, Baltimore et London : The Johns Hopkins University Press, 83-103.

Ballenger, J. F. (2006). « The Biomedical Deconstruction of Senility and the Persistent Stigmatization of Old Age in the United States », dans Annette Leibing et Lawrence Cohen (ed.), *Thinking about Dementia. Culture, Loss, and the Anthropology of Senility*, New Jersey : Rutgers University Press, 106-120.

Ballenger, J. F. (2006). *Self, Senility and Alzheimer Disease in Modern America. A History*, Baltimore : Johns Hopkins University Press.

Berrios, German E., et H.L. Freeman (ed.) (1991). « Introduction », *Alzheimer and the Dementias*, London : Royal Society of Medicine Services Limited, 1-8.

Consensus Conference. Differential Diagnosis of Dementing Diseases (1987). *Journal of American Medical Association*, 258 (23), 3411-3416.

Davies, P. (2006). « The Cholinergic Deficit in Alzheimer Disease », dans Mathias Jucker et autres (ed.), *Alzheimer: 100 Years and Beyond*, Berlin et Heidelberg: Springer.

Ehrenberg, A. (2000). *La fatigue d'être soi. Dépression et société*, Paris: Odile Jacob.

European Dana Alliance for the Brain (the), Mise à jour (2004). *Cerveau et immunité*, Prilly: Centre de Neurosciences Psychiatriques.

Evans, D.A., L.E. Hebert et autres (1997). « Education and other measures of socioeconomic status and risk of incident Alzheimer disease in a defined population of older persons », *Archives of Neurology*, 54 (11), 1399-1405.

Friedland, R.P., T. Fritsch et autres (2001). « Patients with Alzheimer's disease have reduced activities in midlife compared with healthy control-group members », *Proceedings of the National Academy of Sciences of United States of America*, 98 (6), 3440-3445.

Gaudillière, J.-P. (2002). *Inventer la biomédecine. La France, l'Amérique et la production des savoirs du vivant (1945-1965)*, Paris: La Découverte.

Hall, K.S., S. Gao et autres (2000). « Low education and childhood rural residence: risk for Alzheimer's disease in African Americans », *Neurology*, 54 (1), 95-99.

Keefover, R.W., E.D. Rankin et autres (1996). « Dementing illnesses in rural populations: the need for research and challenges confronting investigators », *J. Rural Health*, 12 (3), 178-187.

Kuhn, T. (1983). *La structure des révolutions scientifiques*, Paris: Flammarion (1re éd. 1962, University of Chicago Press).

Latour, B. (1989). *La science en action. Introduction à la sociologie des sciences*, Paris: Gallimard, coll. « Folio ».

Latour, B. (2004). *Politiques de la nature. Comment faire entrer les sciences en démocratie*, Paris: La Découverte.

Latour, B. (2007). *L'espoir de Pandore: Pour une version réaliste de l'activité scientifique*, Paris: La Découverte (1re éd. anglaise, 1999, Harvard University Press).

Leuba, G., et A. Savioz (2004). « Vieillissement, plasticité et dégénérescence des circuits cérébraux », dans F. Schenk, G. Leuba et C. Büla, *Du vieillissement cérébral à la maladie d'Alzheimer. Autour de la notion de plasticité*, Bruxelles: De Boeck.

Leuba, G., A. Savioz et M. J. Reymond (2004). « Facteurs de risque du milieu, âge et prévention », dans Françoise Schenk, Geneviève Leuba et Christophe Büla, *Du vieillissement cérébral à la maladie d'Alzheimer. Autour de la notion de plasticité*, Bruxelles : De Boeck.

Lock, M. (2006). « La " molécularisation" de l'esprit et la recherche sur la démence naissante », *Sciences sociales et santé*, 24, 21-55.

Longino, H. E. (1990). *Science as Social Knowledge*, Princeton : Princeton University Press.

Moceri, V.M., W.A. Kukull et autres (2001). « Using census data and birth certificates to reconstruct the early-life socioeconomic environment and the relation to the development of Alzheimer's disease », *Epidemiology*, 12 (4), 383-389.

Nelkin, D., et M. S. Lindee (1995). *The DNA mystique : the gene as a cutural icon*, New York : W.H. Freeman.

Ngandu, T., E. von Strauss et autres (2007). « Education and dementia : what lies behind the association ? », *Neurology*, 69 (14), 1442-1450.

Pignarre, P. (2001). « Qu'est-ce qu'un psychotrope ? Psychothérapeutes et prescripteurs face aux mystères de la depression », *Ethnopsy. Les mondes contemporains de la guérison*, 2, Paris : Les Empêcheurs de tourner en rond, 241-292.

Savioz, A., G. Leuba, M. Dubois-Dauphin et C. Walzer (2004). « Facteurs de risque génétiques, mécanismes moléculaires et espoirs thérapeutiques », dans Françoise Schenk, Geneviève Leuba et Christophe Büla, *Du vieillissement cérébral à la maladie d'Alzheimer. Autour de la notion de plasticité*, Bruxelles : De Boeck.

Snowdon, D. (2001). *Aging with Grace : what the nun study teaches us about leaving longer, healthier, and more meaningful lives*, New York : Bantam Books.

Stengers, I., et B. Bensaude-Vincent (2003). *100 mots pour commencer à penser les sciences*, Paris : Les Empêcheurs de penser en rond, 152-155.

Stern, Y., M.X. Tang et autres (1995). « Increased risk of mortality in Alzheimer's disease patients with more advanced educational and occupational attainment », *Annals of Neurology*, 37 (5), 590-595.

Santé, environnement et politique, ou le lien paradoxal entre savoir infirmier et sciences sociales

CLÉMENCE DALLAIRE, FRANCE GAGNON, MICHEL O'NEILL

Depuis quelques décennies déjà, dans les milieux de formation comme dans la recherche, il est constamment question d'interdisciplinarité. Dans ce contexte, différents savoirs contribueraient donc à la pratique contemporaine des soins infirmiers et au développement de la discipline infirmière comme domaine de connaissances. Le présent chapitre se penche sur l'apport d'autres savoirs à la discipline infirmière, soit ceux qui sont issus des sciences sociales et en particulier des sciences politiques. Nous montrerons que les rapports entre ces savoirs demeurent encore aujourd'hui paradoxaux car, bien qu'ils soient très valorisé et précieux, l'apport des sciences sociales n'a souvent qu'une contribution somme toute limitée à la pratique comme à la discipline en soins infirmiers.

Dans ce chapitre, nous nous intéresserons aux visions que ces savoirs proposent et aux liens qu'ils entretiennent, ou non, avec les soins infirmiers autour des concepts de santé, d'environnement et de politique. Ces concepts nous situent d'entrée de jeu sur le terrain de la promotion de la santé, qui en principe interpelle grandement les infirmières (O'Neill, 1997) et par définition se trouve à la croisée de plusieurs disciplines. Nous considérerons d'abord les concepts de santé, puis celui d'environnement, qui sont parties intégrantes des modèles de soins infirmiers. En effet, de quelle santé parle-t-on ? Quel environnement est au centre des préoccupations et des conceptualisations en sciences infirmières ? Enfin, nous explorerons le rapport entre l'analyse politique, les sciences sociales et le savoir infirmier. Par la suite, nous avancerons quelques pistes de réflexion au sujet du paradoxe qui nous semble exister entre le savoir infirmier et le savoir des sciences sociales. En conclusion, nous soulèverons quelques défis qui, selon nous, se posent si l'on veut atteindre une collaboration entre ces savoirs.

SANTÉ, ENVIRONNEMENT, POLITIQUE

Promouvoir quelle santé ?

Lorsque l'on s'intéresse à la promotion de la santé, il faut d'abord s'interroger sur ce que l'on souhaite promouvoir. Le fait que la santé soit l'un des concepts centraux de la discipline infirmière, repris dans chacun des modèles conceptuels des soins infirmiers (avec généralement les concepts de personne, d'environnement et celui de soins), montre son importance dans le savoir que doivent maîtriser les infirmières en vue d'une pratique adéquate des soins. Définir la santé est complexe comme le démontrent les nombreux travaux sur le sujet (par exemple : Smith, 1981 ; Simmons, 1989 ; Newman, 1991 ; Rootman et Reaburn, 1994 ; Raeburn et Rootman, 2006). Lorsque les soins sont prodigués dans les milieux dominés par la perspective médicale où améliorer la santé signifie diagnostiquer et traiter la maladie, inclure la santé dans les soins se résume le plus souvent à informer sur la meilleure façon d'éviter les complications découlant des traitements. Dans ce contexte, les aspirations plus larges des infirmières ont incité plusieurs théoriciennes de la discipline à tenter de mieux comprendre le concept de santé afin de distinguer la perspective infirmière de la santé de celle de la médecine.

Smith (1981) a examiné les conceptions existantes, autant en sciences infirmières que dans les autres disciplines, et elle les a regroupées en quatre catégories : le modèle médical, le modèle de l'adaptation, le modèle de l'accomplissement de rôle et le modèle eudémonistique. Dans le modèle médical, la santé est l'absence de maladie, alors que, dans celui de l'adaptation, la santé correspond aux comportements de l'organisme permettant des interactions efficaces avec l'environnement. Dans le modèle de l'accomplissement de rôle, la santé est liée à la capacité de jouer son rôle dans la société et, finalement, dans le modèle eudémonistique, une personne en santé tend vers un bien-être général et une auto-actualisation de soi (Smith, 1981). D'autres théoriciennes infirmières ont poursuivi l'examen du concept de santé, notamment Simmons (1989) et Newman (1991). Tout comme dans l'une des catégories proposées par Smith, ces dernières ont mis l'accent sur le potentiel de développement des êtres humains comme élément distinctif de la santé sur lequel les infirmières devraient concentrer leur attention. Ainsi, les actions propres aux infirmières seraient différenciées de leurs activités de collaboration aux traitements médicaux.

En effet, les sciences infirmières partagent avec d'autres disciplines, dont plusieurs en sciences sociales, un consensus théorique selon lequel la santé et la maladie co-existent (Donaldson, 2003 ; Pender, Murdaugh et Parsons, 2006 ; Rootman et Raeburn, 1994). Une telle conception de la « santé » permet de porter un regard holistique sur les situations de soins, distinguant la perspective médicale centrée sur la maladie de la perspective infirmière centrée sur l'expérience de santé/maladie des personnes (Dallaire et Aubin, 2008 ; Dallaire et Dallaire, 2009). Ainsi, affirmer la place prépondérante de la santé pour les soins infirmiers ne remet pas en question la légitimité de la pratique infirmière auprès de personnes souffrant de problèmes de santé chroniques ou aigus (Meleis, 2007). Toutefois, agir en vertu d'un mandat empreint de la perspective curative de lutte à la maladie peut considérablement restreindre la marge de manœuvre des infirmières et laisser peu de place à la contribution des sciences sociales au savoir infirmier.

En effet historiquement, dans la foulée de la médecine et à l'instar des autres professions de la santé, la profession infirmière s'est souciée plus de prévention de la maladie, de soins des malades et de réadaptation, bref, plus de maladie que de santé (Francillon, 2000 ; Gagnon et Dallaire, 2002 ; Meleis, 2007). Malgré cela, la perspective des soins infirmiers valorisant une conception globale de la santé et de la maladie serait en mesure, selon entre autres Perreault et Saillant (1996), de réconcilier le social et le biologique. Pour autant, les soins infirmiers ne prétendent pas disposer de toutes les connaissances requises. Ils sont dans une position délicate en valorisant une perspective globale, soit celle d'intégrer l'apport pertinent d'autres disciplines. Développer une perspective globale demande d'inclure notamment le savoir des sciences sociales et politiques ainsi que les savoirs sur la dimension biophysiologique de la maladie et le développement humain.

Plus récemment, dans la foulée de la définition de l'OMS de 1948 (la santé plus qu'une absence de maladie), des auteurs en promotion de la santé ont ajouté de nouveaux éléments à la notion de santé (Rootman et Raebrun, 1994 ; Raeburn et Rootman, 2006). Document emblématique du domaine, le rapport Lalonde (1974) a d'abord introduit une conception élargie de la santé qui reconnaît dans ce « champ » l'importance de déterminants tels que la biologie humaine, l'environnement, les habitudes de vie et l'organisation des soins de santé. Cette vision a souvent été interprétée comme si la santé était surtout fonction du mode de vie choisi par l'individu et serait ainsi attribuable à un ensemble de risques auxquels l'individu éviterait délibérément de s'exposer (Gagnon et Dallaire, 2002 ; O'Neill et autres, 2006). Ainsi, pendant quelques décennies, les professionnels de la santé ont eu tendance à réduire la promotion de la santé à des interventions visant à modifier les comportements individuels reliés à la santé. Modifier de façon durable de tels comportements s'avère complexe et on a progressivement bénéficié de l'apport des sciences sociales, de la psychologie et de la pédagogie (O'Neill et Stirling, 2006), pour notamment réintroduire l'importance de l'environnement social dans l'évolution des habitudes de vie.

Une approche socioenvironnementale de la santé, plus macroscopique, a ainsi été mise de l'avant par l'OMS et quelques partenaires. Enchâssée dans la charte d'Ottawa pour la promotion de la santé (OMS, 1986), cette approche présente la santé comme relevant aussi bien de l'environnement social que de l'individu, en plus d'insister sur la nature positive et évolutive de la santé et de l'assimiler à un droit fondamental. Dorénavant, les déterminants de la santé sont situés dans une perspective globale et cinq axes d'intervention sont proposés dans la charte : 1) *établir une politique publique favorable à la santé* ; 2) *créer des milieux favorables* ; 3) *renforcer l'action communautaire* ; 4) *développer les aptitudes personnelles* et 5) *réorienter les services de santé.*

Inscrite au cœur de la vie des personnes et des sociétés, une telle vision de la santé déborde les actions que peuvent entreprendre seuls des professionnels de la santé. Toutefois, ces derniers voient concrètement les ravages de la maladie et des inégalités de santé et ils sont souvent très préoccupés de promouvoir les conditions favorables à une meilleure santé, sans nécessairement disposer des cadres théoriques intégrant l'ensemble des facteurs et de leurs interrelations. Le développement de modèles complexes réunissant ces perspectives en est encore à ses débuts, les modèles écologiques[1] étant ceux qui s'en rapprochent le plus (Dupéré et autres, 2006).

Voyons comment cette intégration se fait autour du concept d'environnement, une autre dimension fondamentale des modèles de soins infirmiers et de la promotion de la santé.

De l'environnement physique à l'environnement social pour promouvoir la santé

Les racines théoriques des soins infirmiers remontent à Florence Nightingale (1820-1910). Elle fut la première infirmière à distinguer les composantes principales de la prévention et de la promotion de la santé, s'appuyant sur une conception holistique de la personne qui intègre le rôle de l'environnement comme composante intrinsèque de la pratique infirmière (Gagnon et Dallaire, 2002 ; Nightingale, 1992). Dans cette optique, elle proposait de mettre la personne dans les bonnes conditions pour guérir et elle mentionnait particulièrement la mise en place et le maintien d'un milieu salubre (égouts, ventilation, propreté des chambres et des murs) ainsi qu'une attention au chauffage et au bruit ambiant. Révolutionnaire, comparée à la conception mécaniste où l'on ciblait surtout la maladie, la conception holistique de Nightingale était cependant congruente avec la conception de la santé publique britannique prévalant à l'époque (Francillon, 2000). Toutefois, cette approche eut peu de répercussions face à l'importance prise très

---

1. Les modèles écologiques insèrent l'individu dans son environnement et considèrent divers niveaux d'interventions (micro, meso, macro, exo et chrono notamment). Ils sont utilisés dans bien des domaines, dont la promotion de la santé (voir par exemple Richard et Gauvin, 2006).

rapidement par une orientation plus curative des systèmes de santé (Gagnon et Dallaire, 2002).

Le concept d'environnement demeure malgré tout un des quatre concepts centraux de la discipline infirmière. Il est présent à différents degrés dans presque toutes les conceptualisations des soins infirmiers et, à cet égard, plusieurs exemples d'intégration de savoirs des sciences sociales par les théoriciennes infirmières sont disponibles. En outre, la conception des soins infirmiers développée dans les années 1970 par Allen fait basculer la cible des soins infirmiers, antérieurement centrée sur la personne, à l'image des premières conceptions de la promotion de la santé, vers un concept plus large d'environnement humain immédiat : la famille. Stewart et Leipert (2000) vont plus loin et avancent que la conceptualisation d'Allen est fondée sur le principe de participation publique aux soins primaires et sur celui de la promotion de la santé. De son côté, Donaldson (2003) a suggéré que les soins infirmiers se préoccupent de santé humaine écologique. Finalement, à partir d'un modèle d'intervention inspiré d'éléments théoriques des sciences sociales, en particulier de la sociologie, Duhamel (2007) a insisté sur l'importance des soins à la famille, autant dans son enseignement, dans ses recherches que dans ses publications en s'inspirant de perspectives empruntées aux sciences sociales.

Tous ces exemples illustrent des travaux de théorisation en soins infirmiers intégrant des savoirs issus des sciences sociales. Ils donnent un aperçu d'efforts investis par la communauté infirmière afin de s'inspirer positivement des savoirs des autres disciplines. Dans toutes ces conceptualisations, la santé devient un concept positif mettant en valeur les ressources sociales et individuelles (Gottlieb et Gottlieb, 2007) ainsi que les capacités physiques, tout en adoptant une approche écologique qui contextualise les problèmes dans leur environnement. Une telle conception de l'environnement est compatible avec la vision holistique des soins infirmiers (Dallaire et Aubin, 2008 ; Donaldson, 2003 ; Kérouac et autres, 2003 ; Meleis, 2007).

Néanmoins, la perspective globale adoptée par les soins infirmiers ne peut se concrétiser sans considérer la dimension bio-physiologique des personnes et des communautés, apportée en partie par la perspective médicale occidentale pour expliquer les processus pathologiques.

Les sciences sociales n'offrent pas ce type de connaissances sur le corps et, par conséquent, elles ne peuvent être les seules perspectives théoriques dont les infirmières souhaiteraient s'inspirer pour comprendre de façon globale les expériences de santé et de maladie.

Le lien santé-environnement

Par ailleurs, les concepts de santé et d'environnement ne peuvent, selon la perspective infirmière, être considérés de façon indépendante et on ne pense pas spontanément au savoir infirmier quand il s'agit de faire ce lien en promotion de la santé (Gagnon et Dallaire, 2002 ; O'Neill, Gagnon et Dallaire, 2006). Pourtant, les livres de soins infirmiers du début du XXe siècle décrivaient en termes élogieux la contribution particulière des infirmières à la santé publique alors qu'ils minimisaient celle plus traditionnelle des soins aux malades (Allemang, 2000 ; Nelson et Gordon, 2004 ; Bates, Dodd et Rousseau, 2005). Plus récemment, l'infirmière américaine devenue sociologue, Nancy Milio, a proposé une conception globale de la santé qui inclut l'environnement (1986) après une expérience marquante de pratique infirmière en milieu défavorisé (Milio, 1970). Elle a déplacé l'attention du comportement individuel vers l'environnement et les politiques publiques qui conditionnent les choix de santé lors d'une décision individuelle. À l'instar de Nightingale – et voilà qui illustre le paradoxe caractérisant les rapports entre les savoirs infirmiers et les sciences sociales évoqué plus haut –, Milio n'a eu jusqu'à présent que très peu d'influence sur la profession infirmière, même si sa conception globale a été très centrale en promotion de la santé. En effet, c'est davantage comme sociologue qu'en tant qu'infirmière que Milio a laissé sa marque.

Comme nous l'avons souligné précédemment, les concepts de santé et d'environnement peuvent être considérés comme interdépendants. Bien que les soins infirmiers se soient avant tout préoccupés de l'environnement social, nous avons vu plus haut que des théoriciennes infirmières s'étaient aussi préoccupées de l'environnement physique et avaient jeté des bases compatibles avec la conception socio-environnementale de la promotion de la santé. Nous avons aussi souligné que l'intégration de l'environnement physique et social dans la définition de la santé a eu une influence certaine en promotion de la santé et, dans une moindre mesure, en soins infirmiers.

Une conception plus large des interventions, incluant le politique, s'est développée à la suite de l'adoption de la charte d'Ottawa (OMS, 1986). Celle-ci a fait de l'adoption de politiques publiques favorables à la santé l'un des cinq axes d'intervention de la promotion de la santé. Ce développement présentait une autre occasion de rapprochement entre les sciences infirmières et les sciences sociales. Qu'en est-il advenu ?

Analyse politique, sciences sociales et savoir infirmier

Bien que l'aspect politique de la promotion de la santé et son influence potentielle pour favoriser le développement d'environnements sains soient reconnus (O'Neill et autres, 2006), ces sujets ne sont abordés que sommairement en sciences infirmières (Gagnon et Dallaire, 2002 ; Pender, Murdaugh et Parsons, 2006). Mener une action concertée et influencer la prise de décision demande de distinguer les trois dimensions suivantes du politique : premièrement, la dimension des fondements de l'intervention de l'État, là où se jouent les normes, les valeurs et les choix collectifs ; deuxièmement, celle des politiques publiques, là où les décisions politiques se concrétisent ou non ; et, troisièmement, la dimension de l'activité politique formelle comme informelle. Aborder ces éléments illustrera comment l'analyse politique, tout en étant ancrée dans les perspectives des sciences sociales, est compatible avec certaines perspectives infirmières.

En anglais les mots *politics*, *policy* et *political* comportent des nuances que l'on peut distinguer en évoquant en français *le*, *la* ou *les* politiques (O'Neill et autres, 2006). Ainsi, *le* politique est le lieu où les choix sont faits collectivement, en ce qui touche par exemple le type d'organisation et la répartition des ressources, et ces choix renvoient aux valeurs que l'on privilégie comme société. À la base, le politique renvoie à l'État comme forme institutionnelle de l'autorité publique légitime sur un territoire et pour une population donnée.

Les politiques publiques peuvent être vues comme lieu d'émergence de problèmes et de recherche de solutions. Considérés sous cet angle, les choix en matière de politiques publiques deviennent un enjeu pour la répartition des ressources entre les acteurs ou entre les secteurs ou encore quant aux orientations possibles de l'action publique. C'est dans cette perspective que des travaux importants se poursuivent au Québec en vue de favoriser l'adoption de politiques publiques favorables à la santé (Gagnon, Turgeon et Dallaire, 2008). Dans les faits, la réalisation d'une politique n'évolue pas de façon mécanique et strictement à l'intérieur de l'appareil gouvernemental : en effet, des mesures peuvent être adoptées sans être appliquées ou encore leur mise en œuvre peut faire survenir de nouveaux problèmes. Monnier (1987) a défini la réalisation des différentes phases des politiques publiques comme un « flux tourbillonnaire », chaque phase étant décrite comme un processus pouvant avoir une influence sur l'un ou l'autre des processus. Bref, les études de politiques publiques tendent à reconnaître que leur réalisation ne relève pas d'une suite de décisions rationnelles basées sur la connaissance et prises en vase clos, mais qu'elle s'inscrit dans un univers instable, le plus souvent imprévisible et influencé par les croyances et les valeurs d'acteurs internes ou externes à l'État (Lomas, 1997 ; Lacasse, 1995 ; Walters et Sudweeks, 1995 ; Sabatier, 1988).

Enfin, la politique peut être associée au rôle d'acteur public, à l'exercice d'activités dans des partis politiques formels ou dans d'autres groupes plus ou moins formels. Les travaux des dernières années ont montré qu'il existe une zone de négociations entre les décideurs et les acteurs porteurs de solutions. L'analyse de ces jeux s'insère dans l'interface de différents savoirs. Dans les jeux des acteurs, les relations de pouvoir représentent pour plusieurs l'objet central de la science politique. Ce type d'analyse met l'accent sur les ressources dont disposent les acteurs et sur le pouvoir qu'ils ont pour influencer ou non la prise de décisions.

Une version traditionnelle des relations de pouvoir fait référence *à la capacité de certains individus ou de certains groupes* à contraindre *d'autres individus ou groupes à agir d'une manière déterminée* (O'Neill et autres, 2006). Il s'agit ici de l'ensemble des rapports de force présents dans toute société qui ont inévitablement une influence considérable notamment sur le travail des professionnelles du domaine de la santé. Dans sa version plus moderne, le pouvoir se produit dans une relation entre acteurs ; le pouvoir implique alors l'échange et la négociation.

Crozier et Friedberg (1977) sont représentatifs de cette vision. Dans la perspective des soins infirmiers, Dallaire (2008) aborde la notion de pouvoir en mettant de l'avant plusieurs éléments qui font prendre une distance par rapport à la notion plus traditionnelle énoncée en début de paragraphe. D'abord, les soins infirmiers retiennent davantage une conception du pouvoir qui le définit comme une dynamique ou une force en jeu dans toutes les relations et les entreprises humaines (Dallaire, 2008). L'exercice d'un pouvoir positif est libérateur lorsqu'il donne du contrôle sur la vie quotidienne et sur l'environnement personnel. Ainsi, « un pouvoir positif exerce son influence au nom des autres et non pas sur les autres et il donne la possibilité " de faire " des choses » (Chinn, 2008 ; Dallaire, 2002 ; Dallaire, 2008, p. 460). Une conceptualisation riche et nuancée du pouvoir comme enjeu relationnel dans *le* politique et dans la mise en scène de *la* politique, que ce soit pour influencer *les* politiques publiques ou d'autres entreprises, est au centre d'une lecture du politique qui offre beaucoup de potentiel pour les soins infirmiers.

Dans le domaine de la santé comme dans les autres domaines, l'analyse politique, dont les fondements proviennent des sciences sociales, est absolument nécessaire pour agir avec efficacité et en complément aux autres dimensions de l'analyse d'un problème[2] qui sont habituellement proposées par les disciplines des sciences de la santé (O'Neill, 1987). Les travaux des politologues ont bien montré la complexité de l'univers politique en général et des relations de pouvoir en particulier. Toutefois, les réformes des systèmes de santé et de l'organisation des services, au sens traditionnel du terme, ont davantage retenu leur attention que les préoccupations des sciences infirmières. Dans ce contexte, l'intégration de l'analyse politique de façon à la rendre accessible aux professionnels du secteur de la santé en général, et aux infirmières en particulier, est relativement peu développée. Il est ainsi difficile pour les infirmières de prendre en considération le politique. L'insensibilité ou l'indifférence des infirmières à l'analyse politique pourrait-elle découler des différences entre les conceptions du pouvoir des politologues et celles qu'elles adoptent ? S'agit-il ici

---

2. Par exemple, son épidémiologie, la disponibilité de mesures préventives ou curatives efficaces pour le contrer.

d'un autre exemple où les femmes sont excellentes lorsqu'elles défendent la cause des autres, et non leur propre cause, et que, dans le premier cas, elles ont du succès (Dallaire, 2008)?

Par ailleurs, alors que la fonction de soigner les amène à intervenir dans un contexte institutionnel organisé et orienté vers les soins de la personne, la fonction d'intervention sur les politiques publiques se situe dans un contexte différent (Gagnon et Dallaire, 2002). La position structurelle des soins infirmiers, loin du politique, pourrait tendre à exclure les infirmières de l'élaboration des politiques publiques. Aussi, dans le domaine de la santé, le recours fréquent à des stratégies d'*advocacy* par certains acteurs joue davantage sur des conceptions traditionnelles du pouvoir, qui sont moins attirantes pour les infirmières (Dallaire, 2008).

Dans le contexte où travaillent majoritairement les infirmières, attendu les perspectives médicales adoptées par les systèmes de santé et les préoccupations politiques centrées sur les services de santé, les infirmières n'ont pas tendance à être perçues comme des acteurs légitimes dans ces questions, même lorsqu'elles sont bien informées (Davies, 2004). En outre, la perception par les acteurs politiques de l'existence ou de l'absence d'un savoir infirmier propre peut influencer la capacité des infirmières à disposer d'atouts politiques; c'est sans doute pour cela que l'OMS a adopté en 1992 une résolution suggérant à chaque gouvernement national de mettre en place une structure permettant aux soins infirmiers d'influencer les politiques de santé (Salvage et Heijnen, 1997). Le gouvernement canadien et aussi celui de l'Ontario ont suivi cette recommandation mais, à ce jour, le gouvernement du Québec n'a pas trouvé le moyen de s'en inspirer dans ses décisions.

Malgré ce contexte peu favorable, plusieurs exemples d'efforts pour intégrer les dimensions politiques aux soins infirmiers sont visibles : la mise sur pied en 2000 de la revue *Policy, Politics and Nursing Practice* ; l'intégration par un consortium interuniversitaire formant un centre de formation et d'expertise dédié à la recherche appliquée dans le domaine de l'administration des services infirmiers (FERASI) de cette préoccupation, qui se traduit notamment par un séminaire gradué sur les politiques relatives à l'administration des services infirmiers dont les auteurs du présent chapitre sont les co-titulaires ; et les travaux en cours en vue de mettre sur pied un bureau d'analyse des politiques prévu dans le plan de pérennisation du centre FERASI.

POURQUOI CETTE SITUATION PARADOXALE ?

Le principal élément d'explication du paradoxe entre l'offre par les sciences sociales de savoirs intéressants pour les soins infirmiers et le peu d'intégration de ces dernières dans la pratique infirmière a trait, selon nous, aux questions relatives à l'existence d'un savoir infirmier propre à la discipline infirmière. Ces questions ne sont d'ailleurs pas nouvelles et ont déjà été abordées par plusieurs (Dallaire et Aubin, 2008 ; Dallaire et Blondeau, 2002 ; Fawcett, 2005 ; Kérouac et autres, 2003 ; Meleis, 2007). De même, ces questions ne sont pas exclusives à la discipline infirmière puisque, selon la perspective de la sociologie des sciences, les disciplines se construisent en plus de construire progressivement leur objet (Fourez, 2002). À cet égard, la situation de la discipline infirmière pourrait même s'avérer comparable à celle des autres disciplines du social, si on les compare à des moments semblables de leur évolution.

Si l'on propose qu'il existe un savoir infirmier unique situé à l'interface d'autres savoirs tels ceux de la médecine, de la psychologie, de la santé publique, voire de l'écologie et des sciences sociales (Dallaire et Blondeau, 2002 ; Dallaire et Aubin, 2008), et si l'on pose que les concepts de personne, de santé, d'environnement et de soin (Fawcett, 1978) sont à la base de la discipline infirmière, on a souvent à faire face à du scepticisme, sinon carrément à de l'hostilité de la part de plusieurs interlocuteurs. Les diverses conceptualisations existantes ou les modèles conceptuels de la discipline infirmière reprennent ces concepts en posant les liens entre eux de façon différente des autres disciplines ou en mettant davantage d'efforts de conceptualisation sur l'un ou sur l'autre des concepts centraux (Provencher et Fawcett, 2002 ; Dallaire et Aubin, 2008 ; Meleis, 2007). Il ne s'agit pas ici de retracer l'historique des conceptualisations des soins infirmiers, ni de les décrire, cela a déjà été fait, les lecteurs intéressés peuvent consulter les travaux de Dallaire, Hagan et O'Neill (2000), de Hagan, O'Neill et Dallaire (1994), de Gagnon et Dallaire (2002) ainsi que ceux d'O'Neill, Gagnon et Dallaire (2006). Pour nous, il existe un champ disciplinaire infirmier qui s'est considérablement enrichi au cours des dernières décennies grâce à des recherches et à des efforts débouchant sur un ensemble de théories de niveau intermédiaire et de cadres explicatifs des interventions infirmières et de leurs effets (voir Dallaire et Toupin, 2008). Ces travaux sont distinctifs des travaux poursuivis par les autres disciplines à leur égard et s'inspirent de la perspective propre au domaine infirmier ; ils sont ainsi en mesure de contribuer à l'avancement d'un savoir et d'une pratique infirmière.

À partir de l'examen des concepts « santé » et « environnement » tels qu'ils ont évolué dans le champ de la promotion de la santé et de la prise en considération des dimensions politiques dans cet environnement, nous avons fait ressortir que la relation entre les sciences sociales et les sciences infirmières demeure ténue et paradoxale. Cela se manifeste notamment selon nous par le fait que les sciences sociales ne sont pas empreintes du même type de perspective que les soins. Par ailleurs, les sciences sociales ont, dans certains cas, porté peu d'attention à certains aspects de la santé et aux expériences de santé et de maladie d'êtres humains entiers, qui sont l'objet des préoccupations des soins infirmiers. Autre élément du paradoxe : même si les soins infirmiers utilisent les différents savoirs des sciences sociales, ces derniers n'ont d'utilité relative que s'ils arrivent à se synchroniser soit au savoir infirmier et à la pratique des soins, soit à ce que la société et les systèmes de santé confient comme mandat aux soins infirmiers (Labarre et Dallaire, 2008), soit à ce que la profession infirmière réussit à négocier avec la société et les autres professions (Abbott, 1981).

Cela est d'autant plus important que, dans leur affirmation de la nécessité du recours à leurs cadres théoriques, les acteurs des sciences sociales font souvent preuve d'indifférence face aux préoccupations des soins infirmiers d'influencer de façon durable les décisions politiques qui leur attribuent des mandats et des ressources. Ainsi, même si l'ajout d'interventions concrètes suggérées par la perspective des sciences sociales semble pertinent, elles pourraient ne pas se matérialiser dans le contexte de la pratique ou s'insérer difficilement dans la perspective théorique des soins infirmiers. Cela limite par conséquent la contribution des sciences sociales aux soins infirmiers.

Une explication nous semble utile pour comprendre le paradoxe du lien pas si évident finalement entre sciences sociales et sciences infirmières : la perception qu'ont les sciences sociales de la capacité des infirmières à établir un corpus disciplinaire théoriquement et scientifiquement signifiant. Il semble possible de proposer que le savoir infirmier risque de ne pas voir ses efforts de théorisation retenus et que les efforts théoriques supplémentaires requis pour une intégration des sciences sociales soient peu valorisés.

CONCLUSION

Pour ce chapitre, autour de la promotion de la santé, la complémentarité des perspectives de la science infirmière et des sciences sociales semble évidente. L'adoption d'une perspective globale par les soins infirmiers rend souhaitable l'établissement de liens avec les autres disciplines malgré le fait qu'ils soient le plus souvent restreints à un mandat à dominante médicale, associé au curatif, dans lequel travaillent la majorité des infirmières. Le chapitre a souligné que les savoirs des sciences sociales doivent être complétés d'autres perspectives théoriques pour atteindre la perspective globale visée par la discipline infirmière. Au regard des soins infirmiers, les sciences sociales n'ont pas réellement suggéré de pistes en vue de leur intégration dans une vision globale de la santé et de la promotion de la santé, en particulier quant à la dimension biologique et physiologique des humains et quant au contexte des services de santé dans lesquels travaillent les infirmières. Cela nous semble vraiment indispensable pour que les soins puissent s'en inspirer concrètement et pour dénouer le paradoxe évoqué plus haut.

Des efforts théoriques d'intégration entre le bio-physiologique, le social et les soins infirmiers seraient en effet utiles et nécessiteraient davantage d'investissements. La question maintenant est de déterminer qui assumera cet engagement vers une plus grande ouverture pour arriver à une meilleure intégration de ces savoirs. Du côté des soins infirmiers, au mieux les théoriciennes du domaine, et au pire les infirmières elles-mêmes dans le feu de l'action, effectueront cette réconciliation du social et du bio-physiologique afin d'adopter une approche utile à la pratique. Malheureusement, la majorité des infirmières formées davantage pour l'intervention pratique ne disposent pas toujours des outils intellectuels ou du temps nécessaires à cette entreprise ; ou, si elles en disposent, elles pourraient ne pas consentir à investir les efforts requis, n'en voyant pas vraiment la pertinence. Du côté des sciences sociales, la diversité des modèles en soins infirmiers est souvent inconnue ou ignorée, ainsi que les préoccupations globales de la santé mises de l'avant par certaines théoriciennes. Le défi de ne pas limiter la santé aux traitements curatifs est commun aux deux champs de savoirs et l'interdisciplinarité prend alors tout son sens. Peut-être finalement que la solution réside dans un type de théoricien ou théoricienne hybride, un type peu courant actuellement. De tels théoriciens ou théoriciennes hybrides seraient capables d'intégrer les deux ensembles de savoirs et de résoudre ainsi en eux-mêmes et pour les autres le paradoxe !

BIBLIOGRAPHIE

Abbott, A. (1981). « Status and Status Strain in the Profession », *The American Journal of Sociology*, 86 (4), 819-835.

Allemang, M.M. (2000). « Development of community health nursing in Canada », dans M.J. Stewart (ed.), *Community Nursing Promoting Canadians' Health*, Toronto : Saunders.

Bates, C., D. Dodd et N. Rousseau (dir.) (2005). *Sans frontières. Quatre siècles de soins infirmiers canadiens*, Ottawa : Presses de l'Université d'Ottawa.

Chinn, P.L. (2008). *Peace and Power*, 7ᵉ éd., Boston : Jones and Bartlett.

Crozier, Michel, et Erhard Friedberg (1977). *L'acteur et le système. Les contraintes de l'action collective*, Paris : Seuil.

Dallaire, C. (2002). « Le sens politique en soins infirmiers », dans O. Goulet et C. Dallaire (dir.), *Soins infirmiers : vers de nouvelles perspectives*, Boucherville : Gaëtan Morin.

Dallaire, C. (2008). « L'action politique : une stratégie pour l'engagement professionnel », dans C. Dallaire (dir.), *Le savoir infirmier : au cœur de la discipline et de la profession infirmière*, Boucherville : Gaëtan Morin, chap. 19, 455-480.

Dallaire, C., et K. Aubin (2008). « Les soins infirmiers, les sciences infirmières ou la science infirmière », dans C. Dallaire (dir.), *Le savoir infirmier : au cœur de*

·la discipline et de la profession infirmière, Boucherville: Gaëtan Morin, chap. 1, 3-26.

Dallaire, C., et D. Blondeau (2002). « Le savoir infirmier : une problématique », dans O. Goulet et C. Dallaire (dir.), Soins infirmiers : vers de nouvelles perspectives, Boucherville: Gaëtan Morin.

Dallaire, C., et M. Dallaire (2009). « Proposer de nouvelles perspectives de carrières : comment choisir ? », dans P. Delmas (dir.), Profession d'infirmière : quelle place et quelles pratiques à l'avenir ?, Paris: Les éditions Lamarre, chap. 16, 265-290.

Dallaire, C., L. Hagan et M. O'Neill (2000). « Linking health promotion and community health nursing: conceptual and practical issues », dans M.J. Stewart (ed.), Community Nursing, Toronto: W.B. Saunders.

Dallaire, C., et I. Toupin (2008). « Les théories à spectre modéré, les théories propres aux situations et les interventions infirmières », dans C. Dallaire (dir.), Le savoir infirmier : au cœur de la discipline et de la profession infirmière, Boucherville: Gaëtan Morin, chap. 10, 239-264.

Davies, C. (2004). « Political leadership and the politics of nursing », Journal of Nursing Management, 12, 235-241.

Donaldson, S.K. (2003). « It's about health, not nursing », Journal of Professional Nursing, 19 (4), 180-181.

Duhamel, F. (dir.) (2007). La santé et la famille : une approche systémique en soins infirmiers, 2ᵉ éd., Boucherville: Gaëtan Morin.

Dupéré, S., V. Ridde, S. Carroll, M. O'Neill, I. Rootman et A. Pederson (2006). « Conclusion : L'arbre et le rhizome », dans M. O'Neill, S. Dupéré, A. Pederson et I. Rootman (dir.), Promotion de la santé au Canada et au Québec, perspectives critiques, Québec: Les Presses de Université Laval, 488-510.

Fawcett, J. (1978). « The "What" of theory development », dans NLN Theory Development: What, Why, How ? (Pub. n° 15-1708), New York: National League for Nursing.

Fawcett, J. (2005). Contemporary Nursing Knowledge. Analysis and Evaluation of Nursing Models and Theories, Philadelphia: F.A. Davis.

Fourez, G. (2002). La construction des sciences, 4ᵉ éd., Bruxelles: De Boeck Université, coll. « Science, éthique et société ».

Francillon, D. (2000). Modèle ou utopie ? Le programme de formation de l'école d'infirmières de 1934. Dynamique de la formation professionnelle à l'école La Source. 1990-2000, Lausanne: Cahiers de La Source.

Gagnon, F., et C. Dallaire (2002). « Savoir infirmier et promotion de la santé : quelle contribution ? », dans O. Goulet et C. Dallaire (dir.), *Soins infirmiers : vers de nouvelles perspectives*, Boucherville : Gaëtan Morin.

Gagnon, F., J. Turgeon et C. Dallaire (2008). « L'évaluation d'impact sur la santé au Québec », *Téléscope*, vol. 14 (2), 79-94.

Gottlieb, L.N., et B. Gottlieb (2007). « The developmental/health framework within the McGill model of nursing », *Advances in Nursing Science*, 30 (1), E43-E57.

Hagan, L., M. O'Neill et C. Dallaire (1994). « Linking health promotion and community health nursing : conceptual and practical issues », dans M.J. Stewart (ed.), *Community Nursing*, Toronto : W.B. Saunders.

Kérouac, S., J. Pepin, F. Ducharme et F. Major (2003). *La Pensée infirmière*, 2ᵉ éd., Laval : Beauchemin.

Labarre, K., et C. Dallaire (2008). « L'exercice infirmier et le système professionnel », dans C. Dallaire (dir.), *Le savoir infirmier : au cœur de la discipline et de la profession*, Boucherville : Gaëtan Morin, chap. 13. 341-357.

Lacasse, F. (1995). *Mythes, savoirs et décisions politiques*, Paris : Presses universitaires de France.

Lalonde, R (1974). *Nouvelle perspective de la santé des Canadiens*, Ottawa : Santé et bien-être social Canada.

Lomas, Jonathan (1997). « Pour améliorer la diffusion et l'utilisation des résultats de la recherche dans le secteur de la santé : la fin des dialogues de sourds », Rapport préparé pour le Comité consultatif sur les services de santé relevant de la Conférence fédérale-provinciale-territoriale des sous-ministres de la Santé, Ottawa : Santé Canada.

Meleis, A.M. (2007). *Theoretical Nursing : development and progress*, 4ᵉ éd., Philadelphia : Lippincott, Williams & Wilkins.

Milio, N. (1970). *9226 Kercheval, the storefront that did not burn*, Ann Arbor : University of Michigan Press.

Milio, N. (1986). *Promoting health through public policy*, 2ᵉ éd., Ottawa : Canadian Public Health Association.

Moch, S.D. (1989). « Health within illness : conceptual evolution and practice possibilities », *Advances in Nursing Science*, 11 (4), 23-31.

Monnier, E. (1987). *Évaluation de l'action des pouvoirs publics*, Paris : Economica.

Nelson, S., et S. Gordon (2004). « The rhetoric of ruptures : nursing as a practice with a history », *Nursing Outlook*, 52, 255-261.

Newman, M.A. (1991). « Health conceptualizations », dans J.L. Fitzpatrick et A.K. Jacox (ed.), *Annual Review of Nursing Research*, 9, chap. 11, 221-243.

Nightingale, F. (1992). *Notes on nursing : what it is, and what it is not*. Commemorative edition, Philadelphia : Lippincott co.

OMS (1986). La Charte d'Ottawa pour la promotion de la santé. Récupéré le 14 septembre 2009, de www.euro.who.int/AboutWHO/Policy/20010827_2? language=french.

O'Neill, M. (1987). « Les contraintes imposées par les facteurs politiques aux interventions gouvernementales en promotion de la santé », *Hygie, Revue internationale d'éducation pour la santé*, 4 (4), 32-37.

O'Neill, M. (1997). « Promotion de la santé : enjeux pour l'an 2000 », *Canadian Journal of Nursing Research*, 29 (1), 63-70.

O'Neill, M., F. Gagnon et C. Dallaire (2006). « La, les le politique : trois manières d'approcher l'intervention politique en santé communautaire », dans G. Carroll, *La pratique infirmière en santé communautaire*, Montréal : Chenelière.

O'Neill, M., et A. Stirling (2006). « Travailler à promouvoir la santé ou travailler en promotion de la santé », dans M. O'Neill, S. Dupéré, A. Pederson et I. Rootman (dir.), *Promotion de la santé au Canada et au Québec, perspectives critiques*, Lévis : Presses de Université Laval, chap. 3, 42-61.

Pender, N.J., C.L. Murdaugh et M.A. Parsons (2006). *Health promotion in nursing practice*, 5ᵉ éd., Upper Saddle River, N.J. : Prentice-Hall.

Perreault, M., et F. Saillant (1996). « Science infirmière et science sociale : dialogue et fécondation mutuelle », *Sciences sociales et santé*, 14 (3), 7-15.

Provencher, H., et J. Fawcett (2002). « Les sciences infirmières une structure épistémologique », dans O. Goulet et C. Dallaire, *Soins infirmiers : vers de nouvelles perspectives*, Boucherville : Gaëtan Morin, 315-319.

Raeburn, J., et I. Rootman (2006). « Le concept de santé : une nouvelle proposition », dans M. O'Neill, S. Dupéré, A. Pederson et I. Rootman (dir.), *Promotion de la santé au Canada et au Québec, perspectives critiques*, Lévis : Les Presses de l'Université Laval, 25-41.

Richard, L., et L. Gauvin (2006). « L'élaboration et la réalisation d'interventions écologiques en promotion de la santé », dans M. O'Neill, S. Dupéré, A. Pederson et I. Rootman (dir.), *Promotion de la santé au Canada et au Québec, perspectives critiques*, Lévis : Les Presses de l'Université Laval, 421-435.

Rootman, I., et J. Raeburn (1994). « The concept of Health », dans A. Pederson, M. O'Neill et I. Rootman (ed.), *Health Promotion in Canada*, Toronto : W.B. Saunders Canada, 56-71.

Sabatier, Paul A. (1988). « Knowledge, Policy-Oriented Learning, and Policy Change. An Advocacy Coalition Framework », *Knowledge : Creation, Diffusion, Utilization*, 8 (4), 649-692.

Sabatier, Paul A. (1988). « An advocacy coalition framework of policy change and the role of policy learning therein », *Policy Sciences*, (21), 129-168.

Salvage, J., et J. Heijnen (1997). *Nursing in Europe : a resource for better health WHO regional publications*, European series, (74).

Simmons, S.J. (1989). « Health : a concept analysis », *International Journal of Nursing Studies*, 26 (2), 155-161.

Smith, J.A. (1981). « The idea of health : a philosophical inquiry », *Advances in Nursing Science*, 3 (3), 43-50.

Stewart, M.J., et B. Leipert (2000). « Community health nursing in the future », dans M.J. Stewart (ed.), *Community Nursing. Promoting Canadian's Health*, 2ᵉ éd., Toronto : W.B. Saunders, 602-632.

Walters, L.C., et R.R. Sudweeks (1995). « Public Policy Analysis : The Next Generation of Theory », *Journal of Socio-Economics*, 25 (4), 425-452.

Résumés des textes

L'enfant d'hier à aujourd'hui : représentations sociales, normes sociosanitaires et soins infirmiers

Louise Hamelin Brabant et Myriam Gauthier

Telle que nous la concevons dans notre société occidentale, c'est-à-dire une étape de vie choyée, valorisée et protégée, l'enfance est une construction récente dans l'histoire de l'Occident. Ce chapitre examine l'évolution des représentations sociales de l'enfant, des normes éducatives et des soins qui lui ont été prodigués au Québec entre 1930 et 1970. Plus spécifiquement, il s'agit de comprendre la façon dont les connaissances scientifiques deviennent au fil du temps des cadres de référence dans l'éducation des enfants et modèlent sa configuration. La prise en compte des dimensions sociales et historiques permet aux soignants et aux intervenants de comprendre que l'enfance est une construction sociale et non pas une simple catégorie biologique.

Jeunesse, santé et mode de vie

Madeleine Gauthier

Les changements dans les cycles de vie ont eu lieu au cours des dernières décennies. Ils ont attiré l'attention sur la jeunesse (18-30 ans), une catégorie sociale qui pouvait se confondre avec l'adolescence ou l'âge adulte il y a peu de temps encore. Or, la période de la jeunesse n'est pas exempte de problèmes qui touchent le corps, à un âge où la santé est généralement florissante. Situer alors les jeunes que les intervenants rencontrent ou à qui ils s'adressent dans les soins ou dans des interventions de santé requiert une bonne connaissance de cette période de la vie, et ce à quoi elle les confronte. L'auteure discute dans ce chapitre de la position des jeunes d'aujourd'hui, de leur identité, leurs valeurs, leurs attentes, leurs idéaux, leurs représentations de la santé et leurs difficultés. Elle aborde également les attentes de la société à leur égard ainsi que les défis que doivent relever les intervenants de santé qui travaillent auprès de cette clientèle.

Temps et passages de la vie féminine : l'exemple de la ménopause

NICOLETTA DIASIO ET VIRGINIE VINEL

Une analyse anthropologique des discours, des pratiques et des savoirs autour de la ménopause montre un entrelacs de temps qui renvoie aux modes de construction réciproque entre âges biologiques et âges sociaux, au rapport entre le temps fini de l'individu et le temps long de la filiation, à la succession des générations entre continuité et ruptures, à la résonance entre mémoire et expérience dans le vécu des femmes. Temps biologiques, historiques, sociaux et individuels s'enlacent dans ce moment de passage que nous avons nommé « le temps des incertitudes », et qui révèle les limites d'une approche réductionniste fondée sur le seul arrêt du cycle ovarien. Ce chapitre vise à sensibiliser les soignants sur la diversité et la complexité des expériences féminines, dimensions souvent occultées par une lecture purement médicale de la transition d'âge.

Vieillissement, maladie d'Alzheimer et notion de personne : existe-t-il un seuil de rupture ?

FRANCE CLOUTIER

On constate aujourd'hui qu'il y a une omniprésence de la démence. Un grand nombre de personnes connaissent quelqu'un atteint de la maladie d'Alzheimer et craignent d'en être affectées. Dans ce chapitre, l'auteure montre comment la personne âgée atteinte de la maladie d'Alzheimer est perçue par les proches et les intervenants. Est-elle vue comme une personne ou un objet, voire un robot ? Elle développe sa réflexion à partir des représentations de l'esprit de la personne atteinte de la maladie d'Alzheimer, des perceptions ayant trait au corps et de certains critères définitionnels de la notion de personne. Elle conclut son chapitre sur les approches dominante et alternative des soins pour indiquer aux soignants des attitudes souhaitables dans la relation aux soignés et à leurs proches.

Le statut culturel ambigu de la mort : entre marginalisation et héroïsation. Quels possibles pour l'accompagnement des mourants ?

LUCE DES AULNIERS

Notre culture forge une marginalisation de la mort au sein même des traits structurant l'existence, notamment par la fantaisie de contrôle individuel qu'elle y exerce, à la limite, en instrumentalisant l'altérité. Dans ce chapitre, l'auteure inscrit ses propos dans le champ d'une anthropologie de la mort qui s'adresse directement aux soignants travaillant auprès des personnes en fin de vie. Elle revient sur le sujet de la mort et des mourants en Occident, pour souligner ici le travail de la culture occidentale. Elle explique comment la mort s'entoure d'un excès de technologies de maternage en revenant sur les logiques de soins palliatifs à l'œuvre dans notre société. Ce texte montre que le travail d'équipe réclamé peut s'axer sur l'élaboration soutenue des liens entre manières collectives de mourir et de vivre plutôt que sur une héroïsation artificielle de l'institutionnalisation des soins palliatifs.

THÉMATIQUE 5

L'ÉCLAIRAGE DES VULNÉRABILITÉS

Le soin et les deux individualismes

FRANÇOIS DE SINGLY

La transformation des sociétés occidentales en sociétés individualistes a engendré de grandes modifications dans le statut et les conditions de production du « prendre-soin ». Les exigences particulières de l'individualisme et du processus d'individualisation ont entraîné et entraînent deux nouveaux équilibres : le premier avec l'introduction dans la sphère publique d'une attention personnelle, conçue comme relevant de la sphère privée ; le second avec la tension entre deux types de normes, soit le commandement scientifique et la norme psychologique. Ces deux niveaux désormais présents dans la relation de soin rendent plus complexe le métier de soignant. Dans ce texte, l'auteur présente ces deux importants changements au moyen de différents exemples qui ne sont pas nécessairement tirés du monde de la santé mais qui s'y appliquent.

Subjectivations adolescentes.
Comment se négocient l'éducation et les savoirs sexuels à l'école ?

LAURENCE GAVARINI

La construction identitaire est centrale dans le développement des adolescents et les questions d'ordre sexuel en sont une partie intégrante. En France, l'éducation sexuelle est maintenant intégrée à l'enseignement collégial. Des dispositifs éducatifs d'éveil à la vie sexuelle et affective sont maintenant proposés en collaboration avec les équipes sociosanitaires. Dans ce chapitre, l'auteure présente quelques résultats d'une recherche pluridisciplinaire sur les adolescents et leur construction identitaire dans les mutations sociales et subjectives contemporaines. Elle présente de nombreux exemples qui illustrent comment les adolescents d'aujourd'hui demeurent souvent ignorants en regard des théories de la sexualité. De telles manifestations lui semblent dissonantes avec la culture de la liberté sexuelle dans laquelle baignent ces jeunes. Ce chapitre sera utile aux professionnels de la santé puisqu'il concerne notamment les interventions éducatives en santé.

Rapports de genre, sexualité et VIH-sida :
des comportements à risque à la lumière du social

EMMANUELLE BÉDARD

Les rapports de genre sont empreints d'inégalités dans de nombreuses sociétés. Ils s'avèrent un élément central et structurant du fonctionnement des sociétés et représentent un facteur considérable dans l'influence des comportements humains, dont ceux qui sont reliés à la santé. Les comportements sexuels sont particulièrement reliés aux rapports de genre. Ce chapitre vise à appréhender les comportements de santé et ceux dits à risque en matière de sexualité dans une perspective de genre. Pour ce faire, l'auteure revient sur le concept de genre, rend compte des inégalités qui le caractérisent et explique comment les rapports de genre façonnent les comportements reliés à la santé et à la sexualité. Elle fournit aux intervenants de santé un cadre d'analyse permettant de mieux comprendre les comportements sexuels à risque des personnes avec lesquelles ils interviennent.

Les hommes et leur santé : un portrait, une analyse, des questionnements
GILLES TREMBLAY ET FRANÇOIS DÉRY

La santé des hommes demeure un sujet relativement nouveau au Québec même si des données alarmantes sont disponibles depuis plusieurs années. En effet, les hommes sont surreprésentés en ce qui concerne le suicide, les accidents de la route, dans le sport et au travail, l'abus de substances et le jeu. Réfléchir sur leurs besoins en matière de santé exige de porter notre attention non seulement sur les problèmes de santé spécifiquement masculins, comme le cancer de la prostate par exemple, mais bien de porter un regard plus général sur leur rapport avec leur santé ainsi que l'adéquation des services de santé. Après avoir dressé un portrait général de la santé des hommes au Québec, les auteurs de ce chapitre proposent un modèle explicatif du rapport des hommes à leur santé pour ensuite examiner l'adaptation des services aux particularités masculines.

La violence à l'endroit des femmes et des enfants dans un contexte familial
SIMON LAPIERRE, DOMINIQUE DAMANT, LOUISE HAMELIN BRABANT ET GENEVIÈVE LESSARD

Même si la famille est généralement perçue comme un refuge nous permettant d'être en sécurité contre la violence de la société, on remarque que c'est justement au sein de la famille qu'ont lieu la plupart des agressions contre les femmes et les enfants. Ce chapitre porte sur la violence familiale qui se manifeste surtout à l'endroit des femmes et des enfants. Les auteurs présentent d'abord des données sur l'ampleur du problème et sur les conséquences pour les victimes. Ils se penchent ensuite sur les gestes que les professionnels de la santé peuvent faire afin d'assurer la sécurité et le bien-être des femmes et des enfants vivant dans un contexte de violence : poser les bonnes questions au bon moment, établir des liens entre les problèmes que vivent ces familles et soutenir les victimes dans leurs demandes d'aide.

Thématique 6

CONSIDÉRER LES ENVIRONNEMENTS

Pauvreté, iniquités de santé et soins infirmiers

SOPHIE DUPÉRÉ, LOUISE HAMELIN BRABANT ET GENEVIÈVE PERRY

Même si l'état de santé des populations n'a cessé de croître au cours des cinquante dernières années, les inégalités sociales de santé se sont aggravées. Ce chapitre met en lumière les raisons pour lesquelles les populations défavorisées connaissent une plus grande mortalité et une plus grande morbidité. Les auteures examinent les liens existant entre la pauvreté et la santé des populations, présentent quelques approches théoriques enracinées dans les sciences sociales qui tentent d'expliquer les iniquités de santé, font le point sur la part du secteur de la santé en regard de cette problématique et font ressortir le rôle des infirmières en matière de lutte contre la pauvreté et les iniquités de santé.

Famille et soins à l'hôpital : l'exemple des services de pédiatrie français

SARRA MOUGEL

Si les parents d'enfants malades ont pu être décrits comme des acteurs incontournables dans les dispositifs de soins à domicile, le soin familial à l'intérieur de l'hôpital a été peu étudié, et ce, en particulier dans les pays occidentaux. Ce chapitre vise à combler ce manque. La réflexion de l'auteure sur la participation des parents aux soins hospitaliers s'appuie sur l'analyse du matériau collecté au cours d'observations réalisées dans deux services de pédiatrie, le travail de terrain ayant permis de saisir *in situ* l'insertion des parents dans la division du travail hospitalier et ses conséquences sur le quotidien des services. L'auteure montre comment cette participation engage tous les niveaux de la ligne hiérarchique, allant des aides-soignantes aux médecins, et vise à sensibiliser les équipes et les responsables hospitaliers à l'importance de reconnaître cette participation.

L'hébergement et le langage des droits

ÉRIC GAGNON ET MICHÈLE CLÉMENT

Au cours des trente dernières années, l'affirmation et la défense des droits des malades se sont faites plus insistantes au Québec, comme dans un grand nombre de pays industrialisés. Les droits reconnus sont plus nombreux ; les revendications et les moyens pris pour les défendre sont davantage encadrés et soutenus par différentes instances juridiques et administratives. Dans ce chapitre, les auteurs traitent des changements appréciables que favorisent les droits quant à la place des résidents au sein des établissements et à leurs rapports avec les soignants et la direction. Ils analysent également les transformations que la reconnaissance de ces droits opère sur le travail des soignants. Ils présentent ces droits comme un objet d'interprétations parfois divergentes, à la fois comme un langage au sein de l'établissement et une sorte d'idéal à atteindre.

Construction médicale de la sénilité et vieillissement cérébral : penser la différence
MARION DROZ-MENDELZWEIG

Les sociétés des pays à économie développée connaissent un vieillissement démographique notoire. Dans ce contexte, les troubles cognitifs, avec la maladie d'Alzheimer comme phénomène emblématique, tendent à devenir le paradigme d'une forme redoutée de vieillissement. Ce texte avance quelques pistes d'analyse à même de percevoir comment les faits de nature médicale (les données théorisées par la neurobiologie de la dégénérescence cognitive) et les faits sociaux (la prise en charge des phénomènes démentiels) s'entrelacent pour produire la réalité de la maladie d'Alzheimer. Ce chapitre soutient que c'est à la lumière d'un tel angle de vues croisées qu'il devient possible d'appréhender ce qui se trouve au cœur de l'angoisse véhiculée par la démence sénile : son indissociabilité du processus de vieillissement.

Santé, environnement et politique, ou le lien paradoxal entre savoir infirmier et sciences sociales
CLÉMENCE DALLAIRE, FRANCE GAGNON ET MICHEL O'NEILL

Il est reconnu que différents savoirs contribuent à la pratique contemporaine des soins infirmiers et au développement de la discipline infirmière comme domaine de connaissances. Bien qu'il soit très valorisé et précieux, l'apport des sciences sociales à la pratique et à la discipline des soins infirmiers reste somme toute assez limité. Dans ce chapitre, les auteurs s'intéressent à ce que proposent les savoirs des sciences politiques et aux liens avec les soins infirmiers autour des concepts de santé, d'environnement et de politique, concepts situés sur le terrain de la promotion de la santé et à la croisée de plusieurs disciplines. Quelques pistes de réflexion sont lancées au sujet de l'apparent paradoxe existant au sein des savoirs infirmiers et des savoirs des sciences sociales. Les défis à relever pour l'atteinte d'une collaboration entre ces savoirs sont encore définis.

Notes biographiques des auteurs et des co-éditeurs

Émanuelle Bédard

Émanuelle Bédard est professeure au Département de sciences infirmières à l'Université du Québec à Rimouski (UQAR). Elle détient une maîtrise en psychologie et un doctorat en santé communautaire. Elle s'intéresse à la santé internationale (particulièrement en Afrique de l'Ouest), à la prévention du VIH-sida en milieu prostitutionnel ou toxicomane au Québec et en Afrique, à la recherche en partenariat avec la communauté, aux rapports de genre, à l'*empowerment* ainsi qu'aux approches qualitatives et mixtes.

Louise Bujold

Infirmière, Louise Bujold est titulaire d'une maîtrise en santé communautaire et d'un doctorat en anthropologie. Elle est professeure à la Faculté des sciences infirmières de l'Université Laval à Québec où elle enseigne l'éducation à la santé et concourt à la formation des infirmières praticiennes spécialisées. Ses intérêts concernent l'anthropologie de la santé, la santé des autochtones, la pratique infirmière avancée, les soins en contexte interculturel, les soins des personnes suicidaires et de leurs proches.

Michèle Clément

Michèle Clément est professeure associée aux Départements d'anthropologie, de sociologie et de médecine sociale de l'Université Laval à Québec. Elle est également directrice du Groupe de recherche sur l'inclusion sociale, l'organisation des services et l'évaluation en santé mentale du Centre de santé et de services sociaux de la Vieille-Capitale, à Québec. Titulaire d'une maîtrise en anthropologie et d'un doctorat en sciences humaines appliquées, elle s'intéresse à l'exclusion et la désaffiliation sociales des personnes présentant des troubles mentaux et à l'intervention visant leur inclusion sociale, ainsi qu'aux droits des usagers des services de santé mentale et leur participation à la gouvernance des services de santé.

France Cloutier

France Cloutier est infirmière et professeure au Département de sciences infirmières de l'Université du Québec à Trois-Rivières. Elle est titulaire d'une maîtrise en sciences infirmières et d'un doctorat en anthropologie. Elle a travaillé comme infirmière au Canada et à l'étranger dans les domaines de la gériatrie, la psychiatrie, la périnatalité et la santé publique. Dans ses recherches, elle s'intéresse à la maladie d'Alzheimer, aux soins infirmiers gériatriques, aux aspects socioculturels de la santé et de la maladie, à l'humanisation des soins, à l'autosoin chez les personnes âgées et à l'art dans les soins.

Clémence Dallaire

Détentrice d'un doctorat en sciences infirmières, Clémence Dallaire est infirmière et professeure titulaire à la Faculté des sciences infirmières de l'Université Laval à Québec. Elle est responsable des études de 3ᵉ cycle en sciences infirmières à la faculté, est responsable facultaire et membre du comité exécutif du Centre inter-facultaire de formation et expertise en recherche en administration des services infirmiers. Elle préside l'Association canadienne des écoles de sciences infirmières et s'intéresse à l'analyse des politiques, au savoir infirmier, à la contribution des soins infirmiers au système de santé, à l'organisation et à la gestion des soins infirmiers, au leadership et aux méthodes qualitatives.

Dominique Damant

Dominique Damant est professeure titulaire et directrice de l'École de service social de l'Université de Montréal. Elle est détentrice d'une maîtrise et d'un doctorat en service social et s'intéresse à la violence faite aux femmes vivant en milieu de pauvreté et autres milieux de vulnérabilité sociale. Ses recherches portent sur la violence conjugale, les agressions sexuelles, la toxicomanie, les infections sexuellement transmissibles et le VIH-sida, la prostitution ainsi que la concomitance de la violence conjugale et des mauvais traitements envers les enfants.

François Déry

Détenteur d'un baccalauréat en travail social de l'Université Laval à Québec, François Déry a commencé sa carrière comme travailleur social. Il a participé aux travaux de l'équipe de recherche interuniversitaire « Masculinités et sociétés », et s'intéresse maintenant à l'intervention auprès des gens vivant des problématiques de santé mentale. Il intervient également auprès des jeunes ayant des troubles du comportement.

François de Singly

François de Singly est sociologue et professeur à la Faculté des sciences humaines et sociales de l'Université Paris-Sorbone et de l'Université Paris-Descartes. Il est également directeur du Centre de recherches sur les liens sociaux (Cerlis) et directeur des collections « Individus et société » et « Sociétales » chez Armand Colin. De plus, il est membre du conseil d'administration et chargé de mission à l'Université Paris-Descartes. Il détient un doctorat en lettres et sciences humaines. Ses champs de recherches se situent aux niveaux de la famille, de la vie privée, de l'adolescence et de la sociologie de l'individu.

Luce Des Aulniers

Luce Des Aulniers est professeure titulaire au Département de communication sociale et publique à l'Université du Québec à Montréal. Elle détient un doctorat d'État en anthropologie. Elle est également formatrice en santé et consultante auprès des médias. Elle a été directrice et rédactrice de la revue québécoise *Frontières* et s'intéresse aux rapports au temps et à la mort sous maintes facettes. Ses travaux portent sur les enjeux relationnels autour du grand malade, sur une ritologie comparée des groupes socioculturels, sur les représentations de la mort au cinéma, sur les figures de la fascination et sur le statut culturel du deuil.

Nicoletta Diasio

Nicoletta Diasio est maître de conférences et chercheure en anthropologie à la Faculté de sciences sociales de l'Université Marc Bloch à Strasbourg, en délégation du Centre national de la recherche scientifique (CNRS). Elle détient un doctorat en anthropologie. Ses champs d'intérêts se situent aux niveaux de l'anthropologie du corps et de la santé, de la comparaison des sociétés européennes, de l'anthropologie de l'enfance et de la consommation, de la construction de la subjectivité enfantine, ainsi que du temps, de la transmission et de la filiation.

Marion Droz-Mendelzweig

Marion Droz-Mendelzweig est professeure et chargée de recherche à la Haute École de la santé La Source à Lausanne. Parallèlement, elle est chercheuse associée à l'Institut universitaire d'histoire de la médecine et de la santé publique, à Lausanne. En 2008, elle a défendu une thèse de doctorat en sciences sociales dans laquelle elle porte un regard anthropologique sur la notion de plasticité cérébrale, sur les neurosciences et sur la clinique de la dégénérescence cognitive. Ses intérêts de recherche sont essentiellement orientés sur la construction sociale du grand âge et la santé des personnes vieillissantes.

Sophie Dupéré

Sophie Dupéré est détentrice d'une maitrise en sciences infirmières de l'Université de Montréal et candidate au doctorat en santé communautaire à l'Université Laval à Québec. Elle a développé une expérience clinique en santé communautaire au Canada et dans certains pays d'Amérique du Sud. Elle a également été coordonatrice et consultante de recherche pour différents projets de santé. Ses principaux champs d'intérêts sont la santé communautaire, les iniquités sociales de santé, la réduction de la pauvreté, l'exclusion sociale, la recherche participative et la santé internationale.

Éric Gagnon

Détenteur d'un doctorat en sociologie, Éric Gagnon est professeur associé aux Départements d'anthropologie et de médecine sociale et préventive de l'Université Laval à Québec. Il est également membre du comité scientifique du Conseil de développement de la recherche sur la famille du Québec et président du comité d'éthique de la recherche au Centre de santé et de services sociaux de la Vieille-Capitale à Québec. Ses travaux de recherche portent sur l'exclusion sociale, la marginalisation, les formes de citoyenneté, les soins familiaux et professionnels aux personnes dépendantes, l'expérience de la souffrance et de la maladie, l'éthique des soins et de la recherche en santé.

France Gagnon

Détentrice d'un doctorat en science politique, France Gagnon est professeure titulaire à la TÉLUQ (l'université à distance de l'Université du Québec à Montréal). Elle est également co-directrice du Groupe d'études sur les politiques publiques et la santé (GEPPS). Ses travaux les plus récents sont centrés sur le programme de recherche « L'adoption de politiques publiques favorables à la santé pour le Québec ». Ses champs d'intérêts sont l'analyse des politiques publiques, dont la formulation et la mise en œuvre, l'évaluation prospective d'impact sur la santé et les développements théoriques autour de l'action publique.

Madeleine Gauthier

Madeleine Gauthier est professeure titulaire au Centre Urbanisation, Culture et Société à l'Institut national de la recherche scientifique (INRS) au Québec. Elle est également directrice de la collection « Regard sur la jeunesse du monde » aux Presses de l'Université Laval à Québec. Elle détient un doctorat en sociologie et s'intéresse à la sociologie de la jeunesse, à la mobilité géographique et aux régions, à l'insertion sociale et professionnelle, à la participation civique et associative.

Myriam Gauthier

Myriam Gauthier est infirmière et chargée d'enseignement à la Faculté des sciences infirmières de l'Université Laval à Québec. Elle détient une maîtrise en sciences infirmières avec mémoire portant sur les expériences de santé et de soins des adolescentes immigrantes. Au cours des six dernières années, elle a travaillé comme co-responsable du volet international de sa Faculté et a participé à diverses activités de recherche. Elle s'intéresse à l'approche interculturelle dans les soins et la santé, à la question des enfants et des adolescents et à la collaboration interprofessionnelle centrée sur la personne et ses proches.

Laurence Gavarini

Laurence Gavarini est professeure en sciences de l'éducation et au Centre d'études féminines et d'études de genre à l'Unité de formation et de recherche de sciences de l'éducation à l'Université Paris 8. Elle est également sociologue et clinicienne d'orientation psychanalytique et responsable de l'axe « Clinique, éthique, enfance, subjectivités » (équipe CIRCEFT). Elle est titulaire d'une maîtrise en sociologie, d'un diplôme d'études approfondies en économie et société et d'un doctorat en lettres et sciences humaines. Elle s'intéresse aux problématiques du sujet et du lien social, de la différence des sexes, des identités sexuées, des configurations de la famille contemporaine, des nouvelles normes éducatives ainsi que des abus et de la maltraitance.

Louise Hamelin Brabant

Louise Hamelin Brabant est professeure titulaire à la Faculté des sciences infirmières de l'Université Laval à Québec. Formée comme infirmière, elle est détentrice d'une maîtrise et d'un doctorat en sociologie et s'intéresse aux questions relatives à l'enfance dans une perspective sociologique. Ses travaux portent sur la prévention de la violence auprès des enfants, sur la promotion de la santé de l'enfant, sur les enfants et adolescents immigrants et la violence, sur le vécu des mères en situation de violence et sur le transfert des connaissances.

Simon Lapierre

Simon Lapierre est professeur adjoint à la Faculté des sciences sociales de l'Université d'Ottawa. Il détient une maîtrise et un doctorat en service social. Il s'intéresse aux discours sociaux dans lesquels s'inscrivent les politiques et les pratiques d'intervention liées à la violence familiale, dans une perspective critique féministe. Ses intérêts de recherche sont dirigés vers la violence conjugale, les mauvais traitements à l'endroit des enfants, la maternité, les services sociaux à l'enfance et la famille, ainsi que les théories et les interventions féministes.

Geneviève Lessard

Geneviève Lessard est professeure agrégée à l'École de service social de l'Université Laval et codirectrice du Centre de recherche interdisciplinaire sur la violence familiale et la violence faite aux femmes (CRI-VIFF) à Québec. Elle détient une maîtrise en service social et un doctorat en sciences humaines appliquées. Ses intérêts de recherche sont l'intervention psychosociale auprès des enfants et de leur famille, la violence conjugale et familiale, la prévention de la reproduction de la violence et de la victimisation auprès des enfants exposés à la violence conjugale, ainsi que la concertation intersectorielle entre les acteurs qui travaillent en violence conjugale et familiale.

Sarra Mougel

Sarra Mougel est maître de conférences en sciences de l'éducation pour le Centre de recherche sur les liens sociaux à l'Université Paris-Descartes. Elle détient un diplôme d'études approfondies et un doctorat en sociologie. Ses travaux portent sur l'enfant malade, la pédiatrie, l'enfant hospitalisé et ses parents, les relations entre professionnels de santé et parents, la construction sociale de l'enfance, l'histoire de l'hospitalisation enfantine et la place des familles à l'hôpital.

Michel O'Neill

Michel O'Neill est professeur titulaire à la Faculté des sciences infirmières de l'Université Laval à Québec. Il détient une maîtrise et un doctorat en sociologie. Depuis plusieurs années, il s'intéresse aux aspects historiques et sociopolitiques de la santé communautaire, de la promotion de la santé et du nursing. Ses travaux actuels portent sur l'histoire de la santé communautaire au Québec et en France, sur l'analyse et l'intervention politique en santé (notamment pour les infirmières), sur les pratiques de promotion de la santé au Canada et sur l'histoire du mouvement Villes et villages en santé à travers le monde.

Geneviève Perry

Geneviève Perry est détentrice d'une maîtrise en sciences infirmières de l'Université Laval. Depuis le début de son parcours, une préoccupation demeure entourant les dangers de déshumanisation des soins dans un univers au mode technocratique. Elle s'intéresse à la compréhension des réalités des personnes soignées dans le but d'améliorer la qualité des soins. Ainsi, dans son mémoire, elle explore l'espace d'intervention des infirmières en CLSC en contexte de pauvreté afin d'en comprendre les répercussions sur les parcours de vie des personnes vulnérables.

Gilles Tremblay

Gilles Tremblay est professeur titulaire à l'École de service social de l'Université Laval à Québec. Il est détenteur d'une maîtrise en service social et d'un doctorat en sciences biomédicales. Il s'intéresse aux méthodologies et aux modèles d'intervention sociale auprès des individus et des familles en contexte de violence. Ses travaux de recherche portent sur l'agressivité et la violence, la construction du genre, la condition masculine, les fondements théoriques du travail social, la supervision et l'encadrement professionnel, la santé mentale ainsi que le placement d'enfants en ressources d'accueil.

Virginie Vinel

Virginie Vinel est ethnologue, maître de conférences et chercheure en anthropologie à l'Unité de formation et de recherche de sciences humaines et arts à l'Université Paul Verlaine Metz, en France. Elle détient un doctorat en anthropologie. Elle a réalisé des recherches en anthropologie du genre et de la parenté en Afrique subsaharienne et s'intéresse aux relations intergénérationnelles, aux cycles de vie féminins, au corps et aux rituels, aux représentations et aux pratiques autour de la ménopause, à la médicalisation du corps et au vieillissement.

Nicolas Vonarx

Formé comme infirmier diplômé d'État en France, Nicolas Vonarx s'est engagé dans le champ de la santé publique internationale avant de comprendre que les approches anthropologiques étaient incontournables pour participer intelligemment à la transformation des réalités sociales. Détenteur d'une maîtrise et d'un doctorat en anthropologie, il est actuellement professeur adjoint à la Faculté de sciences infirmières de l'Université Laval. Il aborde dans ses enseignements les dimensions anthroposociales des expériences de maladie et la santé mondiale. Ses recherches portent sur l'articulation entre la religion-spiritualité, la santé, la maladie et les soins.

RECYCLÉ
Papier fait à partir
de matériaux recyclés
FSC® C021757

MARQUIS

Marquis imprimeur inc.

Québec, Canada
2010

Imprimé sur du papier Silva Enviro 100% postconsommation
traité sans chlore, accrédité Éco-Logo et fait à partir de biogaz.